DSM-5-TR 기반

최신 미술심리진단 및 평가

임나영 · 윤채은 · 김나경 · 김민정 · 최한나 · 김현주 · 김하은 · 노소희 · 현승원 공저

The New Art Assessment Based on DSM-5-TR

학지사

머리말

최근 현대 사회는 다양한 원인으로 인해 발생하는 심리적·정서적 문제를 탐색하고, 내담자의 고통과 어려움을 효과적으로 다루기 위해 노력하고 있다. 이러한 어려움을 해결하고자 미술치료는 창조적인 예술적 표현을 통해 내담자의 심리적 문제에 접근하고 자아를 탐구하며 성장과 치유를 이끌어 내는 유용한 접근 방법으로 자리매김하였다. 특히 그림을 매개로 내담자를 보다 더 심도 깊게 이해하여 치유적인 과정으로 몰입하도록 돕는 것은 미술치료사의 전문성이 발휘되는 고유한 영역이다. 같은 상징이라도 내담자마다 표현하는 방식과 내포한 뜻이 다를 수 있기에 이를 단편적으로 이해하는 것은 위험하다. 따라서 미술치료사는 많은 경험과 학습을 통해 다양한 그림을 정확하게 해석하는 능력을 길러야 한다. 각 그림검사는 그 자체로 특별한 의미와 정보를 가지고 있으며, 미술치료사는 내담자와의 상호작용을 통해 그 의미를 깊이 탐구할 수 있을 것이다.

이러한 맥락에서『DSM-5-TR 기반 최신 미술심리진단 및 평가』는 정신건강 관련 전문가들이 정신병리를 폭넓게 이해하고 그림검사를 활용하여 내담자의 내면세계를 더 깊이 탐구하는 데에 도움이 되고자 한다. 이 책은 정신건강 관련 전문가들이 그림의 언어를 통해 내담자와 소통하고, 더 나은 상담과 미술치료를 제공할 수 있도록 돕기 위해 기획되었다.

이 책은『정신질환의 진단 및 통계 편람 제5판 수정판(DSM-5-TR)』에 기반하여 14종의 정신병리에 대한 기본적인 개념과 이해를 제공한다. 각 장애의 정의와 이론 및 원인, 임상적 특징과 진단기준을 수록하고 있으며, 장애별 진단기준의 변화과정을『DSM-IV』부터『DSM-5-TR』까지 참고할 수 있도록 추가하였다. 진단에 따른 치료적 제언에는 전통적이고 보편적인 접근법을 비롯하여 최근 효과적인 심리치료 방법으로 검증된 증거기반치료와 미술치료적 개입 방향을 제시하였다. 이를 통해 정신건강 관련 전문가들은 내담자의 증상과 어려움에 민감하게 대응하고 심리적 상태를 더 정확하게 이해할 수 있을 것이다.

더불어 정신건강 관련 전문가가 임상현장에서 만나는 다양한 내담자에게 활용 가능한 16종의 그림검사의 이론과 기법을 상세하게 소개하였다. 그림검사는 내담자가 자발적으로 그림을 그리는 과정을 통해 내면의 심리적인 측면을 이해하는 데 도움을 준다. 이 책에서는 질적 그림검사와 질적·양적 혼합형 그림검사의 두 분류로 나누어 제시한다. 각 그림검사의 정의와 개발 배경, 특징 등의 소개를 통하여 검사의 목적을 설명하고 실시방법과 평가기준 및 해석방법을 제시하였다. 나아가 실제 사례를 통해 어떻게 그림을 해석하고 활용하는지를 다룸으로써 그림검사의 잠재력을 보여 주었다.

또한 이 책에서 소개하고 있는 검사들을 중심으로 내담자를 다차원적으로 이해하는 데 도움이 될 미술심리평가보고서 작성법을 소개하였다. 그림검사를 단편적인 내용으로 이해하는 것이 아닌, 종합적으로 판단하여 해석하는 것은 매우 중요하다. 따라서 이 책에 제시된 예시를 통하여 구조화된 틀을 활용할 수 있기를 바란다. 이러한 과정을 통해 미술치료사 및 정신건강 관련 전문가는 그림에 내포된 치유의 힘과 가능성을 더욱 명확하게 이해하고 상담 및 미술치료 개입에 더욱 효과적으로 반영할 수 있을 것이다.

이 책이 수련 중인 예비 미술치료사와 임상현장에서 실무를 수행하는 많은 미술치료 전문가, 심리학 전공자, 심리치료사, 상담사 등 정신건강 관련 분야 전문가에게 효과적으로 활용될 수 있기를 바라며, 이 책을 통해 개인이 표현하는 그림의 언어와 그림검사의 잠재력을 보다 깊이 이해하고 내담자들의 심리적 성장과 치유에 기여할 수 있기를 희망한다.

끝으로, 이 책이 나올 수 있도록 많은 도움을 주신 학지사 김진환 사장님과 편집부 직원 분들께 감사를 표하며, 가천대학교 일반대학원 특수상담치료학과의 연구실에서 함께 집필할 수 있도록 지원해 주신 이길여 총장님께도 감사의 말씀을 드린다.

2024년 2월

특수상담치료학과 448호 연구실에서

대표저자 임나영

차례

PART 01

정신병리의 이해(DSM-5-TR)

PART 03

종합 미술심리평가보고서

PART 01

정신병리의 이해(DSM-5-TR)

정신병리학은 정신질환의 원인과 증상, 그리고 치료에 관한 연구를 다루는 학문 분야로, 우리 사회에서 많은 사람이 직면하는 심리적 문제에 대한 이해와 고통을 다루는 중요한 분야이다. 임상현장이나 상담현장에서 일하는 치료사들은 다양한 정신병리를 지닌 수검자를 만나게 된다. 이들의 효과적인 치료를 돕기 위해서는 수검자에 맞는 개별적인 치료목표와 계획을 세워야 하며, 무엇보다 수검자가 지닌 정신병리에 대한 깊은 이해와 수검자가 드러내는 증상은 무엇이고 그 증상이 어떤 의미를 뜻하는지 아는 것이 중요하다. 이 책은 치료사들이 임상현장에서 자주 만날 수 있는 정신병리군에 대한 포괄적인 이해와 임상적 특징, 그림검사에 나타난 그림 양상의 특징 그리고 최신 치료 방법과 미술치료적 접근에 대한 소개를 목표로 한다.

이 장에서는『정신질환의 진단 및 통계 편람 제5판 수정판(DSM-5-TR)』(APA, 2022)에 수록된 진단기준을 인용하여 정신병리의 기본 개념과 이론, 정신질환 분류체계의 변화를 알아보며, WHO가 제정한 ICD-11의 분류코드와 함께 주요 정신질환에 대한 임상적 특징과 치료의 접근법을 제공하고 독자들이 정신병리에 대한 이해를 높일 수 있도록 돕고자 한다.

범주	번호	유형	범주	번호	유형
신경발달장애 Neurodevelopmental Disorders	1	지적발달장애(지적장애) Intellectual Developmental Disorder (Intellectual Disability)	**신체증상 및 관련 장애** Somatic Symptom and Related Disorders	1	신체증상장애 Somatic Symptom Disorder
	2	의사소통장애 Communication Disorders		2	질병불안장애 Illness Anxiety Disorder
	3	자폐스펙트럼장애 Autism Spectrum Disorder		3	기능성 신경학적 증상장애 Functional Neurological Symptom Disorder
	4	주의력결핍 과잉행동장애 Attention-Deficit/Hyperactivity Disorder		4	인위성장애 Factitious Disorder
	5	특정학습장애 Specific Learning Disorder	**급식 및 섭식 장애** Feeding and Eating Disorders	1	이식증 Pica
	6	운동장애 Motor Disorders		2	되새김장애 Rumination Disorder

조현병 스펙트럼 및 기타 정신병적 장애 Schizophrenia Spectrum and Other Psychotic Disorders	1	망상장애 Delusional Disorder
	2	단기 정신병적 장애 Brief Psychotic Disorder
	3	조현양상장애 Schizophreniform Disorder
	4	조현병 Schizophrenia
	5	조현정동장애 Schizoaffective Disorder
양극성 및 관련 장애 Bipolar and Related Disorders	1	제I형 양극성장애 Bipolar I Disorder
	2	제II형 양극성장애 Bipolar II Disorder
	3	순환성장애 Cyclothymic Disorder
우울장애 Depressive Disorders	1	파괴적 기분조절부전장애 Disruptive Mood Dysregulation Disorder
	2	주요우울장애 Major Depressive Disorder
	3	지속성 우울장애 (기분저하증) Persistent Depressive Disorder(Dysthymia)
	4	월경전불쾌감장애 Premenstrual Dysphoric Disorder
불안장애 Anxiety Disorders	1	분리불안장애 Separation Anxiety Disorder
	2	선택적 함구증 Selective Mutism
	3	특정공포증 Specific Phobia
급식 및 섭식 장애 Feeding and Eating Disorders	3	회피적/제한적 음식섭취장애 Avoidant/Restrictive Food Intake Disorder
	4	신경성 식욕부진증 Anorexia Nervosa
	5	신경성 폭식증 Bulimia Nervosa
	6	폭식장애 Binge-Eating Disorder
수면-각성장애 Sleep-Wake Disorders	1	불면장애 Insomnia Disorder
	2	과다수면장애 Hypersomnolence Disorder
	3	기면증 Narcolepsy
	4	호흡관련 수면장애 Breathing-Related Sleep Disorders
	5	일주기리듬 수면-각성장애 Circadian Rhythm Sleep-Wake Disorders
	6	사건수면 Parasomnia
파괴적, 충동조절, 그리고 품행장애 Disruptive, Impulse Control, and Conduct Disorders	1	적대적 반항장애 Oppositional Defiant Disorder
	2	간헐적 폭발장애 Intermittent Explosive Disorder
	3	품행장애 Conduct Disorder
	4	병적 방화 Pyromania
	5	병적 도벽 Kleptomania
	6	반사회성 성격장애 Antisocial Personality Disorder

불안장애 Anxiety Disorders	4	사회불안장애(사회공포증) Social Anxiety Disorder(Social Phobia)	**신경인지장애** Neurocognitive Disorders	1	섬망 Delirium
	5	공황장애 Panic Disorder		2	주요 및 경도 신경인지장애 Major and Mild Neurocognitive Disorder
	6	광장공포증 Agoraphobia	**성격장애** Personality Disorders	A군 성격장애 Cluster A Personality Disorders	
	7	범불안장애 Generalized Anxiety Disorder		1	편집성 성격장애 Paranoid Personality Disorder
강박 및 관련 장애 Obsessive-Compulsive and Related Disorders	1	강박장애 Obsessive-Compulsive Disorder		2	조현성 성격장애 Schizoid Personality Disorder
	2	신체이형장애 Body Dysmorphic Disorder		3	조현형 성격장애 Schizotypal Personality Disorder
	3	수집광 Hoarding Disorder		B군 성격장애 Cluster B Personality Disorders	
	4	발모광(털뽑기장애) Trichotillomania (Hair-Pulling Disorder)			
	5	피부뜯기장애 Excoriation (Skin-Picking) Disorder		1	반사회성 성격장애 Antisocial Personality Disorder
외상 및 스트레스 관련 장애 Trauma-and Stressor-Related Disorders	1	반응성 애착장애 Reactive Attachment Disorder		2	경계성 성격장애 Boderline Personality Disorder
	2	탈억제성 사회적 유대감 장애 Disinhibited Social Engagement Disorder		3	연극성 성격장애 Histrionic Personality Disorder
	3	외상후 스트레스장애 Post-traumatic Stress Disorder		4	자기애성 성격장애 Narcissistic Personality Disorder
	4	급성 스트레스장애 Acute Stress Disorder		C군 성격장애 Cluster C Personality Disorders	
	5	적응장애 Adjustment Disorders			

	6	지속성 비탄장애 Prolonged Grief Disorder	성격장애 Personality Disorders	1	회피성 성격장애 Avoidant Personality Disorder
해리장애 Dissociative Disorders	1	해리성 정체성장애 Dissociative Identity Disorder		2	강박성 성격장애 Obsessive-compulsive Personality Disorder
	2	해리성 기억상실 Dissociative Amnesia		3	의존성 성격장애 Dependent Personality Disorder
	3	이인성/비현실감 장애 Depersonalization/ Derealization Disorder			

1. 정신병리란

정신병리론은 행동, 사고, 의식 수준 등 다양한 측면에서 보이는 정신장애의 증상들을 분류하고 설명하는 학문적인 체계이다. 이는 사람의 이상적인 행동 양식을 의미하며, 정상적인 적응 상태가 파괴되어 비정상적인 인격 기능과 행동의 이상을 나타내는 상태를 '정신병리'라고 한다. 일반적으로 사람은 일정한 적응 상태를 유지하기 위해 노력하나, 정신병리는 이러한 적응 상태의 파괴로 인해 발생하며, 증상들은 개인의 심리적 · 신체적 기능 결함으로 인해 나타날 수도 있다. 또한 반복적으로 축적된 스트레스나 신체적 조건의 변화와 같은 복합적인 영향으로 인해 발생하기도 한다. 정신병리의 증상들은 개인이 손상된 결함을 보상하기 위해 노력하는 결과로 나타날 수 있으며, 병리적인 증상들은 종종 기능 장애의 결과로 이해된다. 따라서 정신병리론은 이러한 다양한 증상을 체계적으로 분류하고 해석함으로써 정신병리를 이해하고 대처하는 데에 도움을 준다.

2. 진단체계 변화의 흐름: DSM과 ICD의 변화

정신과적 진단분류체계는 다양한 정신장애의 원인을 규명하고 임상현장의 복잡성을 해결할 뿐만 아니라 적절하고 효과적인 치료법을 개발하기 위해 꼭 필요하며, 정신건강 분야의 발전과 사람들의 삶의 질 향상을 위한 중요한 도구로 사용된다. 정신장애의 분류는 크게 두 가지로 나뉜다. 첫 번째는 세계보건기구(World Health Organization: WHO)의 국제질병분류(International Classification of Diseases: ICD)이다. 1948년 ICD-6에서는 정신장애를 따로 분류하여 다루었으며 그 후 현재까지 ICD-11로 개정되어 발행되고 있다. 두 번째는 미국정신의학회(American Psychiatric Association: APA)에서 발행하는 DSM이다. WHO가 발표한 ICD-6판의 대안으로 1952년 『정신질환의 진단 및 통계 편람(Diagnostic and Statistical Manual of Mental Disorder: DSM)』 1판을 발행하였고, 현재 한국에서는 『DSM-5-TR』이 2023년 10월경 출시되었다.

『DSM-5』의 일반적인 개정사항은 다음과 같다. 첫째, 개정판 숫자의 변경이다. 『DSM-IV-TR』까지는 숫자를 로마자로 표기하였으나 독자들로 하여금 새로운 임상적 발견에 따른 개정을 쉽게 이해할 수 있도록 더 이상 로마자가 아닌 숫자로 표기하기 시작하였다. 둘째, 다축진단체계의 폐지이다. 『DSM-IV』에서는 다축진단체계가 사용되었으나 실제 임상현장에서는 진단의 객관성 및 타당성이 부족하여 유용하지 못하다는 비판에 따라 이를 폐지하였다. 그러나 내용 전체를 폐기한 것이 아닌 표기 방식을 변경한 것이기에 다축진단체계의 일부는 진단별 예로 전환되거나 진단 내에 포함되었다. 셋째, 하이브리드 모델인 차원적 분류와 평가가 도입되었다. 기존의 DSM은 범주적인 접근을 사용하여 분류하였기에 명확한 진단기준을 충족하면 해당 범주로 분류되었다. 그러나 기존 분류체계만으로 정신질환을 충분히 설명하기 어려운 한계를 보완하기 위해 차원적 분류의 도입이 필요하다는 인식이 제기되었고, 『DSM-5』로 넘어오면서 개별 증상의 특징을 단순하게 '있다' 없다'로 분류하는 것이 아닌 특징의 정도와 심각성을 반영할 수 있도록 개정되었다. 이러한 차원적 기준은 『DSM-5』에서 자폐스펙트럼장애, 조현병 스펙트럼 장애 등의 일부 정신질환에 적용되었다. 하지만 모든 정신질환에 하이브리드 모델이 적용되는 것은 아니며, 각 질환의 특성에 따라 범주적 분류에 기초하여 차원적 분류를 사용하기도 한다. 넷째, 환자의 인권존중을 위해 진단명의 용어가 변경되었다. 각 사람의 인권을 존중하고 중시하게 되면서 '치매' '말더듬' '정신지체' 등과 같은 용어가 '신경인지장애' '아동기 발병 유창성장애' '지적장애' 등으로 수정되었다. 다섯째 '기타 질환(Not Otherwise Specified: NOS)'이라는 접근명의 용어가 변경되었다. 『DSM-IV』에서 '달리 분류되지 않는'이라는 용어는 『DSM-5』로 오면서 '달리 명시된(other specified)' 혹은 '명시되지 않는(unspecified)'으로 대체되었다. 올해 개정된 『DSM-5-TR』에서는 기존

『DSM-5』의 진단기준의 수정사항이 새로 반영되었으며 자살 및 비자살적 자해 행동 보고를 위한 증상 부호, 새로운 진단, 지속성 비탄 장애 등이 추가되고 전환장애, 지적장애, 파괴적 충동조절 및 품행 장애의 용어가 변경되었다. 뿐만 아니라 유병률, 위험 및 예후인자, 문화와 관련된 진단적 쟁점, 자살 사고 혹은 행동과의 연관성, 동반이환, 성 및 젠더와 관련된 진단적 쟁점 등이 추가로 수정되었다. 이렇듯 이상행동을 분류하는 것은 다학제적 팀을 이루는 전문가들의 원활한 의사소통의 장을 마련하고, 정신장애를 간결하게 기술함으로 장애의 원인, 경과 및 예후를 예측하게 하여 최적의 치료법을 적용시키고자 함이다. 또한 임상적으로 객관적인 근거를 제시해 주기 때문에 현대 사회에서 다양한 이유로 삶의 어려움을 겪는 현대인들의 더 나은 삶을 위한 구체적인 연구를 지속 가능하게 하여 사회에 기여하고 있다.

01 신경발달장애

Neurodevelopmental Disorders

1) 신경발달장애의 정의

신경발달장애는 발달기부터 시작되는 중추신경계의 장애로 학령 전기에 발현되며 실행 기능의 문제, 사회기술의 결함, 지적장애 등의 손상을 보이며 학업, 사회, 직업 개인의 기능에 심각한 지장을 보일 수 있다. 그러나 증상은 변화할 수 있기 때문에 현재 보이는

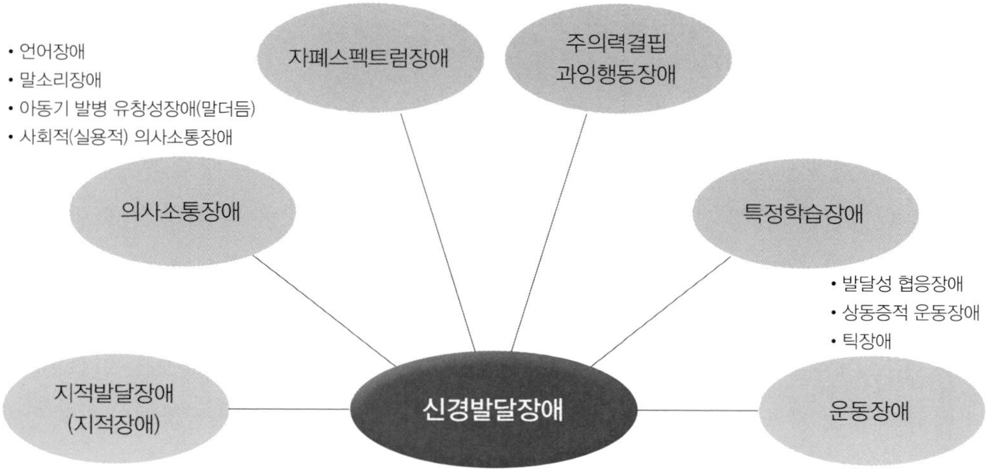

[그림 1-1] 신경발달장애의 하위 장애

양상이 확실한 손상과 결함을 보일지라도 과거의 정보에 입각하여 진단기준을 내려야 한다. 즉, 신경발달장애는 개인의 학업, 사회, 작업, 기능에 심각한 지장을 줄 수 있는 뇌와 관련된 정신장애를 의미하며, 〈표 1-1〉과 같은 하위 장애를 포함한다.

표 1-1 신경발달장애의 하위 장애와 핵심증상

하위 장애	ICD-11	핵심증상
지적발달장애 (지적장애)	6A00	현저히 낮은 지능 수준으로 학업 및 사회적 · 환경적 적응에 어려움을 보임
의사소통 장애	6A01	말과 언어의 습득 및 사용의 결함으로 인한 어려움이 나타남
자폐스펙트럼장애	6A02	사회적 의사소통의 부족과 제한적이고 반복적인 행동을 보임
주의력결핍 과잉행동장애	6A05	산만함, 주의집중의 어려움, 충동성, 과잉행동을 보임
특정학습장애	6A03	정상적인 지능 수준에 비해 읽기, 쓰기, 산술에서 학습부진이 나타남
운동장애	6A06	연령이나 지능 수준에 비해 일상 활동에서 운동 기술의 손상으로 가정, 사회, 학교 등 미숙하고 부적응적인 움직임을 반복하여 상당한 문제를 초래함

2) 신경발달장애의 이론 및 원인

(1) 적발달장애(지적장애) Intellectual Developmental Disorder(Intellectual Disability)

지적발달장애의 유전 · 생리적 요인은 출생 전, 출생과정, 출생 후에 따라서 다양한 요인으로 나타난다. 출생 전에는 유전적 증후군, 선천성 대사 이상, 뇌 기형, 산모의 질병, 환경적인 영향이 지적장애를 유발할 수 있다. 또한 출생과정에서 발생하는 다양한 문제와 더불어, 출생 후 나타나는 저산소성 손상, 외상성 두부 손상, 감염, 발작, 중독 등이 해당 장애에 영향을 끼칠 수 있다. 환경적 요인으로 낮은 사회경제적 수준으로 인한 빈곤, 정서적 방임 등에 노출되었을 경우 자극이 결핍되기 때문에 경도의 지적장애의 가능성이 있다.

(2) 의사소통장애 Communication Disorders

의사소통장애의 하위 유형으로 언어장애, 말소리장애, 아동기 발병 유창성장애, 사회적(실용적) 의사소통장애가 있다. 가족 구성원 중 언어손상을 가지고 있을 확률이 매우 높으며 이는 유전적 요인으로 작용한다. 또한 뇌 손상, 감각기능의 결함, 신경학적 장애, 인지장애 등 생리적 요인으로 인해 의사소통장애를 초래할 수 있다. 심리적 요인으로 의사소통을 배우는 발달기에 부모의 무관심한 양육 태도, 방임, 결핍, 불안정 애착 형성으로 인해 의사소통의 문제를 겪게 될 확률이 높다.

(3) 자폐스펙트럼장애 Autism Spectrum Disorder

자폐스펙트럼장애의 환경적 요인으로 고령 부모의 출산, 출생 시 저체중, 태아기의 발프로에이트 노출 등과 같은 다양한 원인이 있다. 유전 · 생리적 요인으로 쌍생아의 경우 유전성이 37~90% 이상으로 매우 높고, 특정 유전자의 복제수 변이나 돌연변이와 같은 유전적 변이와 관련이 있다. 특히 자폐스펙트럼장애 아동은 진단받지 않은 사람보다 세로토닌 수준이 훨씬 높고, 도파민 이상으로 외부 자극에 대해 과한 예민함과 둔감한 행동을 보인다. 자폐스펙트럼장애의 기질적 요인으로 뇌파의 이상소견이 발견되며, 이는 뇌전증과 같은 뇌 기능 장애와 관계가 있다.

(4) 주의력결핍 과잉행동장애 Attention-Deficit/Hyperactivity Disorder

주의력결핍 과잉행동장애는 기질적으로 행동억제의 감소, 조절이나 통제, 부정적 감정, 자극 추구 행동과 연관이 있고, 환경적 요인으로 출생 시 저체중, 독성물질 노출, 감염, 태아기 알코올 노출과 같은 과거력과 관련이 있다. 또한 아동 학대, 방임, 다수의 양육자로 인한 불안정한 양육환경으로 인해 발현될 수 있다. 유전적 요인으로 일차 친족과 같은 가족력이 해당 장애의 유발을 촉진하며, 영양 결핍, 시각 또는 청각 손상, 대사 이상, 뇌전증이 주의력결핍 과잉행동장애의 증상에 영향을 준다.

(5) 특정학습장애 Specific Learning Disorder

특정학습장애의 환경적 요인으로 조산, 저체중, 태아기 니코틴 노출과 관련이 있으며, 이로 인한 뇌손상은 인지처리 과정에 결함을 보이게 된다. 또한 부모의 교육 수준, 잘못된 교육 방법은 해당 장애를 유발할 수 있다. 유전적 요인으로 가족력에 따른 발병이 높으며, 특정학습장애의 생리적 요인으로 언어능력과 관련된 뇌의 특정 부위의 상, 뇌의 좌반구와 우반구의 불균형으로 인해 증상이 나타나기도 한다.

(6) 운동장애Motor Disorders

운동장애의 하위 유형으로는 발달성 협응장애, 상동증적 운동장애, 틱장애가 있다. 이들은 연령, 지능, 신체 상태의 움직임 및 운동능력이 기대 수준보다 낮기에 미숙하거나 부적응적인 움직임을 반복적으로 보인다. 이 장애의 환경적 요인으로 저체중, 조산아와 태아기 알코올 노출과 관련이 높으며, 심리적 요인으로 스트레스나 불안에 의해 증상이 생기기도 한다.

3) 신경발달장애의 임상적 특징

(1) 지적발달장애(지적장애)

핵심증상은 IQ 70 미만으로 개념적 · 사회적 · 실제적 영역에서 지적 기능 및 적응 기능상의 결손이 나타나는 것이다. 또한 사회문화적 배경에서 또래에 비해 현저하게 미숙한 적응양상이 나타난다. 구체적으로 사회적 판단과 위험감지, 행동 및 감정 조절에서 어려움을 보이며, 파괴적이고 공격적인 행동이 나타날 수 있다. 이로 인해 학교, 가정, 직장과 같은 사회적 환경에서 의사소통, 참여, 일상생활 적응의 어려움을 겪는다. 또한 이들은 사회적 상황에서 타인의 말에 쉽게 선동되어 잘 속아 범죄 위험에 노출될 위험이 있다. 지적장애가 있는 개인에게 정신질환이 동반된 경우, 지적 기능이 높은 경우, 과거 스트레스 요인이 있는 경우 자살의 위험성이 있다. 지적발달장애는 대부분 아동 발달기부터 발현되며 심각도에 따라 경도, 중등도, 중증도, 최중증도로 분류한다. 심각도에 따라 1~3급으로 구분하며 1급은 IQ 34 이하, 2급은 IQ 35~49, 3급은 IQ 50~70 이하, 경계성 지능은 보통 IQ 70~84 범위에 해당된다. 경도 지적발달장애의 경우 꾸준한 재활과 교육을 통해 기술을 개발할 수 있으며 자조적인 삶을 영위할 수 있지만 심한 지적발달장애의 경우 평생 누군가의 도움을 받아야 생활이 가능하다. 지적발달장애의 유병률은 대략 인구의 1% 정도이며 성인보다 청소년에게 더 높게 나타난다.

지적발달장애(지적장애)의 진단기준(DSM-5-TR)

지적발달장애(지적장애)는 발달 시기에 시작되며, 개념, 사회, 실행 영역에서 지적 기능과 적응 기능 모두에 결함이 있는 상태를 말한다. 다음의 3가지 진단기준을 충족해야 한다.

A. 임상적 평가와 개별적으로 실시된 표준화된 지능 검사로 확인된 지적 기능의 결함이 있다.
B. 적응 기능의 결함으로 인해 독립성과 사회적 책임 의식에 필요한 발달학적 · 사회문화적 표준을 충족하지 못한다. 지속적인 지원이 없다면 적응 결함으로 인해 다양한 환경에서 한 가지 이상의 일상 활동 기능에 제한을 받는다.
C. 지적 결함과 적응 기능의 결함은 발달 시기 동안에 시작된다.

(2) 의사소통장애

핵심증상은 정상 지능 수준임에도 언어, 말하기, 의사소통에서 보이는 결함이다. 이들은 자신의 연령에 맞게 언어를 이해하고 표현하는 것과 언어 구사력, 발성에 어려움이 있다. 말하기는 조음, 유창성, 목소리, 공명의 질을, 언어는 형태, 의사소통 규칙, 기호 사용을, 의사소통에는 행동, 사고, 언어적 · 비언어적 행동을 포함한다. 의사소통 능력은 개인의 문화와 언어적 배경을 고려하여 평가해야 한다.

① 언어장애

핵심증상은 어휘, 문장구조, 담론에 대한 이해 및 생성의 결함으로 인해 언어 습득과 사용에 어려움을 겪는 것이다. 연령에 비해 언어능력의 저하, 의사소통의 결함, 학업적 성취나 적응에 심각한 기능적 저하가 나타날 때 진단되며 주로 아동기부터 발견된다. 제한적 어휘 사용, 단순하고 짧은 구조, 잘못된 어순과 시제, 상황에 맞지 않는 단어와 어휘 사용, 문장의 생략, 복잡한 문장 생성의 어려움을 보이며 연령의 기대 수준에 비해 상당히 낮고 이는 효과적인 의사소통의 사회화를 방해한다. 유병률은 학령기 소아의 3~10%, 일반 인구에서는 3~5%로 추정된다. 남아가 여아에 비해 2~3배 많다.

언어장애의 진단기준(DSM-5-TR)

A. 언어에 대한 이해 및 생성의 결함으로 인해 언어 양식의 습득과 사용에 지속적인 어려움이 있으며, 다음 항목들을 포함한다.
   1. 어휘감소
   2. 문장 구조의 제한
   3. 담화의 손상

B. 언어 능력이 연령에 기대되는 수준보다 상당히, 그리고 정량적으로 낮으며, 이로 인해 개별적으로나 어떤 조합에서나 효율적인 의사소통, 사회적 참여, 학업적 성취 또는 직업적 수행의 기능적 제한을 야기한다.

C. 증상의 발병은 초기 발달 시기에 시작된다.

D. 이러한 어려움은 청력이나 다른 감각 손상, 운동 기능이상 또는 다른 의학적 · 신경학적 상태에 기인한 것이 아니며, 지적발달장애(지적장애)나 전반적 발달지연으로 더 잘 설명되지 않는다.

② 말소리장애

핵심증상은 언어음의 생성이 아동의 연령과 발달 단계에 기대 수준에 맞지 않는 것이다. 말소리를 생성할 때 음소를 또렷하게 소리 내어 구어를 조합해야 하는데, 말소리 장애는 이러한 과정이 어렵고 의사소통 전달의 명확도가 떨어지는 것을 뜻한다. 말소리장애는 기본적으로 이질적인 장애로 음성학적 장애와 조음장애를 포함한다. 유병률은 6~7세 아동 중에서 약 2~3%가 발병되는 것으로 알려져 있으며 17세경이 되면 그 비율이 0.5%로 떨어지고, 남성에게 더 흔하게 나타난다.

말소리장애의 진단기준(DSM-5-TR)

A. 말소리 내기에 지속적인 어려움이 있고, 이는 언어 명료도를 방해하거나 전달적인 언어적 의사소통을 막는다.

B. 장해가 효과적인 의사소통을 제한하여 사회적 참여, 학업 성취, 직업적 수행을 각각 혹은 조합해서 방해한다.

C. 증상의 발병은 초기 발달 시기에 시작된다.

D. 이러한 어려움은 뇌성마비, 구개열, 청력 소실, 외상성 뇌손상이나 다른 의학적 또는 신경학적 조건과 같은 선천적 혹은 후천적 조건으로 인한 것이 아니다.

③ 아동기 발병 유창성장애(말더듬)

핵심증상은 연령에 부적절한 언어의 유창성과 함께 속도에서 장애가 나타난다. 음이나 음절을 자주 반복하거나 길게 말하는 특징이 있고 깨진 단어, 말 막힘, 돌려 말하기, 과도하게 힘주어 말하기, 단음절 단어의 반복을 보인다. 학업적 · 직업적 성취와 사회적 의사소통을 방해하며 흔히 발표나 면접에 대한 압박이 있으면 증상이 악화될 수 있다. 해당 장애는 노래를 하거나 동물 소리를 낼 때는 나타나지 않기도 하며, 발병 연령대는 2~7세이고 보통 6세 무렵에 많이 관찰된다. 아동기 발병 유창성장애의 65~86%는 회복이 가능하며 약 8세 무렵에 보이는 심각도에 따라 앞으로의 회복 가능성을 예측할 수 있다.

아동기 발병 유창성장애(말더듬)의 진단기준(DSM-5-TR)

A. 말의 정상적인 유창성과 말 속도 양상의 장애로서 이는 연령이나 언어 기술에 비해 부적절하며, 오랜 기간 지속된다.
   1. 음과 음절의 반복
   2. 자음과 모음을 길게 소리 내기
   3. 단어의 깨어짐(예: 한 단어 내에서 머뭇거림)
   4. 소리를 동반하거나 동반하지 않는 말 막힘(말의 중단 사이가 채워지거나 채워지지 않음)
   5. 돌려 말하기(문제 있는 단어를 피하기 위한 단어 대치)
   6. 과도하게 힘주어 단어 말하기
   7. 단음절 단어의 반복(예: "나-나-나-나는 그를 본다.")

B. 개별적으로나 복합적으로 장애는 말하기에 대한 불안 혹은 효과적인 의사소통, 사회적 참여, 또는 학업적이나 직업적 수행의 제한을 야기한다.

C. 발병은 초기 발달 시기에 시작된다.

D. 장해는 언어-운동 결함 또는 감각 결함, 신경학적 손상에 의한 비유창성, 또는 다른 의학적 상태로 인한 것이 아니며, 다른 정신질환으로 더 잘 설명되지 않는다.

④ 사회적(실용적) 의사소통장애

핵심증상은 언어 및 의사소통의 사회적 사용에 문제가 있는 것이다. 언어적 · 비언어적 의사소통의 사회적 규칙을 이해하거나 수용하는 데 어려움을 보이고, 상황적 요구에 따라 언어를 바꾸거나, 대화를 나누고 이야기를 하기 위한 규칙을 따르는 데 결함을 보인다. 일상적인 대화에서 분위기나 흐름을 알아채지 못하고 은유적 표현이나 유머를 이해하지 못하는 특징을 보인다. 또한 엉뚱한 말이나 행동을 보이며 눈치 없이 참견하여 주변 분위기를 가라앉게 만든다. 보통 4세 이상이 되어야 사회적 의사소통의 결함을 인지할 수 있고 경미한 경우 청소년기까지 감지하기 어렵다.

사회적(실용적) 의사소통장애의 진단기준(DSM-5-TR)

A. 언어적 · 비언어적 의사소통의 사회적인 사용에 있어서 지속적인 어려움이 있고, 다음과 같은 양상이 모두 나타난다.
  1. 사회적 맥락에 적절한 방식으로 인사 나누기 및 정보 공유하기와 같은 사회적 목적의 의사소통을 하는 데 있어서의 결함
  2. 교실과 운동장에서 각기 다른 방식으로 말하기, 아동과 성인에게 각기 다른 방식으로 말하기, 그리고 매우 형식적인 언어의 사용을 피하는 것과 같이 맥락이나 듣는 사람의 요구에 맞추어 의사소통 방법을 바꾸는 능력에 있어서의 손상
  3. 순서에 맞추어 대화하기, 알아듣지 못했을 때 좀 더 쉬운 말로 바꾸어 말하기, 상호작용을 조절하기 위해 언어적 · 비언어적 신호를 사용하기와 같이 대화를 주고받는 규칙을 따르는 데 있어서의 어려움
  4. 명시적으로 기술되지 않은 것을 이해하기(예: 추측하기), 언어의 비문자적 또는 애매모호한 의미(예: 관용구, 유머, 은유, 해석 시 문맥에 따른 다중적 의미)를 이해하는 데 있어서의 어려움

B. 개별적으로나 복합적으로 결함이 효과적인 의사소통, 사회적 참여, 사회적 관계, 학업적 성취 또는 직업적 수행의 기능적 제한을 야기한다.

C. 증상의 발병은 초기 발달 시기에 나타난다(그러나 결함은 사회적 의사소통 요구가 제한된 능력을 넘어설 때까지는 완전히 나타나지 않을 수 있다).

D. 증상은 다른 의학적 또는 신경학적 상태나 부족한 단어 구조 및 문법 영역의 능력에 기인한 것이 아니며, 자폐스펙트럼장애, 지적발달장애(지적장애), 전반적 발달지연 또는 다른 정신질환으로 더 잘 설명되지 않는다.

(3) 자폐스펙트럼장애

핵심증상은 사회적 · 정서적 상호작용의 결함, 언어적 · 비언어적 의사소통의 결함, 대인관계 유지의 결함, 제한된 관심사, 상동증적인 행동의 반복이다. 아동기 초기부터 나타나 일상생활에 제한이나 손상을 보인다. 최초 증상은 출생 직후부터 나타나고 1세까

지는 경미하여 증상이 뚜렷하게 나타날 때까지 모르는 경우가 많다. 주로 언어의 결함을 보이며 말을 전혀 못 하는 무발화부터 언어 지연, 이해력 부족, 반향어 사용의 손상과 사회적 의사소통의 손상을 보인다. 사회적 상호작용의 결핍은 어린 아동에서부터 분명하게 드러나며 감정 공유, 모방 행동, 눈맞춤이 없으며 주로 일방적인 언어를 사용한다. 자폐스펙트럼장애의 유병률은 인구의 1~2%이다. 지역이나 민족, 아동 및 성인 표본에 따른 차이는 없으나 인종적 배경에 따른 오진, 진단 지연, 과소진단에 의해 영향을 받을 수 있다. 남녀의 비율은 3:1 정도이며 여아에게서 장애에 대한 인지가 낮다는 우려가 있다.

자폐스펙트럼장애의 진단기준(DSM-5-TR)

A. 다양한 분야에 걸쳐 나타나는 사회적 의사소통과 사회적 상호작용의 지속적인 결함으로 현재 또는 과거력상 다음과 같은 특징이 모두 나타난다
  1. 사회적-감정적 상호성의 결함
  2. 사회적 상호작용을 위한 비언어적인 의사소통 행동의 결함
  3. 관계 발전, 유지 및 관계에 대한 이해의 결함

B. 제한적이고 반복적인 행동, 흥미 또는 활동이 현재 또는 과거력상 다음 항목들 가운데 적어도 2가지 이상 나타난다
  1. 상동증적이거나 반복적인 운동성 동작, 물건 사용 또는 말하기
  2. 동일성에 대한 고집, 일상적인 틀에 대한 융통성 없는 집착 또는 의례적인 언어적 · 비언어적 행동 양상
  3. 강도나 초점에 있어서 비정상적으로 극도로 제한되고 고정된 흥미
  4. 감각 정보에 대한 과잉 또는 과소 반응, 혹은 환경의 감각 측면에 대한 특이한 관심

C. 증상은 반드시 초기 발달 시기부터 나타나야 한다.

D. 이러한 증상은 사회적, 직업적 또는 다른 중요한 현재의 기능 영역에서 임상적으로 현저한 손상을 초래한다.

E. 이러한 장해는 지적발달장애(지적장애) 또는 전반적 발달지연으로 더 잘 설명되지 않는다. 지적발달장애와 자폐스펙트럼장해는 자주 동반된다. 자폐스펙트럼장애와 지적발달장애를 함께 진단하기 위해서는, 사회적 의사소통이 일반적인 발달 과정상 기대되는 수준보다 더 저하되어야 한다.

(4) 주의력결핍 과잉행동장애

핵심증상은 기능이나 발달을 저해하는 지속적인 부주의, 과잉행동-충동성이다. 부주의는 ADHD의 행동적 측면에서 과제를 수행하지 않고 돌아다니기, 부족한 인내심, 지속적인 주의집중의 어려움, 무질서와 같은 모습을 나타낸다. 과잉행동-충동성은 적절하지 않은 상황에서 과도한 운동 활동, 두드리는 행동, 수다스러운 말과 연관이 있으며, 이는 반항이나 이해 부족이 아니다. 12세 이전에 발병하며 가정, 학교, 직장뿐만 아니라 일상 전반에 걸쳐 증상이 나타나며 특히 언어 및 운동 · 사회성에서 심각한 발달 지연을 보인다. 유병률은 전 세계적으로 아동의 약 7.2%에서 발생하며, 수양자녀나 교정 환경과 같은 특수집단에서 더 높게 나타난다. 아동기에는 잘 드러나지 않다가 초등학교에 입학하며 식별되는 경우가 많다. 이후 청소년기를 지나면서 안정을 보이기도 하지만, 부주의한 행동으로 인해 타인의 부정적인 시각 및 상호작용을 경험한 일부는 반사회적 특징이 나타날 수도 있다. 성인의 경우 과잉행동 증상은 감소하나 부주의와 좌불안석, 충동성의 증상은 개선되지 않아 일상에서의 기능에 문제가 생기기도 한다. 또한 기분장애, 품행장애, 물질사용장애와 동반될 때 자살 시도 위험이 증가한다.

주의력결핍 과잉행동장애의 진단기준(DSM-5-TR)

A. 기능 또는 발달을 저해하는 지속적인 부주의 및 과잉행동-충동성이 (1) 또는 (2)의 특징을 갖는다.

1. 부주의
   a. 종종 세부적인 면에 대해 면밀한 주의를 기울이지 못하거나, 학업, 작업 또는 다른 활동에서 부주의한 실수를 저지름
   b. 종종 과제를 하거나 놀이를 할 때 지속적으로 주의집중을 할 수 없음
   c. 종종 다른 사람이 직접 말을 할 때 경청하지 않는 것처럼 보임
   d. 종종 지시를 완수하지 못하고, 학업, 잡일 또는 작업장에서의 임무를 수행하지 못함
   e. 종종 과제와 활동을 체계화하는 데 어려움이 있음
   f. 종종 지속적인 정신적 노력을 요구하는 과제를 기피하고, 싫어하거나 저항함
   g. 과제나 활동에 꼭 필요한 물건들을 자주 잃어버림
   h. 종종 외부자극에 의해 쉽게 산만해짐
   I. 종종 일상적인 활동을 잊어버림

2. 과잉행동–충동성
B. 몇 가지 부주의 또는 과잉행동–충동성 증상이 12세 이전에 나타난다.
C. 몇 가지 부주의 또는 과잉행동–충동성 증상이 2가지 또는 그 이상의 환경에서 존재한다.
D. 증상이 사회적 · 학업적 · 직업적 기능의 질을 방해하거나 감소시킨다는 명확한 증거가 있다.
E. 증상이 조현병 또는 기타 정신병적 장애의 경과 중에만 발생되지 않으며, 다른 정신질환으로 더 잘 설명되지 않는다.

(5) 특정학습장애

핵심증상은 정상적인 지능과 신체를 가지고 있지만 학업을 수행하는 데 지속적인 어려움을 겪는 것이다. 시기는 정규 학교 교육 기간 중 발견된다. 해당 장애의 증상으로 정확한 단어 읽기, 독해력, 쓰기, 철자, 산술 계산, 수학적 추론에서 결함을 보인다. 이러한 특징은 학습의 기회 부족이나 부적절한 교육 때문이 아닌 학업 기술 습득의 어려움으로부터 기인한다. 또한 학습 기술에 대한 개인의 수행능력이 평균 연령보다 낮으며, 연령에 비해 낮은 학업적 성취를 나타낸다. 또는 매우 높은 수준의 노력과 지지에 의해서만 평균 수준의 성취가 지속된다. 대부분의 경우 학습 문제가 저학년 때 나타나지만 고학년이 되기까지 완전히 나타나지 않을 수도 있다. 읽기, 쓰기, 수학의 학습 영역에 따른 유병률은 학령기 아동에서 5~15% 정도 나타나며 성인의 유병률은 확인되지 않았다.

특정학습장애의 진단기준(DSM-5-TR)

A. 학업 기술을 배우고 사용하는 데 있어서의 어려움, 이러한 어려움에 대한 적절한 개입을 제공함에도 불구하고 하위 증상 중 한 가지 이상이 최소 6개월 이상 지속된다.
1. 부정확하고 느리고 힘겨운 단어 읽기
2. 읽은 것의 의미를 이해하기 어려움
3. 철자법의 어려움
4. 쓰기의 어려움
5. 수 감각, 단순 연산 값 암기 또는 연산 절차의 어려움
6. 수학적 추론의 어려움

B. 보유한 학습 기술이 개별적으로 실시한 표준화된 성취도 검사와 종합적인 임상 평가를 통해 생활연령에 기대되는 수준보다 현저하게 양적으로 낮으며, 학업적 · 직업적 수행이나 일상생활의 활동을 현저하게 방해한다는 것이 확인되어야 한다. 17세 이상인 경우 학습의 어려움에 대한 과거 병력이 표준화된 평가를 대신할 수 있다.
C. 학습의 어려움은 학령기에 시작되나 해당 학습 기술을 요구하는 정도가 개인의 능력을 넘어서는 시기가 되어야 분명히 드러날 수도 있다.
D. 학습의 어려움은 지적장애, 교정되지 않은 시력이나 청력 문제, 다른 정신적 또는 신경학적 장애, 정신사회적 불행, 학습 지도사가 해당 언어에 능숙하지 못한 경우, 불충분한 교육적 지도로 더 잘 설명되지 않는다.

(6) 운동장애

핵심증상은 조화로운 운동 기능의 습득과 수행의 결함을 보이는 것이다. 이들은 어색하고 느린 운동 수행능력으로 일상생활에 어려움을 겪는다. 주로 단추와 지퍼 채우기, 서투른 동작, 물건을 자주 놓쳐 깨트리게 된다. 그 결과로 자존감이 많이 낮고 불안이 증폭되어 신체 움직임을 기피하게 되면서 청소년기 비만으로 이어질 수 있다. 이 장애는 발달성 협응장애, 상동증적 운동장애, 틱장애를 포함한다.

① 발달성 협응장애

핵심증상은 신체적 질병과 상관없이 운동 기술의 손상으로 인해 가정, 학교, 일상생활에서 수행이나 참여가 어렵다. 걷기, 뛰기, 옷 입기, 연령에 맞는 식기 사용과 어지럽히지 않게 식사하기, 타인과 함께하는 신체 활동에 참여하기, 자와 가위 등의 도구 사용하기와 같은 행동 수행에 손상과 속도 지연을 보인다. 이는 글씨를 쓰는 능력도 영향을 받기 때문에 전반적으로 학업적 성취가 낮은 편에 속한다. 주로 5~11세 아동에서 5~6%가 진단되었으며 남아의 비율이 더 높다.

발달성 협응장애의 진단기준(DSM-5-TR)

A. 협응된 운동의 습득과 수행이 개인의 생활연령과 기술 습득 및 사용의 기회에 기대되는 수준보다 현저하게 낮다. 장애는 운동 기술 수행의 지연과 부정확성뿐만 아니라 서투른 동작으로도 나타난다.
B. 진단기준 A의 운동 기술 결함이 생활연령에 걸맞은 일상생활의 활동에 현저하고 지속적인 방해가 되며, 학업/학교생활의 생산성, 직업 활동, 여가, 놀이에 영향을 미친다.
C. 증상은 초기 발달 시기에 시작된다.
D. 운동 기술의 결함이 지적발달장애(지적장애)나 시각 손상으로 더 잘 설명되지 않으며, 운동에 영향을 미치는 신경학적 상태에 기인한 것이 아니어야 한다.

② 상동증적 운동장애

핵심증상은 반복적이고 억제할 수 없으며, 목적 없어 보이는 운동 행동이다. 이러한 증상은 흔히 뚜렷한 목적이 결여되어 있는 머리, 손, 몸의 율동적 운동으로 나타난다. 각자 고유한 패턴의 행동을 보이며 몸 흔들기, 손 퍼덕거리기, 회전하기, 얼굴 앞에서 손가락 튕기기, 고개 끄덕이기, 얼굴 때리기, 신체 부위 물어뜯기가 포함된다. 단순한 상동증적 운동은 발달기 어린 아동에게 흔하게 나타나지만 복합적 상동증적 운동은 훨씬 드물다. 지적장애가 있는 사람의 4~16%가 상동증과 자해를 보이며 사회적 고립 상황에서 이러한 증상이 나타날 수 있고, 스트레스가 행동을 촉발할 수 있다.

상동증적 운동장애의 진단기준(DSM-5-TR)

A. 반복적이고, 억제할 수 없는 것처럼 보이고, 목적이 없는 것 같은 운동 행동
B. 반복적인 운동 행동이 사회적, 학업적, 또는 기타 활동을 방해하고 자해의 원인이 될 수 있다.
C. 초기 발달 시기에 발병한다.
D. 반복적 운동 행동은 물질의 생리적 효과나 신경학적 상태로 인한 것이 아니며, 다른 신경발달장애나 정신질환으로 더 잘 설명되지 않는다.

③ 틱장애

핵심증상은 갑작스럽고 빠르게 나타나는 반복적 · 비율동적 운동이나 음성이다. 시간의 흐름에 따라 다양한 틱 증상이 나타날 수 있지만 어느 한 시점에서부터는 특정 방식이 반복된다. 운동 틱은 단순 운동 틱과 복합 운동 틱으로 구분되며, 단순 운동 틱은 짧은 시간 내에 보이는 눈 깜빡이기, 어깨 움직이기, 얼굴 찡그리기이다. 복합 운동 틱은 특이한 얼굴표정, 어깨 들썩이기, 남의 행동 따라하기, 손 냄새 맡기 등이다. 음성 틱은 갑자기 이상한 소리를 나타내는 것으로, 단순 음성 틱은 헛기침, 킁킁거리기, 꿀꿀거리기이다. 복합 음성 틱은 엉뚱한 단어를 반복하기, 남의 말을 따라하기가 나타난다. 틱장애는 순서(투렛장애, 지속성 운동 또는 음성 틱장애, 잠정적 틱장애, 달리 명시된 · 명시되지 않는 틱장애)에 따른 계층구조가 있어서 한번 어떠한 단계의 진단이 내려졌다면 그보다 낮은 단계의 진단은 내릴 수 없다. 보통 아동기에 흔하게 나타나지만 대부분 일시적으로 증상이 소거되고, 투렛장애는 학령기 아동 1,000명당 3~8명으로 추정되며 남아에게 더 흔하게 나타난다.

틱장애의 진단기준(DSM-5-TR)

※ 주의점: 틱은 갑작스럽고 빠르며 반복적이고 비율동적인 동작이나 음성 증상을 말한다.

투렛장애

A. 다수의 운동 틱과 한 가지 이상의 음성 틱이 질병 경과 중 일부 기간 동안 나타난다. 2가지 틱이 반드시 동시에 나타날 필요는 없다.

B. 틱 증상은 빈도에 있어서 악화와 완화를 반복하지만 처음 틱이 나타난 시점으로부터 1년 이상 지속된다.

C. 18세 이전에 발병한다.

D. 장해는 물질의 생리적 효과나 다른 의학적 상태로 인한 것이 아니다.

지속성(만성) 운동 또는 음성 틱장애

A. 한 가지 또는 다수의 운동 틱 또는 음성 틱이 장애의 경과 중 일부 기간 동안 존재하지만, 운동 틱과 음성 틱이 모두 나타나지는 않는다.

B. 틱 증상은 자주 악화와 완화를 반복하지만 처음 틱이 나타난 시점으로부터 1년 이상 지속된다.

C. 18세 이전에 발병한다.

D. 장해는 물질의 생리적 효과나 다른 의학적 상태로 인한 것이 아니다.

E. 투렛장애의 진단기준에 맞지 않아야 한다.

잠정적 틱장애
A. 한 가지 또는 다수의 운동 틱 및/또는 음성 틱이 존재한다.
B. 틱은 처음 틱이 나타난 시점으로부터 1년 미만에 나타난다.
C. 18세 이전에 발병한다.
D. 장해는 물질의 생리적 효과나 다른 의학적 상태로 인한 것이 아니다.
E. 투렛장애나 지속성(만성) 운동 또는 음성 틱장애의 진단기준에 맞지 않아야 한다.

4) 신경발달장애의 치료적 제언

신경발달장애는 주로 유아기와 아동기에 걸쳐 발병하는 장애로 완전한 치료가 어렵기 때문에 예방을 위한 노력이 매우 중요하다. 임신 중 태내 환경과 출산과정 및 출생 후의 여러 요인에 의해 장애가 유발될 수 있으며, 조기 개입과 재활을 필요로 한다. 일차적 장애의 증상 이외에도 장애로 인해 발생하는 후유증이나 동반하는 부수적인 문제에 따른 치료개입이 필요하다.

신경발달장애에서 주로 사용되는 치료 방법은 약물치료와 행동치료, 심리치료가 있다. 약물치료는 장애 자체의 치료보다는 증상 완화를 위한 목적으로 사용되며 행동치료는 강화의 원리, 피드백, 모델링 등을 적용하여 진행한다. 뉴로 피드백 중재는 신경발달장애의 증상 완화에 효과가 있는 대표적인 비약물 치료 방법 중 하나이다(Caye et al., 2019). 지적장애는 지능 자체를 향상시킬 수 있는 약물은 없으나, 포괄적인 특수교육과 적응기술 훈련, 사회성 증진 훈련과 같은 전 생애에 걸친 지속적인 개입을 필요로 한다. 의사소통장애는 신체적 요인이 있는지 살핀 후, 증상에 따른 언어치료와 심리치료가 필요하다. 자폐스펙트럼장애의 경우 행동치료를 통해 부적응적 행동의 변화와 개선을 돕고, 약물치료를 비롯하여 언어치료, 미술치료, 인지치료 등 내담자의 성향과 장애 정도에 따라 개입한다. 주의력결핍 과잉행동장애의 증거기반치료인 STAND(Supporting Teen's Academic Needs Daily) 프로그램은 주의력, 구조화, 동기 부여에 어려움을 겪는 부모 및 청소년과 함께 정기적인 치료를 수행하는 것으로, 동기 부여 인터뷰를 통해 내담자의 순응도를 높이는 데 효과적이다. 집중 훈련과 감정조절 훈련은 주의력결핍 과잉행동장애, 운동장애, 의사소통장애 아동의 심리적 어려움 해결에 특히 적합하다(Sibley et al., 2013). 특정학습장애 아동의 경우 성취 경험의 부족으로 자신감과 동기가 낮고 수동적인 태도를 보이므로 학업수행 능력 향상을 위한 개별화 교육과 심리적 지지를 통해 동기 부여 및 자신감과 자기효능감을 높여 주는 접근이 필요하다.

신경발달장애의 치료 목표와 접근은 하위 장애와 심각도에 따라 달라지지만, 공통 방향은 일상생활에 필요한 다양한 적응 기술을 습득할 수 있도록 하는 것이다. 내담자들은 스스로 자립하기 어렵고, 사회적 편견과 차별, 적응의 어려움을 겪으며 낮은 자아존중감 및 부정적 자기 인식을 형성한다. 부정적인 인식과 정서를 완화하고 적응적 행동의 학습과 유지를 통해 사회인으로 기능할 수 있도록 가족과 사회 구성원들의 지속적인 관심과 도움이 필요하다.

미술치료는 신경발달장애를 가진 아동의 적응적 · 정서적 · 신체적 측면에서 긍정적인 효과가 있다(Betts et al., 2014). 선 긋기나 색칠하기, 가위질, 스티커 붙이기와 같은 눈과 손이 협응하는 작업은 내담자의 시지각 능력에 도움이 될 수 있으며, 평면과 입체의 다양한 작품 완성 과정을 통해 긍정적인 정서와 성취감을 경험할 수 있다. 다양한 매체를 탐색하고 미술 재료의 감각적인 특성을 활용하는 것은 내담자의 여러 감각을 조절하고 통합하는 것에 효과적이며, 이는 긴장 완화에 도움이 된다(Malchiodi, 2011). 신경발달장애를 가진 내담자는 개인마다 발달 수준이 상이하고 매체에 대한 선호도와 거부감에 대한 편차가 있으므로 증상과 정도에 따른 매체 선택과 발달 수준에 맞는 점진적인 치료 개입이 매우 중요하다.

02

조현병 스펙트럼 및 기타 정신병적 장애

Schizophrenia Spectrum and Other Psychotic Disorders

1) 조현병 스펙트럼 및 기타 정신병적 장애의 정의

조현병 스펙트럼 및 기타 정신병적 장애는 망상, 환각, 와해된 사고(언어), 비정상적 운동 행동(긴장증 포함), 음성 증상 중 하나 이상의 증상이 있는 장애를 일컫는다. 망상장애, 단기 정신병적 장애, 조현양상장애, 조현병, 조현정동장애, 물질/치료약물로 유발된 정신병적 장애, 다른 의학적 상태에 의한 정신병적 장애들 모두가 조현병과 유사한 정신병의 특성을 보이기 때문에 연속선상에 있는 것으로 간주하며 DSM-5에서는 스펙트럼

[그림 2-1] 조현병 스펙트럼 및 기타 정신병적 장애의 하위 장애

의 범주적 차원으로 접근하였다. 증상의 심각도가 약한 것부터 매우 강한 것까지 하나의 스펙트럼상에 배열할 수 있으며 망상장애, 단기 정신병적 장애, 조현양상장애, 조현병 및 조현정동장애의 순으로 심각한 양상을 보인다. 즉, 조현병 스펙트럼 및 기타 정신병적장애란 망상, 환각, 와해된 언어 등 현실을 왜곡하는 부적응 증상들을 보이는 정신장애로서 〈표 2-1〉과 같은 하위 장애를 포함한다.

표 2-1 조현병 스펙트럼 및 기타 정신병적 장애의 하위 장애와 핵심증상

하위 장애	ICD-11	핵심증상
망상장애	6A24	최소 1개월 이상의 지속되는 망상이 나타남
단기 정신병적 장애	6A23.Z	조현병과 증상은 비슷하나 1일 이상~1개월 이내에 발병하는 등 급성적이고 단기적임
조현양상장애	–	조현병과 증상은 비슷하나 1개월 이상~6개월 이내 지속되는 것이 특징임
조현병	6A20	망상, 환각, 와해된 언어, 극도로 와해된 또는 긴장성 행동, 음성 증상 중 최소 2개의 증상들이 최소 6개월 동안 지속됨
조현정동장애	6A21	조현병의 진단기준과 동시에 주요 기분 삽화가 있음
물질/치료약물로 유발된 정신병적 장애	6A2Y	물질/약물의 생리적 효과라고 여겨지는 뚜렷한 망상과 환각이 하나 혹은 둘 다 존재함
다른 의학적 상태로 인한 정신병적 장애		생리적 결과로 인해 나타나는 망상과 환각을 보임

** ICD-11에서 조현양상장애는 없으며, ICD 10의 경우 분열증(성)장애로 F21로 표기됨

2) 조현병 스펙트럼 및 기타 정신병적 장애의 이론 및 원인

(1) 망상장애 Delusional Disorder

기저핵, 좌반구의 측두엽, 우반구의 두정엽 등 뇌의 구조적 손상이 일어나면 망상을 일으킬 수 있고, 도파민과 같은 신경전달물질이 활성화되면 망상이 발생된다는 생리적 요인이 있다. 심리적 요인으로는 억압된 동성애적 충동이 방어과정을 거치면서 편집 상태로 발견된 결과라는 주장도 있고, 증오가 망상의 바탕이 되는 감정이라는 주장도 존재

한다. 타인과 망상을 공유할 때와 강한 신체적 · 심리적 스트레스를 받을 때 망상장애가 발생되는 환경적 요인이 있다.

(2) 단기 정신병적 장애 Brief Psychotic Disorder

개인이 기존에 보유한 성격장애와 성격 특질(정신병적 경향성, 부정적 정서성)이 기질적 요인으로 작용할 수 있다. 개인이 감당하기에 큰 스트레스에 대한 방어, 회피, 욕구충족 등은 단기 정신병적 장애를 유발할 수 있는 심리적 요인으로 볼 수 있다.

(3) 조현양상장애 Schizophreniform Disorder

특이소질(취약성)−스트레스 모델이란 조현양상장애에 취약한 유전적 요인을 지닌 사람이 스트레스에 맞닥뜨릴 때 조현양상장애가 일어날 가능성이 높은 것을 뜻한다. 또한 조현양상장애가 있는 가족은 조현병 발병 위험이 높은 편으로 가족력이 조현양상장애에 영향을 미친다. 심한 스트레스로 인한 심리적 요인이 조현양상장애의 원인이 될 수 있다.

(4) 조현병 Schizophrenia

개인의 분열성 또는 분열형 성격특성은 기질적 요인이며 가족의 조현병 병력이 유전적 요인으로 작용한다. 뇌의 구조적 결함, 기능적 이상 혹은 신경전달물질의 기능의 이상은 조현병을 발병하는 생리적 요인이 된다. 출생 전후의 생리적 요인으로는 어머니의 임신 중 외상 및 감염, 출생 시의 외상, 출생 직후의 질병 및 사고 등이 해당한다. 한편, 아동기까지의 성장과정 동안 주 양육자와의 애착 문제는 심리적 요인으로 작용하며 가족과의 갈등 및 스트레스는 환경적 요인으로 장애를 발병시킬 수 있다.

(5) 조현정동장애 Schizoaffective Disorder

조현정동장애의 원인은 아직까지 명확히 규명되지 않았다. 그 이유는 조현정동장애가 조현병의 일종인지 아니면 기분 장애의 한 형태인지, 두 질환이 동시에 생긴 것인지, 두 질환과 전혀 상관없는 또 다른 질병인지 명확하지 않기 때문이다. 하지만 조현병, 양극성장애, 조현정동장애를 지닌 가족과 친척의 자녀들에게 발병 위험성이 높다는 점에서 유전적 요인에 관여되는 것으로 알려져 있으며, 심리적 요인으로는 성적 본능과 관련된 정서적 갈등이 이 장애에 관여한다.

(6) 물질/치료약물로 유발된 정신병적 장애 Substance/Medication-Induced Psychotic Disorder

환경적 요인으로는 물질/치료약물이 있으며 이에 따른 장애의 시작이 상당히 다르다. 예를 들어, 고용량의 코카인을 섭취할 경우 단 몇 분 내로 정신병이 생기지만 고용량의 알코올 섭취나 진정제 복용은 수일이 지나야 정신병이 발병한다. 장애를 유발하는 대표적인 물질은 알코올, 코카인, 대마 등의 환각제이며 대표적인 약물은 자극제, 하콜린성 약물 등이 있다.

(7) 다른 의학적 상태로 인한 정신병적 장애 Psychotic Disorder Due to Another Medical Condition

두부 외상, 뇌혈관 질환 등 기존에 존재하는 중추신경계 손상이 기질적 요인에 해당된다. 의학적 상태의 발견 시기와 치료의 적절성에 따라 예후가 달라지므로 이러한 환경적 요인은 경과에 큰 영향을 미친다.

3) 조현병 스펙트럼 및 기타 정신병적 장애의 임상적 특징

(1) 망상장애

핵심증상은 모순된 증거가 존재함에도 쉽게 변경되지 않는 고정된 믿음을 가지고 있으며 타인이 자신의 믿음에 대해 비합리적이라고 묘사할 때 이를 받아들이지 못한다. 망상장애를 겪는 환자들은 망상 외에는 다른 심각한 정신적 손상은 거의 없고, 조현병의 망상과 비교하면 망상의 내용이 현실적이다. 따라서 대화 중에 망상을 자극하지 않으면 해당 장애를 지니지 않은 사람으로 보일 수 있다. 망상장애는 망상의 내용에 따라 여러 가지 하위 유형으로 구분된다. 하위 유형에는 색정형, 과대형, 질투형, 피해형, 신체형, 혼합형, 불특정형이 있다. 이들은 망상적 믿음으로 인해 과민하고 불쾌한 기분을 경험할 수 있으며 때로는 적대적 행동이나 잦은 소송을 일으킬 수도 있다. 망상장애는 치료가 어려운 편이며 실생활과 밀접한 관련이 있기 때문에 지속되는 경향이 있다. 평생 유병률은 약 0.2%이다. 망상장애가 있는 사람 중 일부에게서 조현병이 발병되며 젊은 층보다 고령층에서 더 많이 나타난다.

망상장애의 진단기준(DSM-5-TR)

A. 1개월 이상의 지속 기간을 가진 한 가지(혹은 그 이상) 망상이 존재한다.
B. 조현병의 진단기준 A에 맞지 않는다.
※ 주의점: 환각이 있다면 뚜렷하지 않고, 망상 주제와 연관된다(예: 벌레가 우글거린다는 망상과 연관된 벌레가 꼬이는 감각).
C. 망상의 영향이나 파생 결과를 제외하면 기능이 현저하게 손상되지 않고 행동이 명백하게 기이하거나 이상하지 않다.
D. 조증이나 주요우울 삽화가 일어나는 경우, 이들은 망상기의 지속 기간에 비해 상대적으로 짧다.
E. 장해가 물질의 생리적 효과나 다른 의학적 상태로 인한 것이 아니고, 신체이형장애나 강박장애와 같은 다른 정신질환으로 더 잘 설명되지 않는다.
※ 다음 중 하나를 명시해야 한다(망상의 중심 주제).
색정형: 또 다른 사람이 자신을 사랑하고 있다는 것일 경우
과대형: 어떤 굉장한 재능이나 통찰력을 갖고 있다거나 어떤 중요한 발견을 하였다는 확신일 경우
질투형: 자신의 배우자나 연인이 외도를 하고 있다는 것일 경우
피해형: 자신이 음모, 속임수, 염탐, 추적, 독극물이나 약물 주입, 악의적 비방, 희롱, 장기 목표 추구에 대한 방해 등을 당하고 있다는 믿음을 수반한 경우
신체형: 신체적 기능이나 감각을 수반한 경우
혼합형: 어느 한 가지 망상적 주제도 두드러지지 않은 경우
명시되지 않는 유형으로는 특정 유형에 기술되지 않는 경우 적용된다.

(2) 단기 정신병적 장애

핵심증상은 망상, 환각, 와해된 언어, 긴장증 중 하나의 증상이 1개월 이내의 짧은 기간 동안 나타나며 정서적 시련 및 불가항력적 혼돈을 겪는다. 특히 젊은 연령층은 자살위험이 있기 때문에 타인의 감독이 필요하다. 장애가 짧은 것에 비해 손상 수준은 심각할 수 있고, 어떤 사람들은 정신병적 증상이 며칠 만에 그치기도 한다. 미국에서 단기 정신병적 장애는 첫 발병 정신병 사례의 9%에 해당되며 이 장애는 여성이 남성보다 2배 더 흔하다.

단기 정신병적 장애의 진단기준(DSM-5-TR)

A. 다음 증상 중 하나(혹은 그 이상)가 존재하고, 이들 중 최소한 하나는 (1) 내지 (2) 혹은 (3)이어야 한다.
  1. 망상
  2. 환각
  3. 와해된 언어(예: 빈번한 탈선 혹은 지리멸렬)
  4. 극도로 와해된 또는 긴장성 행동
  ※ 주의점: 문화적으로 인정되는 반응이면 증상에 포함하지 마시오.

B. 장해 삽화의 지속 기간이 최소 1일 이상 1개월 이내이며, 결국 병전 수준의 기능으로 완전히 복귀한다.

C. 장해가 정신병적 양상을 동반한 주요우울장애나 양극성장애, 혹은 조현병이나 긴장증 같은 다른 정신병적 장애로 더 잘 설명되지 않으며, 물질(예: 남용약물, 치료약물)의 생리적 효과나 다른 의학적 상태로 인한 것이 아니다.

(3) 조현양상장애

핵심증상은 와해된 언어와 사고를 보이며 움직임과 의사소통이 심하게 둔화되는 긴장증적 행동을 보이는 등 조현병 증상과 동일하지만, 장애 지속기간이 1개월 이상 6개월 이하로 조현병과는 기간의 차이가 있다. 만약 장애가 6개월 후에도 지속된다면 진단은 조현병으로 변경된다. 미국을 포함한 선진국에서의 발병률은 조현병 발병률의 1/5 정도이다. 유병률은 조현병의 절반 정도이고, 청소년에게 흔하다. 조현양상장애의 환자 33%는 6개월 이내에 회복되고, 그 외 대부분은 조현병 혹은 조현정동장애를 진단받는다.

조현양상장애의 진단기준(DSM-5-TR)

A. 다음 증상 중 2가지(혹은 그 이상)가 1개월의 기간(성공적으로 치료가 되면 그 이하) 동안의 상당 부분의 시간에 존재하고, 이들 중 최소한 하나는 (1) 내지 (2) 혹은 (3)이어야 한다.
  1. 망상
  2. 환각
  3. 와해된 언어(즉, 빈번한 탈선 혹은 지리멸렬)

4. 극도로 와해된 또는 긴장성 행동
5. 음성 증상(즉, 감퇴된 감정 표현 혹은 무의욕증)

B. 장애의 삽화가 1개월 이상, 6개월 이내로 지속된다. 진단이 회복까지 기다릴 수 없이 내려져야 할 경우에는 '잠정적'을 붙여 조건부 진단이 되어야 한다.

C. 조현정동장애와 정신병적 양상을 동반한 우울 또는 양극성 장애는 배제된다. 왜냐하면 ① 주요우울 또는 조증 삽화가 활성기 증상과 동시에 일어나지 않기 때문이거나, ② 기분 삽화가 활성기 증상 동안 일어난다고 해도 병의 활성기 및 잔류기 전체 지속 기간의 일부에만 존재하기 때문이다.

D. 장해가 물질(예: 남용약물, 치료약물)의 생리적 효과나 다른 의학적 상태로 인한 것이 아니다.

(4) 조현병

핵심증상으로 망상, 환각, 논리적이지 않은 언어, 극도로 비논리적이거나 비정상적인 행동, 음성증상이 있다. 이렇듯 다양한 인지적・행동적・정서적 기능부전을 보이지만 증상이 각기 다르기 때문에 장애 특유의 단일 증상은 없다. 조현병은 사고 진행의 장애와 양성증상 또는 음성증상을 보이며 조현병의 4A 증상, 즉 연상의 장애, 정서의 장애, 양가성, 자폐성이 특징적으로 나타난다. 정신병적 양상은 전형적으로 10대 후반에서 30대 중반 사이에 나타나며 대부분의 사람은 만성적인 질병 상태를 유지한다. 조현병의 임상적 표현에서 여성이 남성에 비해 발병 연령이 더 늦고 정동이 더 실리며, 정신병적 증상이 더 많고, 만년에 악화되는 정신병적 증상의 성향이 더 크다. 음성 증상과 와해는 남성에 비해 덜 빈번하며, 사회기능은 남성보다 더 잘 보존되지만 예외는 존재한다. 정신병적 증상들은 에스트로겐 수치가 떨어질 때 악화된다. 많은 수의 사람이 자살 사고를 경험하며 약 20%가 한 번 이상 자살 시도를 한다. 평생 유병률은 대략 0.3~0.7%이다.

조현병의 진단기준(DSM-5-TR)

A. 다음 증상 중 2가지(혹은 그 이상)가 1개월의 기간(성공적으로 치료가 되면 그 이하) 동안의 상당 부분의 시간에 존재하고, 이들 중 최소한 하나는 (1) 내지 (2) 혹은 (3)이어야 한다.
  1. 망상
  2. 환각
  3. 와해된 언어(즉, 빈번한 탈선 혹은 지리멸렬)
  4. 극도로 와해된 또는 긴장성 행동
  5. 음성 증상(즉, 감퇴된 감정 표현 혹은 무의욕증)

B. 장해의 발병 이래 상당 부분의 시간 동안 일, 대인관계 혹은 자기관리 같은 주요 영역의 한 가지 이상에서 기능 수준이 발병 전 성취된 수준 이하로 현저하게 저하된다(혹은 아동기 또는 청소년기에 발병하는 경우, 기대 수준의 대인관계적 · 학문적 · 직업적 기능을 성취하지 못함).

C. 장해의 지속적 징후가 최소 6개월 동안 계속된다. 이러한 6개월의 기간은 진단기준 A에 해당하는 증상(예: 활성기 증상)이 있는 최소 1개월(성공적으로 치료되면 그 이하)을 포함해야 하고, 전구 증상이나 잔류 증상의 기간을 포함할 수 있다. 이러한 전구기나 잔류기 동안 장애의 징후는 단지 음성 증상으로 나타나거나, 진단기준 A에 열거된 증상의 2가지 이상이 악화된 형태(예: 이상한 믿음, 흔치 않은 지각 경험)로 나타날 수 있다.

D. 조현정동장애와 정신병적 양상을 동반한 우울 또는 양극성 장애는 배제된다. 왜냐하면 ① 주요우울 또는 조증 삽화가 활성기 증상과 동시에 일어나지 않기 때문이거나, ② 기분 삽화가 활성기 증상 동안 일어난다고 해도 병의 활성기 및 잔류기 전체 지속 기간의 일부에만 존재하기 때문이다.

E. 장해가 물질(예: 남용약물, 치료약물)의 생리적 효과나 다른 의학적 상태로 인한 것이 아니다.

F. 자폐스펙트럼장애나 아동기 발병 의사소통장애의 병력이 있는 경우, 조현병의 추가 진단은 조현병의 다른 필요 증상에 더하여 뚜렷한 망상이나 환각이 최소 1개월(성공적으로 치료되면 그 이하) 동안 있을 때에만 내려진다.

(5) 조현정동장애

핵심증상은 조현병과 주요 기분 삽화가 함께 나타나는 것이다. 동반되는 기분 삽화에 따라 우울 삽화만 나타나는 경우엔 우울형, 조증 삽화 또는 우울 삽화가 나타나는 경우 양극형으로 나뉜다. 양극형은 성인 초기에 나타나고, 우울형은 성인 후기에 나타난다. 해당 장애는 갑작스러운 환경적 스트레스에 의해 급성적으로 시작되며 발병하는 시기가 빠르다. 병전 적응상태는 양호하며 조현병의 가족력은 없으나 기분장애의 가족력이 있고, 조현병에 비해 예후가 좋다. 해당 장애의 평생 유병률은 0.3%이고, 발생률은 여성이 남성보다 높다. 발병은 어느 시기에든 일어날 수 있으나 전형적 연령은 성인기 초기이다.

조현정동장애의 진단기준(DSM-5-TR)

A. 조현병의 연속 기간 동안 조현병의 진단기준 A와 동시에 주요 기분(주요우울 또는 조증) 삽화가 있다.

※ 주의점: 주요우울 삽화는 진단기준 A1: 우울 기분을 포함해야 한다.

B. 평생의 유병 기간 동안 주요 기분(주요우울 또는 조증) 삽화 없이 존재하는 2주 이상의 망상이나 환각이 있다.

C. 주요 기분 삽화의 기준에 맞는 증상이 병의 활성기 및 잔류기 부분의 전체 지속 기간의 대부분 동안 존재한다.

D. 장해가 물질(예: 남용약물, 치료약물)의 효과나 다른 의학적 상태로 인한 것이 아니다.

※ 다음 중 하나를 명시할 것

양극형: 조증 삽화가 발현 부분일 경우, 주요우울 삽화가 일어날 경우에 적용된다.

우울형: 단지 주요우울 삽화만이 발현 부분일 경우에 적용된다.

(6) 물질/치료약물로 유발된 정신병적 장애

망상과 환각이 하나 혹은 둘 다 존재한다. 또한 검사 소견에 망상이나 환각이 물질 중독이나 금단 직후에 혹은 치료약물 노출 후에 발생하며, 수반된 물질/치료약물이 망상이나 환각을 일으킬 만한 능력이 있다. 환각제, 알코올, 대마, 흡입제 혹은 진정제, 수면제 또는 항불안제, 자극제 같은 물질 등에 의한 중독과 관련되어 신경인지장애가 일어날 수 있다. 혹은 알코올, 진정제, 수면제 또는 항불안제 등의 금단과 연관될 수 있다. 유병률은 알려져 있지 않지만 정신병이 첫 삽화를 보이는 사람들 중 7~25%는 물질/치료약물로 유발된 정신병적 장애가 있다고 보고된다. 장애의 시작은 물질에 따라 상당히 다르며 장애는 자기 한정적이어서 문제가 되는 물질이 제거되면 해소된다.

물질/치료약물로 유발된 정신병적 장애의 진단기준(DSM-5-TR)

A. 다음 증상 중 하나 혹은 둘 다 존재한다.
  1. 망상
  2. 환각

B. 병력, 신체검진 또는 검사 소견에 (1)과 (2) 둘 다의 증거가 있다.
  1. 진단기준 A의 증상이 물질 중독이나 물질 금단 동안 혹은 직후에, 혹은 치료약물 노출 혹은 금단 후에 발생함
  2. 수반된 물질/치료약물이 진단기준 A의 증상을 일으킬 만한 능력이 있음

C. 장해가 물질/치료약물로 유발된 것이 아닌 정신병적 장애로 더 잘 설명되지 않는다. 독립적인 정신병적 장애라는 증거로 다음이 포함될 수 있다.
증상이 물질/치료약물 사용 시작보다 선행한다. 증상이 급성 금단 혹은 심한 중독의 중단 이후에도 상당한 기간(예: 약 1개월) 동안 계속된다. 혹은 물질/치료약물로 유발된 것이 아닌 독립적인 정신병적 장애의 다른 증거(예: 재발성 비물질/치료약물 관련 삽화의 병력)가 있다.

D. 장해가 섬망의 경과 중에만 발생되지는 않는다.

E. 장해가 사회적, 직업적 또는 다른 중요한 기능 영역에서 임상적으로 현저한 고통이나 손상을 초래한다.

※ 주의점: 이 진단은 진단기준 A의 증상이 임상 양상에서 두드러지고 임상적 주목을 보증할 정도로 충분히 심할 때에만 물질 중독이나 물질 금단의 진단 대신에 내려져야 한다.

(7) 다른 의학적 상태로 인한 정신병적 장애

이 장애는 뚜렷한 환각 혹은 망상이 있으면서 다른 의학적 상태의 병으로 인하여 야기되는 여러 가지 생리적 변화로 여겨지는 장애이다. 정신병적 장애가 의학적 상태가 존재하는 것이 확인되고, 그 의학적 상태가 생리적 기전을 통해 정신병의 원인으로 고려되어야 한다. 이 장애는 일시적 상황일 수도 있고, 기저 의학적 상태에 따라 순환하는 재발성일 수도 있다. 평생 유병률은 0.21~0.54% 정도이며 나이와 연관된 의학적 부담의 증가, 유해한 노출 및 노화과정의 누적 효과 때문에 고령층이 더 높은 유병률을 나타낸다. 따라서 청년기 및 중년기는 뇌전증, 두부 외상, 자가면역 등에 의해 더 영향을 받고, 노년기는 뇌졸중, 무산소성 사건, 다중 체계 동반이환 등에 의해 더 영향을 받는다.

다른 의학적 상태로 인한 정신병적 장애의 진단기준(DSM-5-TR)

A. 뚜렷한 환각 혹은 망상
B. 장해가 다른 의학적 상태의 직접적인 병태생리학적 결과라는 증거가 병력, 신체검진 또는 검사 소견에 있다.
C. 장해가 다른 정신질환으로 더 잘 설명되지 않는다.
D. 장해가 섬망의 경과 중에만 발생되지는 않는다.
E. 장해가 사회적, 직업적 또는 다른 중요한 기능 영역에서 임상적으로 현저한 고통이나 손상을 초래한다.

4) 조현병 스펙트럼 및 기타 정신병적 장애의 치료적 제언

조현병 스펙트럼 및 기타 정신병적 장애의 치료는 어느 한 가지의 치료만 시행하는 것보다 약물치료, 심리치료, 사회기술훈련이 통합적으로 이루어질 때 더 좋은 결과를 가져온다. 기본적인 약물치료와 함께 내담자가 처한 개인적 · 가족적 · 환경적 배경에 따라 개별화된 치료적 접근을 통해 사회적 재적응을 돕는 것이 중요하다. 일부 조현병 환자의 경우 약물남용이나 알코올 문제를 동반하는 경우도 있어 이에 대한 치료도 함께 개입해야 한다. 약물치료의 일차 선택 약물은 도파민-세로토닌 길항제라고 불리는 비정형 항정신병 약물로 클로자핀(Clozapine), 리스페리돈(Risperidone), 올란자핀(Olanzapine), 쿠에티아핀(Quetiapine), 아리피프라졸(Aripiprazole) 등이 포함된다. 이차 선택 약물은 도파민 수용체 길항제라고 불리는 정형 항정신병 약물을 사용하며, 대체로 환자들은 부작용이 많은 이차 선택 약물보다 일차 선택 약물에 대해 높은 약물 순응도를 보인다.

널리 알려진 조현병의 증거기반치료는 가족치료와 인지행동치료, 사회기술훈련(Social Skills Training)이 있다. 특히 가족치료는 가족 구성원이 병을 이해하고 내담자의 적극적인 치료에 동참할 수 있도록 하며 궁극적으로 재발의 위험성을 낮추고, 환자의 사회기능과 삶의 질 향상에 효과적이다(Baandrup et al., 2016). 인지행동치료는 증상을 극복하기 위한 대처 방식을 익히고 역기능적 사고를 수정하는 것에 목적이 있다. 조현병의 강도에 따라 항정신병 약물보다도 우선하여 권고되기도 하는데(Addington et al., 2017)

이는 약물치료와 함께 병행될 때 더 효과적이다. 사회기술훈련은 내담자가 사회에 재적응할 수 있도록 기본적인 사회적 상호작용을 바탕으로 언어적 기술과 행동적 기술을 습득하는 것이다.

미술치료에서 조현병 스펙트럼 및 기타 정신병적 장애를 가진 내담자를 만나는 경우, 전이가 상당히 왜곡되어 있거나 자신과 외부 세계의 분화가 명확하지 않다는 점을 고려해야 한다. 치료사는 공감과 격려를 통한 지지적인 태도를 보여야 하나 내담자의 양성 증상을 자극하지 않도록 주의해야 한다. 자아경계가 불분명한 내담자들에게 물기가 많은 점토나 수채화 등의 재료는 무의식을 자극할 수 있으며 가위나 칼처럼 날카로운 매체는 위협이 될 수 있으므로 특히 주의를 기울여야 한다. 구조화된 미술치료 세션을 구성하여야 하며, 사실적인 주제와 통제적인 매체를 사용하여 내담자의 현실 자각 능력이 유지될 수 있도록 해야 한다. 또한 집단미술치료 과정에서 바꿔 그리기나 덧붙여 그리기 등의 공동 작업은 타인과의 긍정적이고 수용적인 관계 경험이 될 수 있다. 내담자의 증상에 대한 정확한 이해와 그에 따른 재료 선택이 핵심적 요소이며 보호자 교육을 통해 환자의 특성을 이해하고, 꾸준한 약물치료를 유지할 수 있도록 하는 것이 중요하다.

03

양극성 및 관련 장애

Bipolar and Related Disorders

1) 양극성 및 관련 장애의 정의

우리는 어떠한 사건이나 환경에 따라 기쁘고 즐거운 감정 또는 슬프고 불쾌한 감정이 생기는데 이러한 감정이 일시적으로 지속되는 정신 상태를 기분이라고 한다. 기분은 주관적으로 경험하고 객관적인 관찰이 가능하며, 여러 가지 정서를 조절하고 분류하며 표현하도록 한다. 이러한 기분을 조절하지 못하거나 비정상적인 상태가 장시간 지속되면 일상생활에 여러 가지 문제가 발생할 수밖에 없다. 양극성장애는 흔히 조울증이라고 알

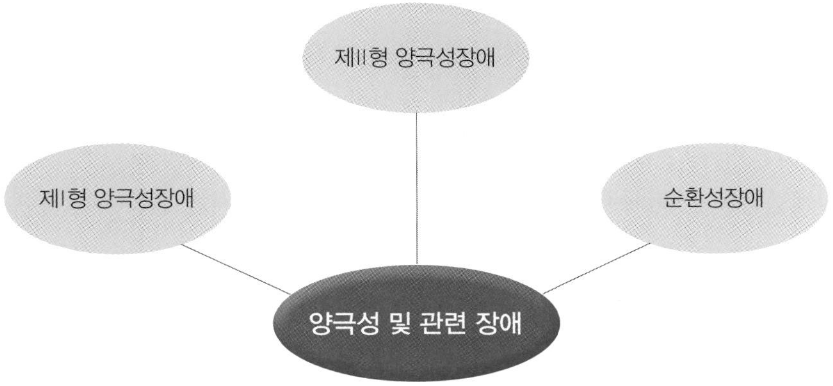

[그림 3-1] 양극성 및 관련 장애의 하위 장애

려져 있으며 우울한 기분상태와 지나치게 고양된 기분상태가 주기적으로 교차되어 나타나 일상생활의 다양한 영역에서 심각한 부적응을 초래하는 경우를 말한다. 정신장애 중에 입원 치료가 요구되는 주요 정신장애이기도 하며 조증 상태의 심한 정도에 따라 제I형 양극성장애와 제II형 양극성장애로 구분한다. 즉, 양극성장애란 기분 변화가 극적인 장애를 뜻하며 다음과 같은 하위 장애를 포함한다.

표 3-1 양극성장애의 하위 장애와 핵심증상

하위 장애	ICD-11	핵심증상
제I형 양극성장애	6A60	기분이 비정상적으로 고양되는 조증 상태가 나타남
제II형 양극성장애	6A61	제I형 양극성장애와 매우 유사하지만, 미약한 경조증 삽화를 보인다는 점에서 구분됨
순환성장애	6A62	기분 삽화에 해당되지 않는 경미한 우울 증상과 경조증 증상이 번갈아 가며 2년 이상(아동 · 청소년의 경우는 1년 이상) 장기적으로 나타남

2) 양극성 및 관련 장애의 이론 및 원인

(1) 제I형 양극성장애 Bipolar I Disorder

양극성장애는 신경전달물질, 신경내분비 기능, 수면생리 등이 생리적 요인과 관련이 있다. 일차 친족 내 평생 위험률이 일반인보다 높고, 같은 유전자를 가진 일란성 쌍둥이의 유병률의 일치율이 높은 것은 양극성장애의 유전적 요인이라 할 수 있다. 심리적 관점인 정신분석이론에서는 조증 증상을 무의식적 상실이나 자존감 손상에 대한 방어와 보상 반응으로 보았으며, 대상관계이론에서는 아동기에 선한 내적 대상을 자기 마음속에 표상하는 데 실패했음을 반영하는 것으로 보았다. 또한 인지이론에서는 현실에 대한 과도한 긍정적인 왜곡으로 인해 생긴 긍정적 사고와 부정적 사고의 불균형이라고 설명한다. 환경적 요인으로는 어린 시절의 신체적 · 정서적 학대와 연관되며, 저소득 국가보다 고소득 국가에서 더 흔하고 과도한 스트레스가 심리상태에 영향을 주는 것으로 알려져 있다.

(2) 제II형 양극성장애 Bipolar II Disorder

제II형 양극성장애의 원인은 제I형 양극성장애와 마찬가지로 일차 친족 간의 유병률이 높이 증가하는 유전적 요인과 신경전달물질과 관련한 생물학적 요인이 장애 유발에 가장 많은 영향을 준다. 또한 신체적 · 정서적 학대의 경험과 과도한 스트레스를 환경적 요인으로 본다. 심리적 관점인 정신분석이론에서는 양극성장애의 조증 증상을 상실이나 자존감 손상에 대한 방어 또는 보상 반응으로 보고, 대상의 상실로 인한 분노의 에너지가 외부로 방출되는 것이라고 설명한다. 대상관계이론에서는 자존감 손상에 대한 방어, 선한 내적 대상의 표상에 대한 실패, 과도한 긍정적 왜곡으로 인한 긍정적 사고와 부정적 사고의 불균형을 초래하는 것을 본다.

(3) 순환성장애 Cyclothymic Disorder

순환성장애의 원인은 잘 알려져 있지 않으나, 물질 관련 및 중독장애, 주요우울장애, 양극성 장애를 지닌 환자의 직계가족에서 순환성 장애가 흔히 나타나므로 유전적 요인이 관련 있을 수 있다. 환경적 요인으로 부정적 사건으로 인한 스트레스가 우울증과 조증을 발현시킬 수 있으며, 스트레스 사건은 재발 및 회복과 관련이 있다. 스트레스로 인해 모든 사람이 조울 증상을 겪는 것은 아니기 때문에, 유전적 요인과 스트레스의 상호작용이 원인으로 작용한다고 본다. 심리적 관점인 정신분석이론에서는 경조증성 성격을 지닌 사람들이 근본적으로 우울한 성격조직을 가지고 있지만 이를 부인하는 방어기제로 대응한다고 본다. 경조증을 지닌 사람들의 대부분은 부인 방어에 실패하고 우울이 표면화되는 삽화를 겪는데, 이러한 패턴의 반복을 순환성장애의 원인으로 본다.

3) 양극성 및 관련 장애의 임상적 특징

(1) 제I형 양극성장애

양극성장애 중 가장 심한 형태이며, 핵심증상은 비정상적으로 고양되는 조증 상태이다. 지나치게 의기양양하고 자신만만하며, 에너지 수준이 매우 높아져 하루 대부분의 시간 동안 활동성이 증가하는 조증 상태가 1주일 이상 지속된다. 제I형 양극성장애는 조증 삽화가 한 번 이상 나타나는 모든 경우와 주요우울장애의 증상이 2주일 이상 지속되는 주요우울 삽화를 한 번 이상 경험한다. 이러한 불안정한 기분 변화는 주변과의 상호작용에 있어 어려움을 증가시키는 원인이 되기도 한다. 평생 유병률은 0.4~1.6%이며 주요우울장애를 반복적으로 나타내는 청소년들 중에서 제I형 양극성장애로 발전될 가능성은 약 10~15%이다. 미국 성인에서 DSM-5의 유병률은 1.5%이고 비히스패닉계 백인과 비교할 때 북미 원주민에게 더 높다. 또한 아프리카계 미국인, 히스패닉, 아시아인/태평양 제도민에게서 더 낮은 유병률을 보인다. 성별의 비율로 볼 때 남성 1.6%, 여성 1.5%로 유병률은 비슷하며 남성은 조증 삽화가 먼저 나타나고 여성은 주요우울 삽화가 먼저 나타나는 경우가 많다.

제I형 양극성장애의 진단기준(DSM-5-TR)

A. 적어도 1회의 조증 삽화를 만족한다('조증 삽화' 하단의 진단기준 A부터 D까지).

B. 적어도 1회의 조증 삽화는 조현정동장애로 더 잘 설명되지 않으며, 조현병, 조현양상장애, 망상장애, 달리 명시되는 또는 명시되지 않는 조현병 스펙트럼 및 기타 정신병적 장애와 겹쳐서 나타나지 않는다.

제I형 양극성장애를 진단하기 위해서는 조증 삽화에 대한 다음의 진단기준을 만족시켜야 한다. 조증 삽화는 경조증이나 주요우울 삽화에 선행하거나 뒤따를 수 있다.

조증 삽화의 진단기준(DSM-5-TR)

A. 비정상적이고 지속적으로 들뜨거나 의기양양하거나 과민한 기분, 그리고 비정상적이고 지속적으로 증가된 활동이나 에너지가 나타나는 분명한 기간이 적어도 일주일간 계속되고(혹은 입원이 필요하면 기간과 상관없이), 거의 매일, 하루 중 대부분 존재한다.

B. 기분 이상 및 증가된 에너지나 활동을 보이는 기간 중, 다음 증상 가운데 3가지(또는 그 이상)가 유의미한 정도로 존재하며(기분이 단지 과민하기만 하다면 4가지), 평소 행동과 다른 뚜렷한 변화를 나타낸다.

1. 부풀려진 자존감 또는 과대성
2. 수면에 대한 욕구 감소(예: 단 3시간의 수면으로도 피로가 풀린다고 느낌)
3. 평소보다 말이 많아지거나 계속 말해야 한다는 압박감
4. 사고 비약 또는 사고가 질주하는 주관적인 경험

5. 보고하거나 관찰되는 주의산만(즉, 중요하지 않거나 관계없는 외부 자극에 너무 쉽게 주의가 분산됨)
6. 목표 지향적 활동의 증가(직장이나 학교에서의 사회적 활동 혹은 성적 활동) 또는 정신운동 초조(즉, 의미 없는 비목표 지향적인 활동)
7. 고통스러운 결과를 초래할 가능성이 높은 활동에의 지나친 몰두(예: 흥청망청 쇼핑하기, 무분별한 성행위, 또는 어리석은 사업 투자에 관여)

C. 기분장애가 사회적 · 직업적 기능의 현저한 손상을 초래하거나 자해나 타해를 예방하기 위해 입원이 필요할 정도로 충분히 심각하거나, 정신병적 양상이 동반된다.

D. 삽화가 물질(예: 남용약물, 치료약물, 기타 치료)의 생리적 효과나 다른 의학적 상태로 인한 것이 아니다.

※ 주의점: 조증 삽화가 항우울제 치료(예: 치료약물, 전기경련요법) 중에 나타났다 할지라도 치료의 생리적 효과를 넘어서는 명백한 수준에서 지속되는 경우 조증 삽화 및 제I형 양극성장애로 진단 내리기에 충분하다.

※ 주의점: 진단기준 A부터 D까지가 조증 삽화를 구성한다. 제I형 양극성장애의 진단을 위해서는 평생 적어도 1회의 조증 삽화가 필요하다.

주요우울 삽화의 진단기준(DSM-5-TR)

A. 다음의 증상 가운데 5가지(또는 그 이상)의 증상이 같은 2주 동안 지속되며 이전 기능과 비교하여 변화를 보인다. 증상 가운데 적어도 하나는 (1) 우울 기분이거나 (2) 흥미나 즐거움의 상실이어야 한다.

※ 주의점: 명백히 다른 의학적 상태로 인한 증상은 포함되지 않아야 한다.

1. 하루 중 대부분, 거의 매일 지속되는 우울한 기분이 주관적인 보고(예: 슬픈, 공허한 또는 절망적인)나 타인에 의한 관찰(예: 울상을 짓는)에서 드러남(주의점: 아동 · 청소년의 경우는 과민한 기분으로 나타나기도 함)
2. 거의 매일, 하루 중 대부분, 거의 또는 모든 일상 활동에 대해 흥미나 즐거움이 뚜렷하게 저하됨
3. 체중 조절을 하고 있지 않은 상태에서 의미 있는 체중의 감소(예: 1개월에 5% 이상의 체중 변화)나 체중의 증가, 거의 매일 나타나는 식욕의 감소나 증가(주의점: 아동에서는 체중 증가가 기대치에 미달되는 경우)
4. 거의 매일 나타나는 불면이나 과다수면
5. 거의 매일 나타나는 정신운동 초조나 지연(타인에 의해 관찰 가능한, 단지 안절부절 또는 처지는 주관적인 느낌만이 아닌)

6. 거의 매일 나타나는 피로나 활력 상실
7. 거의 매일 나타나는 무가치감 또는 과도하거나 부적절한 죄책감(망상적일 수도 있는; 단순히 아픈 데 대한 자책이나 죄책감이 아닌)
8. 거의 매일 나타나는 사고력이나 집중력의 감소 또는 우유부단함(주관적 설명에 의하거나 타인에 의해 관찰 가능한)
9. 반복적인 죽음에 대한 생각(단지 죽음에 대한 두려움이 아닌), 구체적인 계획 없이 반복되는 자살 사고, 구체적인 계획, 또는 자살 시도

B. 증상이 사회적, 직업적 또는 다른 중요한 기능 영역에서 임상적으로 현저한 고통이나 손상을 초래한다.
C. 삽화가 물질의 생리적 효과나 다른 의학적 상태로 인한 것이 아니다.

※ 주의점: 진단기준 A부터 C까지는 주요우울 삽화를 구성한다. 주요우울 삽화는 제I형 양극성장애에서 흔하지만 제I형 양극성장애를 진단하는 필수 조건은 아니다.

※ 주의점: 중요한 상실(예: 사별, 재정적 파탄, 자연재해로 인한 상실, 심각한 질병이나 장애)에 대한 반응으로 진단기준 A에 기술된 극심한 슬픔, 상실에 대한 반추, 불면, 식욕 부진, 체중 감소가 나타날 수 있고, 이는 우울 삽화와 유사하다. 비록 이러한 증상이 이해 가능하고 상실에 적절한 반응이라고 간주할지라도, 중요한 상실에 대한 정상 반응에 덧붙여 주요우울 삽화가 존재할 수 있음을 신중하게 고려해야 한다. 이 결정을 위해서는 개인의 과거력과 상실의 맥락에서 고통 표현의 문화 규준에 근거한 임상적 판단 훈련이 반드시 필요하다.

(2) 제II형 양극성장애

제I형 양극성장애와 매우 유사하지만 상대적으로 경미한 경조증 삽화를 보인다는 점에서 제I형 양극성장애와 구분된다. 1회 이상의 주요우울 삽화와 1회 이상의 경조증 삽화가 반복되어 나타나며 조증 삽화를 한 번도 경험하지 않는 것이 특징이다. 제II형 양극성장애에서 나타나는 경조증 증상은 사회적 · 직업적 기능에 현저한 지장을 주지 않고 심각하지 않아 입원 치료는 필요하지 않으며 정신증적 양상 또한 동반되지 않아 자신이 인식하지 못하는 경우가 많다. 제II형 양극성장애의 평생 유병률은 약 0.5%이며 남성보다 여성에게 더 흔하게 나타난다. 제II형 양극성장애를 진단한 환자 중에 조증 삽화가 발생하면 제I형 양극성장애로 진단이 바뀌게 되며 5~15%는 처음 발병한 지 5년 후 제I형 양극성장애로 전환된다. 미국의 제II형 양극성장애의 유병률은 0.8%, 국제적으로는 유병률은 0.3%이며 아동의 유병률을 확실히 알기는 어렵다.

제II형 양극성장애의 진단기준(DSM-5-TR)

A. 적어도 1회의 경조증 삽화(앞의 '경조증 삽화'의 진단기준 A~F)와 적어도 1회의 주요우울 삽화(앞의 '주요우울 삽화'의 진단기준 A~C)의 진단기준을 만족시킨다.

B. 조증 삽화는 1회도 없어야 한다.

C. 최소 1회의 경조증 삽화와 최소 1회의 주요우울 삽화가 조현정동장애로 더 잘 설명되지 않으며, 조현병, 조현양상장애, 망상장애, 달리 명시되는 또는 명시되지 않는 조현병 스펙트럼 및 기타 정신병적 장애와 겹쳐서 나타나지 않는다.

D. 우울증의 증상 또는 우울증과 경조증의 잦은 순환으로 인한 예측 불가능성이 사회적, 직업적 또는 다른 중요한 기능 영역에서 임상적으로 현저한 고통이나 손상을 초래한다.

경조증 삽화의 진단기준(DSM-5-TR)

A. 비정상적이고 지속적으로 들뜨거나 의기양양하거나 과민한 기분, 그리고 비정상적이고 지속적으로 증가된 활동이나 에너지가 나타나는 분명한 기간이 적어도 4일 연속 계속되고, 거의 매일, 하루 중 대부분 존재한다.

B. (조증 삽화의 진단기준 B와 동일)

C. 삽화는 증상이 없을 때의 개인답지 않은 명백한 기능 변화와 연관된다.

D. 기분 이상과 기능의 변화가 타인에 의해 관찰 가능하다.

E. 삽화가 사회적 · 직업적 기능의 현저한 손상을 일으키거나 입원이 필요할 정도로 심각하지는 않다. 만약 정신병적 양상이 있다면, 이는 정의상 조증 삽화다.

F. 삽화가 물질(예: 남용약물, 치료약물, 기타 치료)의 생리적 효과나 다른 의학적 상태로 인한 것이 아니다.

※ 주의점: 경조증 삽화가 항우울 치료(예: 약물치료, 전기경련요법) 중에 나타났다 할지라도 치료의 생리적 효과를 넘어서는 명백한 수준에서 지속되는 경우 경조증 삽화로 진단 내리기에 충분하다. 하지만 진단 시 주의가 필요한 바 1~2가지 증상(항우울제 사용 이후에 특히 증가된 과민성, 예민성, 초조)만으로는 경조증 삽화를 진단하기에 충분하지 못하고, 이는 반드시 양극성장애 체질을 시사하는 것 또한 아니다.

※ 주의점: 진단기준 A부터 F까지는 경조증 삽화를 구성한다. 경조증 삽화는 제I형 양극성장애에서 흔하지만 제I형 양극성장애 진단에 필수적인 건 아니다.

(3) 순환성장애

순환성장애는 기분의 변동을 특징으로 하며, 가벼운 우울증과 경조증이 교차되어 지속적으로 나타난다. 일반적으로 청소년 시기나 초기 성인기에 시작되고 만성적인 기분장애로 발전하게 된다. 순환성장애는 사회적, 직업적 또는 일상생활에서 심각한 부적응을 초래하지만 제I형 · 제II형 양극성장애 정도의 수준은 아니다. 평생 유병률은 약 0.4~1%이며 남녀의 발생 비율은 비슷하나 치료를 받는 비율은 여성이 더 높다. 순환성장애의 15~50%가 제I형 양극성장애나 제II형 양극성장애로 발전될 가능성이 있으며, 이 장애가 있는 환자의 가족에게서 우울장애나 양극성장애가 나타날 확률이 높고 우울장애나 양극성장애를 가진 환자의 가족에게서 흔히 나타나기도 한다.

순환성장애의 진단기준(DSM-5-TR)

A. 적어도 2년 동안(아동 · 청소년에서는 1년) 경조증 삽화의 진단기준을 충족하지 않는 경조증 기간과 주요우울 삽화의 진단기준을 충족하지 않는 우울증 기간이 다수 있다.
B. 2년 이상의 기간 동안(아동 · 청소년에서는 1년), 진단기준 A의 증상 기간이 절반 이상 차지하고, 증상 없는 기간이 한 번에 2개월 이상 지속되지 않는다.
C. 주요우울 삽화, 조증 삽화 또는 경조증 삽화의 진단기준이 충족되지 않는다.
D. 진단기준 A의 증상이 조현정동장애, 조현병, 조현양상장애, 망상장애, 달리 명시되는, 또는 명시되지 않는 조현병 스펙트럼 및 기타 정신병적 장애로 더 잘 설명되지 않는다.
E. 증상이 물질(예: 남용약물, 치료약물)의 생리적 효과나 다른 의학적 상태(예: 갑상선기능항진증)로 인한 것이 아니다.
F. 증상이 사회적, 직업적 또는 다른 중요한 기능 영역에서 임상적으로 현저한 고통이나 손상을 초래한다.

※ 다음의 경우 명시할 것: 안증 동반

4) 양극성 및 관련 장애의 치료적 제언

양극성 및 관련 장애는 재발의 위험성이 몹시 높기 때문에 기분 삽화에 대한 인식과 관리를 통하여 재발을 방지하는 것이 중요하다. 양극성장애 중 가장 심한 형태인 제I형 양극성장애는 조증 삽화가 나타날 때 약물치료와 입원 치료를 우선으로 고려해야 하며,

조증 삽화로 인하여 자신과 타인에게 피해를 끼칠 우려가 있는 경우 입원 치료를 시행한다. 대표적인 항조증 약물인 리튬(Lithium)은 기분안정제로 모든 유형의 양극성장애를 치료하는 데 사용되며, 조증 삽화의 진정과 예방에 효과적이다. 양극성장애는 재발 위험성과 더불어 만성적인 경과를 나타내며 기능 수준의 저하가 지속되기 때문에 약물치료만으로는 양극성장애를 조절하고 치료하는 데 한계가 있다. 따라서 지속적인 약물치료와 함께 심리치료를 병행하는 것이 효과적이다.

양극성장애의 효과적인 증거기반치료는 대인관계 및 사회적리듬치료(Interpersonal and Social Rhythm Therapy)와, 가족중심치료(Family-focused Treatment), 인지행동치료기법 등이 있다. 대인관계 및 사회적리듬치료는 대인관계 심리치료의 목표에 사회적 리듬이라는 개념을 추가한 것으로서, 내담자의 규칙적인 수면과 식사, 일상생활이 유지될 수 있도록 돕는 기법이다(Frank et al., 2019). 스스로의 행동을 측정하는 프로그램을 통해 기분장애의 삽화를 발견할 수 있으며, 일주기성 리듬의 교란으로 인해 증상이 악화되지 않도록 조정할 수 있다.

미술치료에서 양극성 및 관련 장애를 가진 내담자를 만날 경우, 내담자의 혼란스러운 기분 상태에 따른 내면세계와 부정적인 사고를 안전하게 표출하도록 도와야 한다. 전반적으로 내담자가 심리적 안정감을 유지할 수 있도록 주제나 매체를 선택하는 것이 중요하다. 양극성 및 관련 장애를 지닌 내담자는 시리즈로 구성된 그림 평가를 통해 시간적 변화에 따른 시각적 결과물에 드러난 내담자의 다양한 상태를 확인할 수 있다. 이때 왜곡된 사고나 인지를 직면하여 재정립하는 경험을 하거나, 완성된 작품을 통해 성취감이나 긍정적인 기분을 경험할 수도 있다. 작품을 통해 표현된 이미지에서 얻을 수 있는 정보는 내담자의 기분 삽화에 대한 인식으로, 조증 상태에서 우울증 상태로 변화하는 경과를 객관적으로 관찰할 수 있게 한다. 치료사는 무기력한 상태의 내담자에게 너무 많은 에너지를 필요로 하는 매체를 제공한다거나, 고양된 상태의 내담자에게 통제하기 어려운 매체를 제공하지 않도록 내담자의 기분 삽화와 병리적 증상에 관심을 기울여야 한다. 또한 가족 구성원이 참여하는 미술치료는 가족 간의 갈등과 감정이 작품 안에서 새로운 방식으로 표현될 수 있도록 하는데, 이때 치료사는 작품에 드러난 갈등을 이해시키고 긍정적인 방향으로 이끌어야 한다. 이처럼 미술치료와 함께 꾸준한 약물치료가 병행될 때 양극성장애의 병리적 증상 감소를 기대할 수 있다.

04

우울장애

Depressive Disorders

1) 우울장애의 정의

우울이란 생활 속에서 실패와 좌절을 반복하며 느낄 수 있는 기분 상태이다. 사람들은 때때로 슬픔과 회의감을 느끼기도 하고, 동기가 없기도 하다. 다수의 사람에게 우울은 기간이 짧고, 정도가 심하지 않아 일상생활을 하는 데 큰 지장이 없다. 그러나 정상적 우울과는 다르게 병적인 우울은 역기능적이고 만성적이며, 사회적 · 문화적으로 수용되는 범위를 벗어난다. 슬픔, 죄책감, 무가치감, 절망감 등의 고통스러운 정서 상태가 만성적으로 지속되고, 우울한 기분과 더불어 흥미, 즐거움, 의욕의 저하를 보인다. 즉, 우울장애

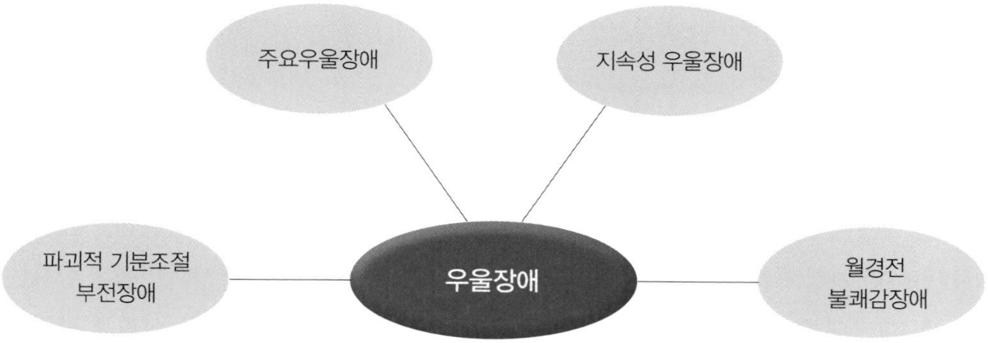

[그림 4-1] 우울장애의 하위 장애

란 사고내용, 사고과정, 동기, 의욕, 관심, 행동, 수면, 신체 활동 등의 전반적인 정신기능이 지속적으로 저하되어 사회적 · 직업적 기능 또는 기타 중요한 기능 영역의 손상이 일어나게 되는 경우이며 다음과 같은 하위 장애를 포함한다.

표 4-1 우울장애의 하위 장애와 핵심증상

하위 장애	ICD-11	핵심증상
파괴적 기분조절 부전장애	6C90.0Z	만성적인 짜증(irritability)과 간헐적인 분노 폭발(temper tantrums)을 보임
주요우울장애	6A70.3	우울한 기분 또는 모든 활동에 있어서 흥미나 즐거움의 상실을 경험
지속성 우울장애	6A72	만성적 우울감과 더불어 부적절감, 흥미나 즐거움 상실, 사회적 위축이 나타남
월경전불쾌감장애	GA34.41	월경 주기 전 불안정한 기분, 과민성, 불쾌감, 불안 증상 반복함

2) 우울장애의 이론 및 원인

(1) 파괴적 기분조절부전장애 Disruptive Mood Dysregulation Disorder

파괴적 기분조절부전장애는 기질적으로 좌절에 대한 과민반응성, 좌절감을 비롯한 부정적인 감정반응을 억제하는 뇌 기능의 저하가 있을 수 있다. 환경적 요인으로 부모의 물질 남용 및 반사회적 행동과 같은 정신병리, 부부생활 갈등, 가혹한 처벌 또는 방임, 무관심, 비일관적 양육행동 등에 의해 아동의 기분조절을 저해할 수 있다는 주장이 있다.

(2) 주요우울장애 Major Depressive Disorder

기질적 요인인 신경증적 경향성(부정적 정서성)이 높을수록 스트레스 상황에 대한 반응으로 우울 삽화가 발생할 가능성이 높으며, 유전적으로는 우울증 환자의 일차 가족에서 주요우울장애 발병 위험도는 일반 인구보다 2~4배 높다. 생리적으로 Schildkraut의 카테콜아민 가설처럼 신경전달 물질인 노르에피네프린, 에피네프린, 도파민을 포함하는 호르몬인 카테콜아민이 결핍되면 우울장애가 발병한다는 주장도 있다. 심리적 관점인 정신분석이론에서는 사랑하는 대상의 무의식적 상실에 대한 반응이고, 행동주의이론은 사회환경으로부터 긍정적 강화가 약화되어 나타난 현상, 인지이론은 자기 자신, 자신의 미래, 주변 환경을 부정적으로 평가하는 사고방식이 우울장애를 유발한다고 보았다.

(3) 지속성 우울장애(기분저하증) Persistent Depressive Disorder (Dysthymia)

기질적 요인으로 신경증적 경향성(부정적 정서성)이 지속성 우울장애의 취약성 요인으로 알려져 있다. 유전적으로 기타 우울장애의 경우보다 가족력이 있을 확률이 더 높고, 신경학적으로는 전전두엽, 전측대상회, 편도, 해마의 뇌 영역이 지속성 우울장애와 관련이 있다. 환경적 관점에서는 부모의 상실 혹은 분리를 아동기의 위험요인으로 본다. 심리적 관점인 정신분석이론에서는 기분부전 역동의 시작은 너무 이르거나 고통스럽게 애정 대상과 분리된 경험에서 비롯된다고 보았다. 이는 생애 초기에 정서적으로 준비가 되기 전에 의존적 행동을 포기하도록 강요당한 경우와 같다.

(4) 월경전불쾌감장애 Premenstrual Dysphoric Disorder

월경전불쾌감장애는 유전적 가능성의 추정치가 30~80%에 이르고, 생리적 요인이 정확하게 밝혀지진 않았지만 월경 주기마다 난소에서 분비되는 에스트로겐, 프로게스테론과 뇌에서 나오는 신경전달물질의 상호작용에 의한 것으로 보고되고 있다. 특히 5-HT(5-hydroxytryptamine) 수준의 변화나 세로토닌이 정상적인 호르몬 주기와 작용하여 중추신경계의 민감성을 상승시킨 결과로 설명하는 연구자들이 있다. 환경적 요인으로는 스트레스, 대인관계와 관련된 외상 과거력, 계절 변화 등이 있다.

3) 우울장애의 임상적 특징

(1) 파괴적 기분조절부전장애

핵심증상은 만성적인 고도의 지속적 과민성이다. 이러한 증상은 만성적 짜증과 간헐적 분노 폭발의 형태로 나타나는데, 전형적으로 좌절에 대한 반응이며 언어적·행동적 형태로 나타난다. 이러한 증상으로 인해 가족 및 또래와의 부정적인 관계, 학교에서의 수행능력 저하로 이어질 수 있다. 아동·청소년의 경우 1년 유병률이 2~5%로 알려져 있다. 또한 남아의 유병률이 여아보다 더 높으며 연령이 증가할수록 유병률은 감소한다.

파괴적 기분조절부전장애의 진단기준(DSM-5-TR)

A. 고도의 재발성 분노발작이 언어적(예: 폭언) 또는 행동적(예: 사람이나 사물에 대한 물리적 공격성)으로 나타나며, 상황이나 도발 자극에 비해 그 강도나 지속시간이 극도로 비정상적이다.
B. 분노발작이 발달 수준에 부합하지 않는다.
C. 분노발작이 평균적으로 일주일에 3회 이상 발생한다.
D. 분노발작 사이의 기분이 지속적으로 과민하거나 거의 매일, 하루 중 대부분의 시간 동안 화가 나 있으며, 이것이 객관적으로 관찰될 수 있다(예: 부모, 선생님, 또래 집단).
E. 진단기준 A~D가 12개월 이상 지속되며, 진단기준 A~D에 해당하는 모든 증상이 없는 기간이 연속 3개월 이상 되지 않는다.
F. 진단기준 A와 D가 세 환경(예: 가정, 학교, 또래 집단)중 최소 두 군데 이상에서 나타나며 최소 한 군데에서는 고도의 증상을 보인다.
G. 이 진단은 6세 이전 또는 18세 이후에 처음으로 진단될 수 없다.
H. 과거력 또는 객관적인 관찰에 의하면, 진단기준 A~E의 발생이 10세 이전이다.
I. 진단기준 A를 만족하는 기간을 제외하고 양극성장애의 조증 또는 경조증 삽화의 모든 진단기준을 만족하는 뚜렷한 기간이 1일 이상 있지 않아야 한다.
J. 이러한 행동이 주요우울 삽화 중에만 나타나서는 안 되며, 다른 정신질환[예: 자폐스펙트럼장애, 외상후 스트레스장애, 분리불안장애, 지속성 우울장애(기분저하증)]으로 더 잘 설명되지 않는다.
K. 증상이 물질의 생리적 효과나 다른 의학적 또는 신경학적 상태로 인한 것이 아니다.

(2) 주요우울장애

핵심증상은 적어도 2주 동안 하루 중 대부분, 거의 매일 우울한 기분과 흥미나 즐거움의 상실이며, 평생 유병률은 여성은 10~25%, 남성은 5~12%로 나타난다. 이들은 신체적 질환과 많은 동반을 보이며 신체적 · 사회적 역할수행기능이 상당히 낮아진다. 특히 청소년과 성인의 경우 여성들이 더 우울장애에 걸리기 쉽다. 여러 역학적 연구에서 우울장애가 남성보다 여성에게 2배 정도 많이 나타난다고 일관되게 보고 된다. 우울한 여성은 식욕과 수면에서 더 많은 장애를 경험하는 경향이 있으며, 대인관계 민감성과 위장관 증상 경험할 가능성이 높게 나타났다. 반면 남성의 경우 여성보다 알코올이나 다른 약물의 오남용, 부적응적인 자기 대처와 문제해결 전략에 대한 빈도와 강도를 더 크게 보고할 가능성이 높게 나타났다. 주요우울장애 자살 행동 가능성이 주요우울 삽화 동안 항상 존재하며, 무쾌감증과 자살 사고의 강력한 연관성 있다고 보고된다. 또한 여성이 남성보다 자살 시도 비율이 높지만, 남성은 자살에 성공할 가능성이 높다고 보고된다.

주요우울장애의 진단기준(DSM-5-TR)

A. 다음의 증상 가운데 5가지(또는 그 이상)의 증상이 2주 연속으로 지속되며 이전의 기능 상태와 비교할 때 변화를 보이는 경우, 증상 가운데 적어도 하나는 (1) 우울 기분이거나 (2) 흥미나 즐거움의 상실이어야 한다.

※ 주의점: 명백한 다른 의학적 상태로 인한 증상은 포함되지 않아야 한다.

1. 하루 중 대부분 그리고 거의 매일 지속되는 우울 기분에 대해 주관적으로 보고(예: 슬픔, 공허감 또는 절망감)하거나 객관적으로 관찰됨(예: 눈물 흘림)

   ※ 주의점: 아동·청소년의 경우는 과민한 기분으로 나타나기도 함
2. 거의 매일, 하루 중 대부분, 거의 또는 모든 일상 활동에 대해 흥미나 즐거움이 뚜렷하게 저하됨
3. 체중 조절을 하고 있지 않은 상태에서 의미 있는 체중의 감소(예: 1개월 동안 5% 이상의 체중 변화)나 체중의 증가, 거의 매일 나타나는 식욕의 감소나 증가가 있음

   ※ 주의점: 아동에서는 체중 증가가 기대치에 미달되는 경우
4. 거의 매일 나타나는 불면이나 과다수면
5. 거의 매일 나타나는 정신운동 초조나 지연(객관적으로 관찰 가능함, 단지 주관적인 좌불안석 또는 처지는 느낌만이 아님)
6. 거의 매일 나타나는 피로나 활력의 상실
7. 거의 매일 무가치감 또는 과도하거나 부적절한 죄책감(망상적일 수도 있는)을 느낌(단순히 병이 있다는 데 대한 자책이나 죄책감이 아님)
8. 거의 매일 나타나는 사고력이나 집중력의 감소 또는 우유부단함(주관적인 호소나 객관적인 관찰 가능함)
9. 반복적인 죽음에 대한 생각(단지 죽음에 대한 두려움이 아닌), 구체적인 계획 없이 반복되는 자살 사고, 또는 자살 시도나 자살 수행에 대한 구체적인 계획

B. 증상이 사회적, 직업적, 또는 다른 중요한 기능 영역에서 임상적으로 현저한 고통이나 손상을 초래한다.

C. 삽화가 물질의 생리적 효과나 다른 의학적 상태로 인한 것이 아니다.

D. 주요우울 삽화가 조현정동장애, 조현병, 조현양상장애, 망상장애, 달리 명시된, 또는 명시되지 않는 조현병 스펙트럼 및 기타 정신병적 장애로 더 잘 설명되지 않는다.

E. 조증 삽화 혹은 경조증 삽화가 존재한 적이 없다.

(3) 지속성 우울장애(기분저하증)

핵심증상은 만성적 우울감이다. 아울러 지속성 우울장애는 흥미나 즐거움의 상실, 낮은 자존감, 죄책감, 과거에 대한 반추, 낮은 에너지 수준, 생산적 활동의 감소가 나타난다. 평생 유병률은 3~6% 정도로 추산되며, 한국인의 경우 0.8%이다. 주요우울장애 환자 중 15~25%가 만성 주요우울장애에 해당된다. 문화에 따라 만성적인 우울 증상에 대한 인식은 다를 수 있으며, 이는 증상 인식 및 치료 수용도에 영향을 줄 수 있다. 고소득 국가, 중간소득 국가, 저소득 국가를 막론하고, 이러한 지속성 우울장애는 높은 자살 위험성과 관련이 있다.

지속성 우울장애(기분저하증)의 진단기준(DSM-5-TR)

이 장애는 DSM-IV에서 정의된 만성 주요우울장애와 기분저하장애를 통합한 것이다.

A. 적어도 2년 동안, 하루의 대부분 우울 기분이 있고, 우울 기분이 없는 날보다 있는 날이 더 많으며, 이는 주관적으로 보고하거나 객관적으로 관찰된다.

※ 주의점: 아동 · 청소년에서는 기분이 과민한 상태로 나타나기도 하며, 기간은 적어도 1년이 되어야 함

B. 우울 기간 동안 다음 2가지(또는 그 이상)의 증상이 나타난다.

1. 식욕 부진 또는 과식
2. 불면 또는 과다수면
3. 기력의 저하 또는 피로감
4. 자존감 저하
5. 집중력 감소 또는 우유부단
6. 절망감

C. 장애가 있는 2년 동안(아동 · 청소년에서는 1년) 연속적으로 2개월 이상, 진단기준 A와 B의 증상이 존재하지 않았던 경우가 없었다.

D. 주요우울장애의 진단기준을 만족하는 증상이 2년간 지속적으로 나타날 수 있다.

E. 조증 삽화나 경조증 삽화가 없었다.

F. 장애가 지속적인 조현정동장애, 조현병, 망상장애, 달리 명시된 또는 명시되지 않는 조현병 스펙트럼 및 기타 정신병적 장애와 겹쳐져서 나타나는 것이 아니다.

G. 증상이 물질(예: 약물남용, 치료약물)의 생리적 효과나 다른 의학적 상태(예: 갑상선기능저하증)로 인한 것이 아니다.

H. 증상이 사회적, 직업적, 또는 다른 중요한 기능영역에서 임상적으로 현저한 고통이나 손상을 초래한다.

(4) 월경전불쾌감장애

핵심증상은 월경 전 정서적 불안정감, 우울감, 불안, 짜증이나 분노, 의욕 저하 무기력감으로 다양한 신체적 · 정서적 증상이 나타나 일상생활에 큰 지장을 주는 경우이다. 또한 사회적 기능의 손상이 일어날 수 있으며, 가족, 타인, 주변인과 마찰이 생길 수 있다. 유병률은 여성의 3~9%로 보고되고 있다. 월경전불쾌감장애는 주요우울장애, 양극성장애, 불안장애와 공병률이 높은 것으로 알려져 있다.

월경전불쾌감장애의 진단기준(DSM-5-TR)

A. 대부분의 월경 주기에서 월경 시작 1주 전에 다음의 증상 가운데 5가지(또는 그 이상)가 시작되어 월경이 시작되고 수일 안에 증상이 호전되며 월경이 끝난 주에는 증상이 경미하거나 없어져야 한다.

B. 다음 증상 중 적어도 한 가지(또는 그 이상)는 포함되어야 한다.
1. 현저한 불안정한 기분(예: 갑자기 울고 싶거나 슬퍼진다거나 거절에 대해 민감해지는 것)
2. 현저한 과민성, 또는 대인관계에서의 갈등 증가
3. 현저한 우울 기분, 절망감 또는 자기비난의 사고
4. 현저한 불안, 긴장, 신경이 곤두섬 또는 과도한 긴장감

C. 다음 증상 중 적어도 한 가지(또는 그 이상)는 추가적으로 존재해야 하며, 진단기준 B에 해당하는 증상과 더해져 총 5가지의 증상이 포함되어야 한다.
1. 일상 활동에서 흥미의 저하(예: 직업, 학교, 또래 집단, 취미)
2. 집중하기 곤란하다는 주관적 느낌
3. 기면, 쉽게 피곤함 혹은 현저한 무기력
4. 식욕의 현저한 변화, 즉 과식 또는 특정 음식의 탐식
5. 과다수면 또는 불면
6. 압도되거나 자제력을 잃을 것 같은 주관적 느낌
7. 유방의 압통이나 부종, 두통, 관절통, 혹은 근육통, 부풀어 오르거나 체중이 증가된 느낌과 같은 다른 신체적 증상

D. 증상이 직업이나 학교, 일상적인 사회 활동과 대인관계를 현저하게 저해한다(예: 사회 활동의 회피, 직장이나 학교에서의 생산성과 효율성의 감소).

E. 증상은 주요우울장애나 공황장애, 지속성 우울장애(기분저하증) 혹은 성격장애와 같은 다른 장애로 인해 증상이 단순히 악화된 것이 아니다(이러한 장애 중 어느 것에도 중첩되어 나타날 수는 있음).

F. 진단기준 A는 적어도 연속적인 2회의 주기 동안 전향적인 일일 평가에 의해 확인되어야 한다.
※ 주의점: 진단은 이러한 확인이 있기 이전에는 잠정적으로 내려질 수 있음
G. 증상은 물질(예: 남용약물, 치료약물, 기타 치료)의 생리적 효과나 다른 의학적 상태(예: 갑상선기능항진증)로 인한 것이 아니다.

4) 우울장애의 치료적 제언

극심한 우울장애는 자살로 이어지는 극단적 선택이 나타날 수 있으므로, 신속한 치료적 개입이 필요하다. 인지치료와 약물치료는 대표적인 우울장애 치료 방법으로, 삼환계 항우울제, MAO 억제제, 세로토닌 재흡수 억제제가 사용된다. 인지치료에서는 우울한 내담자의 사고내용을 탐색하여 인지적 왜곡을 찾아 교정하고 현실적이며 긍정적인 사고와 신념을 지니도록 돕는다. 구체적 기법으로는 일일 기록표 방법, 일기 쓰기, 자동사고 기록지, 소크라테스식 대화법 등이 있다. 파괴적 기분조절부전장애의 경우 가족치료를 통해 보호자와 아동의 역기능적 관계를 개선하고, 미술치료나 놀이치료 등 개인 심리치료를 병행한다. 월경전불쾌감장애의 경우 호르몬 조절 약물이나 생활 습관의 변화를 통해 증상이 개선될 수 있다.

정서중심치료(Emotion-Focused Therapy)는 우울장애의 증거기반치료로, 정서를 구분하여 부적응적 정서를 탐색하는 과정에서 역기능적 신념을 재구성한다. 이 과정에서 적응적 정서를 자각하고 활성화시킬 수 있다. 정서중심치료는 우울 증상의 고통을 줄이고 자존감을 향상시키며, 대인관계 문제를 개선하고 우울장애의 재발을 예방하는 데 효과적이다(Caspar et al., 2023; Ellison, Greenberg et al., 2009).

미술치료에서 우울장애를 겪는 내담자를 만날 경우, 치료사는 내담자의 무기력하고 공허한 상태를 수용하고, 소극적인 모습도 존중해야 한다. 작품 결과에 큰 의미를 두기보다는 시작과 과정에 비중을 두어 내담자를 격려하고 지지하는 것이 필요하다. 이때 내담자의 심리적 에너지와 기능적 수준을 고려하여 작업의 내용과 표현기법을 조절하고, 좌절을 유발할 수 있는 매체는 피하는 것이 좋다. 우울장애를 지닌 내담자에게 미술치료 장면에서 정서중심치료를 적용한다면, 감각을 충분히 느낄 수 있는 미술 매체의 사용이

효과적일 것이다. 이를 통해 개인은 자신의 신체, 환경, 생각, 감정을 자각하고, 표현되는 작품을 통해 정서를 인식하는 경험을 할 수 있다. 치료사는 내담자의 우울함과 상실감, 고통스러운 정서가 미술치료 과정에서 인식될 수 있도록 하고, 매체 안에서 조절된 형태로 나타나 작품 안에 수용되어 담길 수 있도록 도와야 한다. 창조적인 미술작업은 개인에게 괴롭고 고통스러운 감정으로부터 안도감을 제공하며, 정화과정은 다루기 힘들었던 기억과 정서에 새로운 의미를 부여하는 데 도움이 된다. 작업과정에서 주의해야 할 점은 우울한 내담자가 느낄 수 있는 좌절감을 고려하는 것이다.

05

불안장애

Anxiety Disorders

1) 불안장애의 정의

우리는 위험과 두려움을 느끼는 상황에서 자연스럽게 불안과 공포의 심리적 반응을 경험한다. 불안은 우리가 안전을 유지하고자 할 때 개인의 안전감을 확보하기 위해 긴장을 활성화시키는 것으로 삶을 살아가는 데 있어 꼭 필요한 감정이다. 그러나 위험에 대처하는 심리적 반응이 부적응적인 양상으로 발현될 때 불안은 병적으로 증폭되기도 한

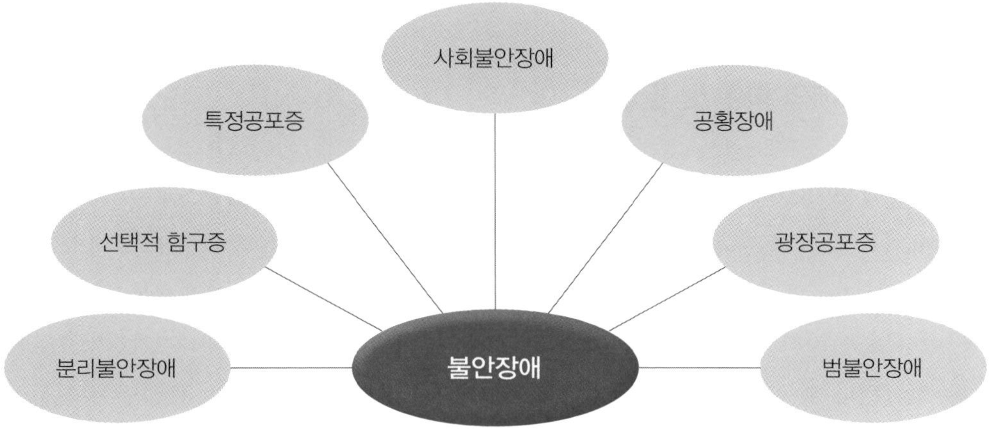

[그림 5-1] 불안장애의 하위 장애

다. 불안은 위험 요소가 분명하게 존재하지 않더라도 다가올 위험에 대한 불쾌한 정서가 떠올라 예상되는 사건에 대해 예측하고 회피하려는 반응을 일으킨다. 공포는 불안과는 다르게 위험 요소가 명백하게 존재하여 나타나는 즉각적인 자율신경계의 반응으로, 생존을 위해 필요한 싸움 또는 도피와 같은 반사적인 행동을 유발한다. 즉, 불안장애란 병적인 불안으로 인해 현실에 심각한 부적응을 보이는 것으로 불안과 공포가 주요 증상으로 나타나며 다음과 같은 하위 장애를 포함한다.

표 5-1 불안장애의 하위 장애와 핵심증상

하위 장애	ICD-11	핵심증상
분리불안장애	6B05	집 또는 주요 애착대상과 분리되는 것에 대한 불안과 공포를 느낌
선택적 함구증	6B06	정상적인 언어능력을 지녔음에도 불구하고 사회적 상황에서 언어표현을 하지 않음
특정공포증	6B03	특정 대상(예: 동물, 주사 등)이나 상황(예: 높은 곳, 물 등)에 대한 불안과 공포를 느낌
사회불안장애	6B04	타인과 상호작용하는 사회적 상황에 대한 불안과 공포를 느낌
공황장애	6B01	예측할 수 없는 상황에서 반복적인 공황발작을 일으키며 죽음에 대한 강한 불안과 공포를 느낌
광장공포증	6B02	특정 장소나 상황에 대한 불안과 공포를 느낌
범불안장애	6B00	다양한 사건, 활동, 상황에서 만성적 불안과 걱정을 느낌

2) 불안장애의 이론 및 원인

(1) 분리불안장애 Separation Anxiety Disorder

유아기의 상실 혹은 청년기의 독립에서 나타나는 불안 등 상실과 같은 스트레스 상황에서 발생한다. 환경적으로는 불안정한 가정환경, 부모의 부적절한 양육행동, 동생의 출생, 이사 또는 전학, 죽음 등 상실 경험의 반복이 불안을 상승시킬 수 있다. 기질적으로는 의존적이거나 행동억제 기질을 보유하고 있을 가능성이 높다. 심리적 관점인 정신분석이론에서는 애착대상과 헤어짐에 대한 두려움, 대상관계이론의 입장에서는 분리개별화

단계에서 적절한 분리가 되지 않았을 경우 분리불안을 유발할 수 있다고 보며, 인지행동 이론에서는 애착대상에 대한 인지적 왜곡을 원인으로 바라보고 있다.

(2) 선택적 함구증 Selective Mutism

기질적 요인은 잘 알려져 있지 않으나 불안에 민감한 기질과 부모의 수줍음, 신경증적 경향성, 행동억제 등이 영향을 미칠 수 있다. 환경적으로는 부모에 의한 사회적 억제, 과잉보호, 부부간의 불화 등이 있으며, 유전적으로는 18번 염색체 이상이 원인으로 보고된다. 선택적 함구증은 사회불안장애와도 상당수 공유되는 유전요인이 있을 것으로 본다. 심리적 요인으로는 애착대상과의 분리불안을 원인으로 본다.

(3) 특정공포증 Specific Phobia

행동억제, 부정적 정서 등의 다른 불안장애와 마찬가지로 기질적인 위험인자가 있다고 본다. 또한 부모의 과보호, 이별, 상실 등을 환경적 요인으로 볼 수 있는데, 특히 특정공포증의 경우 공포 대상이나 상황을 외상적으로 경험하거나 부정적으로 경험한 후 발생한다. 심리적으로는 고전적 조건형성에 의해 공포반응을 습득하고, 습득된 공포반응이 조작적 조건형성의 원리에 의해 유지 및 강화된다고 보는 행동주의적 입장과 무의식적 갈등에 기인한 불안이 방어기제에 의해 특정 외부 대상에게 대치·투사된 것으로 보는 정신분석적 입장이 있다.

(4) 사회불안장애 Social Anxiety Disorder

수줍음이 많고 사회적으로 위축되며 낯선 사람에 대한 두려움, 행동억제와 부정적 평가를 두려워하는 기질적 특성이 있다. 유전·생리적으로는 불안정한 자율신경계 활동으로 다양한 자극에 흥분하는 경향이 있으며 유전적으로 강한 영향을 받는다. 또한 부모가 지닌 높은 사회적 불안을 학습하며 사회에 더욱 민감하게 반응하여 제한된 대인관계, 가족 간의 낮은 친밀감 등의 환경적 측면도 존재한다. 심리적으로는 무의식적 갈등이 사회적 상황에 대치되어 투사되고 현실 왜곡, 역기능적 신념 등의 부정적 사고가 원인이 된다고 보는 정신분석적 관점과 인지적 관점이 있다.

(5) 공황장애 Panic Disorder

높은 신경증적 경향성이 기질적 취약성으로 존재한다. 이들은 일상에서 부정적인 감정을 훨씬 잘 느끼기 때문에 상대적으로 불안에 대한 빠른 각성과 민감한 반응을 보이는데 이것이 공황발작 발생의 위험을 유발하는 요인으로 보는 입장이 있다. 또한 유전·생리적으로 정확한 유전자와 연관된 기능은 알려져 있지 않으나, 우울장애, 양극성장애, 불안장애 환자들의 자녀에게 공황장애를 겪는 비율이 증가하고, 노르에피네프린 신경전달물질의 불규칙한 활동, 질식오경보이론, 뇌의 청반, 과잉호흡이론, GABA-벤조다이아제핀(benzodiazepine) 체계의 이상이 공황발작을 일으킬 가능성이 높다고 알려져 있다. 환경적으로는 다른 불안장애에 비해 성적·신체적 학대 경험이 공황장애에서 훨씬 더 많이 보고되고 있다. 심리적으로는 불안을 야기하는 충동에 대한 방어기제 실패로 보는 정신분석적 입장과 신체감각을 과도한 위험으로 인식하여 파국적 오해석으로 보는 인지적 입장이 있다.

(6) 광장공포증 Agoraphobia

부적 정동성이 높은 성격특성과 선천적으로 타고난 불안으로 인해 불안 민감성이 함께 높은 경우를 기질적 요인으로 보며 이들은 사회적 상황에서 위축되며 타인에 대한 두려움, 회피와 같은 특성을 지니는 경우가 많다. 또한 아동기의 과잉보호나 부정적인 스트레스 사건의 경험을 환경적 요인으로 보며, 공포에 대한 공포이론, 아동기의 분리불안, 충분히 충족되지 못한 애정 욕구 등을 심리적 요인으로 본다.

(7) 범불안장애 Generalized Anxiety Disorder

범불안장애는 신경증적 성향과 행동억제 등 전반적인 불안장애의 공통적인 기질적 취약성을 요인으로 본다. 유전적으로 일란성 쌍둥이에서 공병률이 높으며, 일반 인구 대비 친척 안에서 발병될 가능성이 높게 나타난다. 주요우울장애, 기분장애와 같은 불안특질도 원인으로 작용할 수 있다. 환경적 요인으로는 어린 시절의 역경, 부모의 과잉보호 등 불안을 유발하는 환경이 영향을 줄 수 있다. 심리적 요인으로 정신분석이론에서는 자아가 억압된 원초아의 충동을 다루지 못하여 생기는 심리작용인 부동불안을 원인으로 보고 있으며, 이로 인한 무의식적 갈등으로 인해 불안을 경험한다고 보았다. 또한 환경자극으로부터 조건형성된 학습의 결과로 보는 입장과 위험에 관한 인지도식 발달로 연쇄적 사고과정 속 파국화의 입장이 있다.

3) 불안장애의 임상적 특징

(1) 분리불안장애

분리불안의 핵심증상은 아동이 애착대상과 발달단계상 분리되는 것이 자연스러운 연령임에도 불구하고 과도한 불안과 공포를 나타내는 것이다. 12세 미만 아동에게 흔한 불안장애이며 헤어짐에 대한 불안함으로 애착대상의 존재를 확인하려는 행동을 하고, 잦은 신체화 증상으로 애착대상의 관심을 구하며 분리를 주제로 한 꿈도 많이 꾼다. 학령기 아동의 경우 등교거부로 자주 보인다. 18세 이전에 발생하며 아동・청소년 집단에서 약 4%의 유병률을 보이며 유병률에 있어 남녀의 차이는 없으나 지역사회에서 여아에게 더 흔하게 나타나고 연령이 증가함에 따라 유병률은 낮아진다.

분리불안장애의 진단기준(DSM-5-TR)

A. 애착대상과 분리되는 것에 대한 공포나 불안이 발달 수준에 비해 부적절하고 지나치며 다음 중 3가지 이상이 나타난다.
   1. 집 또는 애착대상과 떨어져야 할 때 과도한 고통을 반복적으로 경험함
   2. 주요 애착대상을 잃어버리거나 질병, 상해, 재앙 혹은 죽음과 같은 해로운 일이 애착대상에게 일어날까 봐 지속적으로 불안하고 두려워함
   3. 길을 잃어버리거나 납치를 당하거나 사고를 당하거나 아프게 되는 것 등 안 좋은 일이 발생하여 주요 애착대상과 떨어질까 봐 지속적으로 염려함
   4. 분리에 대한 공포 때문에 집 외에 학교, 직장 혹은 다른 장소로 나가는 것을 거부하거나 거절함
   5. 집이나 다른 장소에서 주요 애착대상 없이 혼자 있는 것에 대해 지속적으로 과도하게 두려워하거나 거부함
   6. 집을 떠나 잠을 자는 것이나 주요 애착대상이 없는 곳에서 자는 것을 과도하게 거부하거나 거절함
   7. 분리 주제와 연관된 악몽을 반복적으로 꿈

8. 주요 애착대상과 분리될 때 두통, 복통, 구토와 같은 신체증상을 반복적으로 호소함

B. 공포, 불안, 회피 반응이 아동·청소년은 4주 이상, 성인은 6개월 이상 지속된다.

C. 장해가 사회적, 직업적 또는 다른 중요한 기능 영역에서 임상적으로 현저한 고통이나 손상을 초래한다.

D. 장해가 자폐스펙트럼장애에서 변화에 대한 저항 때문에 집 밖에 나가는 것을 회피하는 것, 정신병적 장애에서 분리에 대한 망상이나 환각이 있는 경우, 광장공포증으로 인해 믿을 만한 동반자 없이 밖에 나가기를 거절하는 경우, 범불안장애에서 건강 문제나 다른 해로운 일이 중요한 대상에게 생길까 봐 걱정하는 것, 질병불안장애에서 질병에 걸릴까 봐 걱정하는 것과 같은 다른 정신질환으로 더 잘 설명되지 않는다.

(2) 선택적 함구증

선택적 함구증의 핵심증상은 말을 할 수 있음에도 특정 상황에서 선택적으로 말을 하지 않는 것이다. 선택적 함구증은 가족을 제외한 모두의 앞에서 말을 하지 않거나, 또래와는 말을 하고 어른 앞에서는 하지 않는 등 다양한 형태로 나타날 수 있다. 이들은 등교거부의 문제와 사회적 관계의 어려움을 보이며 높은 수준의 사회불안이 특징적으로 나타난다. 또한 해당 장애의 경우 20~30%는 말더듬을 비롯한 언어적 장애를 지녀 사회적 의사소통과 학업 및 교육에 지장을 줄 수 있다. 그러나 다른 나라로 이주한 가족의 자녀의 경우가 말을 하지 않는다면 이는 새로운 언어의 지식부족으로 인한 거부할 수 있기 때문에 선택

선택적 함구증의 진단기준(DSM-5-TR)

A. 다른 곳에서는 말을 할 수 있음에도 말을 해야 하는 특정 사회적 상황에서 일관성 있게 말을 하지 않는다(예: 학교).

B. 학습 혹은 직업상의 성취나 사회적 의사소통을 방해한다.

C. 증상이 최소 1개월 이상 지속된다.

D. 사회적 상황에서 필요한 말을 하는 것에 대한 지식이 부족하거나 언어가 익숙하지 않아 말을 하지 않는 것은 아니다.

E. 장해가 의사소통장애(예: 아동기 발병 유창성장애)로 더 잘 설명되지 않고, 자폐스펙트럼장애, 조현병 또는 다른 정신병적 장애의 경과 동안에만 유일하게 발생하지는 않는다.

적 함구증 진단에선 명시적으로 제외된다. 유병률은 드물지만 0.03~1.9%로 보고되며 비모국어로 대화해야하는 개인, 특히 어린이들에게서 발병위험이 더 크게 나타난다.

(3) 특정공포증

특정공포증의 핵심증상은 특정 대상이나 상황에 노출이 되면 즉각적으로 나타나는 공포반응을 보이는 것이다. 외상 사건, 공포상황에서의 공황발작 등의 사건 이후 발생되지만 특정공포증을 가진 이들은 구체적인 발병원인을 기억하지 못한다. 실제 위험과 사회맥락을 고려할 때 지나친 공포와 불안을 보여야 하며 주요 대상과 상황으로부터 예외없이 회피하려는 반응이 나타난다. 크게 '동물형' '자연환경형' '혈액–주사–상해형' '상황형'의 네 가지의 하위 유형으로 구분되며 동물형, 자연환경형, 상황형 특정공포증은 비교적 여성에게서 많이 나타나고 혈액–주사–상해형 특정공포증은 여성과 남성에게 동일하게 발생한다. 평생 유병률은 10~11.3%, 1년 유병률은 약 9%로 여성에게 2배 정도 흔하며 10대 청소년에게 많이 나타난다.

특정공포증의 진단기준(DSM–5–TR)

A. 특정 대상이나 상황에 대해서 극심한 공포나 불안이 있다(예: 비행기 타기, 고공, 동물, 주사 맞기, 피를 봄).

※ 주의점: 아이들의 경우 공포나 불안은 울기, 발작, 얼어붙거나 매달리는 것으로 표현될 수 있다.

B. 공포 대상과 상황은 대부분 즉각적으로 공포나 불안을 유발한다.

C. 공포 대상 혹은 상황을 회피하거나 매우 극심한 불안과 공포를 지니면서 참는다.

D. 공포나 불안이 특정 대상이나 상황의 실제적인 위험에 비해 극심하며 사회문화적으로 흔히 받아들여지는 것보다 심하다.

E. 공포나 불안, 회피 반응이 대체로 6개월 이상 지속된다.

F. 공포, 불안, 회피로 인해 사회적 · 직업적 또는 다른 중요한 기능 영역에서 임상적으로 유의한 고통이나 손상을 초래한다.

※ 동물형(거미, 곤충, 개), 자연환경형(고소, 폭풍, 물), 혈액–주사–상해형(바늘, 침투적인 의료 시술), 상황형(비행기, 엘리베이터, 폐쇄된 장소), 기타(질식, 구토를 유발하는 상황)

G. 장해가 공황 유사 증상과 연관된 공포, 광장공포증, 강박장애, 외상후 스트레스 장애, 분리불안장애, 사회불안장애 등과 같은 다른 정신질환으로 더 잘 설명되지 않는다.

(4) 사회불안장애

사회불안장애의 핵심증상은 사회적 상황에서 타인으로부터 거부 또는 평가를 당하거나 피해를 주게 될 것에 대해 불안과 두려움을 느끼는 것으로, 이러한 상황에 놓일 때 이들은 예외 없이 회피하고자 하며 불안이 신체반응으로 나타나기도 한다. 사회불안장애는 매우 흔하며 평생 유병률은 3~13%로 가장 높은 불안장애이다. 여성에게 더 많이 보고되며 수줍고 내성적인 아동기를 보낸 10대 중반의 청소년에게서 시작된다. 사회불안장애의 발병 연령에서 젠더에 따른 차이는 없지만 사회불안장애가 있는 여성은 주요우울장애, 기타불안장애 등을 공존질환으로 보고하며 남성은 적대적 반항장애, 품행장애, 반사회성 성격장애 등의 증상을 보이고 이를 완화하고자 약물, 알코올 등에 의존하는 경우가 있다.

사회불안장애의 진단기준(DSM-5-TR)

A. 타인에게 면밀하게 관찰될 수 있는 하나 이상의 사회적 상황에 대한 두드러진 공포 혹은 불안. 그 예로는 사회적 교류(예: 대화하기, 낯선 사람 만나기), 관찰됨(예: 먹기, 마시기), 타인 앞에서의 수행(예: 연설하기) 등이 포함된다.

※ 주의점: 아동에서 불안은 성인들과의 상호작용에서만이 아니라 또래 환경에서 일어나야 한다.

B. 수치스럽거나 당황한 것으로 보이거나 다른 사람을 거부 혹은 공격하는 것으로 보이는 등 다른 사람에게 부정적으로 평가되는 쪽으로 행동하거나 불안 증상을 보일까 봐 두려워한다.

C. 사회적 상황은 거의 언제나 공포 혹은 불안을 유발한다.

※ 주의점: 아동에서 공포 혹은 불안은 울기, 생떼 부리기, 경직, 매달리기, 움츠러들기, 혹은 사회적 상황에서 말하지 못하는 것으로 표현될 수 있다.

D. 이러한 사회적 상황을 회피하거나 극심한 공포와 불안을 견딘다.

E. 불안과 공포가 실제 상황 혹은 사회문화적 맥락에서 볼 때 실제 위험에 비해 비정상적으로 극심하다.

F. 공포, 불안, 회피 반응이 대개 6개월 이상 지속된다.

G. 공포, 불안, 회피로 인해 사회적, 직업적 또는 다른 중요한 기능 영역에서 임상적으로 유의한 고통이나 손상을 초래한다.

H. 공포, 불안, 혹은 회피는 물질의 생리적 효과나 다른 의학적 상태에 기인하지 않는다.

I. 공포, 불안, 혹은 회피는 공황장애, 신체이형장애 또는 자폐스펙트럼장애와 같은 다른 정신질환의 증상으로 더 잘 설명되지 않는다.

J. 다른 의학적 상태가 있는 경우 공포, 불안, 혹은 회피는 명백히 무관하거나 과도하다.

(5) 공황장애

공황장애의 핵심증상은 예기치 못한 공황발작과 그에 대한 예기불안이다. 예기불안으로 인해 과도한 걱정으로 건강염려증이 생길 수 있고, 발작이 나타난 장소, 상황과 유사한 공간을 회피하려는 특징이 있다. 평생 유병률은 1.7%이며 여성이 2~3배 많고 젠더 차이는 청소년기에 나타난다. 후기 청소년기에 증가하여 성인기까지 고조되지만 노인기로 갈수록 점차 감소된다. 문화적 맥락에 따라 불안의 증상에 대한 공황발작, 두려움 정도는 다

공황장애의 진단기준(DSM-5-TR)

A. 예기치 못한 공황발작이 반복되는 경우. 공황발작은 극심한 공포나 불편감이 갑자기 급증하여 몇 분 이내에 정점에 이르고, 이 기간 동안 다음 증상 중 4가지(또는 그 이상)가 발생할 수 있다.

※ 주의점: 갑작스러운 증상의 발생은 평온한 상태 또는 불안한 상태에서 모두 발생할 수 있다.

1. 심계항진, 가슴 두근거림 또는 가속된 심장 박동수
2. 발한
3. 떨리거나 후들거림
4. 숨이 차거나 답답한 느낌
5. 질식하는 느낌
6. 가슴의 통증이나 불편함
7. 메스꺼움 또는 복통
8. 어지럽거나, 불안정하거나, 현기증 또는 기절하는 느낌
9. 오한이나 열감
10. 감각이상(마비 또는 따끔거리는 느낌)
11. 비현실감(현실이 아닌 것 같은 느낌) 또는 이인증(자신과 동떨어져 있는 느낌)
12. 통제력을 잃거나 '미쳐 가는 것'에 대한 두려움
13. 죽음의 공포

※ 주의점: 문화 특이적 증상(예: 이명, 목 통증, 두통, 제어할 수 없는 비명 또는 울음)이 나타날 수 있다. 이러한 증상은 4가지 필수 증상 중 하나로 간주해서는 안 된다.

B. 적어도 1회 이상 발작 뒤에 1개월 이상 다음 중 한 가지 조건을 만족해야 한다.

1. 추가적인 공황 발작이나 그 결과(심장발작, 미치는 것, 통제력 잃음)를 걱정
2. 부적응적인 변화, 즉 공황발작을 회피하기 위해 익숙한 환경을 피하는 것

C. 장해가 물질 또는 다른 의학적 상태의 생리학적 효과로 인한 것이 아니다.

D. 장해는 다른 정신질환에 의해 더 잘 설명되지 않는다.

르게 나타나며 이는 공황장애 비율에 영향을 미친다. 공황장애는 만성화의 경향성이 있으며 여성에서만 카테콜오메딜 전환요소유전자와 공황장애와 연관이 있다는 보고가 있다.

(6) 광장공포증

광장공포증의 핵심증상은 공황과 유사하거나 당혹스러운 증상이 특정 상황에서 나타나는 것을 두려워하는 것으로 특정공포의 상황형과 유사하지만 개수에서 차이가 있다(특정공포의 상황형은 1개로 제한, 광장공포증은 2가지 이상에서 공포를 느낌). 가장 중요한 차이는 상황을 두려워하는 심리적 이유이며 공황발작과 함께 나타나는 경우가 흔하다. 평생 유병률은 0.6~6%, 1년 유병률은 약 1.7%로 여성에게 2~4배 흔하게 나타나며 후기 청소년이나 초기 성인기에 발병률이 높다. 공황장애가 있는 경우 광장공포증의 증상이 자살 사고의 위험인자가 될 수 있으며 약 15%가 자살 사고나 행동을 보인다.

광장공포증의 진단기준(DSM-5-TR)

A. 다음의 5가지 상황 중 2가지 이상의 상황에서 현저한 공포와 불안을 느낀다.
   1. 대중교통 수단을 이용하는 것(예: 자동차, 버스, 배, 비행기, 기차)
   2. 열려 있는 공간에 있는 것(예: 주차장, 시장, 다리)
   3. 밀폐된 공간에 있는 것(예: 상점, 영화관, 공연장)
   4. 줄을 서 있거나 많은 군중 속에 서 있는 것
   5. 집 밖에 혼자 있는 것

B. 공황발작과 유사한 증상 혹은 무능력하거나 당혹스럽게 되는 다른 증상(예: 노인의 경우 낙상에 대한 공포, 실금에 대한 공포)이 생겼을 때 도움을 받을 수 없거나 그 상황에서 벗어나기 어려울 것이라는 불안 때문에 이러한 상황을 두려워하거나 회피한다.

C. 광장공포 상황은 항상 불안과 공포를 일으킨다.

D. 광장공포 상황을 적극적으로 회피하고, 다른 사람이 옆에 있어 줄 것을 요구하거나 극도의 공포와 불안 속에서 견딘다.

E. 공포나 불안은 광장공포 상황이나 사회문화적 맥락에 의해 유발되는 실제 위험과 비례하지 않는다.

F. 공포, 불안 또는 회피는 지속적이며, 일반적으로 6개월 또는 그 이상 지속된다.

G. 공포, 불안 또는 회피는 사회적, 직업적 또는 기타 중요한 기능 영역에서 임상적으로 현저한 고통이나 손상을 초래한다.

H. 다른 질환(예: 염증성 장질환, 파킨슨병)이 존재하는 경우, 공포, 불안 또는 회피는 분명히 과도하다.
I. 공포, 불안 또는 회피는 다른 정신질환의 증상으로 더 잘 설명되지 않는다.
※ 주의점: 광장공포증은 공황장애 유무와 관계없이 진단된다. 만약 공황장애와 광장공포증의 진단기준을 모두 만족한다면 2가지 진단이 모두 내려져야 한다.

(7) 범불안장애

범불안장애의 핵심증상은 여러 활동과 사건에 대해 조절하기 어려운 수준의 불안과 과도한 걱정이 지속적으로 나타나고, 통제 불가능한 걱정으로 인해 신체화 증상을 호소한다. 평생 유병률은 약 9%, 1년 유병률은 0.4~3.63%로 보고된다. 여성과 소득수준이 낮은 집단에서의 유병률이 높다고 보고되고 있으며 10~20대 초반에 발생하는 경향이 있으며 범불안장애 역시 자살 사고 및 행동의 증가와 높은 관련이 있다.

범불안장애의 진단기준(DSM-5-TR)

A. 직장이나 학교와 같이 일상 활동에서 과도하게 불안하거나 걱정을 하고 적어도 6개월 이상, 최소한 한 번에 며칠 이상 발생한다.
B. 이런 걱정을 통제하는 것이 어렵다고 느낀다.
C. 불안과 걱정은 다음의 6가지 증상(증상들이 적어도 6개월 이내에 며칠 이상 존재해야 함) 중 3가지 이상의 증상을 동반한다(아동은 한 가지 항목만 필요).
1. 안절부절못하거나 가장자리에 선 느낌
2. 쉽게 피로해짐
3. 집중하기 힘들거나 머릿속이 하얗게 되는 느낌
4. 과민성
5. 근육의 긴장
6. 수면 장애
D. 불안, 걱정 또는 신체증상이 사회적, 직업적, 또는 다른 중요한 기능 영역에서 임상적으로 유의한 고통이나 손상을 초래한다.
E. 장해가 물질이나 다른 의학적 상태의 생리적 효과에 의한 것이 아니다.
F. 장해가 다른 정신질환으로 더 잘 설명되지 않는다.

4) 불안장애의 치료적 제언

불안은 현대인 모두가 경험하는 보편적인 정서적 반응으로, 아직 겪지 못한 미래에 대한 염려에서 비롯되며 공포와 같은 두려움 반응과 밀접한 연관성을 보인다. 정상적인 불안과 같은 가벼운 염려나 공포는 적당한 긴장감을 불러 기능적인 적응을 돕는 긍정적 측면이 있으나, 병적인 불안은 일상생활에 지장을 초래하므로 반드시 치료가 필요하다. 불안장애 치료 시 가장 많이 사용되는 것은 약물치료와 인지행동치료로 대표적인 치료약물은 벤조디아제핀계열의 약물과 삼환계 항우울제, 세로토닌 재흡수 억제제 등이 있다.

불안장애에 대한 가장 보편화된 증거기반치료는 노출치료와 인지치료의 기법을 사용하는 인지행동치료(Cognitive-Behavior Therapy: CBT)이다(Higa-McMillan et al., 2016; Kaczkurkin & Foa, 2015). 특히 불안장애를 겪는 내담자들은 과도한 걱정과 불안이 주된 감정으로 내재하여 비합리적인 인지구조를 보일 가능성이 높고, 신체적으로도 늘 긴장과 각성 상태에 머물러 있을 가능성이 크다. 인지행동치료에서는 불안을 조절하는 호흡법, 체계적 둔감법, 모델링, 행동강화법, 노출치료, 긴장이완훈련, 신체감각에 대한 파국적 오해석의 인지적 수정, 집단치료 등을 사용하여 증상의 호전을 도모한다. 이외에도 동기강화상담(Motivational Interviewing: MI), 변증법적치료(Dialectical Behavior Therapy: DBT) 등이 있으며, 변증법적치료는 우울장애 내담자의 미약한 감정조절 능력을 향상시키는 것에 도움이 된다. 또한 호흡이나 명상 등을 통해 스스로에게 집중하고 자기 생각과 감정을 온전히 수용하는 경험과 부정적인 인지를 재구성하는 것, 감정을 인식하고 조절하는 것은 내담자가 자신의 불안을 다루고 건강한 통제력을 발휘하는 데 도움이 된다.

미술치료에서 불안장애를 겪는 내담자를 만난다면 치료의 목표와 계획, 작업공간, 활용 매체, 시작과 마무리까지 전 과정에서 체계적인 구조화가 필요하며, 이완 경험을 통하여 내담자의 불안을 낮추고 안정감을 제공하는 것이 중요하다. 내담자에게 공간 자체가 안정감을 줄 수 있도록 환경을 구성하며 회기 내에서는 불안의 원인, 특성을 구체적으로 탐색하고 회기의 시작과 끝을 예측할 수 있도록 안내한다. 이와 같은 미술작업은 내담자의 내면세계를 시각화하고 부정적 사고패턴과 신념을 객관적으로 바라볼 수 있게 한다. 인지적 요소의 재구성을 통해 긍정적 패턴을 학습할 수 있으며 과도한 긴장과 각성 상태의 내담자는 찰흙, 물감, 물 등의 유동성이 높은 매체를 통해 편안한 상태를 경험할 수 있다. 치료사는 내담자의 욕구와 불안의 감정을 인식하고 조절할 수 있도록 개입해야 하며, 민감하고 유연한 태도와 창조적인 사고를 갖춰야 한다.

06

강박 및 관련 장애

Obsessive-Compulsive and Related Disorders

1) 강박 및 관련 장애의 정의

강박이란 무언가에 집착되어 어찌할 수 없는 상태이며, 강박관념은 의식 속에 떠오른 어떤 관념을 없애려고 해도 없앨 수 없는 심리상태를 뜻한다. 강박 및 관련 장애는 강박사고와 강박행동으로 특징지어진다. 강박사고는 침투적이고 반복적으로 떠오르는 지속적인 사고 충동 또는 심상이며, 강박행동은 한 개인이 강박사고에 의해 일어나는 자동적

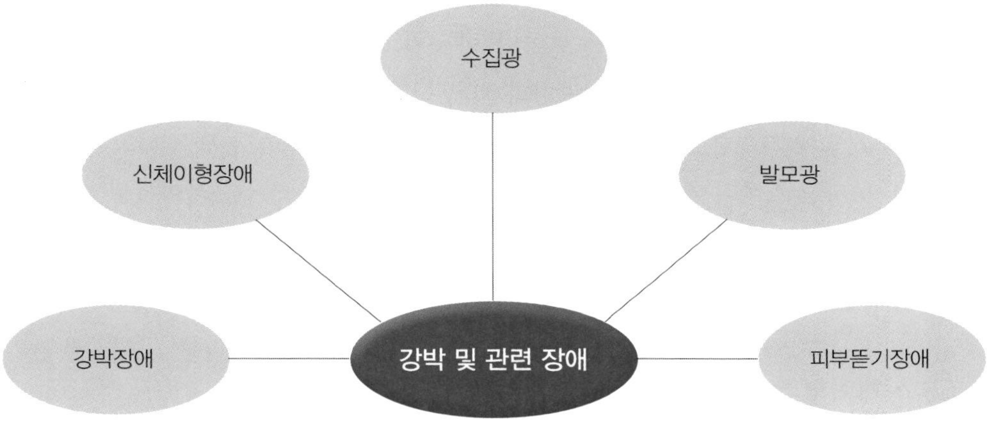

[그림 6-1] 강박 및 관련 장애의 하위 장애

이고 반복적인 행동 또는 정신적 행위에 의해 특징지어진다. 즉, 강박 및 관련 장애는 강박적인 집착과 반복적인 행동을 특징으로 나타내는 일군의 장애를 의미하며 다음과 같은 하위 장애를 포함한다.

표 6-1 강박 및 관련 장애의 하위 장애와 핵심증상

하위 장애	ICD-11	핵심증상
강박장애	6B20.Z	강박사고와 강박행동을 보임
신체이형장애	6B21.Z	신체적 외모에 대해서 한 개 이상의 주관적 결함에 과도하게 집착함
수집광	6B24.Z	불필요한 물건을 버리지 못함, 물건을 보관하고자 하는 강한 충동이 나타남
발모광 (털뽑기장애)	6B25.0	반복적으로 자신의 털(예: 머리카락, 눈썹 등)을 뽑는 행위를 보임
피부뜯기장애	6B25.1	반복적으로 피부(예: 얼굴, 팔, 손 등)를 뜯는 행위를 보임

2) 강박 및 관련 장애의 이론 및 원인

(1) 강박장애 Obsessive-Compulsive Disorder

강박장애는 심한 내재화 증상, 높은 부정적 감정성 및 아동기 행동억제와 관련된 기질적 위험 요소를 가지고 있다. 유전적으로 성인 강박장애 환자의 일차 친족의 경우 일반인에 비해 약 2배 더 높은 발병률을 보이며, 아동기 및 청소년기에 발병한 환자의 일차 친족들은 10배 정도 더 높은 발병률을 나타낸다. 신경학적 관점에서 기저핵의 손상이 강박증상의 지속에 기여한다는 주장이 있으며, 심리적 요인으로는 침투적 사고의 평가과정에서 나타나는 파국적 해석이 강박장애를 유발한다고 본다. 정신분석이론은 강박증상이 억압된 욕구나 충동이 재활성화된 결과로 간주하며, 지성화, 고립, 반동형성, 대치와 같은 방어기제의 작용으로 설명한다.

(2) 신체이형장애 Body Dysmorphic Disorder

유전 · 생리적으로 강박장애 환자의 일차 친족에서 신체이형장애의 유병률이 더 높으

며, 신체이형장애가 세로토닌과 관련되어 있다는 주장이 있다. 심리적 관점인 정신분석이론에서는 무의식적인 성적 갈등이나 정서적 갈등이 신체 부위에 대치되어 나타난 것으로 보았고, 인지행동적 이론에서는 외모에 대한 높은 미적 민감성이 신체이형장애를 촉발한다고 보았다.

(3) 수집광 Hoarding Disorder

기질적 우유부단함은 수집광 환자들과 그들의 일차 친족에서 나타나는 가장 뚜렷한 특성이며, 유전적으로 환자들의 50% 정도에서는 친척들도 수집광 증상을 보인다. 심리적 관점으로 정신역동이론에서는 수집광을 항문기에 고착되어 항문기적 성격을 형성한 것으로 이해하였고, 인지행동이론에서는 의사결정의 어려움, 범주화/조직화의 결함, 기억의 결함, 손실의 과장된 평가, 완벽주의적 성향으로 인해 유발된다고 보았다.

(4) 발모광(털뽑기장애) Trichotillomania(Hair-Pulling Disorder)

유전적으로 발모광은 인구에 비해 강박장애 환자와 그들의 일차 친족에서 더 흔히 나타난다. 심리적 관점인 정신분석이론에서는 어린 시절의 정서적 결핍 경험과 관련이 있다고 보았으며, 흔히 어머니를 거부적이고 가학적인 성격의 소유자로 묘사하는 반면, 아버지는 무능하고 유약한 사람으로 묘사한다.

(5) 피부뜯기장애 Excoriation(Skin-Picking) Disorder

유전적으로 일반 인구에 비해 강박장애 환자와 그들의 일차 친족에서 피부뜯기장애가 더 흔하고, 신경학적으로는 피부뜯기장애가 신경전달물질인 도파민과 관련된다는 주장이 있다. 심리적 관점인 정신분석이론에서는 피부뜯기장애가 권위적인 부모에 대한 억압된 분노에서 비롯된 것으로 본다. 인지행동이론에서는 피부뜯기 행동의 원인이 스트레스 상황에서 각성수준의 감소를 위한 자기-진정하기와 지루함을 느낄 때 신경계를 자극하여 각성수준을 높이는 자극하기의 양면적인 이유로 추정한다.

3) 강박 및 관련 장애의 임상적 특징

(1) 강박장애

강박장애의 핵심증상은 반복적으로 의식에 침투하는 강박사고와 그에 따른 강박행동이다. 크게 세 가지 하위 유형으로 구분되는데 첫째, 순수한 강박사고형으로 원치 않는 성적인 생각이나 공격적 충동, 비윤리적인 심상 등을 내현적인 강박사고로 지니는 경우이다. 둘째, 기도하기나 숫자 세기, 특정 단어를 반복적으로 외우는 등의 겉으로 관찰되지 않는 내현적 강박행동을 지니는 경우이다. 마지막으로, 외현적 강박행동형으로 유형이 매우 다양한데, 더러운 것에 오염되었다는 생각과 더불어 이를 제거하려는 반복적 청결 행동을 예로 들 수 있다. 세계 여러 나라에서 수행된 강박장애 환자의 자살 사고 및 자살 시도에 대한 체계적 문헌 고찰 결과, 평생 자살 시도의 평균 비율이 14.2%이고, 평생 자살 사고의 평균 비율이 44.1%이며, 현재 자살 사고의 평균 비율이 25.9%로 보고된다. 한국의 경우 강박장애 평생 유병률은 0.7%(남성 0.5%, 여성 1.0%)이며 흔히 청소년기나 초기 성인기에 시작된다. 대부분의 경우, 강박장애는 서서히 발생하며 만성적인 경과를 나타낸다. 스트레스를 받으면 증세가 심해지고 그렇지 않으면 호전되는 경향을 보인다.

강박장애의 진단기준(DSM-5-TR)

A. 강박사고나 강박행동 혹은 둘 다 존재하며,
강박사고는 (1)과 (2)로 정의된다.

1. 반복적이고 지속적인 생각, 충동 또는 심상이 장해 시간의 일부에서는 침투적이고 원치 않는 방식으로 경험되며 대부분 현저한 불안이나 고통을 초래한다.
2. 이러한 생각, 충동 및 심상을 경험하는 사람은 이를 무시하거나 억압하려고 노력하고, 또는 다른 생각이나 행동(즉, 강박행동을 함으로써)을 통해 이를 중화시키려고 노력한다.

강박행동은 (1)과 (2)로 정의된다.

1. 개인이 경험하는 강박사고에 대한 반응으로 반복적 행동(예: 손 씻기나 정리정돈하기, 확인하기)과 정신적인 행위(예: 기도하기, 숫자 세기, 속으로 단어 반복하기)를 엄격한 규칙에 따라 수행한다.

2. 불안감이나 괴로움을 예방하거나 감소시키고, 두려운 사건이나 상황의 발생을 방지하려는 목적으로 반복적 행동이나 정신적 행위를 수행한다. 그러나 이러한 행동이나 행위들은 그 행위의 대상과 현실적인 방식으로 연결되지 않거나 명백하게 지나치다.

※ 주의점: 어린 아동들은 이런 행동이나 정신적인 행위들의 목적에 대해서 인식하지 못할 수 있다.

B. 강박사고나 강박행동은 시간을 소모하게 만들거나(예: 하루에 1시간 이상), 사회적, 직업적 또는 다른 중요한 기능 영역에서 임상적으로 현저한 고통이나 손상을 초래한다.
C. 강박 증상은 물질(예: 남용약물, 치료약물)의 생리적 효과나 다른 의학적 상태로 인한 것이 아니다.
D. 장해가 다른 정신질환으로 더 잘 설명되지 않는다.

(2) 신체이형장애

신체이형장애의 핵심증상은 자신의 외모나 신체의 일부가 기형적이라고 생각하며 신체의 하나 혹은 많은 부위에 집착하는 것이다. 이러한 장애를 지닌 사람들은 신체적 기형에 대한 개인적인 믿음으로 심한 열등감을 느낄 뿐만 아니라 신체적 결함을 관찰하거나 치장하는 행동에 많은 시간을 보내면서 사회적 적응에 어려움을 보인다. 심각도에 따라 사회적 상황의 회피와 같은 중등도부터 집 밖으로 한 발자국도 나가지 못하는 매우 심한 상황까지 사회적 손상 정도가 다양하다. 신체이형장애의 믿음에 대한 병식은 좋은 병식에서부터 망상적 믿음에 이르기까지 다양하다. 신체이형장애의 자살 사고와 자살행동과의 연관성은 신체이형장애가 있는 개인들은 건강한 사람이나 섭식장애를 진단받은 대조군에 비해 자살 사고를 경험했을 가능성이 4배 높았고, 자살 시도를 했을 가능성이 2.6배 높았다. 유병률은 15~20세의 사춘기에 많이 발생하고, 남성보다 여성에게 더 흔히 발생한다.

신체이형장애의 진단기준(DSM-5-TR)

A. 관찰할 수 없거나 다른 이에게는 크지 않음에도 신체적인 외모에서 하나 이상의 결점에 대해 몰입한다.
B. 질환의 경과 중 어느 시점에서, 외모에 대한 우려로 반복적 행동(예: 거울 보기, 과도한 손질, 피부뜯기, 안심을 위해 확인하기)을 하거나 또는 정신적인 행위(예: 다른 사람의 외모와 비교)를 한다.

C. 몰입은 사회적, 직업적 또는 기타 중요한 기능 영역에서 임상적으로 현저한 고통이나 손상을 초래한다.
D. 외모에 대한 몰입은 섭식장애 진단기준을 충족하는 개인에서 체지방이나 체중에 대해 걱정하는 것으로 더 잘 설명되지 않는다.

(3) 수집광

수집광의 핵심증상은 물건의 실제 가치와는 관계없이 소유물을 자기 자신의 연장으로 여기는 등의 과도한 애착을 보이며 버리거나 분리되는 것을 어려워하는 것이다. 수집광 환자들은 언젠가는 필요할지 모른다는 생각으로 집안에 산더미처럼 물건을 쌓아 놓아 생활공간을 심각하게 제한하고 안전이나 건강의 문제를 야기하게 된다. 그 결과, 자신뿐만 아니라 주변 사람들이 심한 불편을 겪거나 일상생활에 심각한 문제를 초래한다. 버리기 어려움, 과도한 양의 습득과 같은 수집광의 주요 특징은 일반적으로 남녀에게 비슷하게 나타나지만, 여성은 남성보다 더 지나치게 습득하고 과도한 구매를 보이는 경향이 있다. 수집광의 유병률은 미국과 유럽의 일부 지역에서 조사한 결과 2~6% 정도로 추정된다.

수집광의 진단기준(DSM-5-TR)

A. 실제 가치에 관계없이 소유물을 버리거나 분리하는 데 지속적으로 어려움을 겪는다.
B. 이러한 어려움은 소유물을 저장해야 한다는 욕구와 버릴 때 따르는 고통 때문이다.
C. 소유물을 버리기 어려워 물건이 쌓이게 되며, 이는 거주 환경을 어지럽고 혼란스럽게 하여 소유물의 원래 용도를 상당히 손상시킨다. 환경이 어지럽지 않다면 이는 제3자(예: 가족 구성원, 청소부, 다른 권위자)의 개입이 있을 경우뿐이다.
D. 수집광 증상은 사회적, 직업적 또는 기타 중요한 기능 영역(자신과 타인을 위한 안전한 환경 유지 포함)에서 임상적으로 현저한 고통이나 손상을 초래한다.
E. 수집광 증상은 다른 의학적 질환(예: 뇌손상, 뇌혈관 질환, 프래더-윌리 증후군)에 기인하지 않는다.
F. 수집광 증상은 다른 정신질환의 증상(예: 강박장애의 강박, 주요우울장애의 활력 감소, 조현병 또는 다른 정신병적 장애에서의 망상, 주요 신경인지장애의 인지적 결함, 자폐스펙트럼장애의 제한된 관심)으로 더 잘 설명되지 않는다.

수집광과 관련된 역학 연구에서 여성보다 남성이 더 높은 유병률을 보인다고 보고한다.

(4) 발모광(털뽑기장애)

발모광의 핵심증상은 자신의 털을 반복적으로 뽑는 행위이다. 발모 행동은 스트레스에 대처하는 독특한 부적응적 방식으로 행동하지 않으려고 할 때는 긴장감이 높아지고, 뽑을 때는 쾌락, 만족감, 해방감을 느낀다. 발모광은 사회적·직업적 기능 손상뿐만 아니라 고통과도 관련이 된다. 이러한 털뽑기는 수개월 또는 수년 정도 지속될 수 있다. 일반 인구 중 성인과 청소년에서 발모광의 유병률은 1~2% 정도로 추정되며, 여성이 남성보다 10:1 정도의 높은 비율로 더 많이 이환된다.

발모광(털뽑기장애)의 진단기준(DSM-5-TR)

A. 탈모로 이어질 수 있는, 반복적인 스스로의 털뽑기다.
B. 털을 뽑는 행위를 줄이거나 멈추려는 반복적인 시도다.
C. 털을 뽑는 것은 사회적, 직업적 또는 기타 중요한 기능 영역에서 임상적으로 현저한 고통이나 손상을 초래한다.
D. 털을 뽑는 것은 다른 의학적 상태(예: 피부과적 상태)에 기인한 것이 아니다.
E. 털을 뽑는 것은 다른 정신질환의 증상(예: 신체이형장애 환자가 인식하고 있는 외관상 결함을 개선하려는 시도)에 의해 더 잘 설명되지 않는다.

(5) 피부뜯기장애

피부뜯기장애의 핵심증상은 반복적으로 시행하는 피부뜯기로 가장 흔한 곳은 얼굴, 팔, 손이지만 많은 환자가 신체 여러 곳에서 피부뜯기를 한다. 대부분은 손톱으로 뜯지만 족집게나 핀, 다른 도구를 사용하기도 하고 뜯는 행위뿐만 아니라 피부 비비기, 비틀기, 절개하기, 물어뜯기 등을 하기도 한다. 이러한 행동은 불안과 긴장이 높아지거나 스트레스를 받으면 증가한다. 피부뜯기 행동은 죄책감이나 수치심과 같은 심리적 고통이 수반되어 자해 행동으로 이어질 수 있으며, 피부뜯기장애를 지닌 사람의 12%가 자살에 관한 생각을 하며 11.5%가 자살을 시도한 적이 있다는 연구가 보고된다. 해당 장애의 평생 유병률은 1.4% 이상이고, 그중 75%가 여성인 것으로 나타났으며 주요우울장애, 강박장애, 발모광 등의 다른 질환들과 자주 동반된다.

피부뜯기장애의 진단기준(DSM-5-TR)

A. 피부 병변으로 이어지는 반복적인 피부뜯기
B. 피부뜯기를 줄이거나 멈추려는 반복적인 시도
C. 피부뜯기는 사회적, 직업적 또는 기타 중요한 기능 영역에서 임상적으로 현저한 고통이나 손상을 초래한다.
D. 피부뜯기는 물질(예: 코카인) 또는 다른 의학적 상태(예: 옴)에서 기인한 것이 아니다.
E. 피부뜯기는 다른 정신질환(예: 정신병적 장애에서 망상이나 환촉, 신체이형장애에서 인식된 외모상 결함이나 결함을 개선하려는 시도, 상동증적 운동장애에서 상동증 또는 비자살적 자해에서 자해 의도)으로 더 잘 설명되지 않는다.

4) 강박 및 관련 장애의 치료적 제언

강한 압박을 뜻하는 강박은 심리적으로 어떤 것에 강하게 집착하게 되는 것이다. 스스로 통제할 수 없을 만큼 강박적인 생각과 집착, 그로 인한 반복적인 행동 유형에서 혼자서는 벗어날 수 없기 때문에 다양한 치료적 접근이 필요하다. 알려진 치료법으로는 인지치료와 행동치료, 약물치료가 있으며, 증상에 따라 카테콜아민(Catecholamine), 세로토닌 재흡수 억제제, 선택적 세로토닌 재흡수 억제제, 리튬(Lithium), 항불안제 등의 약물이 처방된다.

수용전념치료(Acceptance and Commitment Therapy: ACT)는 강박 및 관련 장애의 증거기반치료이다. 국내외에서 활발히 연구되는 이 치료기법은 증상의 감소에 효과를 보이는데, 개인이 강박사고에 유연하게 대처하고 가치 있는 행동을 수행하는 능력을 키우는 것을 목표로 한다(Twohig et al., 2015; Zemestani et al., 2022). 또 다른 구체적 기법으로 학습이론에 근거한 행동치료 기법인 노출 및 반응방지법, 대안적 행동으로 대체하게 하는 방법이 있다. 신체이형장애는 약물치료와 심리치료를 병행할 때 효과적이라고 알려져 있으나, 의사의 전문적 지식이나 진단도 수용하지 못하는 경향이 있어 심리치료 또한 쉽지 않다. 수집광의 경우 인지행동치료가 효과적인데, 물건의 가치를 살피는 것과 주변 사람과의 관계나 애착을 재구성하여 관심과 애정을 느낄 수 있도록 개입하면 증상이 호전될 수 있다. 발모광은 치료에 조기 개입할 때 빠른 증상의 호전을 기대할 수 있으며, 아동·청소년에게 발병했을 경우 필수적으로 부모 교육이 병행되어야 한다. 피부뜯기장애의 경우 자극을 통제하거나 대치될 수 있는 행동을 통한 훈련이 도움이 될 수 있다.

미술치료에서 강박 및 관련 장애를 진단받은 내담자를 만난다면, 행동치료 기법과 미술치료의 매체적 특성을 결합한 치료적 개입을 시도할 수 있다. 미술 매체를 통해 내담자가 피하고 싶어 하는 강박적 자극이나 사고에 자연스럽고 점진적으로 노출되게 하고 즉각적인 강박행동을 하지 못하도록 제한하여 객관적인 결과를 확인시키는 것이다. 또한 감각적인 매체를 활용하여 수용전념치료적 개입도 가능하다. 내담자는 안전한 치료 환경에서 정서와 기억을 자극하는 감각 매체를 통하여 내부에서 일어나는 감정과 생각, 신체 감각을 자연스럽게 수용하는 경험을 할 수 있다. 치료사는 내담자와 신뢰 관계를 형성하고 안전한 치료환경을 제공하여 내담자가 고통과 불안을 경험하더라도 증상을 통제하고 유연하게 대처할 수 있도록 도와야 한다. 또한 내담자마다 통제성의 수준과 매체에 대한 감각적 자극 선호도가 다를 수 있으므로, 치료사는 내담자의 특성을 고려하여 안전하고 편안한 매체를 제공하는 태도를 취하는 것이 중요하다.

07

외상 및 스트레스 관련 장애

Trauma-and Stressor-Related Disorders

1) 외상 및 스트레스 관련 장애의 정의

우리는 크고 작은 스트레스를 주는 생활사건을 반복적으로 경험하고 대처하며 살아간다. 그러나 일상적 스트레스와 달리 충격적인 사건에 의해 발생하는 스트레스와 심리적 고통을 주는 외상은 삶에 많은 후유증과 심각한 부적응을 가져온다. 외상 및 스트레스 관련 장애는 외상 경험자들이 현실에서 겪는 부적응 증상, 불안, 공포, 해리 등 심리적 문제를 지니는 것을 의미하며 다음과 같은 하위 장애를 포함한다.

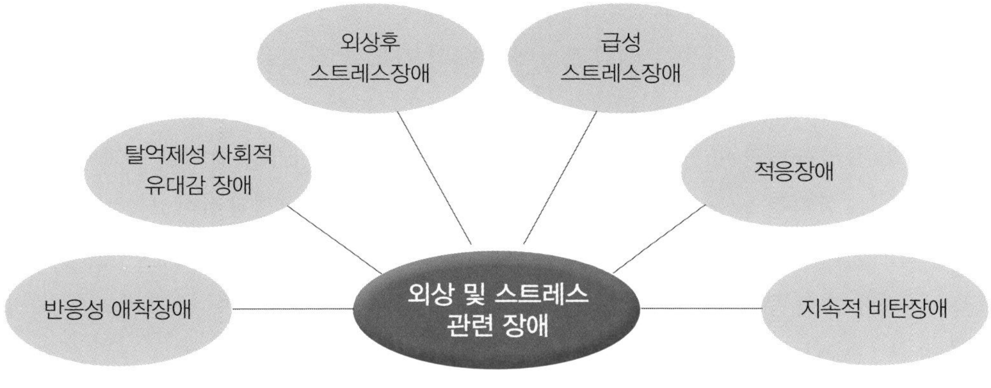

[그림 7-1] 외상 및 스트레스 관련 장애의 하위 장애

표 7-1 외상 및 스트레스 관련 장애의 하위 장애와 핵심증상

하위 장애	ICD-11	핵심증상
반응성 애착장애	6B44	양육자와의 애착외상으로 인해 정서적 위축, 대인관계 회피 등의 반응을 보임
탈억제성 사회적 유대감 장애	6B45	부적절한 양육환경에서 애착외상을 경험하여 무분별한 대인관계를 맺거나 타인에게 과도한 친밀함을 보임
외상후 스트레스장애	6B40	침투/회피/과각성/충격적인 외상 사건을 경험한 이후에 1개월 이상 지속되는 재경험 증상과 회피행동이 나타남
급성 스트레스장애	QE84	외상 사건을 직접 경험했거나 목격한 뒤 3일~1개월의 단기간 동안 재경험 증상과 회피행동이 나타남
적응장애	6B43	주요 생활사건에 대한 적응실패로 정서적 · 행동적 문제를 보임
지속적 비탄장애	6B42	사별한 사람에 대한 갈망, 동경, 기억에 대한 집착으로 지속적인 비적응적 비탄반응이 나타남

** 복합외상후 스트레스장애는 DSM-5의 하위 장애로 들어가지 않으나, ICD-11(6B41)에서 따로 분류되어 제시됨

2) 외상 및 스트레스 관련 장애의 이론 및 원인

(1) 반응성 애착장애 Reactive Attachment Disorder

부모의 부적절한 양육방식, 주 양육자의 잦은 교체, 정서적으로 결핍되거나 바람직하지 않은 부모의 역할 등에 의한 애착외상, 병리적 양육환경 등 안정되지 않은 양육과 관련한 후천적 결핍이 환경적 요인으로 가장 많이 알려져 있다. 또한 기질적으로 내향성과 예민한 기질을 타고난 아동은 애착결핍에 대해서 과도한 좌절을 겪으며 위축 · 회피적 행동을 보일 가능성이 있다. 심리적으로는 대상관계이론의 탈애착과 관련이 있다. 탈애착된 아동은 양육자가 다시 오더라도 거부의 두려움과 분노의 양가감정을 갖게 되고 결국 무관심과 회피적 반응으로 대응한다. 이는 애착이론에서 비일관적이고 학대적인 양육방식을 경험한 아동에게서 형성된 내적작동모델과 유사하며, 이들은 높은 불안과 자신의 존재에 대한 무가치함을 갖게 되고 타인을 예측하기 어렵게 되어 타인에 대한 회피행동으로 나타난다.

(2) 탈억제성 사회적 유대감 장애 Disinhibited Social Engagement Disorder

환경적으로는 부모의 무관심, 억압, 학대 등으로 인한 애착외상, 심각한 사회적 방임이 위험한 기제이나 원인은 잘 알려져 있지 않다. 기질적으로 자극추구가 높고, 충동성이 높은 외향성이 강한 아동이 취약하다. 심리적으로는 두려움, 외로움 등의 고통으로부터 자신을 보호하기 위해 억압의 방어기제를 사용하여 낯선 타인에게 과도한 친밀성을 통해 가짜 위안을 획득하려고 노력하고 무분별한 친밀감을 보인다는 정신분석이론이 있다.

(3) 외상후 스트레스장애 Post traumatic Stress Disorder

환경적으로 분명한 촉발요인이 존재하며 기질적으로는 신경증적 경향성이 높은 취약한 성격구조를 보유할 가능성이 있다. 유전 · 생리적으로는 외상후 스트레스장애에 대한 취약한 유전요인이 작용하며 외상 사건이 뇌와 신체에 물리적 변화를 일으켜 스트레스 반응으로 이어지기 때문에 코르티솔과 노르에피네프린이 활발해지고 생화학적 각성을 경험하는 것이다. 이 각성이 뇌의 주요 영역을 손상시켜 뇌의 해마와 편도체에 역기능을 일으키고 역기능적 편도체는 강한 정서기억을 만들어 낸다. 심리적으로는 유아기의 미해결된 무의식적 갈등이 외상 사건 경험으로 인해 각성되어 퇴행, 억압, 부인 등의 방어기제가 나타난다고 보는 정신분석이론의 입장이 있다. 행동주의이론에서는 외상 사건이 무조건 자극이 되고 불안은 조건 형성으로 되어 외상과 관련된 단서를 회피하거나 무감각한 감정 반응을 보여 불안을 감소시키는 부적 강화 효과를 지닌다고 본다. 인지이론에서는 외상 정보가 기존 사고체계와 통합되는 과정을 설명하는 스트레스 반응이론, 이 장애를 경험하는 사람들의 공통된 신념특성에 주목한 박살 난 가정이론, 기억 불능과 기억 침투의 상반된 현상을 설명하는 이중표상이론, 외상 사건의 정서적 정보들이 기존 기억 구조와 통합되기 위한 조건을 제시하는 정서적 처리이론 등이 있다.

(4) 급성 스트레스장애 Acute Stress Disorder

환경적으로 외상 사건에 직접적인 경험을 하거나 목격을 하는 등의 노출된 경험이 촉발요인으로 작용한다. 외상후 스트레스장애의 원인과 유사한 측면이 있으나 급성 스트레스장애는 특히 과도한 무력감을 느끼게 한 외상 사건에 대한 신체적 · 심리적 반응이 단기적이다. 심리적으로는 외상 사건 경험 후, 따라오는 결과에 대한 파국적 오해석이 주는 무력감, 절망감 등이 있으며 생리적으로는 남성보다 여성이 취약하고 신경증 또는 부정적 정서성이 높을 경우 스트레스 대처에 취약할 수 있다.

(5) 적응장애 Adjustment Disorders

강력한 스트레스를 유발하는 사건 자체가 적응 장애 유발 원인이 될 수 있으며 스트레스 사건이 촉발된 상황에서 개인의 사회적 지지자원이 부족하거나 부재한 상황이 환경적 요인으로 작용될 수 있다. 기질적 요인으로는 스트레스를 다루는 개인의 문제해결 능력, 대처 반응, 성격특질 등이 적응 장애에 영향을 미칠 수 있다. 심리적 관점인 정신분석이론에서는 양육자와 유아기의 관계에서 충분히 욕구가 충족되지 못할 경우 좌절을 경험하게 되는데 좌절을 인내하는 능력이 이후 삶에서 스트레스 대처에 영향을 미친다고 주장한다.

(6) 지속적 비탄장애 Prolonged Grief Disorder

환경적으로 사별한 후 죽은 사람에 대해 높은 의존성을 보이거나 아이의 죽음, 폭력적 또는 예상하지 못한 죽음에서 장애가 나타날 위험성이 높다. 경제적인 어려움으로 인한 스트레스도 요인이 될 수 있으며 보호자의 돌봄과 지지에 관한 장해가 있으면 사별을 경험한 아이의 위험성이 높아진다. 생리적으로는 사별한 여성에서 더 높은 장애 유병률이나 심각성을 발견하였으나 다른 연구에서는 성별의 차이가 작거나 유의미하지 않다고 보고 한다.

3) 외상 및 스트레스 관련 장애의 임상적 특징

(1) 반응성 애착장애

반응성 애착장애의 핵심증상은 주 양육자, 보호자, 부모 등 애착대상이 부재하거나, 미발달된 애착관계로 애착대상에게 의지하지 않으며 타인과의 상호작용을 두려워하고 회피하며 발달적으로 부적절한 애착과 행동양식을 보이는 것이다. 이들은 선택적 애착을 형성할 수 있는 능력을 보유하고 있음에도 초기 발달상의 제한된 환경으로 인해 능력이 상실되는 것이다. 또한 심리적 고통을 겪었을 때도 애착대상으로부터 돌봄, 지지 등을 얻기 위한 일관적 노력을 하지 않으며 타인의 위로를 받아도 최소한의 반응 이상을 보이지 않는다. 반응성 애착장애는 5세 이전에 시작되는 대표적 영유아기 장애로 늦은 언어·인지 발달을 보이며 상동행동의 문제가 관찰될 수 있고 사회적 관계 형성에 어려움을 보이는 점은 자폐스펙트럼장애와 유사할 수 있지만 임상적으로 감별해야 한다. 유병률은 임상 환경에서 상대적으로 매우 드문 것으로 보고된다.

반응성 애착장애의 진단기준(DSM-5-TR)

A. 성인 보호자에 대해 억제되고, 정서적으로 위축된 행동을 일관적으로 보이고 다음 중 두 가지 모두로 표현된다.
  1. 아동은 고통스러운 상황에서 위안을 구하지 않거나 최소한으로만 찾음
  2. 고통스러운 상황에서 아동은 위로하는 것에 대해 거의 반응하지 않거나 혹은 최소한의 반응

B. 지속적인 사회적·감정적 문제가 다음 중 최소 두 가지 이상으로 나타난다.
  1. 타인에 대해 최소한의 사회적·정서적 반응
  2. 제한된 긍정적 정서
  3. 성인 보호자와 위협적이지 않은 상호작용에서 이유 없는 짜증, 슬픔, 두려운 감정의 삽화 등이 나타남

C. 아동이 불충분한 양육의 극단적인 형태를 경험한 것이 최소한 한 가지 이상에서 분명하게 드러난다.
  1. 성인 보호자로부터 충족되는 위로와 자극, 애정 등 기본적인 감정적 요구에 대한 지속적 결핍이 사회적 방임이나 박탈의 형태로 나타남
  2. 주 보호자의 반복적인 교체로 안정 애착을 형성할 기회가 제한됨(예: 위탁 보육 보호자의 잦은 교체)
  3. 선택적 애착을 형성하는 기회를 심각하게 제한하는 특별한 환경(예: 아동이 많고 보호자가 적은 보육원)에서 양육됨

D. 진단기준 C의 양육이 진단기준 A의 원인이 되는 것으로 추정된다.

E. 진단기준이 자폐스펙트럼장애를 만족시키지 않는다.

F. 장애가 5세 이전에 나타나야 한다.

G. 아동은 최소한 9개월 이상의 발달연령이 되어야 한다.

※ 다음의 경우 명시할 것

지속성: 장애가 현재까지 12개월 이상 지속되어 왔다.

※ 현재의 심각도를 명시할 것

반응성 애착장애에서 아동이 장애의 모든 증상을 드러내며, 각각의 증상이 상대적으로 높은 수준을 나타낼 때 고도로 명시한다.

(2) 탈억제성 사회적 유대감 장애

탈억제성 사회적 유대감 장애의 핵심증상은 애착외상을 경험한 아동이 낯선 타인에 대해서도 과도한 친밀감을 보이는 것이다. 반응성 애착장애와는 달리 위축되거나 회피하는 행동양식이 아닌 지나치게 친숙한 행동을 하고 무분별한 사회성 등의 부적응적 행동을 보인다. 아동기 중반까지 언어적 · 신체적 과친숙성이 나타나며 청소년기는 피상적인 또래관계를 갖고, 더 많은 또래갈등을 보인다. 유병률은 잘 알려져 있지 않으며 심각한 방임 이후 보육원에 입소하거나 보육기관에서 자란 아동에게서 나타난다. 사회적 방임과 연관되기 때문에 이들은 발달지연, 돌봄의 결핍, 영양 불균형 등 방임으로 인한 신체적 · 정서적 징후와 함께 나타나지만 손상된 애착 징후가 없는 아동의 경우에도 존재할 수 있다. 이들은 생후 초기 몇 개월 동안의 사회적 방임 상태가 존재한다.

탈억제성 사회적 유대감 장애의 진단기준(DSM-5-TR)

A. 아동이 낯선 성인에게 지나치게 접근하고 소통하며 다음 중 2가지 이상의 행동양식을 보인다.
  1. 낯선 성인에게 다가가고 소통할 때 조심성이 약화되어 있거나 없음
  2. 과도하게 친근한 언어 또는 신체 행동을 보임
  3. 낯선 환경에서 성인 보호자와 모험을 할 때 주변 환경을 경계하는 정도가 떨어지거나 없음
  4. 낯선 성인을 따라가는 데 있어 주저함이 없거나 적음

B. 진단기준 A의 행동이 주의력결핍 과잉행동장애의 충동성에 국한되지 않고, 사회적으로 억제된 행동을 포함한다.

C. 충분하지 못한 양육의 극단적인 양식을 경험한 것이 최소한 한 가지 이상에서 분명하게 드러난다.
  1. 성인 보호자로부터 위로와 자극, 애정과 같은 기본적인 감정적 요구에 대한 지속적 결핍이 사회적 방임이나 박탈로 나타남
  2. 주 보호자가 수시로 바뀌어 안정애착을 형성할 기회가 제한됨(위탁 보육에서)
  3. 선택적인 애착을 형성할 기회를 심각하게 제한하는 독특한 환경에서 양육됨(아동이 많고 보호자는 적은 보육원 같은 기관)

D. 진단기준 C의 양육이 진단기준 A의 원인이 되는 것으로 추정된다.

E. 아동의 발달연령이 최소 9개월 이상 되어야 한다.

※ 다음의 경우 명시할 것

지속성: 장애가 현재까지 12개월을 넘어 지속되어 왔다.

※ 현재의 심각도를 명시할 것
탈억제성 사회적 유대감 장애에서 아동이 장애의 모든 증상을 드러내며, 각각의 증상이 상대적으로 높은 수준을 나타낼 때 고도로 명시한다.

(3) 외상후 스트레스장애

외상후 스트레스장애의 핵심증상은 외상 사건과 관련된 기억, 감정이 침투하여 재경험되고 플래시백을 경험하며 외상과 관련된 자극을 회피하고 인지와 감정, 각성과 반응성에 부정적인 변화가 나타나는 것이다. 유병률은 사건의 유형, 대상 등에 따라 다양하게 보고되며 세계 정신건강 조사에 따른 유병률 역시 나라, 국가소득 등에 따라 다르지만 약 3.9%에 해당한다. 여성의 유병률이 더 높은 편이다. 그 이유는 여성과 관련된 사회적 요인에 의한 것으로 일부 아동기 성적 학대, 성폭행, 대인관계에서의 폭력적 노출로 인한 외상후 스트레스 증상을 보이는 것이다. 또한 외상후 스트레스 장애의 증상은 문화적으로 다양할 수 있다. 이 장애는 다른 정신장애와의 공병률이 매우 높은 편이며 모든 연령대에서 발생 가능하지만 연령에 따라 다소 다른 특징이 나타난다. 외상후 스트레스장애의 증상은 아동과 성인에 있어 약간의 차이점이 존재한다. 구체적으로 살펴보면 기억, 꿈, 해리성 반응, 고통스러운 기억 등이 반복적으로 침습되는 것은 공통된 특징이지만 아동의 경우 이러한 기억이 고통스럽지 않을 수 있으며 놀이로 사건을 표현할 수도 있다. 부정적 정서가 기억의 회피나 흥미 감소, 사회적 위축 등으로 나타나는 것은 동일하나 아동의 경우 놀이의 제한, 사회적 행동의 위축으로 나타날 수 있고, 한 가지 증상만이 요구된다. 성인과 달리 아동의 경우 외상으로 인한 심리적 충격이 신체화, 비행, 분리불안 등의 행동으로 나타날 수 있으며 외상을 회피하거나 부인하지 못하는 경향도 있다. 또한 각성이 증가되었을 때 성인의 경우 언어 혹은 신체적으로 과민성을 보이거나 분노를 폭발하지만, 아동의 경우 울거나 소리 지르기 등의 분노 발작을 포함한 강한 분노 폭발을 보인다. 또한 외상후 스트레스 장애는 자살 사고, 자살 행동과 높은 연관이 있기에 세심한 관찰과 주의가 필요하다.

외상후 스트레스장애의 진단기준(DSM-5-TR)

** 6세 이하와 진단기준의 차이점 존재

A. 실제적이거나 위협적인 죽음, 심각한 부상, 또는 성폭력에의 노출이 다음과 같은 방식 가운데 한 가지(또는 그 이상)에서 나타난다.
  1. 외상성 사건(들)에 대한 직접적인 경험
  2. 그 사건(들)이 다른 사람에게 일어난 것을 생생하게 목격함
  3. 외상성 사건(들)이 가족, 가까운 친척 또는 친한 친구에게 일어난 것을 알게 됨
  ※ 주의점: 가족, 친척 또는 친구에게 생긴 실제적이거나 위협적인 죽음은 그 사건(들)이 폭력적이거나 돌발적으로 발생한 것이어야만 한다.
  4. 외상성 사건(들)의 혐오스러운 세부 사항에 대한 반복적이거나 지나친 노출의 경험
  (예: 변사체 처리의 최초 대처자. 아동 학대의 세부사항에 반복적으로 노출된 경찰관)
  ※ 주의점: 진단기준 A4는 노출이 일과 관계된 것이 아닌 한 전자미디어, 텔레비전, 영화 또는 사진을 통해 노출된 경우는 적용되지 않는다.

** 6세 이하 아동의 진단기준 차이점

A-2 그 사건(들)이 다른 사람들, 특히 주 보호자에게 일어난 것을 생생하게 목격함
※ 주의점: 목격이 전자미디어, 텔레비전, 영화 또는 사진을 통한 경우는 포함되지 않는다.
A-3 외상성 사건(들)이 부모나 보호자에게 일어난 것을 알게 됨

B. 외상성 사건(들)이 일어난 후에 시작된, 외상성 사건(들)과 관련이 있는 침습 증상의 존재가 다음 중 한 가지(또는 그 이상) 에서 나타난다.
  1. 외상성 사건(들)의 반복적, 불수의적이고, 침습적인 고통스러운 기억
  2. 꿈의 내용과 정동이 외상성 사건(들)과 관련되는 반복적으로 나타나는 고통스러운 꿈
  3. 외상성 사건(들)이 재생되는 것처럼 그 개인이 느끼고 행동하게 되는 해리성 반응(예: 플래시백)
  4. 외상성 사건(들)을 상징하거나 닮은 내부 또는 외부의 단서에 노출되었을 때 나타나는 극심하거나 장기적인 심리적 고통
  5. 외상성 사건(들)을 상징하거나 닮은 내부 또는 외부의 단서에 대한 뚜렷한 생리적 반응

** 6세 이하 아동의 진단기준 차이점

B-1 외상 사건과 관련된 침습 증상의 존재가 자연발생적이고 침습적인 고통이 나타나야만 하는 것은 아니며 놀이를 통한 재현으로 나타날 수 있음
B-2 꿈의 내용과 정동이 외상성 사건(들)과 관련되는 반복적으로 나타나는 고통스러운 꿈
※ 주의점: 꿈의 무서운 내용이 외상성 사건과 연관이 있는지 아닌지 확신하는 것이 가능하지 않을 수 있다. 알 수 없는 악몽으로 나타나기도 한다.

C. 외상 사건이 일어난 후에 시작된, 외상성 사건(들)과 관련이 있는 자극에 대한 지속적인 회피가 다음 중 한 가지 또는 2가지 모두에서 명백하다.
1. 외상 사건을 상기시키는 기억, 활동, 감정, 생각 등을 회피 또는 회피하려는 노력
2. 외상 사건을 상기시키는 대인관계, 대화 등 감정을 불러일으키는 외부적 암시를 회피 또는 회피하려는 노력

** 6세 이하 아동의 진단기준 차이점

C. 외상성 사건이 일어난 후에 시작되거나 악화된, 외상성 사건과 관련이 있는 자극의 지속적인 회피 또는 외상성 사건과 관련이 있는 인지와 감정의 부정적 변화를 대변하는 다음 중 한 가지(또는 그 이상)의 증상이 있다.

인지의 부정적 변화
C-3 부정적 감정 상태의 뚜렷한 빈도 증가(예: 공포, 죄책감, 슬픔, 수치심, 혼란)
C-4 놀이의 축소를 포함하는, 주요 활동에 대한 현저하게 저하된 흥미 또는 참여
C-5 사회적으로 위축된 행동
C-6 긍정적인 감정 표현의 지속적인 감소

D. 외상성 사건이 일어난 후에 시작되거나 악화된, 외상성 사건과 관련이 있는 인지와 감정의 부정적 변화가 다음 중 2가지(또는 그 이상)에서 나타난다.
1. 외상성 사건의 중요한 부분을 기억할 수 없는 무능력
2. 자신, 다른 사람 또는 세계에 대한 지속적이고 과장된 부정적인 믿음 또는 예상
3. 외상성 사건의 원인 또는 결과에 대하여 지속적으로 왜곡된 인지를 하여 자신 또는 다른 사람을 비난함
4. 지속적으로 부정적인 감정 상태
5. 주요 활동에 대해 현저하게 저하된 흥미 또는 참여

6. 다른 사람과의 사이가 멀어지거나 소원해지는 느낌
7. 긍정적 감정을 경험할 수 없는 지속적인 무능력

E. 외상성 사건이 일어난 후에 시작되거나 악화된, 외상성 사건(들)과 관련이 있는 각성과 반응성의 뚜렷한 변화가 다음 중 2가지(또는 그 이상)에서 현저하다.
1. (자극이 거의 없거나 아예 없이) 전형적으로 사람 또는 사물에 대한 언어적 또는 신체적 공격성으로 표현되는 민감한 행동과 분노폭발
2. 무모하거나 자기파괴적 행동
3. 과각성
4. 과장된 놀람반응
5. 집중력의 문제
6. 수면교란(예: 수면을 취하거나 유지하는 데 어려움 또는 불안정한 수면)

F. 장해(진단기준 B, C, D 그리고 E)의 기간이 1개월 이상이어야 한다.

G. 장해가 사회적, 직업적, 또는 다른 중요한 기능 영역에서 임상적으로 현저한 고통이나 손상을 초래한다.

H. 장해가 물질(예: 치료약물이나 알코올)의 생리적 효과나 다른 의학적 상태로 인한 것이 아니다.

※ 다음 중 하나를 명시할 것

해리 증상 동반: 개인의 증상이 외상후 스트레스장애의 기준에 해당되고, 또한 스트레스에 반응하여 그 개인이 다음에 해당하는 증상을 지속적이거나 반복적으로 경험한다.
1. 이인증: 스스로의 정신 과정 또는 신체로부터 떨어져서 마치 외부 관찰자가 된 것 같은 지속적·반복적 경험
2. 비현실감: 주위 환경의 비현실성에 대한 지속적 또는 반복적 경험

※ 주의점: 이 아형을 쓰려면 해리 증상은 물질의 생리적 효과(예: 알코올 중독 상태에서의 일시적 기억상실, 행동)나 다른 의학적 상태(예: 복합 부분 발작)로 인한 것이 아니어야 한다.

※ 다음의 경우 명시할 것

지연되어 표현되는 경우: 사건 이후 최소 6개월이 지난 후에 모든 기준을 만족할 때

(4) 급성 스트레스장애

급성 스트레스장애의 핵심증상은 외상 사건으로 인해 정서적·행동적 적응 실패를 보이며 해리증상이 나타날 수도 있다. 현재 감당하기 어려운 수준의 외상 사건에 대한 일시적 자기 보호의 기능으로 해리가 사용되며 현실을 접촉하고 수용함에 따라 해리가 해소된다. 3일~1개월 이내의 단기간에 지속되는 반응이지만 적절한 치료가 이루어지지 않으면 외상후 스트레스장애로 발전할 가능성이 있다. 유병률은 외상 사건 종류에 따라 다르다.

급성 스트레스장애의 진단기준(DSM-5-TR)

A. 실제적이거나 위협적인 죽음, 심각한 부상, 또는 성폭력에의 노출이 다음과 같은 방식 가운데 한 가지(또는 그 이상)에서 나타난다.

1. 외상성 사건(들)에 대한 직접적인 경험
2. 그 사건(들)이 다른 사람들에게 일어난 것을 생생하게 목격함
3. 외상성 사건(들)이 가족, 가까운 친척 또는 친한 친구에게 일어난 것을 알게 됨

※ 주의점: 가족, 친척 또는 친구에게 생긴 실제적이거나 위협적인 죽음의 경우에는 그 사건들이 폭력적이거나 돌발적으로 발생한 것이어야만 한다.

4. 외상성 사건(들)의 혐오스러운 세부 사항에 대한 반복적이거나 지나친 노출의 경험(예: 변사체 처리의 최초 대처자, 아동 학대의 세부 사항에 반복적으로 노출된 경찰관)

※ 주의점: 진단기준 A4는 노출이 일과 관계된 것이 아닌 한, 전자미디어, 텔레비전, 영화 또는 사진을 통해 노출된 경우는 적용되지 않는다.

B. 외상성 사건이 일어난 후에 시작되거나 악화된 침습, 부정적 기분, 해리, 회피와 각성의 5개의 범주 중에서 어디서라도 다음 증상 중 9가지(또는 그 이상)에서 존재한다.

침습 증상

1. 외상성 사건(들)의 반복적, 불수의적이고, 침습적인 고통스러운 기억

※ 주의점: 아동에서는 외상성 사건(들)의 주제 또는 양상이 표현되는 반복적인 놀이가 나타날 수 있다.

2. 꿈의 내용과 정동이 외상성 사건(들)과 관련되는 반복적으로 나타나는 고통스러운 꿈

※ 주의점: 아동에서는 내용을 알 수 없는 악몽으로 나타나기도 한다.

3. 외상성 사건(들)이 재생되는 것처럼 그 개인이 느끼고 행동하게 되는 해리성 반응(예: 플래시백)
(그러한 반응은 연속선상에서 나타나며, 가장 극한 표현은 현재 주변 상황에 대한 인식의 완전한 소실일 수 있음)

※ 주의점: 아동에서는 외상의 특정한 재현이 놀이로 나타날 수 있다.

4. 외상성 사건(들)을 상징하거나 닮은 내부 또는 외부의 단서에 노출되었을 때 나타나는 극심하거나 장기적인 심리적 고통 또는 현저한 생리적 반응 부정적 기분

부정적 기분

1. 긍정적 감정을 경험할 수 없는 지속적인 무능력(예: 행복, 만족 또는 사랑의 느낌을 경험할 수 없는 무능력)

해리 증상

1. 주위 환경 또는 자기 자신의 현실에 대한 변화된 감각(예: 스스로를 다른 사람의 시각에서 관찰, 혼란스러운 상태에 있는 것, 시간이 느리게 가는 것)

2. 외상성 사건(들)의 중요한 부분을 기억하는 데의 장애(두부 외상, 알코올 또는 약물 등의 이유가 아니며 전형적으로 해리성 기억상실에 기인) 회피 증상

회피 증상
1. 외상성 사건(들)에 대한 또는 밀접한 관련이 있는 고통스러운 기억, 생각 또는 감정을 회피하려는 노력
2. 외상성 사건(들)에 대한 또는 밀접한 관련이 있는 고통스러운 기억, 생각 또는 감정을 불러일으키는 외부 적 암시(사람, 장소, 대화, 행동, 사물, 상황)를 회피하려는 노력 각성 증상

각성 증상
1. 수면 교란(예: 수면을 취하거나 유지하는 데 어려움 또는 불안한 수면)
2. 전형적으로 사람 또는 사물에 대한 언어적 또는 신체적 공격성으로 표현되는 민감한 행동과 분노폭발(자극이 거의 없거나 아예 없이)
3. 과각성
4. 집중력의 문제
5. 과장된 놀람 반응

C. 장해(진단기준 B의 증상)의 기간은 외상 노출 후 3일에서 1개월까지다.

※ 주의점: 증상은 전형적으로 외상 후 즉시 시작하지만, 장애 기준을 만족하려면 최소 3일에서 1개월까지 증상이 지속되어야 한다.

D. 장해가 사회적, 직업적 또는 다른 중요한 기능 영역에서 임상적으로 현저한 고통이나 손상을 초래한다.

E. 장해는 물질의 생리적 효과나 다른 의학적 상태로 인한 것이 아니며 단기 정신병적 장애로 더 잘 설명되지 않는다.

(5) 적응장애

적응장애의 핵심증상은 주요 생활사건으로 인한 스트레스로 일상에서 정서적 · 행동적으로 부적응을 보이는 것이다. 이때 심한 불안이나 무력감, 우울감 등 과도한 부적응적 증상이 나타나야 한다. 청소년의 경우 비행행동이나 품행문제가 나타날 수도 있으며 현실 적응 실패로 학업을 중단하기도 하며, 스트레스 요인이 다양하게 나타나기 때문에 문화적 맥락을 반드시 고려하여야 한다. 적응장애는 비교적 쉽게 볼 수 있으며 성인의 경우 남성보다 여성이 2배 정도 많고 청소년기에 가장 흔하게 나타난다.

적응장애의 진단기준(DSM-5-TR)

A. 인식 가능한 스트레스 요인에 대한 반응으로 감정 또는 행동 증상이 스트레스 요인이 시작한 지 3개월 이내에 생긴다.

B. 이런 증상이 임상적으로 두드러지며, 다음 중 한 가지 또는 모두에서 분명히 나타난다.

1. 증상의 심각도 혹은 강도가 외적인 맥락과 문화적 요인을 고려하더라도 스트레스 요인의 심각도나 강도와 맞지 않는 현저한 고통을 초래함
2. 사회적, 직업적, 또는 다른 중요한 기능 영역에서 유의한 고통이나 손상을 초래함

C. 스트레스와 관련된 장애는 다른 정신질환의 준거를 만족시키지 않으며, 이미 있는 정신질환이 단순히 악화된 것이 아니다.

D. 증상은 정상적 애도 반응이 아니다.

E. 스트레스 요인 또는 결과가 끝난 후 증상이 6개월 이상 지속되지 않는다.

※ 다음 중 하나를 명시할 것

우울 기분 동반, 불안 동반, 불안 및 우울 기분 동반, 품행장애 동반, 정서 및 품행 장애 동반 등이 있다.

※ 다음의 경우 명시할 것

급성 장애가 6개월 미만 지속될 경우

만성 장애가 6개월 이상 지속될 경우

(6) 지속적 비탄장애

지속적 비탄장애의 핵심증상은 지속적인 비적응적 비탄 반응을 나타내는 것이다. 죽은 사람에 대한 생각, 기억에 관해 집착하거나 죽은 이에 대해 강한 갈망 또는 동경의 특징이 현저할 정도로 나타나며 지속적인 비탄 반응(자주 울거나 종종 강한 슬픔이 동반)을 보인다. 아동과 청소년의 경우에는 이 집착이 죽음 상황에 집중될 수 있다. 이 장애는 친밀했던 사람의 죽음 이후 최소 12개월이 지나야 진단할 수 있으며 아동 · 청소년의 경우 최소 6개월이 지나야 한다. 가장 흔하게 동반이환되는 장애는 주요우울장애, 외상후 스트레스장애와 물질사용장애이며 유병률은 배우자나 아이의 죽음 이후에 더 높게 나타난다.

지속적 비탄장애의 진단기준(DSM-5-TR)

A. 사별을 당한 개인과 친밀한 사람의 최소 12개월 전 죽음(아동, 청소년의 경우 최소 6개월).

B. 죽음 이후. 다음 중 한 가지나 2가지 모두 특징적이며, 임상적으로 현저하게 대부분의 날 나타나는 지속적인 비탄 반응의 발생. 추가로 증상은 최소 지난달 거의 매일 발생한다.
  1. 죽은 이에 대한 강한 갈망/동경
  2. 죽은 이에 대한 생각과 기억에 집착(아동, 청소년의 경우 집착이 죽음의 상황에 집중될 수 있음)

C. 죽음 이후 다음의 증상 중 최소 3개 이상이 임상적으로 현저한 정도로 대부분의 날에 나타난다. (증상들은 최소 지난달 동안 거의 매일 발생한다)
  1. 죽음 이후 정체성 붕괴(예: 자신의 일부가 죽은 것처럼 느낌)
  2. 죽음에 관한 현저한 불신감
  3. 그 사람의 죽음에 대해 상기시키는 것을 회피(아동, 청소년은 상기시키는 것을 피하려는 노력으로 특징됨)
  4. 죽음과 관련한 강한 감정적 고통(예: 분노, 슬픔)
  5. 죽음 이후 자신의 관계, 활동으로 재통합이 어려움(예: 홍미 추구나 친구와의 관계 맺기 문제)
  6. 죽음의 결과로 감정적 마비(감정적 경험의 부재 또는 현저한 감소)
  7. 죽음의 결과로 삶이 의미 없다는 느낌
  8. 죽음의 결과로 강한 외로움

D. 장해가 사회적, 직업적 또는 다른 기능 영역에서 임상적으로 현저한 고통, 손상을 초래한다.

E. 사별 반응의 기간, 심각도가 개인의 문화, 맥락에서 기대되는 사회적, 문화적, 종교적 규준을 분명히 넘어간다.

F. 증상이 주요우울장애나 외상후 스트레스장애와 같은 다른 정신질환으로 더 잘 설명되지 않고, 물질이나 다른 의학적 상태의 생리적 효과로 인한 것이 아니다.

4) 외상 및 스트레스 관련 장애의 치료적 제언

개인이 감당하기 버거울 정도로 강력하고 충격적인 스트레스 사건은 심리적 외상인 트라우마를 남긴다. 외상후 스트레스장애에는 다양한 치료법이 사용된다. 그중 안구운동 민감소실 및 재처리요법(Eye Movement Desensitization and Reprocessing: EMDR), 지속적 노출치료, 인지치료 등이 있으며 정신역동적 치료에서는 내담자의 전이, 방어기제를 인식하고, 외상과 관련된 고통스러운 무의식적 감정을 연결하여 해소시켜 주는 것을 목적으로 치료하고 있다.

외상후 스트레스장애의 증거기반치료 역시 인지행동치료가 활발하게 사용되는데 청소년의 경우 개인의 인지행동치료뿐 아니라 부모와 함께 참여하는 집단 인지행동치료가 효과적이다(Dorsey et al., 2017). 최근 외상치료에서는 신체감각에 집중하여 심상을 촉진키는 신체・정서 기반의 통합적 방식을 활용한 신체기반 심리치료(Somatic Experiencing: SE), 감각운동 심리치료(Sensorimotor Psychotherapy: SP), 속성 경험적 역동 심리치료(Accelerated-Experiential Dynamic Psychotherapy: AEDP) 등의 신경학적 관점 치료기법과 정서기반 치료(Emotionally Focused Therapy: EFT)가 효과적으로 활용되고 있다. 특히 외상 관련 감각기억은 암묵적 형태로 저장되어 인지적으로 반응되지 않으며, 강력한 정서는 신체감각과 연결되어 심상의 형태로 존재하기에 외상 기억에 접근하여 인지적 통합을 이루는 것이 필요하다. 외상과 만성 스트레스는 신경계의 자기조절 능력을 상실시키기 때문에, 의식적 인식 측면에서 내부감각으로 유도하여 트라우마를 이해해야 한다. 이때 내담자의 호흡과 개인의 신체 감각 변화에 주의를 기울여 마음챙김 수준을 높이는 것이 도움 되며, 이러한 접근은 외상후 스트레스장애의 증상을 완화시킬 수 있다(Arici Ozcan, 2021). 언어적 표현이 어려운 아동・청소년에게는 인지행동치료의 미술치료가 외상 사건을 재처리하고 새로운 인지적 표상을 구성하여 자신의 경험을 표현하는 데 적용될 수 있다(Racco & Vis, 2015).

따라서 미술치료에서 외상후 스트레스장애를 겪은 내담자를 만난다면 우선 외부 수용감각인 오감을 통해 자극을 감지하고, 안전한 감각을 확보하는 것이 중요하다. 이후 감각적 매체를 사용하여 몸의 감각을 활성화하는 상향식 접근으로 진행되어야 한다. 심상(imagination)은 비언어적 방법으로 내담자의 자동적 사고를 찾아내기 위한 수단이 되며 작품으로 나타난 심상 표현은 내담자의 변화 정도를 확인할 수 있는 구체적인 증거가 된다. 미술치료 과정에서 심상 작업은 신체감각에 각인된 외상의 기억을 회상하고 우반구의 활성화를 돕는 유용한 작업으로, 미술의 창의적 활동은 다양한 심상 작업을 가능하게 하여 감각에 접촉하게 한다. 몸의 감각을 알아차릴 때 내담자가 언어로 표현하지 못하는 내적 감정, 즉 신체 내부의 감각(호흡, 맥박 등)을 인식하고 표현하여 고통을 감소시킬 수 있다.

08
해리장애
Dissociative Disorders

1) 해리장애의 정의

해리란 자기 자신을 비롯하여 시간, 기억, 인지, 정체성, 감정, 신체 및 행동과 주위 환경에 대한 의식이 분리되는 현상이다. 해리 현상은 감당하기 어려운 충격적 경험으로부터 자신을 보호하는 방어기제로 발현되기도 하며 적응적인 측면으로 사용될 때도 있다. 이러한 방어기제가 지나치거나 부적응적 양상으로 나타날 때 의식, 기억, 행동 및 자기 정체성의 통합적 기능에 갑작스러운 이상을 보인다면 해리장애로 이어질 수 있다. 해리

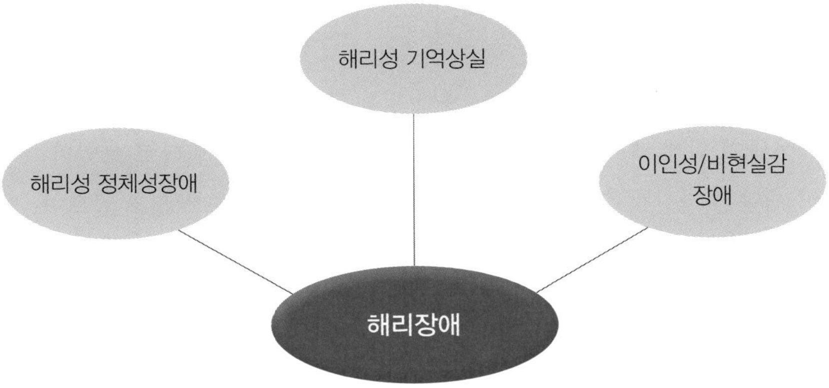

[그림 8-1] 해리장애의 하위 장애

장애는 엄청난 스트레스, 견디기 힘든 외상 경험이나 심리적 충격과 관련되어 있으나 뇌 손상이나 신체적 질병에 의한 것과는 관련되지 않는다. 해리장애의 하위 유형은 DSM-5에서 해리성 정체성장애, 해리성 기억상실, 이인성/비현실감 장애로 구분하여 제시하고 있다. 즉, 해리장애란 자신과 환경에 대한 의식이 분리되는 장애이며 다음과 같은 하위 장애를 포함한다.

표 8-1 해리장애의 하위 장애와 핵심증상

하위 장애	ICD-11	핵심증상
해리성 정체성장애	6D74	한 사람 안에 둘 이상의 각기 다른 정체감을 지닌 인격이 존재함
해리성 기억상실	6D75	자서전적 정보(전부 또는 특정 기간의 기억)를 기억하지 못함
이인성/ 비현실감 장애	6D44	비현실감을 지속적·반복적으로 경험함 – 이인증: 자신의 생각, 감정, 감각, 신체, 행위를 현실로 느끼지 못하고 그것과 분리되거나 외부 관찰자가 된 경험 – 비현실감: 주변 환경이 비현실적인 것으로 느껴지거나 그것과 분리된 듯한 느낌을 갖게 되는 경험

2) 해리장애의 이론 및 원인

(1) 해리성 정체성장애 Dissociative Identity Disorder

해리성 정체성장애의 환경적 요인은 아동기의 신체적·성적 학대 등의 외상 사건으로 인한 극도의 스트레스 경험이다. 심리적 요인으로 정신분석이론에서는 자기정체성이 통합되기 전인 5세 이전에 외상 경험을 하게 되는 경우, 감당하기 힘든 사건의 기억과 감정에서 살아남기 위해 해리적 방어 책략으로 다른 인격을 형성한다고 보았다. 이러한 해리적 방어 책략은 정신적 붕괴를 방어하는 자기 보호적 기능을 가지고 있으나, 성장하면서 통합된 자기정체감을 형성하지 못했을 경우 해리성 정체성장애로 발전한다. 해리성 정체성장애를 지닌 환자들은 기질적으로 선천적인 해리능력을 지니기도 하며, 창의력과 지능이 높은 경향이 있다.

(2) 해리성 기억상실 Dissociative Amnesia

해리성 기억상실은 심리적 고통을 일으키는 외상 사건과 관련된 기억을 상실하고, 회피하는 부적응적 증상을 초래한다. 충격적이고 감당하기 어려운 외상 사건을 경험하는 것은 환경적 요인이다. 심리적 관점인 정신분석이론에서는 외상으로 인한 심리적 불안에서 벗어나고자 기억을 상실하여 행동에 미치는 영향을 억제한다고 보며, 이러한 해리 현상을 능동적인 정신과정이라고 보았다. 행동주의이론에서는 힘든 환경 자극을 회피하기 위하여 기억상실 행동을 학습하고 습득하여 자신을 보호하고자 해리증상을 지속시킨다고 본다. 또한 상태의존적 학습이론에서는 외상 사건 당시 예측할 수 없는 고통스러운 감정 상태에서 학습된 정보들을 기억하기 어렵고 회상하지 못한다고 설명한다. 생리적 요인으로 지각, 기억, 언어 기능을 담당하는 시스템과 의식을 자각하는 시스템의 상호작용에 있어 각 시스템의 연결에 손상으로 인해 해리 증상을 일으킬 수 있다고 보고 있다.

(3) 이인성/비현실감 장애 Depersonalization/Derealization Disorder

신경에너지는 정상적인 심리적 움직임을 전체로 통합하고 경험하고 있는 것에 대해 현실감을 부여하는 기능을 할 수 있게 한다. 신경에너지의 감소로 인하여 통합이 어려워지고 현실감이 저하되어 이인성/비현실감이 생기는 것을 생리적 요인으로 본다. 심리적 관점인 정신분석이론에서는 자신과 현실을 실제가 아닌 것으로 느끼게 하여 불안을 유발하는 것을 막는 방어기제로 사용한다고 본다. 인지행동이론에서는 불안장애와 관련지어 우울, 불안, 스트레스, 피로감, 약물 등의 다양한 원인으로 인하여 누구나 이인성/비현실감의 증상을 일시적으로 경험할 수 있으며 이는 정상적임에도 불구하고 어떻게 평가하고 귀인하느냐에 따라 병리적 증상으로 발전할 수 있다고 보는 것이다. 환경적 요인으로는 어린 시절의 정서적 학대 경험과 중요한 타인과 신뢰적인 관계를 맺기 어려운 환경, 과도한 성취를 강요하는 가족 분위기라 할 수 있다.

3) 해리장애의 임상적 특징

(1) 해리성 정체성장애

핵심증상은 한 사람 안에 서로 다른 정체성과 성격을 가진 여러 인격이 존재하며, 상황에 따라 각기 다른 인격이 나타나서 말과 행동을 하는 모습을 보인다. 각각의 인격은 서로 다른 이름이나 과거 경험, 자아상과 정체감을 갖고 있는 것처럼 행동한다. 대체로 원래의 이름을 그대로 유지하는 일차적 인격은 수동적이고 의존적이며, 우울감과 죄책감을 지닌 반면, 교체되는 인격들은 일차적 인격과 대조적인 성격을 지닌다. 한 인격이 의식에 나타나 경험한 것을 다른 인격이 기억하지 못하는 경우가 많으며 이로 인하여 기억에 있어서 빈번한 공백을 경험한다. 이들은 의식 기능과 자기 감각에 반복적이고 불가해한 침습, 자아 감각의 변화, 지각의 이상한 변화, 간헐적인 기능성 신경학적 증상을 경험한다. 해리성 정체성장애의 1년 유병률은 미국 성인의 경우 1.5%이며 남자는 1.6%, 여자는 1.4%로 비슷하게 나타난다. 또한 중동의 튀르키예에서 지역사회 기반의 대표적인 여성 표본에서의 생애 유병률은 1.1%이다.

해리성 정체성장애의 진단기준(DSM-5-TR)

A. 둘 이상의 별개의 성격 상태로 특징되는 정체성의 붕괴로, 어떤 문화권에서는 빙의 경험으로 설명된다. 정체성의 붕괴는 자기감각과 행위 주체감에 현저한 비연속성을 포함하는데, 관련된 변화가 정동, 행동, 의식, 기억, 지각, 인지, 그리고/또는 감각-운동 기능에 동반된다. 이러한 징후와 증상들은 다른 사람들의 관찰이나 개인의 보고에 의해 알 수 있다.

B. 매일의 사건이나 중요한 개인적 정보, 그리고/또는 외상적 사건의 회상에 반복적인 공백으로 통상적인 망각과는 일치하지 않는다.

C. 증상은 사회적, 직업적 또는 다른 중요한 기능 영역에서 임상적으로 현저한 고통이나 손상을 초래한다.

D. 장해는 널리 받아들여지는 문화적 또는 종교적 관례의 정상적인 요소가 아니다.

※ 주의점: 아동에서 증상은 상상의 놀이 친구, 또는 다른 환상극으로 더 잘 설명되지 않는다.

E. 증상은 물질의 생리적 효과(예: 알코올 중독 상태에서의 일시적 기억상실 또는 혼돈된 행동)나 다른 의학적 상태(예: 복합부분발작)로 인한 것이 아니다.

(2) 해리성 기억상실

핵심증상은 자서전적 정보를 기억하는 능력의 상실이다. 기억상실은 국소적 · 선택적 · 전반적으로 나타날 수 있다. 흔히 기억하지 못하는 자서전적 정보는 외상이나 스트레스와 관련한 것으로서, 이러한 기억상실은 일상적인 망각으로는 설명할 수 없다. 해리성 기억상실은 해리성 둔주와 같이 나타나는 유형과 그렇지 않은 유형으로 구분한다. 해리성 둔주는 기억상실과 더불어 주거지를 이탈하여 떠돌거나 방황하는 행동이며 일반적 상식이나 지식과 같은 비개인적인 기억에는 손상이 없고 언어 및 학습 능력과 같은 일반적 적응기능은 유지되는 경우가 대부분이다. 해리성 기억상실은 기억장애가 특징적 증상이지만 의식의 혼란이나 현실감각의 장애들이 수반될 수 있다. 기억상실은 갑작스럽게 나타나고 대부분 일시적으로 지속되다가 갑작스럽게 회복되는 경우가 많다. 해리성 기억상실의 유병률은 잘 알려져 있지 않으나, 미국 성인의 경우 1년 유병률이 1.8%이다. 남자보다 여자에게 더 흔하게 나타나며 사춘기와 청년기에 흔히 발병되고 노인기에는 드물다.

해리성 기억상실의 진단기준(DSM-5-TR)

A. 통상적인 망각과는 일치하지 않는, 보통 외상성 또는 스트레스성의 중요한 자전적 정보를 회상하는 능력의 상실

※ 주의점: 해리성 기억상실에는 주로 특별한 사건이나 사건들에 대한 국소적 또는 선택적 기억상실이 있다. 또한 정체성과 생활사에 대한 전반적 기억상실도 있다.

B. 증상은 사회적, 직업적 또는 다른 중요한 기능 영역에서 임상적으로 현저한 고통이나 손상을 초래한다.

C. 장해는 물질(예: 알코올이나 기타 남용약물, 치료약물)의 생리적 효과나 신경학적 상태 또는 기타 의학적 상태(예: 복합부분발작, 일과성 전기억상실, 두부 손상에 의한 후유증/외상성 뇌 손상, 기타 신경학적 상태)로 인한 것이 아니다.

D. 장해는 해리성 정체성장애, 외상후 스트레스장애, 급성 스트레스장애, 신체증상장애, 주요 또는 경도 신경인지장애로 더 잘 설명되지 않는다.

※ 다음의 경우 명시할 것

해리성 둔주 동반: 정체성 또는 다른 중요한 자전적 정보에 대한 기억상실과 연관된 외관상으로는 목적이 있어 보이는 여행 또는 어리둥절한 방랑

(3) 이인성/비현실감 장애

핵심증상은 자신과 세상에 대해 평소와는 전혀 다른 변화된 지각 경험을 하게 되어 현실감각이 일시적으로 손상되는 장애로, 이인증이나 비현실감이 반복적 · 지속적으로 나타난다. 이인증이란 자신이 아닌 것 같은 느낌이며 자신의 생각, 감정, 감각, 신체, 행위에 대해 비현실적으로 느끼거나 자신의 마음이나 신체로부터 분리되는 경험, 또는 외부 관찰자가 된 경험이다. 비현실감은 주변 환경이 비현실적인 것으로 느껴지거나 그것과 분리된 듯한 느낌을 갖게 되는 것이다. 이러한 증상을 경험하는 동안 현실검증력은 손상되지 않고 유지된다. 이인성/비현실감 장애의 1년 유병률은 일반 인구 집단에서 흔한 일시적 증상보다 현저하게 낮을 것이며 일반적으로 성인의 약 절반 정도가 일생 동안 적어도 1회의 이인증/비현실감 삽화를 경험한다. 하지만 이 장애의 모든 진단기준을 충족하는 증상은 일시적 증상보다 현저히 적다. 또한 국가에 따라 0.8~2.8%로 평균적으로 약 2%이다. 성별에 따른 유병률은 남자와 여자가 대체로 비슷하다.

이인성/비현실감 장애의 진단기준(DSM-5-TR)

A. 이인증, 비현실감 또는 2가지 모두에 대한 지속적이고 반복적인 경험의 존재
1. 이인증: 비현실감, 분리감 또는 자신의 사고, 느낌, 감각, 신체나 행동에 관하여 외부의 관찰자가 되는 경험(예: 인지적 변화, 왜곡된 시간 감각, 비현실적이거나 결핍된 자기, 감정적 및/또는 신체적 마비)
2. 비현실감: 비현실적이거나 자신의 주변 환경과 분리된 것 같은 경험(예: 개인 또는 사물이 비현실적이거나, 꿈속에 있는 것 같거나, 안개가 낀 것 같거나, 죽을 것 같거나, 시각적으로 왜곡된 것 같은 경험을 한다)

B. 이인증이나 비현실감을 경험하는 중에 현실 검증력은 본래대로 유지된다.

C. 증상은 사회적, 직업적 또는 다른 중요한 기능 영역에서 임상적으로 현저한 고통이나 손상을 초래한다.

D. 장해는 물질(예: 남용약물, 치료약물)의 생리적 효과나 다른 의학적 상태(예: 발작)로 인한 것이 아니다.

E. 장해는 조현병, 공황장애, 주요우울장애, 급성 스트레스장애, 외상후 스트레스장애 또는 다른 해리장애와 같은 다른 정신질환으로 더 잘 설명되지 않는다.

4) 해리장애의 치료적 제언

해리란 자신의 의식이나 시간, 기억, 장소 및 상황 등을 인식하는 전반적인 통합 기능이 제대로 작동하지 못하고 분리되는 것이다. 해리장애는 뇌의 손상이나 신체적인 질병으로 유발되는 것이 아니며, 치료는 외상 사건으로 인해 생긴 억압된 감정을 해소하기 위하여 장기적으로 진행된다.

해리성 정체성장애는 자아의 강화와 통합이 중요한 치료적 목표이며, 자해 행동이나 자살 시도가 빈번히 나타나는 특성을 고려하여 절대적으로 내담자의 안전에 주의를 기울여야 한다. 해리성 기억상실은 상실된 기억을 되살리는 것이 핵심으로, 바비튜레이트 계열의 약물을 정맥주사로 투여하면 빠른 효과가 나타난다. 그 밖에 정신적 충격과 정서적 갈등을 완화시켜 기억의 회복을 도울 수 있는 심리치료와 좌반구의 활발한 반응을 위한 최면 치료가 이루어지기도 한다. 이인성/비현실감 장애는 정신역동치료와 인지행동치료가 효과적이다. 정신역동치료는 무의식적 갈등을 탐색하고 이해하여 증상에 대한 통제 능력을 향상하는 것을 목표로 하며, 인지행동치료는 심리적 교육을 동반하고 증상에 대한 정확한 정보를 제공하여 파국적으로 귀인하지 않도록 한다.

해리장애의 증거기반치료나 연구는 거의 알려진 바가 없으나 국제 트라우마 및 해리연구학회(International Society for the Study of Trauma and Dissociation: ISSTD)에서는 3단계로 구성된 단계적 접근방식을 증거기반치료로 권장한다(Brand et al., 2012). 전반적인 치료과정 안에서 안전 및 안정화를 유지하는 것에 초점을 맞추고, 감정조절 능력을 향상하는 것은 해리장애 회복의 기초가 된다(Brand et al., 2012; ISSTD et al., 2011). 단계적 접근방식의 첫 번째 안정화 단계는 안전을 확립하고 증상에 대한 통제력을 높이며 심리적·사회적 기능을 개선하는 데 중점을 둔다. 내담자가 안전성을 높이고, 고통을 견디며 감정을 조절하는 것을 통해 대인관계 기능을 개선할 수 있다. 이 단계에는 기술훈련을 필수적으로 권장한다. 내담자가 충분히 안정되면 트라우마 기억을 직면하고 처리하는 두 번째 단계를 진행한다. 세 번째 단계에서 사회 및 직업 활동의 재활을 다루며 자기 상태를 완전히 또는 부분적으로 통합할 수 있다(Loewenstein et al., 2017).

미술치료에서는 미술작품을 통해 해리장애의 증상으로 인한 부적응적 감정에 대해 탐색할 수 있다. 치료사는 내담자가 인식한 감정을 미술 매체를 통해 통제하거나 안전하게 표현할 수 있도록 촉진한다. 이미지는 여러 인격의 특징을 구분할 수 있게 하며, 작품에 나타난 각각의 인격을 살펴보고 가장 적응적인 인격으로 통합하도록 매개한다. 특히 안전한 환경에서 고통스러운 외상 경험이나 해리 현상을 표현하고 재구성하는 경험은 억압된 감정을 해소하는 데 도움이 된다.

09

신체증상 및 관련 장애

Somatic Symptom and Related Disorders

1) 신체증상 및 관련 장애의 정의

사람의 몸과 마음은 밀접한 관계로 서로 영향을 미친다. 건강한 삶을 위하여 몸과 마음이 균형을 이루도록 신경 쓰는 것은 바람직하지만, 건강에 대한 과도한 집착으로 인하여 일상에 지장을 초래하는 것은 정상이라고 보기 어렵다. 다양한 신체적 증상은 심리적 원인에 의해 나타나며, 명확한 고통 및 손상과 관련된 신체증상이 두드러지게 나타난다. 즉, 신체증상 및 관련 장애란 신체적 관심에 초점을 맞추어 건강상의 문제가 없음에도

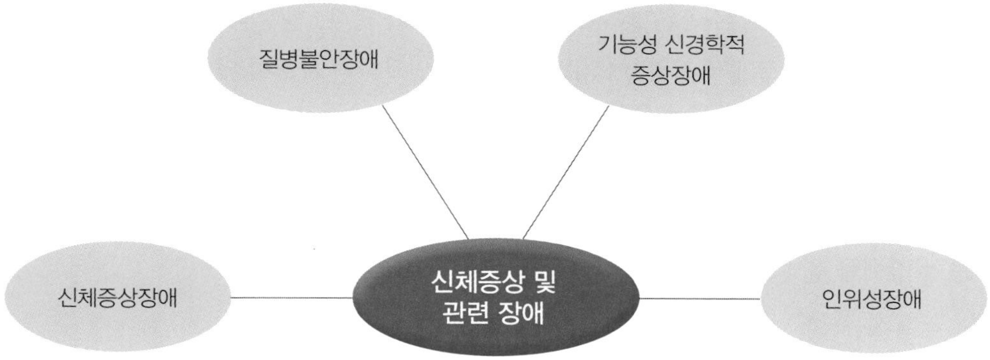

[그림 9-1] 신체증상 및 관련 장애의 하위 장애

불구하고 신체증상에 과도하게 몰두하여 일상생활에 지장을 초래하는 것으로 다음과 같은 하위 장애를 포함한다.

표 9-1 신체증상 및 관련 장애의 하위 장애와 핵심증상

하위 장애	ICD-11	핵심증상
신체증상장애	6C20.Z	신체 증상 및 건강염려와 관련된 지나친 걱정과 고통을 경험함
질병불안장애	6B23.Z	심각한 질병에 염려 및 불안으로 인해 신체증상이 없음에도 심한 병에 걸렸다고 집착함
기능성 신경학적 증상장애 (전환장애)	6B60.Z	수의적인 운동 및 감각기능의 증상이 있으나, 의학적으로 설명되지 않음
인위성장애	6D5Z 6D50 6D51	의도적으로 신체증상을 만들거나 꾸미며, 스스로에게 부여하거나 타인에게 부여되는 양상으로 나뉨

2) 신체증상 및 관련 장애의 이론 및 원인

(1) 신체증상장애 Somatic Symptom Disorder

신체증상장애는 단기 신체증상장애를 하위 유형으로 포함한다. 해당 장애는 기질적 요인으로 인지적인 통증 민감성, 신체 감각에 대한 집중, 부정적 정서성(신경증적 경향성)과 더불어 불안과 우울이 공존병리로 나타나는 경우가 많다. 환경적 요인으로는 짧은 교육 기간, 낮은 사회경제적 지위, 여성, 노인이라는 인구학적 특징이 있다. 또한 성적 학대나, 아동기의 부정적 경험, 정신적 질환 및 스트레스가 최근에 경험한 일상 사건과 결합하여 신체증상장애를 촉발할 수 있다. 심리적 요인으로, 정신역동이론에 따르면 억압된 적대감과 분노, 감정표현 불능증, 자신의 감정이나 고통스러운 사건을 부정하는 것이 신체증상장애를 유발한다.

(2) 질병불안장애 Illness Anxiety Disorder

질병불안장애는 하위 유형으로 단기질병불안장애와 과도한 건강 연관 행동이 나타나지 않는 질병불안장애를 포함한다. 환경적 요인으로 아동기에 경험한 학대 또는 심각한 질환이 성인기에 질병불안장애로 발전할 가능성이 있으며, 건강을 위협하는 사건과 때때로 발생하는 생활 스트레스가 해당 장애를 유발하는 것으로 볼 수 있다. 심리적 요인으로, 정신분석이론에서는 성적 충동이 과도하게 자신에게 지향된 결과로 보았으며, 행동주의이론은 질병에 대한 두려움이 고전적 조건형성이나 모델링을 통해 습득하여 장애를 유발하는 것으로 간주한다. 또한 인지이론은 신체적 단서에 대한 민감함 반응이나 위협을 느껴 건강과 관련한 단서를 잘못 해석하는 것으로 보았다.

(3) 기능성 신경학적 증상장애(전환장애)
Functional Neurological Symptom Disorder(Conversion Disorder)

기능성 신경학적 증상장애의 부적응적 성격특질은 기질적 요인으로 볼 수 있다. 또한 어린 시절의 학대나 방임, 스트레스 사건을 경험하는 것은 환경적 요인이다. 유전 · 생리적 요인으로 기능성 신경학적 증상장애와 비슷한 증상을 일으키는 신경학적 질병이나 뇌의 손상과 관련된 위험이 해당 장애를 촉발할 수 있다. 심리적 요인으로, 정신분석이론은 무의식적 갈등이 불안을 야기하여 신체 증상으로 전환된다고 보았다. 행동주의이론은 전환 증상을 일종의 보상작용으로, 인지이론은 전환 증상을 의사소통의 한 관점으로 설명한다.

(4) 인위성장애 Factitious Disorder

인위성장애는 2차적 이득의 여부에 따라 스스로에게 부여된 인위성장애와 타인에게 부여된 인위성장애로 나뉜다. 인위성장애는 복합적인 요인으로 이루어진 장애이다. 아동기의 학대적이고 지지적이지 않은 부모와 같은 환경적 요인이 해당 장애를 유발하는 것으로 볼 수 있다.

3) 신체증상 및 관련 장애의 임상적 특징

(1) 신체증상장애

신체증상장애는 하나 이상의 신체증상을 호소하여 일상에 중대한 지장을 일으킨다. 특징으로는 신체증상에 집중하거나 정상적인 신체 감각을 신체 질병과 과도하게 연관 지으며, 질병에 대한 걱정, 신체적 활동이 신체적 해를 입힐 수 있다는 공포를 포함한다. 증상은 국부적 통증 같은 특이적 증상과 피로 같은 비특이적인 증상으로 나뉘고, 동일한 증상으로 여러 의사에게 진료를 받기도 한다. 신체증상장애는 의학적 진단과 공존하는 경우가 많으며, 우울장애를 동반할 경우 자살위험이 증가한다. 신체증상장애의 유병률은 대략 5~7%이며, 여성이 남성보다 더 많은 증상을 호소한다. 여성이 더 많은 신체 증상과 심각도를 보이며 지속적인 증상으로 발전 가능성이 증가하는 것과 관련된다. 또한

신체증상장애의 진단기준(DSM-5-TR)

A. 고통스럽거나 일상에 중대한 지장을 일으키는 하나 이상의 신체 증상이다.
B. 신체 증상 혹은 건강염려와 연관된 과도한 생각, 느낌 또는 행동이 다음 중 하나 이상으로 표현되어 나타난다.
   1. 증상의 심각성에 대해 편중되고 지속적인 생각
   2. 건강이나 증상에 대한 지속적으로 높은 단계의 불안
   3. 이러한 증상들 또는 건강염려에 대해서 과도한 시간과 에너지 소비
C. 어떠한 하나의 신체 증상이 지속적으로 나타나지 않더라도 증상이 있는 상태가 지속된다(전형적으로 6개월 이상).

※ 다음의 경우 명시할 것
통증이 우세한 경우(과거, 동통장애): 이 명시자는 신체 증상이 통증으로 우세하게 나타난다.

※ 다음의 경우 명시할 것
지속성: 지속적인 경과가 극심한 증상, 현저한 손상, 그리고 긴 기간(6개월 이상)으로 특징지어진다.

※ 현재의 심각도를 명시할 것
경도: 진단기준 B의 구체적인 증상들을 단 한 가지만 만족한다.
중등도: 진단기준 B의 구체적인 증상들을 2가지 이상 만족한다.
고도: 진단기준 B의 구체적인 증상들을 2가지 이상 만족하고, 여러 가지 신체적 증상(또는 하나의 매우 심한 신체 증상)이 있다.

성적 외상, 폭력 및 아동기 외상 경험은 남녀 모두에서 높은 신체 증상을 발현시킬 가능성이 있다. 아동의 경우 복통, 두통, 피로 및 오심 등의 증상을 보인다.

(2) 질병불안장애

질병불안장애는 진단받지 않은 의학적 질병에 걸렸다고 믿거나, 앞으로 걸릴 것에 대한 과도한 집착을 보이는 것을 특징으로 한다. 그러나 진단을 받을 만한 신체증상이 거의 없거나 경미한 수준 혹은 신체 이상이 발견되지 않는다. 본인이 추정하는 의학적 증상의 의미와 중요성 혹은 원인에 대한 불안과 염려에서 비롯되어 이러한 증상이 나타난다. 질병불안장애는 만성적이며, 자주 재발하고, 증상의 호전과 악화를 반복하는 경향이 있다. 이와 관련된 신체적 징후나 증상은 정상적인 생리적 감각(기립성 저혈압), 스스로 통제 가능한 기능부전(일시적인 이명), 일반적으로 많이 나타나는 신체적 불편감(트림)이 있다. 초기 청소년기에 흔히 나타나며 발병 최고조 나이는 남성의 경우 30~39세, 여성의 경우 40~49세이다. 유병률은 외래 환자군에서 3~8%이며, 남녀의 유병률은 비슷하다.

질병불안장애의 진단기준(DSM-5-TR)

A. 심각한 질병에 걸려 있거나 걸리는 것에 대해 몰두한다.

B. 신체 증상들이 나타나지 않거나, 신체 증상이 있더라도 단지 경미한 정도다. 다른 의학적 상태가 나타나거나 의학적 상태가 악화될 위험(예: 강한 가족력이 있음)이 클 경우, 병에 대한 몰두가 분명히 지나치거나 부적절하다.

C. 건강에 대한 높은 수준의 불안이 있으며, 건강 상태에 대해 쉽게 경각심을 가진다.

D. 지나친 건강 관련 행동(예: 반복적으로 질병의 신체 징후를 확인함)을 보이거나 순응도가 떨어지는 회피 행동(예: 의사 예약과 병원을 회피함)을 보인다.

E. 질병에 대한 집착은 적어도 6개월 이상 지속되지만, 그 기간 동안 두려움을 느끼는 구체적인 질병은 변화할 수 있다.

F. 질병에 대해 집착하는 것이 다른 정신질환, 즉 신체증상장애, 공황장애, 범불안장애, 신체이형장애, 강박장애 또는 신체형 망상장애 등으로 더 잘 설명되지 않는다.

※ 다음 중 하나를 명시할 것

진료추구형: 왕진 또는 검사와 시술을 진행하는 것을 포함하여 의학적 치료를 자주 이용한다.

진료회피형: 의학적 치료를 거의 이용하지 않는다.

(3) 기능성 신경학적 증상장애(전환장애)

기능성 신경학적 증상장애는 한 가지 이상의 변화된 감각 증상(시각, 청각, 피부 감각의 변화 및 감소, 상실)과 운동 증상(쇠약감이나 마비, 떨림이나 근육긴장 이상, 보행 이상, 이상한 사지 자세)이 나타난다. 신경학적 질병으로 설명되지 않고, 신경학적 질병과 불일치한다는 임상적 소견이 있을 때 진단된다. 기능성 신경학적 증상장애의 초기 발병은 심리적 혹은 신체적 스트레스나 외상과 관련이 있으며 해리증상이 동반될 수 있다. 유병률은 신경과 진료를 받는 사람들의 약 5%로 보고되며, 전체 연령에 걸쳐 발병하나 40대 이후에는 운동증상이 더 많이 나타나며, 발작을 포함한 무반응과 운동 증상의 삽화가 가장 흔한 증상으로 보고된다. 또한 해당 장애의 증상 표현에 있어 여성이 2~3배 더 흔하며, 남성의 경우 인지적 손상과 취약성, 여성의 경우 증가된 과거 성적 및 신체적 외상이 발견될 수 있다.

기능성 신경학적 증상장애(전환장애)의 진단기준(DSM-5-TR)

A. 하나 이상의 변화된 수의적 운동이나 감각 기능의 증상이 있다.
B. 임상 소견이 증상과 인정된 신경학적 혹은 의학적 상태의 불일치에 대한 증거를 제공한다.
C. 증상이나 결함이 다른 의학적 장애 또는 정신질환으로 더 잘 설명되지 않는다.
D. 증상이나 결함이 사회적, 직업적 또는 다른 중요한 기능 영역에서 임상적으로 현저한 고통이나 손상을 초래하거나, 의학적 평가를 필요로 한다.

※ 다음의 경우 명시할 것
급성 삽화: 증상이 6개월 이하로 존재할 때
지속성: 증상이 6개월이나 그 이상 지속될 때

※ 다음의 경우 명시할 것
심리적 스트레스 요인을 동반하는 경우(스트레스 요인을 명시할 것)
심리적 스트레스 요인을 동반하지 않는 경우

(4) 인위성장애

인위성장애는 분명한 외적 보상이 없는 상황에서도 자신이나 타인의 질병 징후와 증상을 허위로 보고하며, 거짓 증상을 모방하거나 유발하는 시도를 한다. 이때 명백한 외적 보상이 나타나는 꾀병과 인위성장애를 구별해야 한다. 타인에게 부여한 인위성장애는 증상으로 인해 돈이나 책임을 회피하는 것과 같은 이차적 이득과 관련되는 경우가 있는 것으로 보고되나, 스스로에게 부여한 인위성장애는 명백한 외적 보상이 없는 것으로 나타난다. 또한 부모가 인위성장애가 있다면 자녀에게 약물남용과 학대로 이어질 수 있기 때문에 범죄와도 연관될 수 있다. 인위성 장애의 유병률은 약 1%이며 여성이 2/3, 남성이 1/3로 해당 장애의 비율을 차지하는 것으로 보고된다.

인위성장애의 진단기준(DSM-5-TR)

스스로에게 부여된 인위성장애

A. 분명한 속임수와 관련되어 신체적 혹은 심리적인 징후나 증상을 허위로 조작하거나, 상처나 질병을 유도한다.
B. 다른 사람에게 자기 자신이 아프고, 장애가 있거나 부상당한 것처럼 표현한다.
C. 명백한 외적 보상이 없는 상태에서도 기만적 행위가 분명하다.
D. 행동이 망상장애나 다른 정신병적 장애와 같은 다른 정신질환으로 더 잘 설명되지 않는다.

※ 다음의 경우 명시할 것
단일 삽화
재발 삽화(질병을 조작하거나, 혹은 부상을 유도하는 2회 이상의 사건)

타인에게 부여된 인위성장애(과거, 대리인에 의한 인위성장애)

A. 분명한 속임수와 관련되어 다른 사람에게 신체적 혹은 심리적인 징후나 증상을 허위로 조작하거나, 상처나 질병을 유도한다.
B. 제3자(피해자)가 아프고, 장애가 있거나 부상당한 것처럼 다른 사람에게 내보인다.
C. 명백한 외적 보상이 없는 상태에서도 기만적 행위가 분명하다.
D. 행동이 망상장애나 다른 정신병적 장애와 같은 다른 정신질환으로 더 잘 설명되지 않는다.

※ 주의점: 가해자가 인위성장애 진단을 받는다. 피해자에게 내리는 진단이 아니다.
※ 다음의 경우 명시할 것
단일 삽화
재발 삽화(질병을 조작하거나 혹은 부상을 유도하는 2회 이상의 사건)

4) 신체증상 및 관련 장애의 치료적 제언

신체증상 및 관련 장애는 자신의 신체적 증상이 심리적 요인에 의해 나타날 수 있다는 것을 인정하려 하지 않으며, 저항적이고 비협조적인 태도로 인하여 치료가 어렵다. 신체적 증상과 관련한 심리적 갈등 및 부정적 감정의 해소와 표현을 목표로 접근해야 하며, 정신분석치료와 약물치료, 인지행동치료가 효과적이다(Allen et al., 2006). 구체적 기법으로는 정신적 원인에 따른 직면, 노출 및 반응 방지법, 스트레스 관리 훈련, 질병에 관련된 부적응적인 신념과 역기능적 도식의 파악 및 인지의 변화가 있으며, 대표적인 치료약물은 항불안제와 항우울제이다. 치료의 또 다른 중요한 요소는 가족과 주변 사람들의 협조이며, 아동의 경우 증상에 대한 부모의 반응이 중요하기 때문에 부모교육을 통한 장애의 속성을 이해하고 증상을 바르게 해석할 수 있도록 해야 한다.

신체증상 및 관련 장애의 효과적인 증거기반치료는 Levine(1997)이 개발한 신체기반 심리치료(Somatic Experiencing: SE)이다. 신체기반 심리치료는 외상성 사건의 정신 생리학적 결과에 초점을 맞추는 신체지향적 치료접근으로, 회복탄력성과 정서의 긍정적인 변화 및 삶의 질 향상과 같은 효과와 더불어 해당 장애의 고통, 심각도 및 신체적 증상을 감소시키며, 동반이환되는 우울증의 증상을 개선할 수 있다(Andersen et al., 2017; Brom et al., 2017; Leitch et al., 2009; Kuhfuß et al., 2021). 신체기반 심리치료의 과정에서 내담자에게 나타날 수 있는 다섯 가지 경험적 요소는 SIBAM 모델로 정의되며, 감각(Sense), 이미지(Image), 행동(Behavior), 감정(Affect), 의미(Meaning)를 포함한다.

미술치료에서 신체증상 및 관련 장애를 가진 내담자를 만나는 경우 심리적 억압이 신체로 나타난다는 특징을 고려하여, 치료과정에서 억압되고 위축된 정서가 적절하게 표출될 수 있도록 도와야 한다. 또한 치료사는 치료적 접근을 위해 신체증상 및 관련 장애를 지닌 사람들이 신체증상들을 표현하고 해석하는 방식을 살펴야 한다. SIBAM 모델을 적용한 미술치료는 내담자의 스트레스를 완화시키고 부정적인 인지와 정서를 긍정적으로 변화시키는 데 도움이 된다(Kline, 2022). 안전한 공간이나 신체 그리기, 명상을 통한 난화 기법, 만다라처럼 자신의 신체적 경험과 관련된 미술치료 기법은 신체감각을 감정 및 이미지와 통합하여 생리학적 작업능력을 향상시킨다(Hetherington & Gentile, 2022). 특히 신체 그리기의 경우 내담자의 신체증상에 대한 정도나 변화에 대한 관찰이 용이하여 증상의 개선에 도움을 줄 수 있다(Kalisvaart et al., 2015). 또한 내담자의 방어를 완화시키며 정서적으로 이완할 수 있도록 전분과 클레이 같은 촉감 매체도 적합하다. 따라서 신체기반 심리치료를 적용한 미술치료는 신체증상 및 관련 장애 내담자의 억압된 스트레스에 단계별로 접근하여, 이를 안전하게 표출하도록 도와 증상을 완화시키는 효과가 있다.

10

급식 및 섭식 장애

Feeding and Eating Disorders

1) 급식 및 섭식 장애의 정의

급식 및 섭식 장애는 장기간 지속되는 부적응적인 섭식 행동과 섭식 관련 행동으로 인하여 개인의 신체적 건강과 심리적 · 사회적 기능에 심각한 손상을 가져오는 경우를 말한다. 섭식과 관련된 행위의 주체에 따라 급식 장애와 섭식 장애로 구분하며, 주로 급식 장애는 어린 아동에게 음식을 먹이는 과정에서 심리적 문제가 발생한다. 청소년기나 성

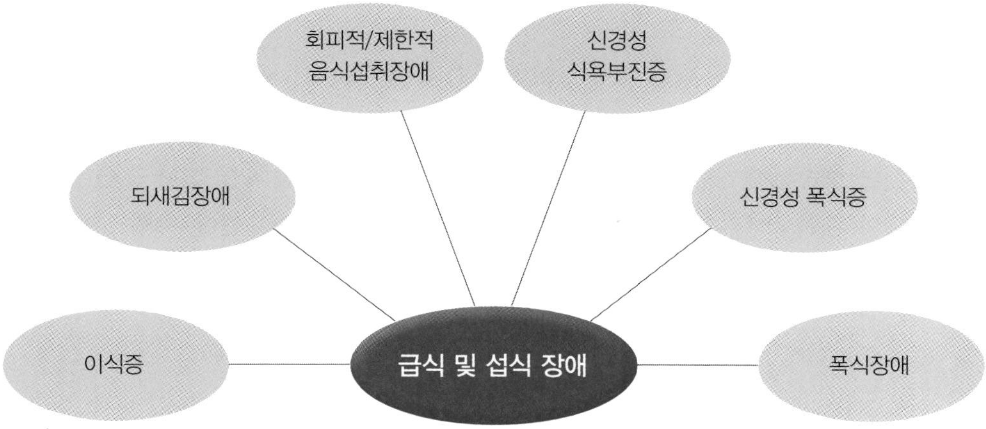

[그림 10-1] 급식 및 섭식 장애의 하위 장애

인기의 섭식과 관련한 행동에서 심리적 문제가 나타나는 경우는 섭식 장애로 분류된다. 이처럼 음식 섭취와 관련되어 심각한 부적응적 증상들이 나타나는 급식 및 섭식 장애는 다음과 같은 하위 장애를 포함한다.

표 10-1 급식 및 섭식 장애의 하위 장애와 핵심증상

하위 장애	ICD-11	핵심증상
이식증	6B84	영양분이 없고, 음식이 아닌 물질(예: 종이, 흙, 머리카락 등)을 섭취
되새김장애	6B85	급식 혹은 섭식 후에 반복적으로 음식을 역류시켜 되씹거나 되삼키거나 뱉어냄
회피적/제한적 음식섭취장애	6B83	입으로 먹는 방법으로는 적절한 영양 상태를 유지하기 어려울 만큼 음식 섭취를 제한하거나 회피함
신경성 식욕부진증	6B80	체중 증가, 비만에 대한 극심한 두려움을 지니고 있어 음식 섭취를 현저하게 감소시키거나 거부하여 체중이 비정상적으로 저하됨
신경성 폭식증	6B81	짧은 시간 내에 많은 양의 음식을 먹는 폭식 삽화가 반복되고, 체중 증가를 막기 위한 부적절한 보상행동(구토 등)을 보임
폭식장애	6B82	폭식 삽화가 나타나지만 부적절한 보상행동은 보이지 않음

2) 급식 및 섭식 장애의 이론 및 원인

(1) 이식증 Pica

방임이나 감독의 부재, 발달 지연 등의 환경적 요인이 이식증의 위험성을 증가시킬 수 있으며, 철분 결핍 등의 영양 결핍에 의해서도 유발될 수 있다. 심리적 관점인 정신분석 이론에서는 충족되지 않은 구강기의 욕구가 이식증으로 나타날 수도 있다고 한다. 특히 지적장애와 관련되어 지적장애가 심할수록 이식증의 빈도도 증가하며, 자폐스펙트럼장애가 있는 경우에도 이식증과 같은 이상 섭취가 나타날 가능성이 있다.

(2) 되새김장애 Rumination Disorder

자극의 결여나 방임, 스트레스성 생활 사건 같은 정신사회적 문제와 부모–자녀 관계의 문제는 유아와 아동에게서 환경적 요인으로 작용하여 되새김장애를 촉발할 수 있다. 심리적 관점인 정신분석이론에서는 모자 관계의 결함이 되새김 장애의 원인이라고 한다. 학습이론에서는 되새김 행동을 통해 얻을 수 있는 쾌감과 주위의 관심을 긍정적인 강화로 인식하고 되새김 행동을 지속하는 것으로 본다.

(3) 회피적/제한적 음식섭취장애 Avoidant/Restrictive Food Intake Disorder

불안장애나 자폐스펙트럼장애, 강박장애, 주의력결핍 과잉행동장애는 기질적 요인으로서 회피적/제한적 음식섭취장애에 대한 위험성과 장애로 인한 섭식 행동의 위험성을 증가시킨다. 환경적 요인으로는 섭식장애를 가진 부모의 자녀들은 높은 비율로 급식 장애가 나타날 수 있으며 부모와 자녀의 부적절한 상호작용은 음식 섭취 문제를 유발하거나 악화시킬 수 있다. 또한 위장의 상태 및 위 · 식도 역류나 구토, 다른 의학적 문제에 따른 병력은 유전 · 생리적 요인으로 관련이 있다.

(4) 신경성 식욕부진증 Anorexia Nervosa

신경성 식욕부진증 장애는 그 자체가 유전되는 것이 아닌, 장애 행동을 촉발하는 불안과 강박 특질이 유전적으로 취약한 요인으로 작용하여 친족 내 유전 가능성이 있다. 특히 폭식/제거형일 경우 위험성이 더 높은 편이다. 자가 중독이론 및 시상하부의 기능 손상이 장애를 유발한다는 주장도 있다. 외상성 스트레스 및 부정적 생활사건 또한 신경성 식욕부진증과 관련이 깊다. 심리적 관점인 정신분석이론에서는 성적 욕구에 대한 방어적 행동이나, 어머니로부터 독립하지 못한 딸이 왜곡된 식사 행동을 통해 자신의 자율성을 획득하려는 대치 행동으로 보기도 한다. 환경적 요인인 사회문화이론에서는 대중매체에 노출되는 신체상이 여성에게 사회적 압력을 가하여 신경성 식욕부진증을 촉발하기도 한다고 본다.

(5) 신경성 폭식증 Bulimia Nervosa

생리적 요인으로 식욕을 관장하는 뇌의 경로와 관련이 높다. 아동기 비만이나 이른 사춘기 성숙이 신경성 폭식증을 위험을 증가시키며 장애의 취약성이 전수되는 경향이 있다. 체중에 대한 염려 및 낮은 자존감, 우울 증상, 사회불안 장애, 아동기의 과불안 장애와 같은 기질적 요인이 신경성 폭식증의 발병 위험성 증가와 연관된다. 심리적 요인으로 적절하게 해소 및 충족하지 못한 청소년기의 욕구가 신경성 폭식증으로 발전할 가능성이 있다고 한다. 충동 및 자기 조절에 어려움이 있으며, 경계성 성격장애나 알코올 의존이 있는 경우에도 위험성이 증가한다. 날씬한 몸매를 사회문화적인 기대에 따라 이상적 기준으로 내재화하는 것은 체중에 대한 지나친 염려를 증가시킬 위험이 있으며, 이는 신경성 폭식증의 환경적 요인이다.

(6) 폭식장애 Binge-Eating Disorder

폭식장애는 친족 내 동시 발생률이 높은데, 이는 유전적인 영향을 반영하는 것으로 보인다. 또한 생리적 요인으로 신경전달물질인 세로토닌의 기능이 저하되어, 뇌 속의 특정 호르몬 불균형에 따른 음식 중독 현상 때문이라는 주장도 있다. 불안, 긴장감, 초조함, 수치심, 외로움, 분노 등의 부정적 감정이 폭식 행동을 촉진하기도 하며 지나친 섭식 절제 또한 반작용으로 폭식장애를 촉진한다.

3) 급식 및 섭식 장애의 임상적 특징

(1) 이식증

이식증의 핵심증상은 영양분이 없고, 음식도 아닌, 먹으면 안 되는 하나 이상의 물질을 먹는 것이다. 섭취 물질은 나이와 가용성에 따라 다양하다. 이식증의 가장 큰 문제는 영양상태 불량이며, 발달단계상 신생아 시기에 물체를 입으로 가져가는 행동을 배제하기 위하여 최소 2세 이상에서 진단된다. 이식증의 발병은 아동기와 청소년기, 성인기에서 가능하며 유병률은 학령기 아동에서 5%이다. 임신한 여성의 1/3 중 특히 식량 불안을 가진 사람들에게 나타나는 것으로 보이며 임신 중이거나 산후 기간에서의 이식증의 유병률은 28%로 나타난다.

이식증의 진단기준(DSM-5-TR)

A. 적어도 1개월 동안 비영양성 · 비음식 물질을 계속 먹는다.
B. 비영양성 · 비음식 물질을 먹는 것이 발달수준에 비추어 볼 때 부적절하다.
C. 먹는 행동이 사회적 관습이 아니거나, 혹은 문화적 지지를 받지 못한다.
D. 만약 먹는 행동이 다른 정신질환(예: 지적발달장애[지적장애], 자폐스펙트럼장애, 조현병)이나 의학적 상태(임신 포함) 기간 중에만 나타난다면, 이 행동이 별도의 임상적 관심을 받아야 할 만큼 심각한 것이어야 한다.

(2) 되새김장애

되새김장애의 핵심증상은 음식물을 반복적으로 토해 내거나 되씹는 행동을 지속해 나타내는 것이다. 되새김장애가 있는 아동은 위장기능에 별다른 문제가 없음에도 음식을 단순히 삼키지 않고, 반복적으로 토한 후 다시 씹어 뱉어 내거나 삼키는 행동을 나타낸다. 삼킨 음식의 역류를 위하여 머리를 젖히며 등에 힘을 주어 몸을 휘거나, 입에 손가락이나 옷 등을 넣는 자기 자극 행동을 나타낸다. 유병률은 명확하지 않으나, 지적장애 같은 특정 집단에서 높게 나타나며, 제한된 유럽 데이터로 미취학연령 아동의 약 1~2%에서 발생할 수 있음이 시사되었다. 여자보다 남자에게서 더 많이 나타나며, 발병 연령은 유아기부터 성인기 사이에 나타날 수 있다. 유아기일 경우 보통 3~12개월 사이에 나타날 수 있으며 유아는 자연으로 회복할 수 있지만 심한 경우 상당 기간 지속된다.

되새김장애의 진단기준(DSM-5-TR)

A. 적어도 1개월 동안 음식물의 반복적인 역류가 있다. 역류된 음식은 되씹거나, 되삼키거나, 뱉어 낼 수 있다.
B. 반복되는 역류는 동반되는 위장 상태 또는 기타 의학적 상태(예: 식도 역류, 유문협착증)로 인한 것이 아니다.
C. 섭식 장해는 신경성 식욕부진증, 신경성 폭식증, 폭식장애 혹은 회피적/제한적 음식섭취장애의 경과 중에만 발생되지는 않는다.
D. 만약 증상이 다른 정신질환(예: 지적발달장애[지적장애]나 다른 신경발달장애)과 관련하여 발생한다면 이 증상은 별도로 임상적 관심을 받아야 할 만큼 심각한 것이어야 한다.

(3) 회피적/제한적 음식섭취장애

회피적/제한적 음식섭취장애는 음식 섭취를 회피하거나 제한하여 음식을 입으로 먹는 방법으로는 적절한 영양 상태를 유지하기가 어려우며 이는 에너지 섭취 부족으로 이어진다. 심각한 체중 감소와 영양 부족이 나타나 위장관 급식이나 경구 영양 보충제에 의존해야 한다. 음식의 모양이나 색, 냄새, 식감, 맛 등에 대한 특성과 감각적 특징에 의해 음식에 대한 회피나 제한적 증상이 나타날 수 있다. 유병률은 거의 알려진 것이 없으나, 남자와 여자의 발병 비율은 대체로 비슷하다. 호주의 연구에 따르면 15세 이상의 개인에서 0.3%의 빈도를 보고하였다. 불충분한 섭식이나 식욕 저하와 관련된 문제는 영유아기나 초기 어린 시절에 나타나 성인까지 지속될 수 있다. 음식에 대한 감각적 특징을 기반으로 한 회피는 10세 이내에 나타나는 경향이 있으나 성인기까지 지속될 수 있으며, 부정적 결과와 관련된 회피는 모든 연령에서 나타날 수 있다.

회피적/제한적 음식섭취장애의 진단기준(DSM-5-TR)

A. 섭식 또는 급식 장해(예: 음식 섭취에 대한 명백한 흥미 결여, 음식의 감각적 특성에 근거한 회피, 섭식의 부정적 결과에 대한 걱정)이며, 다음 중 한 가지 이상의 증상을 나타낸다.
   1. 심각한 체중 감소(혹은 아동에서 기대되는 체중에 미치지 못하거나 더딘 성장)
   2. 심각한 영양 결핍
   3. 위장관 급식 혹은 경구 영양 보충제에 대한 의존
   4. 심리사회적 기능에 현저한 방해

B. 장해는 구할 수 있는 음식이 없거나 문화적으로 허용되는 관습에 의해 더 잘 설명되지 않는다.

C. 섭식 장해는 신경성 식욕부진증이나 신경성 폭식증의 경과 중에 나타나는 것이 아니고, 사람의 체중이나 체형에 관한 장해의 증거가 없어야 한다.

D. 섭식 장해는 의학적 상태로 인한 것이 아니고, 다른 정신질환으로 더 잘 설명되지 않는다. 만약 이 섭식 장해가 다른 상태나 질환과 관련하여 발생한다면, 섭식 장해의 심각도는 일반적으로 나타나는 것보다 심해야 하거나 별도로 임상적 관심을 받아야 할 만큼 심각한 것이어야 한다.

(4) 신경성 식욕부진증

신경성 식욕부진증은 체중 증가와 비만이 되는 것에 대한 극심한 두려움이 있어 음식

섭취를 현저하게 제한하거나 거부하여 체중이 비정상적으로 저하되는 것이다. 또한 체중과 체형에 대한 왜곡적 인식과 체중 및 체형이 자기 평가에 지나치게 영향을 미친다. 신경성 식욕부진증이 있는 사람은 음식을 제한하면서도 폭식하는 경우가 있는데, 이때 먹은 음식의 배출을 위하여 구토나 약물을 복용하기도 한다. 이런 경력이 있는 폭식-하제 사용형과 그러한 경력이 없는 제한형으로 구분한다. 신경성 식욕부진증의 유병률은 미국의 지역사회 표본을 대상으로 한 역학 연구에서 1년 0.0~0.05%에 이르며 평생 유병률은 0.6~0.8%이다. 남성보다 여성의 발병 비율이 높아, 임상 집단에서 여성과 남성의 비율은 대략 10:1정도로 나타난다. 청소년 대상의 연구에서는 두 성별간 유병률이 비슷하다.

신경성 식욕부진증의 진단기준(DSM-5-TR)

A. 필요한 양에 비해 지나친 음식물 섭취 제한으로 연령, 성, 발달 과정 및 신체적인 건강 상태에 비해 현저하게 저체중을 유발하게 된다. 현저한 저체중은 최소한의 정상 수준보다 체중이 덜 나가는 것으로 정의되며, 아동과 청소년의 경우, 해당 발달단계에서 기대되는 최소한의 체중보다 체중이 적게 나가는 것을 의미한다.

B. 체중이 증가하거나 비만이 되는 것에 대한 극심한 두려움, 혹은 체중 증가를 방해하는 지속적인 행동. 이러한 행동은 지나친 저체중일 때도 이어진다.

C. 기대되는 개인의 체중이나 체형을 경험하는 방식에 장해, 자기평가에서 체중과 체형에 대한 지나친 압박, 혹은 현재의 저체중에 대한 심각성 인식의 지속적 결여가 있다.

※ 다음 중 하나를 명시할 것

제한형: 지난 3개월 동안, 폭식 혹은 제거 행동(즉, 스스로 구토를 유도하거나 하제, 이뇨제, 관장제를 오용하는 것)이 반복적으로 나타나지 않는다. 해당 아형은 저체중이 주로 체중 관리, 단식 및 과도한 운동을 통해 유발된 경우를 말한다.

폭식/제거형: 지난 3개월 동안, 폭식 혹은 제거 행동(즉, 스스로 구토를 유도하거나 하제, 이뇨제, 관장제를 오용하는 것)이 반복적으로 나타났다.

※ 현재의 심각도를 명시할 것

성인의 경우, 심각도의 최저 수준은 현재의 체질량 지수(body mass index: BMI)를 기준으로 한다

경도: BMI $\geq$ 17kg/m^2

중등도: BMI 16~16.99kg/m^2

고도: BMI 15~15.99kg/m^2

극도: BMI < 15kg/m^2

(5) 신경성 폭식증

신경성 폭식증은 먹는 것에 대한 자제력을 잃어 비슷한 시간 동안 정상적인 양보다 훨씬 많은 음식을 먹는다. 폭식에 대한 보상으로 금식이나 구토, 과도한 신체 운동 및 하제 남용 등의 부적절한 행동을 보인다. 신경성 식욕부진증과 마찬가지로 체중 증가와 몸매 손상에 대한 공포 때문에 왜곡된 신체상을 가지고 있다. 자신의 음식 섭취 문제를 부끄러워하여 증상을 숨기려는 경향이 있어 주로 밤이나 혼자 있을 때, 우울하고 스트레스를 받을 때 자주 나타난다. 신경성 폭식증은 남성보다 여성에게서 훨씬 흔하며, 유병률은 미국의 지역사회 표본을 대상으로 한 역학 연구에서 1년 0.14~0.3%로 나타났다. 평생 유병률은 0.28~1.0%이며, 13~18세 대상 청소년에게서는 여아 1.3%, 남아 0.5%로 나타났다.

신경성 폭식증의 진단기준(DSM-5-TR)

A. 반복되는 폭식 삽화. 폭식 삽화는 다음 2가지로 특징지어진다.
   1. 일정 시간 동안(예: 2시간 이내) 대부분의 사람이 유사한 상황에서 동일한 시간 동안 먹는 것보다 분명하게 많은 양의 음식을 먹음
   2. 삽화 중에 먹는 것에 대한 조절 능력의 상실감을 느낌(예: 먹는 것을 멈출 수 없거나, 무엇을 혹은 얼마나 많이 먹어야 할 것인지를 조절할 수 없는 느낌)

B. 체중이 증가하는 것을 막기 위한 반복적이고 부적절한 보상 행동, 예를 들면 스스로 유도한 구토, 이뇨제, 관장약, 다른 치료약물의 남용, 금식 혹은 과도한 운동 등이 나타난다.

C. 폭식과 부적절한 보상 행동이 둘 다, 평균적으로 적어도 3개월 동안 일주일에 1회 이상 일어난다.

D. 체형과 체중이 자기평가에 과도하게 영향을 미친다.

E. 이 장해가 신경성 식욕부진증의 삽화 기간 동안에만 발생하지 않는다.

※ 현재의 심각도를 명시할 것

경도: 평균적으로 일주일에 1~3회의 부적절한 보상 행동 삽화가 있다.

중등도: 평균적으로 일주일에 4~7회의 부적절한 보상 행동 삽화가 있다.

고도: 평균적으로 일주일에 8~13회의 부적절한 보상 행동 삽화가 있다.

극도: 평균적으로 일주일에 14회 이상의 부적절한 보상 행동 삽화가 있다.

(6) 폭식장애

폭식장애는 먹는 것에 대한 자제력을 잃고 비슷한 시간 동안 정상적인 양보다 훨씬 많은 양을 폭식한다. 실제로 배가 고프지 않아도 폭식 동안에는 배가 불러 고통스러울 만큼 매우 빠르게 먹고, 아주 많이 먹는다. 신경성 폭식증과 다르게 폭식에 대한 보상행동은 나타나지 않는다. 자신의 몸매에 대해 과도하게 걱정하지 않기 때문에 과체중이나 비만인 경우가 많으며 자신의 체형이나 체중에 대한 심한 왜곡이나, 날씬한 몸매를 추구하지도 않는다. 폭식장애의 유병률은 미국의 지역사회 표본을 대상으로 한 역학 연구에서 1년 0.44~1.2%에 이르며, 여성이 여성 1.6%, 남성 0.8%로 여성에게서 더 높은 비율로 나타난다. 평생 유병률은 0.85~2.8%이며, 발병연령은 청소년기 후기와 성인기 초기에 시작된다. 청소년기에 시작되면 성인기까지 이어지는 경우가 흔하고 평균 30~40대가 가장 많다. 폭식장애는 신경성 식욕부진증이나 신경성 폭식증과는 달리 치료에 대한 반응이 빠르며 예후가 더 좋다.

폭식장애의 진단기준(DSM-5-TR)

A. 반복되는 폭식 삽화. 폭식 삽화는 다음과 같이 특징지어진다.
  1. 일정 시간 동안(예: 2시간 이내) 대부분의 사람이 유사한 상황에서 동일한 시간 동안 먹는 것보다 분명하게 많은 양의 음식을 먹음
  2. 삽화 중에 먹는 것에 대한 조절 능력의 상실을 느낌(예: 먹는 것을 멈출 수 없거나, 무엇을 혹은 얼마나 많이 먹어야 할 것인지를 조절할 수 없는 느낌)

B. 폭식 삽화는 다음 중 3가지(혹은 그 이상)와 연관된다.
  1. 평소보다 많은 양을 급하게 먹음
  2. 불편하게 배가 부를 때까지 먹음
  3. 신체적으로 배고프지 않은데도 많은 양의 음식을 먹음
  4. 얼마나 많이 먹는지에 대한 부끄러운 느낌 때문에 혼자서 먹음
  5. 폭식 후 스스로에 대한 역겨운 느낌, 우울감 혹은 큰 죄책감을 느낌

C. 폭식으로 인해 현저한 고통이 있다고 여겨진다.

D. 폭식은 평균적으로 최소 3개월 동안 일주일에 1회 이상 발생한다.

E. 폭식은 신경성 폭식증에서 관찰되는 것과 같은 부적절한 보상 행동과 연관되어 있지 않으며, 신경성 폭식증 혹은 신경성 식욕부진증의 기간 동안에만 발생하지 않는다.

※ 현재의 심각도를 명시할 것
경도: 평균적으로 일주일에 1~3회의 부적절한 폭식 행동 삽화가 있다.
중등도: 평균적으로 일주일에 4~7회의 부적절한 폭식 행동 삽화가 있다.
고도: 평균적으로 일주일에 8~13회의 부적절한 폭식 행동 삽화가 있다.
극도: 평균적으로 일주일에 14회 이상의 부적절한 폭식 행동 삽화가 있다.

4) 급식 및 섭식 장애의 치료적 제언

우리는 생명을 유지하기 위하여 필수적으로 영양분을 섭취해야 한다. 대다수는 음식을 먹는 것으로 성장과 생리적 기능을 위한 영양을 얻을 수 있다. 음식을 먹이거나 먹는 것과 관련하여 장애가 나타나는 경우 급식 및 섭식 장애라고 하는데, 치료를 위하여 내담자가 처한 심리사회적 환경이나 신체적 구조 이상을 파악하여 원인을 규명하는 것이 중요하다.

이식증이나 되새김장애의 경우 특정 영양소 결핍 및 신체적 구조 이상에 대한 약물 처치나 역류 방지를 위한 외과적 처치가 필요하다. 유아나 아동에게서 더 흔하게 나타나므로 부모교육 및 정서적 양육훈련을 통하여 부모의 관심과 돌봄, 아이에 대한 양육 태도를 변화시킬 수 있도록 개입하는 것이 중요하다. 회피적/제한적 음식섭취장애와 신경성 폭식증의 심리치료는 인지행동치료 중 노출 및 반응 방지 기법이 효과적이다. 신경성 식욕부진증 환자의 인지치료와 비슷하나, 폭식 행동과 하제 사용 같은 장애 특유의 노출과 반응이 결합한 문제를 다룰 수 있다는 점에서 차별된다. 마음챙김 인지치료와 수용전념치료도 폭식증에 효과가 있는 것으로 알려져 있다.

신경성 식욕부진증의 증거기반치료는 Maudsley 기반 가족치료기법으로 청소년기 이전의 환자에게 시행할 때 효과적이다(Hilbert et al., 2017). 체중과 영양 섭취에 관한 통제성을 회복하고 건강한 정체성을 확립할 수 있도록 구성된 기법으로, 병리적인 원인을 부모나 자녀에게서 찾지 않도록 비난의 대상을 수정하는 과정을 거친다. 신경성 식욕부진증의 경우 영양실조 상태에서 합병증의 위험이 있기 때문에 입원 치료를 우선하는 경우가 많으며, 체중을 회복하기 위하여 심리적인 개입과 함께 지지적 간호, 영양상담, 고열량 식이요법을 종합하고 다학제적으로 접근해야 한다.

미술치료에서 급식 및 섭식 장애를 가진 내담자를 만나는 경우, 섭식 장애의 원인을 이해하는 것이 중요하며, 미술치료를 통해 자신의 내적 감정과 욕구, 충동을 인식하고 작품을 통한 안전한 표출의 기회를 제공해야 한다. 이 과정에서 자신과 외부의 건강한 경계를 설정하고 자기표현과 유연성 및 유대감이 증진되어 치료적 효과를 경험할 수 있다(Levens, 2009). 치료사는 이 같은 요인을 치료적 기제로 삼아 식욕 부진 및 폭식 증상에서 나타나는 내담자의 신체적 · 정서적 반응을 탐색하고 미술 매체를 통해 자기 신체상을 객관적으로 파악할 수 있도록 도와야 한다. 컬러 및 음식 이미지 등을 이용한 콜라주 작업은 음식에 대해 왜곡되고 부정적인 사고를 변화시킬 수 있으며, 이를 활용한 섭식 일지나 식단 구성은 내담자가 자신의 문제 상황을 인식하고 개선하는 데 도움이 될 수 있다.

11

수면-각성장애

Sleep-Wake Disorders

1) 수면-각성장애의 정의

수면장애는 충분히 수면을 취하지 못하거나 수면 리듬이 깨져 잠을 자거나 깨어 있는 동안 어려움을 겪는 상태를 포함하는 포괄적인 개념이다. 평균 6~8시간의 수면 중 여러 변화가 생기는데, 급속 안구 운동 여부에 따라 REM수면과 비REM수면으로 구분된다. 수면은 낮 동안 쌓인 스트레스를 풀고, 소모된 뇌의 기능을 회복하고 불안한 감정들을 정

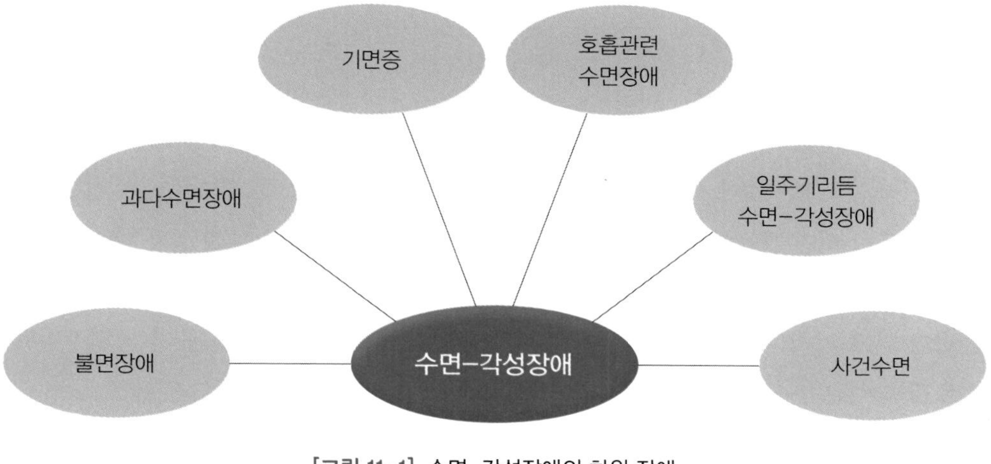

[그림 11-1] 수면-각성장애의 하위 장애

화시켜 주기 때문에 우리 생활에 매우 중요한 역할을 한다. 뇌 수면에 곤란이나 이상이 생겨 일상에서 각성을 유지하는 데 어려움이 생기는 경우 수면-각성장애(sleep-wake disorder)라고 한다. 수면 중 발생하는 장애의 심각도는 자기보고 또는 의사에 의해 진단된 만성적인 의학적 · 정신과적 상태와 관련되어 있음을 발견하였다. 즉, 수면-각성장애는 정상적인 수면의 어려움을 의미하며 다음과 같은 하위 장애를 포함한다.

표 11-1 수면-각성장애의 하위 장애과 핵심증상

하위 장애	ICD-11	핵심증상
불면장애	7A00, 01, 0Z	밤에 잠을 자고 싶어도 못 자는 상태가 지속됨
과다수면장애	7A2Z, 2Y, 25	불면장애와 반대로 7시간 이상 잠을 잤음에도 계속 졸리거나, 지나치게 잠을 많이 자서 일상에 어려움을 겪음
기면증	7A20.Z, 0, 1	주간에 갑자기 저항할 수 없는 수면 욕구가 엄습하여 잠에 드는 상태를 경험함
호흡관련 수면장애	7A4Z, Y	수면 중 호흡장애로 인해 과하게 졸리거나 잠에 들지 못함
일주기리듬 수면-각성장애	7A6Z, 60~65	수면-각성 주기 변화로 인해 졸음과 불면이 반복됨
사건수면	7B2Y, Z, 00~02	수면 중 발생하는 이상행동

2) 수면-각성장애의 이론 및 원인

(1) 불면장애 Insomnia Disorder

주로 불안이 높아 걱정이 많은 성격이나 과 각성, 감정을 억눌러 참는 경향이 있는 경우 기질적으로 불면증에 취약하며, 환경적 요인으로 수면 시 소음, 빛, 온도는 건강한 수면에 도움이 되지 않는다. 유전적 요인으로 여성에게 흔하게 발병하며 점차 나이가 들어감에 따라 많아지게 된다. 내적 · 외적 기제로 구분하면 내적 기제는 개인의 각성 수준과 관련이 있고 외적 기제는 잠자리 환경, 시차, 사건 등의 이유로 잠을 못 자는 경우이다. 스트레스 사건이나 수면 방해의 원인이 해결되면 금방 회복되는 경향이 있다.

(2) 과다수면장애 Hypersomnolence Disorder

과다수면장애의 환경적 요인으로 심리적 스트레스와 알코올 사용으로 인해 일시적으로 증가되거나 바이러스성 감염으로 인해 선행하거나 동반되는 경우도 있다. 유전적 요인으로 상염색체 우성유전 방식으로 가족력이 있을 수 있다.

(3) 기면증 Narcolepsy

기면증의 기질적 요인으로 몽유병, 이갈이, REM수면 행동장애, 야뇨증과 같은 사건수면은 기면증이 있는 사람들에게 좀 더 흔하게 나타나며 다른 사람들보다 더 많은 수면이 필요하다. 환경적 요인으로 두부 외상과 수면-각성 패턴의 갑작스러운 변화와 A군 연쇄상구균 인두감염, 인플루엔자나 겨울철 감염은 자가면역 과정을 촉발하여 기면증을 유발한다. 수면 발작증은 유전 · 생리적 요인이 강하게 작용하여 가족력이 높고, T-세포 수용체 알파 유전자와 다른 면역 조절 유전자의 다형성은 증상 발생의 위험을 높인다.

(4) 호흡관련 수면장애 Breathing-Related Sleep Disorders

수면 중의 호흡 장애로 인해 졸음이나 불면이 생긴다. 생리적 요인으로 고령의 남성에게 많이 나타나며 비만, 심부전증, 갑상선 기능저하증의 경우에도 나타날 수 있다. 유전적 요인으로 기도 구조의 성별 차이와 체지방 분포에 있어 성 호르몬 영향을 받으며, 높은 가족력을 보인다. 수면관련 환기 저하의 경우 환경적 요인으로 아편, 알코올과 같은 중추신경계 억제제를 사용하는 경우 호흡 저하를 보이기도 한다. 호흡관련 수면장애는 수면 중 기도가 막히거나 또는 기도 막힘은 없거나 질환으로 인해 수면 중 호흡 정지가 나타난다. 과체중인 사람들이 수면 중 호흡 기능이 낮아지면서 이산화탄소량이 증가하는 현상으로 과도한 졸음과 불면을 보인다.

(5) 일주기리듬 수면-각성장애 Circadian Rhythm Sleep-Wake Disorders

일주기리듬 수면-각성장애는 수면-각성 주기의 변화로 인해 개인의 물리적 환경 및 일상 스케줄에 의해 요구되는 수면-각성 패턴 사이의 조정 곤란으로 과도한 졸음과 불면이 반복된다. 유전 · 생리적 요인으로 외부 기제에 의해 요구되는 수면-각성 주기와 개인의 일주기 수면-각성 주기의 부조화로 인해 졸음과 불면이 지속적으로 나타날 수 있다. 이 증상을 보이는 사람들은 정상적인 환경에 따라 일주기 리듬을 조정하여 적응하는 능력이 현저히 떨어진다.

(6) 사건수면Parasomnia

사건수면의 유전적 요인으로 가족력과 관련이 높고, 야경증은 일란성 쌍둥이에서 더 흔하게 나타난다. 악몽 장애의 경우 기질적 요인으로 부정적인 과거 사건을 자주 이야기하며, 종종 성격 장애나 정신질환을 보이기도 한다. 하지불안의 경우 생리적 요인으로 여성, 고령일수록 흔하게 나타난다. 사건수면은 환경적 요인으로 진정제 사용, 수면 박탈, 수면-각성 일정 교란, 피로, 스트레스가 장애의 빈도를 증가시킨다. 심리적 요인으로 정서적 스트레스를 받아 부정적인 감정을 잘 표현하지 못하고 억누르는 사람에게 잘 나타난다. 특히 정서적 불안에서 오는 불안, 우울, 수면부족, 고열에 의해 발생하기도 한다.

3) 수면-각성장애의 임상적 특징

(1) 불면장애

불면장애는 잠에 들거나 수면시간을 유지하는 것에서 어려움을 보이며 양과 질에서도 만족감을 느끼지 못한다. 또한 수면 문제뿐만 아니라 일상생활에서 피로, 졸림, 주의 집중, 기억력, 손동작 수행능력에서 심각한 기능 저하를 보이는 것이 특징이다. 수면이 부족하기에 과민하고 감정 상태가 자주 바뀌며 우울과 불안 증상이 나타난다. 대부분의 사람들은 처음 불면증을 야기했던 사건이 없어지면 정상 수면 패턴으로 회복되지만, 일부 불면증에 취약한 사람들은 지속적인 수면 문제를 겪는다. 성인의 1/3 정도가 불면증을 호소하며 모든 수면장애 중 가장 유병률이 높다. 보통 청년기에는 수면 시작의 어려움, 중장년층은 수면 유지의 어려움, 노인기는 질병이나 건강 문제로 인한 불면 증상을 보이며 정신과 환자의 80% 정도가 수면장애를 호소한다. 불면장애는 인구 중 1/3의 성인이 불면증을 호소하며, 6~10%는 불면장애의 진단기준을 충족한다. 모든 수면장애 중 높은 유병률을 차지하고, 여성에게 더 빈번하게 발생한다. 불면증 환자의 경우 약 40~50%는 정신질환을 같이 가지고 있으며, 다른 질병과 동반되어 발생하기도 하고 단독으로 나타나는 경우도 있다.

불면장애의 진단기준(DSM-5-TR)

A. 수면의 양이나 질의 현저한 불만족감으로 수면 개시, 유지, 다시 잠들기에 어려움을 보인다.
  1. 수면 개시의 어려움(아동의 경우 보호자의 중재 없이는 수면 개시가 어려움으로 나타나기도 함)
  2. 수면 유지의 어려움으로 자주 깨거나 깬 뒤에 다시 잠들기가 어려운 양상으로 나타남(아동의 경우 보호자의 중재 없이는 다시 잠들기 어려운 것으로 나타나기도 함)
  3. 이른 아침 각성하여 다시 잠들기 어려움

B. 수면 교란이 사회적 · 직업적 · 교육적 · 학업적 · 행동적 또는 다른 중요한 기능 영역에서 임상적으로 현저한 고통이나 손상을 초래한다.

C. 수면 문제가 적어도 일주일에 3회 이상 발생한다.

D. 수면 문제가 적어도 3개월 이상 지속된다.

E. 수면 문제는 적절한 수면의 기회가 주어졌음에도 불구하고 발생한다.

F. 불면증이 다른 수면-각성장애(예: 기면증, 호흡관련 수면장애, 일주기리듬 수면-각성장애, 사건수면)로 더 잘 설명되지 않으며, 이러한 장애들의 경과 중에만 발생되지 않는다.

G. 불면증은 물질의 생리적 효과로 인한 것이 아니다.

H. 공존하는 정신질환과 의학적 상태가 현저한 불면증 호소를 충분히 설명할 수 없다.

(2) 과다수면장애

과다수면장애를 호소하는 사람들은 빠르게 잠이 들며 수면 효율이 좋다. 하지만 아침에 기상하기 어려움, 혼란, 졸림과 싸우는, 실조 양상을 보이기도 한다. 각성 손상은 수면 무력증이라고 하며 낮에도 발생할 수 있다. 깨어 있는 것처럼 보이지만 행동이 부적절하기도 하고 기억 결함, 지남력 장애, 비틀거리는 증상이 나타나기도 한다. 대부분의 수면 시간은 9시간 이상이지만 수면을 통해 피로가 회복되지 않는다. 간혹 정상적인 수면 시간을 보이는 경우도 있는데, 이런 경우 의도적이지 않은 낮잠을 자며 낮잠 시간은 상대적으로 길고 비회복적이며 각성 상태가 개선되지 않는다. 대다수의 환자는 야간 수면과 관계없이 매일 낮잠을 자고 지속적으로 졸음을 느낀다. 주간 졸림 증상으로 수면 클리닉에 오는 사람들 중 약 5~10%는 과다수면장애로 진단되며 남성과 여성에게서 비슷하게 발생한다.

과다수면장애의 진단기준(DSM-5-TR)

A. 주요 수면 시간이 7시간 이상임에도 불구하고 과도한 졸림을 호소한다.
   1. 동일한 날에 반복적인 수면기를 보이거나 혹은 반복적으로 깜박 잠듦
   2. 하루에 주요 수면 삽화가 9시간 이상 지속되나 피로 해소가 되지 않음(예: 개운하지 않음)
   3. 갑자기 깬 후에 완전히 각성 상태를 유지하기 어려움

B. 과다수면이 일주일에 3회 이상 발생, 적어도 3개월 이상 지속된다.

C. 과다수면이 인지적, 사회적, 직업적, 또는 다른 중요한 기능 영역에서 현저한 고통이나 손상을 동반한다.

D. 과다수면이 다른 수면장애로 더 잘 설명되지 않으며, 다른 수면장애의 경과 중에만 발생되지 않는다.

E. 과다수면 물질의 생리적 효과로 인한 것이 아니다.

F. 뚜렷한 과다수면 호소가 공존하는 정신질환과 의학적 장애가 현저한 과다수면 호소를 충분히 설명할 수 없다.

(3) 기면증

기면증은 갑자기 심한 졸음을 느껴 나도 모르게 잠에 빠지게 되는 수면발작이며, 최소 20분 이내에서 깨우지 않으면 최대 1시간까지 지속되기도 한다. 주로 청소년기에 발병하고 40세 이후에 나타나는 경우는 거의 없다. 스트레스나 수면-각성 주기의 급격한 변화가 있을 때 나타나는 경우가 많고 수면발작증이 있는 사람의 대부분이 다른 정신장애를 동반하거나 과거 정신장애 병력이 있다. 또한 수면-각성 주기의 변화로 인해 개인의 물리적 환경 및 일상 스케줄에 의해 요구되는 수면-각성 패턴 사이의 조정 곤란으로 과도한 졸음과 불면이 반복된다. 증상의 심각도에 따라 하루에 2~6회 가량 수면발작을 나타내며 불가항력적이기 때문에 잠들면 안 되는 상황에서도 잠에 빠져 일상생활에 큰 지장을 준다. 일반적으로 탈력발작을 수반해야 하며, 이때 탈력발작은 웃음, 농담과 같은 감정에 의해 유발되어 양측 근 긴장이 소실되는 갑작스러운 짧은 삽화로 나타난다. 또한 해당 발작은 전신에 나타나서 머리를 꾸벅이거나 완전히 쓰러지기도 한다. 아동에서 발병 무렵 탈력발작이 비전형적인 양상으로 나타날 수 있는데 주로 얼굴을 찡그리거나 입을 벌리는 모습으로 나타난다. 대부분의 국가에서 인구의 0.02~0.04%에서 기면증-탈력발작에 이환되어 있다. 남녀 모두 발생하며 남성의 유병률이 더 높다.

기면증의 진단기준(DSM-5-TR)

A. 억누를 수 없는 수면 욕구, 깜박 잠이 드는 것, 또는 낮잠이 하루에 반복적으로 나타난다. 이런 양상은 3개월 동안 적어도 일주일에 3회 이상 발생한다.

B. 다음 중 한 가지 이상이 나타난다.

1. (a)나 (b)로 정의되는 탈력발작이 1개월에 수차례 발생함
   a. 장기간 유병된 환자의 경우, 웃음이나 농담에 의해 유발되는 짧은(수초에서 수분) 삽화의 의식이 있는 상태에서 양측 근육긴장의 갑작스러운 소실
   b. 아동이나 발병 6개월 이내의 환장의 경우, 분명한 감정 계기 없이 혀를 내밀거나 근육긴장저하를 동반한 얼굴을 찡그리거나 턱이 처지는 삽화
2. 뇌척수액 하이포크레틴-1(hypocretin-1) 면역반응성 수치를 이용하여 측정된 하이포크레틴 결핍증, 하이포크레틴-1의 낮은 CSF 수치는 급성 뇌 손상, 염증, 감염으로 인한 경우에는 관찰되지 않음
3. 야간 수면다원 검사에서 급속 안구 운동 수면 잠복기가 15분 이내로 나타나거나, 수면 잠복기 반복 검사에서 평균 수면 잠복기가 8분 이내로 나타나고, 2회 이상의 수면 개시 REM수면이 나타남

(4) 호흡관련 수면장애

호흡관련 수면장애는 폐쇄성 수면 무호흡 저호흡, 중추성 수면무호흡증, 수면관련 환기저하로 분류된다. 수면 중 호흡의 어려움, 일시적인 호흡의 멈춤이 자주 나타나서 숙면에 방해를 받게 되어 과도한 졸음이나 불면증이 유발되는 것이 특징이다. 수면 도중 상기도가 막혀서 1시간에 5번 이상의 무호흡증이 반복적으로 나타나거나 심하게 코를 곤다. 수면 중에 호흡을 제대로 못 하기 때문에 산소부족증에 빠지게 되고 무호흡이 있을 때마다 숨이 막히는 느낌으로 잠에서 깨게 되어 수면의 질이 하락하게 된다. 아침에 두통을 호소하거나 낮 동안에 매우 졸리고, 주의 집중 문제, 불안, 우울, 분노를 참지 못하여 주변인들에게 평판이 좋지 않다. 매우 흔하게 나타나는 장애로 아동이나 중년층보다 노인의 20% 이상에서 이환되며 비만과 관련이 높아 비만율의 증가는 이 장애의 유병률 증가와 동반되는 경향을 보인다. 또한 폐색성 수면 무호흡증과 연관된 호흡관련 수면장애의 유병률은 성인 인구 중 약 10%로 추정되며, 남성에게서 훨씬 더 많이 나타난다.

폐쇄성 수면 무호흡 저호흡의 진단기준(DSM-5-TR)

A. (1) 또는 (2) 중 하나 이상이 있다.
1. 수면다원검사에서 수면 시간당 적어도 5회 이상 폐쇄성 무호흡이나 저호흡이 있고 다음 중 한 가지 이상의 수면 증상이 있음
   a. 야간호흡 장해: 코골이, 거친 콧숨/헐떡임 또는 수면 중 호흡 정지
   b. 충분한 수면을 취했음에도 주간 졸림, 피로감 또는 개운하지 않은 수면으로, 다른 정신질환(수면장애 포함)으로 더 잘 설명되지 않으며 다른 의학적 상태로 인한 것이 아님
2. 동반된 증상과 관계없이 수면다원검사에서 확인된 수면 시간당 15회 또는 그 이상 폐쇄성 무호흡, 그리고/또는 저호흡

중추성 수면무호흡증의 진단기준(DSM-5-TR)

A. 수면다원검사에서 수면 시간당 5회 이상의 중추성 무호흡이 존재한다.
B. 장애가 다른 수면장애로 더 잘 설명되지 않는다.

수면관련 환기저하의 진단기준(DSM-5-TR)

A. 수면다원검사에서 이산화탄소 농도의 상승과 연관된 호흡저하 삽화들이 나타난다(주의점: 이산화탄소의 객관적인 측정이 없는 경우에는 무호흡/저호흡 사건과 연관 없이 지속적으로 헤모글로빈 산소포화도가 낮은 수치를 유지하는 것이 환기저하를 의미한다).
B. 장해가 현재의 다른 수면장애로 더 잘 설명되지 않는다.

(5) 일주기리듬 수면-각성장애

핵심증상은 수면-각성 주기 변화로 인한 졸음과 불면의 반복이다. 사회적으로 요구되는 시간에 깨어나기 어렵고, 강제로 깨울 경우 수면이 부족한 상태이므로 활동 시간에 졸음을 느끼거나, 너무 일찍 깨어 아침까지 수면이 지속되지 못한다. 정상적인 환경 단서를 통해 일주기리듬을 조절하는 능력이 떨어진 것으로 일주기리듬과 환경 간의 비정상적인 동기화로 인해 수면장애 증상을 보인다. 해당 장애의 유병률은 명확하게 알려져 있지 않으나 청소년의 경우 일주기리듬 수면-각성 장애의 한 유형인, 지연된 수면 단계형의 유병률이 약 7%로 보고된다.

일주기리듬 수면–각성장애의 진단기준(DSM-5-TR)

A. 일차적으로 일주기 리듬의 변화 또는 내인성 일주기 리듬과 개인의 물리적 환경 또는 사회적 · 직업적 일정에 의해 요구되는 수면–각성 일정 사이의 조정 불량으로 인한 수면 교란이 지속되거나 반복되는 양상이 있다.
B. 수면 방해는 과도한 졸림 또는 불면 또는 2가지 모두 초래한다.
C. 수면 교란은 사회적, 직업적 또는 다른 중요한 기능 영역에서 임상적으로 현저한 고통이나 손상을 초래한다.

(6) 사건수면

핵심증상은 수면 중에 일어나는 비정상적인 행동과 경험이며 가장 흔한 사건수면은 NREM수면 각성장애와 REM수면 행동장애다. 사건수면에서 NREM수면 각성장애는 아동의 10~30%는 적어도 1회 수면보행 중 삽화를 경험하는데 이는 연령이 증가하면 감소한다. 하지불안 증후군은 여성의 유병률이 남성보다 2배 높으며 연령에 따라 증가한다. 하지불안 증후군은 수면 중 초반에 불완전하게 깨어나서 보행, 야경증 행동을 보이는데, 깨고 나면 수면 중 있었던 일을 기억하지 못하고 이로 인해 생활 전반에 심각한 고통을 겪거나 부적응적 증상들이 초래된다. 또한 자다가 일어나서 걸어 다니는 수면 보행증이 반복되어 집이 아닌 다른 곳에서 돌아다니는 경우가 있고 잠에서 깬 상태가 아니기 때문에 큰 사고로 이어질 가능성이 높다. 야경증의 경우 악몽을 기억하지 못한다는 점에서 악몽 장애와 차이가 있어 개인을 고통스럽게 만들고 타인에게 보여 주지 않기 위해 다른 사람들과 함께 자는 것을 꺼려 한다. 악몽 장애는 아동기부터 청소년기 동안 유병률이 증가하고, 여성의 경우 20~29세에 지속적으로 증가하며 여성이 남성에 비해 2배 높은 유병률을 보인다.

비급속안구운동수면 각성장애의 진단기준(DSM-5-TR)

A. 대개 주요 수면 삽화의 초기 1/3 동안에 발생하는 잠에서 불완전하게 깨는 반복적인 삽화가 있고, 다음 중 한 가지 이상이 동반된다.
   1. 수면보행증: 수면 동안 침대에서 일어나서 걸어 다니는 반복적인 삽화. 수면 중 보행 동안 개인은 무표정하게 응시하는 얼굴을 보이고, 대화하려는 다른 사람의 노력에 비교적 반응을 보이지 않음. 깨우기가 매우 어려움
   2. 야경증: 돌발적인 비명과 함께 시작되는, 수면 중 급작스럽게 잠이 깨는 반복적인 삽화. 각 삽화 동안 심한 공포와 동공산대, 빈맥, 빈호흡, 발한 같은 자율신경계 반응의 징후가 있고, 삽화 동안 안심시키려는 다른 사람의 노력에 잘 반응하지 않음
B. 꿈 이미지를 전혀 또는 거의(예: 단지 시각적 한 장면) 회상하지 못한다.
C. 삽화를 기억하지 못한다.
D. 삽화가 사회적, 직업적 또는 다른 중요한 기능 영역에서 임상적으로 현저한 고통이나 손상을 초래한다.
E. 장해가 물질(예: 남용약물, 치료약물)의 생리적 효과로 인한 것이 아니다.
F. 공존하는 정신질환과 의학적 상태가 수면보행증이나 야경증 삽화를 충분히 설명할 수 없다.

급속안구운동수면 행동장애의 진단기준(DSM-5-TR)

A. 발성 및 복합 운동 행동과 연관된 수면 중 각성의 반복적인 삽화
B. 이러한 행동들은 REM수면 중 발생하므로 보통 적어도 수면 개시 후 90분 이후에 발생하며, 수면 후반부에 한번 하고, 낮잠 중에는 드물게 발생한다.
C. 이러한 삽화로부터 깨어날 때, 개인은 완전히 깨어나고 명료하며, 혼돈되거나 지남력을 상실하지 않는다.
D. 다음 중 하나를 만족한다.
   1. 수면다원검사 기록상 무긴장증이 없는 REM수면
   2. REM수면 행동장애를 시사하는 과거력 및 확정된 시누클레인병증에 의한 신경퇴행성 질환의 진단
E. 이러한 행동들은 사회적, 직업적 또는 다른 중요한 기능 영역에서 임상적으로 현저한 고통이나 손상을 초래한다.
F. 장해는 물질(예: 남용약물, 치료약물)의 생리적 효과나 다른 의학적 상태로 인한 것이 아니다.
G. 공존하는 정신질환 및 의학적 상태가 이 삽화를 설명할 수 없다.

4) 수면–각성장애의 치료적 제언

수면은 환경과 밀접한 영향이 있으며, 수면의 리듬과 패턴이 깨지면 수면–각성장애로 발전할 수 있다. 수면장애의 다양한 치료적 접근 이전에 수면에 적합한 양질의 환경을 형성하는 것이 우선이다. 치료를 위해 가장 많이 사용되는 방법은 약물치료와 심리치료, 인지행동치료, 환경의 변화로, 대표적인 치료약물은 항우울제와 항불안제, REM수면 억제제, 벤조디아제핀이다.

숙면을 위하여 침실 환경을 변화시킬 때는, 위험한 물건을 치우고 산만하고 불안정한 침실 분위기를 안정적으로 바꿔야 한다. 때로는 침대보다 바닥에서 자는 것이 안정적인 경우도 있다. 심리치료는 심리사회적으로 유발된 특정 스트레스를 이겨 낼 수 있도록 대처 방법을 익히며 긴장이완훈련과 명상을 통해 안정적인 수면을 유지할 수 있도록 한다. 과다수면장애의 경우 다른 정신장애나 물질, 질병에 의해 유발되거나 심리적인 요인에 의해 유발될 수 있는데, 발병 원인에 따라 치료 방법이 달라지므로 구체적인 원인을 탐색한 후 개입하는 것이 중요하다. 기면증은 각성 수준을 높이기 위해 치료약물이 사용되며, 규칙적인 수면과 패턴화된 각성을 유지하도록 도와야 한다. 일주기리듬 수면–각성장애는 광 노출 치료를 통해 증상을 개선할 수 있다.

불면장애에 효과적이라고 알려진 증거기반치료는 수면제한–수면압박요법(Sleep Restriction–Sleep Compression Therapy)으로, 침대에서 보내는 시간을 줄이는 것을 목표로 수면을 강화하는 것이다(Miller et al., 2014). 또한 수면일지 작성을 통하여 실질적인 수면 시간과 질, 잠들기까지 소요된 시간을 파악하는 것이 중요하다. 수면 패턴을 모니터링하는 것은 수면 시 발생하는 문제와 해결 방법을 모색하는 것에 도움이 되기 때문이다.

미술치료에서 수면–각성장애를 가진 내담자를 만나는 경우, 내담자의 현재 수면 및 스트레스 환경에 대해 탐색하고 작품을 통해 수면과 관련한 인식과 스트레스에서 비롯된 감정을 표출할 기회를 제공해야 한다. 이를 위한 구체적인 기법은 수면 환경이나 꿈과 관련된 저널 작업이다. 저널을 통해 개인의 걱정과 불안을 다루고 현재의 감정을 인식할 수 있다. 이는 내담자의 주의 전환을 유도하고 스트레스 관리와 긍정적 정서를 경험하는 데 도움이 된다. 또한 둥근 형태의 만다라 작업은 불안 정서를 다루어 무의식을 탐색하는 효과적인 접근방식으로, 긴장을 이완시켜 안정적인 수면 패턴 회복을 돕는다.

12

파괴적, 충동조절, 그리고 품행 장애

Disruptive, Impulse Control, and Conduct Disorders

1) 파괴적, 충동조절, 그리고 품행 장애의 정의

현대 사회에서는 다양한 중독 현상을 포함하여 정서와 행동에서 충동을 조절하지 못해 발생하는 문제가 빈번하게 나타나고 있다. 여러 가지 심리 장애에서 정서와 행동 조절에 관련된 문제를 포함하고 있지만, 파괴적 충동조절, 그리고 품행 장애는 자신을 포함하여 타인에게 해를 가져다주는 행동에 대한 충동을 조절하는 데 있어 반복적으로 실패를 경험하는 장애를 말한다. 특히 다른 사람의 권리를 침해하거나, 사회적인 규준 또

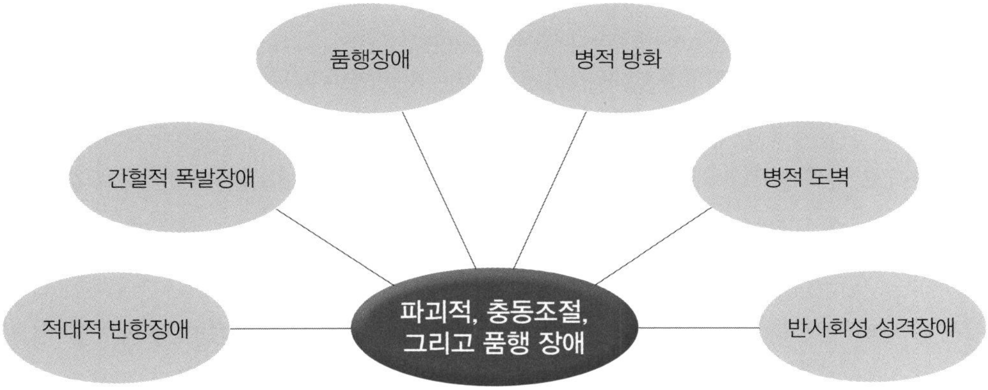

[그림 12-1] 파괴적, 충동조절, 그리고 품행 장애의 하위 장애

는 권위적인 사람과의 현저한 갈등을 보인다. 즉, 파괴적, 충동조절, 그리고 품행 장애는 자기통제와 충동조절의 실패로 인해 나타나는 다양한 정신장애를 다루고 있으며 다음과 같은 하위 장애를 포함하고 있다.

표 12-1 파괴적, 충동조절, 그리고 품행 장애의 하위 장애와 핵심증상

하위 장애	ICD-11	핵심증상
적대적 반항장애	6C90.Z	어른에 대한 적대적 · 논쟁적 · 거부적 · 반항적 행동
간헐적 폭발장애	6C73	충동조절의 어려움으로 파괴적 · 공격적 행동이 급성으로 발병함
품행장애	6C91.Z	타인의 권리를 침해하고 사회적 규범을 위반하는 등 무책임하고 난폭한 비행행동의 반복(신체적 공격, 기물 파괴, 절도, 가출, 심각한 규칙위반 등)
병적 방화	6C70	불을 지르고 싶은 충동을 통제하지 못해 반복적으로 방화 행동을 함
병적 도벽	6C71	타인의 물건을 훔치고 싶은 충동을 통제하지 못해 반복적으로 도둑질을 함
반사회성 성격장애	6D10.Z	사회적 규범 및 타인의 권리를 무시하는 행동을 지속적으로 나타내는 성격적 문제

2) 파괴적, 충동조절, 그리고 품행 장애의 이론 및 원인

(1) 적대적 반항장애 Oppositional Defiant Disorder

정서조절 문제(높은 정서 반응, 낮은 좌절 인내력)가 있거나 부주의, 과잉행동을 많이 보이며 부정적 정서반응이 높고, 독립성이 강한 것을 기질적 요인으로 볼 수 있다. 부모가 지배적이고 엄격하거나 비일관적 양육 방식을 가지고 있어 발생되는 부모-자녀 간 갈등이 환경적 요인이 된다. 생리적 요인으로 낮은 심박률과 피부 전도도, 전두엽 피질 및 편도체 이상 등 다양한 신경생물학적 관련성이 있다고 본다. 심리적 관점인 정신분석이론에서는 항문기적 문제(배변훈련 과정에서의 부모와 힘겨루기)가 적대적 반항 행동을 일으킨다고 보았고, 학습이론에서는 모방학습을 통해 반항적 행동이 학습되고 조작적 조건형성으로 강화될 수 있다고 보았다.

(2) 간헐적 폭발장애 Intermittent Explosive Disorder

스트레스에 대한 통제력이 낮아 사소한 자극에도 폭발적인 공격행동을 보이는 것을 기질적 요인으로 본다. 간헐적 폭발장애가 있는 부모의 자녀가 같은 장애를 유발할 확률이 높으며 쌍생아 연구에서도 충동적 공격성의 유전적 요인이 상당히 큰 것으로 밝혀졌다. 신경학적으로는 세로토닌의 비정상적인 결핍과 관련되어 있고, 소뇌 편도체의 이상으로 분노자극을 받았을 때 편도체의 반응이 보다 증폭되는 경향이 나타났으며 이를 생리적 요인으로 볼 수 있다. 폭력적인 부모 밑에서 성장한 경우나 생애 초기에 신체적 · 정신적 외상을 경험한 사람들의 발병 확률이 높아 이를 환경적 요인으로 볼 수 있다. 간헐적 폭발장애의 원인은 여러 가지 요인이 스트레스 환경과 맞물려 발생한다.

(3) 품행장애 Conduct Disorder

유아기부터 까다롭고 통제가 어려우며 요구사항이 많은 특성을 보이고, 조절능력의 결핍, 도덕적 경각심 부족, 평균보다 낮은 지능과 특히 언어성 지능이 떨어지는 것을 기질적 요인으로 본다. 폭력적, 강압적 또는 방임적인 부모의 양육 태도, 가정폭력, 결손 가정이나 부모의 알코올 사용장애 여부, 부모의 범죄력 등을 환경적 요인으로 본다. 유전적 요인으로 생물학적 부모나 형제자매에서 품행장애가 있는 경우 발병 위험이 증가하며 부모가 우울장애, 양극성장애, 조현병, ADHD 과거력이 있는 경우 발병이 흔하게 나타난다. 품행장애가 있는 사람들에게 정서의 조절과 처리에 관련된 뇌 영역, 특히 복측 전전두피질과 편도체를 포함하는 전두측두엽-변연계에서 구조적 · 기능적 차이를 보이는 것이 일관되게 나타나며 이를 생리적 요인으로 본다. 심리적 관점인 정신분석이론에서는 품행장애를 초자아의 장애로 보며, 이는 품행장애가 도덕적 발달과 양심의 결함에 의한 것으로 본다.

(4) 병적 방화 Pyromania

병적 방화는 만성적 좌절감, 평균보다 낮은 지능, 반사회성 성격특성이 기질적으로 관련 있다고 본다. 대부분 방화는 인간관계에서 복수심, 부모나 권위자로부터의 관심, 친구들과의 따돌림과 고립을 해결하기 위해 발현하는 경우가 많다. 대인관계가 좋지 않거나 고립될수록, 사회에 대한 반발심이나 좌절감이 클수록 방화 가능성이 높아진다. 병적 방화 환자의 대다수는 어린 시절 부모로부터 신체적 · 성적 학대를 경험하고 무시당했던 경우가 많으며 이를 환경적 요인으로 본다. 부모의 정신장애를 상당 부분 유전적 요인으로 보며 편집증이나 피해망상도 병적 방화와 관련이 되어있다. 지적장애, 알코올 중독, 성도착 환자들이 방화 행동을 자주 보이고 뇌의 기능적 결함으로 병적 방화가 나타날 가능성도 제기되고 있어 이를 유전 · 생리적 요인으로 볼 수 있다. 심리적 관점인 정신분석이론에서는 성적 욕구를 해소하기 위한 대체 수단으로 방화를 저지른다고 본다. 실제로 성도착증 환자가 방화 행동을 자주 보이며, 이는 불타는 것을 보면서 성적 흥분과 쾌감을 느끼기 때문이다.

(5) 병적 도벽 Kleptomania

충동성이 매우 높고 강박성을 보이며 감각추구적인 것을 기질적 요인으로 본다. 부모와의 갈등, 부모의 학대나 무시, 불행한 가족일 경우 출현 가능성이 높기 때문에 이를 환경적 요인으로 볼 수 있다. 정상 가정에서도 청소년들이 가정과 학교에서 부모의 관심을 끌기 위해 나타나기도 하며 참을 수 없는 분노 또는 죄책감의 해소를 위해 병적 도벽이 발병할 수 있으므로 가족 내 역기능을 잘 살펴보아야 한다. 친부모나 형제자매에게 병적 도벽이 있을 경우 강박장애 비율이 높으며, 친척에게 병적 도벽이 있는 경우 물질사용장애의 공존율이 높게 나타나지만 아직까지 명확한 유전적 요인은 밝혀지지 않았다. 뇌의 특정 부분의 손상이나 신경학적 기능 이상으로 충동조절과 행동억제 능력이 저하되어 병적 도벽이 나타날 수 있는데 이를 생리적 요인으로 본다. 심리적 관점인 정신분석이론에서는 아동기에 잃어버린 애정과 쾌락에 대한 대체물을 추구, 무의식적인 죄의식의 해소, 어린 시절 사랑하는 사람을 빼앗아 간 사람에 대한 복수로 발현된다고 보며, 억압된 성적 욕구를 분출하는 대체 수단으로 본다는 입장도 있다.

(6) 반사회성 성격장애 Antisocial Personality Disorder

물질관련 및 중독장애와 외현화된 품행장애의 스펙트럼과 밀접하게 연관되어 있기 때문에 성격장애뿐만 아니라 파괴적, 충동조절, 그리고 품행 장애에서 이중으로 부호된다 (자세한 내용은 성격장애에 기술한다).

3) 파괴적, 충동조절, 그리고 품행 장애의 임상적 특징

(1) 적대적 반항장애

분노 · 과민한 기분, 논쟁적 · 반항적 행동 또는 보복적 특성이 빈번하고 지속적이다. 이러한 행동이 한 가지 장소에서만 나타나면 경도, 2곳의 장소에서 나타나면 중등도, 3곳 이상의 장소에서 나타나면 중증도로 본다. 적대적 반항장애는 ADHD로부터 발달하거나 동반되는 경우가 많고 품행장애보다는 덜 심각한 유형으로 품행장애의 전조증상일 수 있으며, 이 장애와 동반될 시 품행장애 진단만 내린다. 또한 파괴적 기분조절분전장애와 증상이 비슷하고 동반이환율이 매우 높으나 만일 파괴적 기분조절부전장애의 기준을 충족할 경우 파괴적 기분조절부전장애만 진단된다. 청소년기 이전에는 남아의 비율이 높고 보통 취학 전 증상이 시작되며 청소년기 이후에 시작되는 경우는 드물다. 유병률은 1~11%의 범주이며 평균 유병률은 3.3%이다.

적대적 반항장애의 진단기준(DSM-5-TR)

A. 분노/과민 기분, 논쟁적/반항적 행동, 복수심 등이 최소 6개월 이상 지속되고 다음 중 적어도 4가지 이상 존재한다.

분노/과민한 기분

1. 자주 버럭 화를 냄
2. 자주 기분이 상하거나 쉽게 짜증을 냄
3. 자주 화내고 원망함

논쟁적/반항적 행동

4. 권위자와 잦은 논쟁(아동 · 청소년은 성인과 논쟁)
5. 자주 적극적으로 어른의 요구나 규칙을 무시하거나 거절함
6. 자주 고의로 타인을 귀찮게 함
7. 자주 자신의 실수나 잘못된 행동을 남의 탓으로 돌림

보복적 특성

8. 지난 6개월 안에 적어도 두 차례 악의에 차 있거나 앙심을 품음

※ 주의점: 5세 이하 아동의 경우에는 최소 6개월 동안 거의 매일 이런 행동이 나타나고, 5세 이후에는 6개월 동안 일주일에 최소 1회 이상 상기 행동이 나타난다.

※ 현재의 심각도를 명시할 것

경도: 증상이 한 가지 상황(집, 학교, 직장, 또래 집단)에서만 나타나는 경우

중등도: 증상이 적어도 2가지 상황에서 나타나는 경우

고도: 증상이 3가지 이상의 상황에서 나타나는 경우

(2) 간헐적 폭발장애

간헐적 폭발장애는 전조증상이 없이 급성으로 충동적인 공격적 행동 폭발이 일어난다. 행동 폭발은 대부분 30분 이하로 지속되며, 친밀한 관계인 사람에 의해 유발된 사소한 촉발 자극에 대한 반응으로 발생한다. 후기 아동기나 청소년기에 가장 흔하게 발병하고 드물게 40대 이후에 처음 나타나는 경우도 있다. 유병률은 미국의 1년 유병률이 2.6%, 평생 유병률은 4.0%으로 보고되며, 아프리카계 미국인과 카리브해 흑인 청소년, 특히 남성의 경우 1년 유병률이 3.9%와 6.69%로 높게 나타났다. 이는 이민자 카리브해 흑인 남성 등 사회적 이동의 감소, 인종 차별의 영향과 관련으로 볼 수 있다. 또한 50대 이상보다 35세 이하에서 흔하게 발생한다.

간헐적 폭발장애 진단기준(DSM-5-TR)

A. 공격적인 충동을 통제하지 못해서 반복적으로 행동 폭발을 보이며, 다음 중 한 가지를 특징적으로 보인다.
   1. 언어적 공격(분노발작, 장황한 비난, 언어적 논쟁이나 다툼)과 신체적 공격이 3개월 동안 평균 일주일에 2회 이상 발생함. 신체적 공격성은 재산 피해나 재산 파괴를 초래하지 않고 동물이나 사람에게 해를 입히지 않음
   2. 재산 파괴, 동물이나 사람에 대한 상해를 입히는 신체적 폭행을 포함하는 폭발적 행동을 12개월 이내에 3회 보임

B. 반복적인 행동 폭발 동안 표현되는 공격성의 정도가 정신사회적 스트레스 요인에 의해 폭발되거나 유발되는 정도를 심하게 넘어섰다.

C. 반복적인 공격적 행동폭발은 미리 계획된 것이 아니며(예: 충동적이거나 분노로 유발된 행동), 뚜렷한 목표(돈, 권력, 위협)를 얻기 위한 것이 아니다.
D. 반복적인 공격적 행동 폭발이 개인에게 현저한 직업적 또는 대인관계 기능에 손상을 주거나, 경제적, 법적 문제에 연루된다.
E. 생활 연령은 적어도 6세 이상이다(또는 6세에 상응하는 발달단계 수준).

(3) 품행장애

품행장애는 다른 사람의 기본 권리를 침해하고 연령에 적합한 사회적 규범을 위반하는, 지속적 · 반복적인 행동 양상을 보인다. 공격적인 행동, 재산 손실이나 재산 파괴를 일으키는 비공격적 행동, 사기 또는 절도, 심각한 규칙 위반 등 4가지 영역으로 구분하여 문제행동을 보인다. 10세 이전에 나타나면 아동기 발병형(childhood-onset type), 10세 이후에 나타나면 청소년기 발병형(adolescent-onset type)으로 구분되며 심각도는 경도, 중등도, 중증도로 구분된다. 미국의 평생 유병률은 남성 12.0%, 여성 7.1%인 것으로 나타났으며, 청소년기 발병 유형인 품행장애의 유병률은 심리사회적 스트레스 요인과 더 빈번하게 연관되어 있다고 보고된다.

품행장애의 진단기준(DSM-5-TR)

A. 다른 사람의 기본적 권리를 침해하고 연령에 적절한 사회적 규범 및 규칙을 위반하는 지속적이고 반복적인 행동 양상을 보이며, 지난 1년간 다음 진단기준 15가지 중 적어도 3개 이상에 해당되고, 지난 6개월 동안 적어도 한 개 이상의 기준에 해당된다.

사람과 동물에 대한 공격성

1. 자주 다른 사람을 괴롭히거나, 위협하거나, 협박함
2. 자주 신체적 싸움을 함
3. 다른 사람에게 심각한 신체적 손상을 줄 수 있는 무기를 사용함
4. 다른 사람에게 신체적으로 잔인하게 대함
5. 동물에게 신체적으로 잔인하게 대함
6. 피해자가 보는 앞에서 도둑질을 함(노상강도, 소매치기, 강탈, 무장강도)
7. 다른 사람에게 성적 활동을 강요함

재산 파괴

8. 심각한 손상을 입히려는 의도로 고의적으로 불을 지름
9. 다른 사람의 재산을 고의적으로 파괴함(방화로 인한 것은 제외)

사기 또는 절도

10. 다른 사람의 집, 건물 또는 자동차를 망가뜨림
11. 어떤 물건을 얻거나 환심을 사기 위해 또는 의무를 피하기 위해 거짓말을 자주 함
12. 피해자와 대면하지 않은 상황에서 귀중품을 훔침(부수거나 침입하지 않고 상점에서 물건 훔치기, 문서 위조)

심각한 규칙 위반

13. 부모의 제지에도 불구하고 13세 이전부터 밤늦게 들어오지 않음
14. 친부모나 대리 부모가 함께 사는 가정에서 2회 이상 가출, 또는 장기간 귀가하지 않은 가출이 1회 있음
15. 무단결석을 자주 함

B. 행동 장애가 사회적 · 학업적 · 직업적 기능 영역에서 임상적으로 현저한 손상을 초래한다.
C. 18세 이상일 경우, 반사회성 성격장애의 기준에 부합되지 않는다.

※ 다음 중 하나를 명시할 것

F91.1 아동기 발병 유형: 10세 이전에 품행장애의 특징적인 증상 중 적어도 1개 이상을 보이는 경우
F91.2 청소년기 발병 유형: 10세 이전에 품행장애의 특징적인 증상을 전혀 보이지 않은 경우
F91.9 명시되지 않는 발병: 품행장애의 진단기준에 충족되지만, 첫 증상을 10세 이전에 보였는지 또는 10세 이후에 보였는지에 대한 정보가 없어서 확실히 결정하기 어려운 경우

※ 다음의 경우 명시할 것

제한된 친사회적 정서: 12개월 이상 대인관계나 사회적 장면에서 적어도 2개 이상의 특징을 보여야 한다. 이러한 특성은 그 개인의 대인관계적, 정서적 기능의 전형적인 형태를 반영하며, 자기 보고뿐만 아니라 그 개인을 장기간 알고 있던 타인의 보고를 반드시 고려해야 한다.

후회나 죄책감 결여: 본인이 잘못을 저질러도 후회나 죄책감을 느끼지 않는다. 자신의 행동으로 인한 부정적인 결과에 대해 일반적으로 염려가 결여되어 있다.

냉담-공감의 결여: 다른 사람의 감정을 무시하거나 관심이 없다. 자신이 다른 사람에게 상당한 피해를 주는 경우에도, 자신이 타인에게 미치는 영향보다는 자기 자신에게 미치는 영향에 더 관심이 있다.

수행에 대한 무관심: 학교나 직장, 또는 다른 중요한 활동에서 자신이 저조한 수행을 보이는 것을 개의치 않는다. 충분히 예상 가능한 상황에서도, 필요한 노력을 기울이지 않으며, 자신의 저조한 수행을 다른 사람의 탓으로 돌린다.

피상적이거나 결여된 정서: 피상적이거나, 진실되지 않고, 깊이가 없는 정서를 제외하고는 다른 사람에게 자신의 기분이나 정서를 표현하지 않는다.

※ 현재의 심각도를 명시할 것
경도: 진단을 충족하더라도 품행 문제의 수가 적고, 다른 사람에게 가벼운 해를 끼치는 경우
중등도: 품행 문제의 정도가 '경도'와 '고도'의 중간에 해당되는 경우
고도: 진단을 충족시키는 품행 문제가 많거나, 또는 다른 사람에게 심각한 해를 끼치는 경우

(4) 병적 방화

병적 방화의 핵심증상은 불을 지르고자 하는 충동을 조절하지 못하여 수차례의 방화를 저지르는 것이다. 방화를 위한 충분한 사전 준비를 하며 방화로 인해 발생되는 인명 · 재산의 피해에는 관심이 없고 오히려 방화로 인한 결과물을 통해 만족감과 희열을 느낀다. 반사회성 성격장애, 물질사용장애, 도박장애와 동반이환이 흔하며 병적 방화만 주 진단으로 내려지는 경우는 극히 드물다. 병적 방화의 유병률에 대해서는 잘 알려진 바가 없으며 반복적인 방화로 체포된 이들 중 3.3%가 병적 방화 증상을 모두 충족한다.

병적 방화의 진단기준(DSM-5-TR)

A. 1회 이상의 고의적이고 목적 있는 방화가 존재한다.
B. 방화 전 긴장 또는 정서적 흥분이 나타난다.
C. 불과 연관된 상황적 맥락에 대해 매혹을 느끼거나 흥미, 호기심 또는 매력(방화용품, 그것의 사용, 방화 결과)을 가지고 있다.
D. 불을 지르거나 불이 난 것을 목격하거나 참여할 때 기쁨, 만족 또는 안도감이 나타난다.
E. 방화는 금전적 이득, 사회 · 정치적 이념의 표현, 범죄 행위 은폐, 분노나 복수심 표현, 생활환경 개선, 망상이나 환각에 대한 반응 또는 손상된 판단력의 결과(예: 치매, 지적장애, 물질중독)에 기인된 것이 아니다.
F. 방화는 품행장애, 조증 삽화 또는 반사회성 성격장애로 더 잘 설명되지 않는다.

(5) 병적 도벽

일반적인 도둑 행위는 계획적이며 경제적 가치와 필요성에 의해 동기유발이 되지만 병적 도벽은 개인적으로 쓸모가 없고 금전적 가치가 없음에도 불구하고 훔치려는 충동을 조절하지 못하여 반복적으로 나타난다. 병적 도벽이 있는 사람은 이러한 충동을 억제하고자 노력하며, 이런 행동이 비윤리적 · 비상식적인 사실을 스스로 잘 알고 있다. 충분히 돈을 지불할 경제적 능력이 있음에도 불구하고 훔치는 행동을 통제할 수 없는 특징이 있다. 여성 중 생리 기간에 우울감과 충동조절의 이상으로 병적 도벽이 나타나는 경우 이를 생리도벽이라고 한다. 병적 도벽은 도둑 행위로 인해 체포된 사람들 중 4~24%로 나타나며 일반적인 유병률은 약 0.3~0.6%로 매우 드물다. 남성보다 여성의 유병률이 1:3 정도로 더 높다.

병적 도벽의 진단기준(DSM-5-TR)

A. 개인적으로 물건이 쓸모가 없거나 금전적인 가치가 없는 물건을 훔치려는 충동을 통제하는 데 반복적으로 실패한다.
B. 훔치기 직전에 긴장감이 고조된다.
C. 훔쳤을 때의 기쁨, 만족감 또는 안도감이 있다.
D. 훔치는 행위는 분노나 복수를 표현하거나 망상이나 환각에 대한 반응이 아니다.
E. 훔치는 행위가 품행장애, 조증 삽화, 반사회성 성격장애로 더 잘 설명되지 않는다.

4) 파괴적, 충동조절, 그리고 품행 장애의 치료적 제언

충동을 조절하거나 자신을 통제하는 것에 어려움이 생기는 경우 자신과 타인의 권리를 침해할 수 있다. 이를 묵인하면 사회적으로 용인되기 어려운 수준으로 발전할 수 있으므로 조기에 개입하는 것이 중요하다.

파괴적, 충동조절, 그리고 품행 장애는 초등학교에 입학한 뒤 눈에 띄는 반항적 행동이 나타난다. 연령이 증가함에 따라 저항이 높아지고(Bernazzani et al., 2001; Deković & Stoltz, 2015) 다양한 동반이환 문제를 발생시키기 때문에 예방과 재발 방지에 특히 신경써야 한다. 치료기법 중 인지행동치료는 분노 관리와 표출, 공격성 대체 훈련, 적절한 욕구 충족과 좌절에 대한 인내심 향상 등 바람직한 사회 기술을 습득시키고 자기조절 능력을 향상시키는 것을 목표로 한다. 특히 위험에 처한 것으로 간주하는 아동의 파괴적 행동 문제를 줄이고(Lochman et al., 2011), 외현화 장애의 행동 문제에 효과적이다(Riise et al., 2021). 파괴적 행동 문제에 대한 치료적 접근은 개인의 삶의 질과 사회적 · 경제적 면에서도 매우 중요하다. 어린 시절의 충동적이고 타인의 권리를 침해하여 생기는 여러 상황은 성인기의 실업, 범죄 및 사망률과 밀접한 관련을 보이기 때문이다(Scott et al., 2017). 또한 부모와의 갈등, 학대나 무시, 불행한 가정에서 출현 빈도가 높아 가족치료와 부모 교육을 필요로 하며, 다른 장애와 동반이환되는 경우, 반드시 공존하는 장애를 함께 치료해야 한다. 필요시 약물치료를 병행하는 것이 충동적이고 공격적인 행동을 감소시킬 수 있고, 공존 장애의 치료에 도움이 된다.

미술치료 장면에서 파괴적, 충동조절, 그리고 품행 장애를 가진 내담자를 만나는 경우, 치료사는 내담자의 공격성과 충동성을 잘 다뤄야 하며, 치료 목표와 계획을 명확하게 하여 돌발 상황이 발생하지 않도록 각별히 주의를 기울여야 한다. 치료사는 내담자가 충동을 조절하지 못하여 발생하는 문제 상황에 대한 죄책감과 이로 인한 부정적 행동을 이해하고 수용하는 태도로 대하는 것이 중요하다. 또한 분노와 공격성을 안전한 방법으로 표출하고 해소할 수 있도록 하며 창작과정을 통해 긍정적인 방향으로 에너지를 승화시킬 수 있도록 도와야 한다. 구조화된 미술치료나 종이접기 같은 활동은 내담자가 자연스럽게 규칙이나 통제를 따르게 할 수 있다. 내담자가 스스로 규칙을 따르고 있음을 자각하지 못하는 경우 치료사가 직접 언급하여 칭찬하는 것으로 내담자의 행동을 강화할 수 있다.

13

신경인지장애

Neurocognitive Disorders

1) 신경인지장애의 정의

인지기능은 사람이 삶을 살아가는 데 중요한 역할을 하기 때문에 인지 결손이 발생하면 정상적인 삶을 영위하는 것이 힘들어진다. 신경인지장애는 뇌의 손상으로 인하여 발생하는 인지적 장애로, 인지기능이 손상되어 의식, 기억, 언어, 판단 등의 오류와 정신병적 장애가 나타난다. 뇌의 질환이 직접적 원인이 되는 일차적 정신장애와 다른 질환이 뇌를 공격해서 발생하는 이차적 정신장애로 나뉘며 인지기능의 후천적 손상이 일어난다. 치매는 DSM-IV에서 사용했던 단어로, 보통 노인들에게 상투적으로 사용하였으며 특정 진단명이 아닌 여러 임상 증상을 나타내는 표현으로 최근에는 치매라는 단어보다 각 원인에 따른 신경인지장애의 구체적 진단명을 언급하는 추세이다. 많은 사람이 치매와 알츠하이머병을 동일하게 생각하나 치매는 기억장애와 행동장애, 성격변화 등 증상을 나타내는 표현인 반면, 알츠하이머병은 치매의 증상을 포함하는 구체적 진단명이다. 즉, 신경인지장애는 후천적으로 일어나는 인지기능 손상 장애이며 다음과 같은 하위 장애를 포함한다.

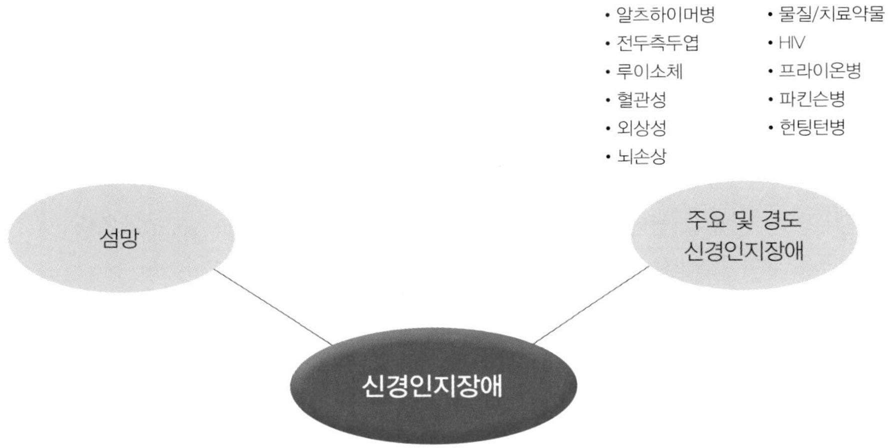

[그림 13-1] 신경인지장애의 하위 장애

표 13-1 신경인지장애의 하위 장애와 핵심증상

하위 장애	ICD-11	핵심증상
섬망	6D70	인지 변화를 동반하는 주의 혹은 의식의 장애임
주요 및 경도	6D71	인지 및 기능 손상의 한 스펙트럼에 존재함
알츠하이머병	6D80.Z	기억상실, 시공간적 · 논리 결핍적인 실어증, 집행 기능의 결손이 점진적으로 진행됨
전두측두엽	6D83	행동 및 언어 변형이 있으나 학습, 기억, 지각-운동 기능은 상대적으로 보존됨
루이소체	6D82	섬망과 유사한 증상이나, 적절한 기저 원인 발견이 어려움
혈관성	6D81	급성 단계적으로 인지기능이 황폐해짐
외상성 뇌손상	6D85.7	의식 상실, 기억상실, 지남력장애와 혼돈 중 적어도 하나를 포함, 인지기능이 손상됨
물질/치료약물	6D84.Y	중독이나 금단의 기간 이후에도 지속되는 신경인지 손상임
HIV	6D85.3	집행 기능의 손상, 처리속도 지연 등이 있으나 정보 회상은 가능함
프라이온병	6D85.5	비전형적 양상을 보이며 서서히 발병하고, 급격한 신경인지 결손이 진행됨
파킨슨병	6D85.0	병이 진행될수록 인지장애가 악화됨
헌팅턴병	6D85.1	점진적 인지 손상이 전형적인 운동증상보다 선행됨

(9) HIV 감염으로 인한 주요 또는 경도 신경인지장애
Major or Mild NCD Due to HIV Infection

HIV에 감염되어 발생하는 신경인지장애이며 주사 약물 사용, 안전하지 않은 성적 접촉, 오염된 혈액 공급 등을 통해 감염된 사람의 체액 노출이 환경적 요인으로 작용하여 발생한다. 이로 인해 면역체계가 무너져서 궁극적으로 에이즈와 관련된 신경인지장애를 유발한다. 생리적 요인으로는 중추신경계에서 HIV의 불충분한 조절, 약물 내성 바이러스 균주의 진화, 만성적이고 장기적인 전신 및 뇌 염증의 영향 그리고 동반이환 인자를 들 수 있다. 여기에는 노화, 약물 남용, 중추신경계 외상의 과거력, C형 간염 바이러스와 같은 동반 감염 등이 포함된다.

(10) 프라이온병으로 인한 주요 또는 경도 신경인지장애
Major or Mild NCD Due to Prion Disease

각막 이식과 인간 성장인자 주사에 의한 전염은 프라이온병으로 인한 주요 또는 경도 신경인지장애의 환경적 요인이다. 유전 · 생리적 요인으로 상염색체 우성 돌연변이가 해당 장애를 유발할 수 있다.

(11) 파킨슨병으로 인한 주요 또는 경도 신경인지장애
Major or Mild NCD Due to Parkinson's Disease

제초제와 살충제 노출로 인한 손상이 파킨슨병의 발병 원인을 환경적 요인으로 보는 입장이 있지만 정확하게 원인이 밝혀지진 않았다. 또한 생리적 요인으로 파킨슨병이 있는 사람에게는 노령에서 발생하고 긴 유병기간을 보이는 것이 특징이다.

(12) 헌팅턴병으로 인한 주요 또는 경도 신경인지장애
Major or Mild NCD Due to Huntington's Disease

4번 염색체의 헌팅턴 유전자에 변이가 있다. 여기에 존재하는 단일 상염색체의 우성 유전자가 유전되기 때문에 유전적 요인이 이 장애를 유발한다.

3) 신경인지장애의 임상적 특징

(1) 섬망

섬망은 주의를 집중하거나 유지·전환하는 능력이 감퇴하여 나타나는 주의집중장애와 환경이나 시간, 자신에 대한 지남력 감퇴가 나타나는 의식장애이다. 섬망 환자는 의식이 흐릿해지고, 급격한 현실감각에 혼란을 느끼며, 헛소리를 하거나 손발을 떠는 등의 증상을 나타낸다. 섬망이 있는 사람은 감정 장애를 보일 수 있으며 야간에 주로 발생되거나 자극 및 환경적 단서가 부족한 조건에서 잘 나타난다. 낮에는 괜찮았다가 밤에 증상이 심해지는 일몰증후군이 일어나는 경우가 많다. 유병률은 입원한 노인에게서 높게 나타나고, 노령화될수록 남성보다 여성의 발생 비율이 높아진다. 중환자실에 있는 노인에게서 70~87%가 발생하고, 사망이 임박할 때는 83%까지 발생한다. 섬망이 있는 대부분의 사람은 치료와 상관없이 완전히 회복하지만 기저의 원인이 치료되지 않은 채로 계속되면 사망으로까지 이어질 수 있다.

섬망의 진단기준(DSM-5-TR)

A. 환경에 대한 인식 감소를 동반한 주의의 장해(즉, 주의를 기울이고, 집중, 유지 및 전환하는 능력의 감소)

B. 장해는 단기간에 걸쳐 발생하고(대개 몇 시간이나 며칠), 기저 상태의 주의와 의식으로부터 변화를 보이며, 하루 경과 중 심각도가 변동하는 경향이 있다.

C. 부가적 인지 장해(예: 기억 결손, 지남력장애, 언어, 시공간 능력 또는 지각)

D. 진단기준 A와 C의 장해는 이미 존재하거나, 확진되었거나, 진행 중인 다른 신경인지장애로 더 잘 설명되지 않고, 혼수와 같이 각성 수준이 심하게 저하된 상황에서는 일어나지 않는다.

E. 병력, 신체검진 또는 검사 소견에서 장해가 다른 의학적 상태, 물질 중독이나 금단(즉, 남용약물 또는 치료약물로 인한) 또는 독소 노출로 인한 직접적·생리적 결과이거나, 또는 다중 병인 때문이라는 증거가 있다.

(2) 주요 및 경도 신경인지장애

주요 및 경도 신경인지장애는 한 개 이상의 인지 영역에서 후천적 인지 저하를 겪는 장애로, 인지와 기능 손상이 한 스펙트럼에 존재하고 있어 경계를 구분하기 어려운 특징을 보인다. 아동기와 청소년기에 발병하는 주요 및 경도 신경인지장애는 사회성과 지적 발달에 상당한 영향을 미친다. 또한 해당 장애로 인해 가족 및 사물의 이름을 말하지 못하는 실어증, 사물을 인지하거나 의미를 파악하는 것이 어려운 실인증, 어떤 일을 실행하는 능력에 장애가 나타나는 실행증, 과제수행에 필요한 기능들을 수행하지 못하는 실행기능의 장애가 발생하기도 한다. 유병률은 연령과 병인적 아형에 따라 매우 다양하며 60세 이상에서의 유병률은 연령에 따라 가파르게 증가한다. 노인에서의 유병률 추정은 65세에서 2~10%이며 85세에는 5~25%에 이른다. 성 및 젠더 관련 인자는 주요 및 경도 NCD의 발병률과 유병률, 병인, 임상 증상에 영향을 미칠 수 있다. 여성이 남성보다 주요 NCD를 더 많이 경험한다.

주요 신경인지장애의 진단기준(DSM-5-TR)

A. 1개 이상의 인지 영역(복합적 주의, 집행 기능, 학습과 기억, 언어, 지각-운동 또는 사회인지)에서 인지 저하가 이전의 수행 수준에 비해 현저하다는 증거는 다음에 근거한다.
   1. 환자, 환자를 잘 아는 정보제공자 또는 임상의가 현저한 인지기능저하를 걱정, 그리고
   2. 인지 수행의 현저한 손상이 가급적이면 표준화된 신경심리검사에 의해, 또는 그것이 없다면 다른 정량적 임상 평가에 의해 입증

B. 인지 결손은 일상 활동에서 독립성을 방해한다(즉, 최소한 계산서 지불이나 치료약물 관리와 같은 일상생활의 복잡한 도구적 활동에서 도움을 필요로 함).

C. 인지 결손은 오직 섬망이 있는 상황에서만 발생하는 것이 아니다.

D. 인지 결손은 다른 정신질환(예, 주요우울장애, 조현병)으로 더 잘 설명되지 않는다.

※ 병인에 따라 다음 중 하나를 명시할 것

※ 주의점: 나열된 각 아형에는 특정 진단기준과 해당하는 본문이 있으며, 이는 주요 및 경도 신경인지장애의 일반적 논의 후에 이어진다.

알츠하이머병
전두측두엽 변성
루이소체병
혈관 질환
외상성 뇌손상
물질/치료약물 사용
HIV 감염

프라이온병
파킨슨병
헌팅턴병
다른 의학적 상태
다중 병인
미상의 병인

경도 신경인지장애의 진단기준(DSM-5-TR)

A. 1개 이상의 인지 영역(복합적 주의, 집행 기능, 학습과 기억, 언어, 지각-운동 또는 사회인지)에서 인지 저하가 이전의 수행 수준에 비해 경미하게 있다는 증거는 다음에 근거한다.
   1. 환자, 환자를 잘 아는 정보제공자 또는 임상의가 경도 인지기능저하를 걱정, 그리고
   2. 인지 수행의 경미한 손상이 가급적이면 표준화된 신경심리검사에 의해, 또는 그것이 없다면 다른 정량적 임상 평가에 의해 입증

B. 인지 결손은 일상 활동에서 독립적 능력을 방해하지 않는다(예: 계산서 지불이나 치료약물 관리와 같은 일상생활의 복잡한 도구적 활동은 보존되지만 더 많은 노력, 보상 전략 및 조정이 필요할 수 있다).

C. 인지 결손은 오직 섬망이 있는 상황에서만 발생하는 것이 아니다.

D. 인지 결손은 다른 정신질환(예: 주요우울장애, 조현병)으로 더 잘 설명되지 않는다.

※ 병인에 따라 다음 중 하나를 명시할 것

※ 주의점: 나열된 각 아형에는 특정 진단기준과 해당하는 본문이 있으며, 이는 주요 및 경도 신경인지장애의 일반적 논의 후에 이어진다.

알츠하이머병
전두측두엽 변성
루이소체병
혈관 질환
외상성 뇌손상
물질/치료약물 사용
HIV 감염
프라이온병
파킨슨병
헌팅턴병
다른 의학적 상태
다중 병인
미상의 병인

(3) 알츠하이머병으로 인한 주요 또는 경도 신경인지장애

핵심증상은 기억상실이며 시공간을 무시하고 논리 결핍적인 실어증이 나타난다. 발병 초기에는 가벼운 건망증으로 시작하여 인지 및 행동 증상들이 점진적으로 진행되는 특징을 보이며 약 80%는 행동 및 정신 증상을 가지고 있다. 경도 단계에서는 우울증과 무감동이 자주 관찰되고, 중등도에는 정신병적 양상, 과민성, 초조, 호전성, 배회 등이 흔하며 질병의 말기에는 보행장애, 연하곤란, 실금, 간대성 근경련, 발작 등이 나타난다. 이 장애는 점진적으로 진행되지만 때로는 짧은 안정기를 가지다가 사망에 이르기도 한다. 증상은 주로 70대부터 시작하며 고령의 사람에게는 혼합성 병리와 동반되는 의학적 질환이 고령에서 기억상실을 정상으로 여기거나, 노인이 일상생활에서 인지적 요구를 직면할 기회가 적거나, 매우 낮은 교육 수준으로 인한 객관적 인지 평가가 어려운 문화 및 사회경제적 환경에서는 신경인지장애의 발견이 더욱 어려울 수 있다. 일부 유럽 연구에서 여성이 남성보다 발병률이 높았으며, 어떤 연구에서는 여성의 치매 증상이 더 빠르게 진행되는 것을 발견하였다. 그러나 언어적 기억력 검사에서 동일 연령대의 여성이 남성보다 더 잘 수행하므로 젠더 차이는 진단을 뒷받침하기 위해 사용된 검사의 절단점을 반영할 수 있다. 유병률은 연령의 증가에 따라 급증하며 소득 수준이 높은 국가에서는 60대에 5~10%에 이르고, 그 이후의 연령은 최소 25%까지 이른다.

알츠하이머병으로 인한 주요 또는 경도 신경인지장애 진단기준(DSM-5-TR)

A. 주요 또는 경도 신경인지장애의 기준을 충족한다.
B. 1개 이상의 인지 영역에서 손상이 서서히 시작하고 점진적으로 진행한다(주요 신경인지장애에서는 적어도 2개 영역에서 손상이 있어야 한다).
C. 진단기준이 다음과 같이 거의 확실한 또는 가능성 있는 알츠하이머병 둘 중 하나를 충족한다.

주요 신경인지장애의 경우:
거의 확실한 알츠하이머병은 다음 둘 중 어느 하나라도 있는 경우에 진단한다. 그렇지 않으면 가능성 있는 알츠하이머병으로 진단해야 한다.

1. 가족력이나 유전자 검사에서 알츠하이머병의 원인이 되는 유전적 돌연변이의 증거

2. 다음 3개가 모두 존재함
   a. 기억과 학습, 그리고 적어도 1개의 다른 인지 영역에서 저하의 명백한 증거(자세한 과거력이나 연속적 신경심리검사에 근거하여)
   b. 인지 저하는 장기간의 안정기가 없이 꾸준히 진행하고 점진적임
   c. 혼합성 병인의 증거가 없음(즉, 인지 저하의 원인이 될 만한 다른 신경퇴행성·뇌혈관 질환 또는 다른 신경학적·정신·전신 질환이나 상태가 없음)

경도 신경인지장애의 경우:
거의 확실한 알츠하이머병은 유전자 검사나 가족력에서 알츠하이머병의 원인이 되는 유전적 돌연변이의 증거가 있다면 진단한다. 가능성 있는 알츠하이머병은 유전자 검사나 가족력에서 알츠하이머병의 원인이 되는 유전적 돌연변이의 증거가 없고, 다음의 3개가 모두 존재한다면 진단한다.

1. 기억 및 학습 저하의 명백한 증거
2. 인지 저하는 장기간의 안정기가 없이 꾸준히 진행하고 점진적임
3. 혼합성 병인의 증거가 없음(즉, 인지 저하의 원인이 될 만한 다른 신경퇴행성·뇌혈관 질환 또는 다른 신경학적·전신 질환이나 상태가 없음)

D. 장해는 뇌혈관 질환, 다른 신경퇴행성 질환, 물질의 효과, 또는 다른 정신질환 및 신경학적 장애, 전신장애로 더 잘 설명되지 않는다.

(4) 전두측두엽 주요 또는 경도 신경인지장애

핵심증상은 탈억제, 무감동, 공감의 상실, 강박 행동 등의 행동 증상과 사회인지 및 집행 능력의 저하, 언어 손상이다. 이들은 개인적 돌봄이 어려워지고, 사회적으로 부적절한 행동을 하는 등의 사회성 결여를 보인다. 이들은 병식이 없는 경우가 많으며 발병 초기에는 인지 저하와 결손, 지각-운동 능력이 덜 손상되기 때문에 치료개입이 늦어질 수 있다. 발병 연령은 20대부터 80대까지 다양하지만 50대에서 흔히 나타난다. 이 질환은 점진적으로 진행하며 전형적 알츠하이머병보다 생존 기간이 더 짧고, 기능 저하가 더 빠르다. 유병률은 65세 이후에 약 20~25% 정도로 발생한다. 남성은 행동 변형과 의미적 언어 변형, 여성은 비유창성 언어 변형의 추정 유병률이 높다.

전두측두엽 주요 또는 경도 신경인지장애의 진단기준(DSM-5-TR)

A. 주요 또는 경도 신경인지장애의 기준을 충족한다.
B. 장해는 서서히 시작하고 점진적으로 진행한다.
C. (1) 또는 (2)를 충족한다.
  1. 행동 변형
    a. 다음 행동 증상들 중 3개 이상
      i. 행동 탈억제
      ii. 무감동 또는 무기력
      iii. 동정 또는 공감의 상실
      iv. 반복적 · 상동적 또는 강박적/의례적 행동
      v. 과탐식과 식이 변화
    b. 사회 인지 그리고/또는 집행 능력의 뚜렷한 저하
  2. 언어 변형
    a. 언어 생산, 단어 찾기, 물건 이름대기, 문법 또는 단어 이해에서 언어능력의 뚜렷한 저하
D. 학습, 기억 그리고 지각-운동 기능의 상대적 보존
E. 장애는 뇌혈관 질환, 다른 신경퇴행성 질환, 물질의 효과, 또는 다른 정신 · 신경학적 · 전신 질환으로 더 잘 설명되지 않는다.
  ※ 거의 확실한 전두측두엽 신경인지장애는 다음 둘 중 어느 하나라도 있는 경우에 진단한다. 그렇지 않으면 가능성 있는 전두측두엽 신경인지장애로 진단해야 한다.
  1. 가족력 또는 유전자 검사에서 전두측두엽 신경인지장애의 원인이 되는 유전적 돌연변이의 증거
  2. 뇌영상에서 전두엽, 그리고/또는 측두엽에 치우쳐 침범된 병변의 증거
  ※ 가능성 있는 전두측두엽 신경인지장애는 유전적 돌연변이의 증거가 없고 뇌영상이 수행되지 않았을 때 진단한다.

(5) 루이소체 주요 또는 경도 신경인지장애

핵심증상은 점진적 인지 손상과 복잡한 환시, 의식장애이다. 해당 장애를 지닌 사람은 반복적 낙상과 실신, 의식 소실 등을 겪으며 자율신경계의 기능 이상이 관찰될 수 있고, 비시각적 환각이 흔하다. 소수의 인구 집단 기반의 추정 유병률은 일반 노인 인구에서 0.1~5%, 모든 알츠하이머병 집단에서 1.7~30.5%이다. 남녀 비는 대략 1.5:1이다.

루이소체 주요 또는 경도 신경인지장애의 진단기준(DSM-5-TR)

A. 주요 또는 경도 신경인지장애의 기준을 충족한다.
B. 장애는 서서히 발병하고 점진적으로 진행한다.
C. 장애는 거의 확실한 또는 가능성 있는 루이소체 신경인지장애의 핵심적 진단 특징과 시사적 진단 특징의 조합을 충족한다.
※ 거의 확실한 루이소체 주요 또는 경도 신경인지장애의 경우, 2개의 핵심적 특징을 갖거나 한 개 이상의 핵심적 특징과 한 개의 시사적 특징을 갖는다.
※ 가능성 있는 루이소체 주요 또는 경도 신경인지장애의 경우, 단 한 개의 핵심적 특징을 갖거나 한 개 이상의 시사적 특징을 갖는다.
1. 핵심적 진단 특징
    a. 주의와 각성의 현저한 변화와 함께 변동하는 인지
    b. 잘 형성되고 상세한 환시의 반복
    c. 인지 저하가 발생한 이후에 발병하는 자발성 파킨슨증
2. 시사적 진단 특징
    a. REM수면 행동장애의 기준 충족
    b. 심각한 신경이완제 민감도

D. 장애는 뇌혈관 질환, 다른 신경퇴행성 질환, 물질의 효과, 또는 다른 정신·신경학적·전신 질환으로 더 잘 설명되지 않는다.

(6) 혈관성 주요 또는 경도 신경인지장애

핵심증상은 인지 결손의 시작과 뇌혈관 사건이 시간적으로 연관되며 복합적 주의와 전두엽 집행기능의 뚜렷한 저하이다. 이 장애를 가진 사람에게서는 다발경색증이 존재할 수 있고, 이로 인해 급격한 계단식이나 변동성의 인지 저하가 나타날 수 있다. 미국에서 65~70세 집단에서의 추정 유병률은 0.2%이며, 80세 이상은 16%에 이른다. 뇌졸중 이후 3개월 이내에 20~30%의 사람이 혈관성 치매를 진단받는다. 백인보다 아프리카계 미국인, 동아시아 국가에서 더 높은 유병률을 보이며 여성보다 남성의 유병률이 더 높다.

혈관성 주요 또는 경도 신경인지장애의 진단기준(DSM-5-TR)

A. 주요 또는 경도 신경인지장애의 기준을 충족한다.

B. 임상적 특징은 다음 중 어느 하나가 제시하는 바와 같이 혈관성 병인과 일치한다.

1. 인지 결손의 시작이 하나 이상의 뇌혈관 사건과 시간적으로 연관됨
2. 복합적 주의(처리 속도 포함)와 전두엽 집행 기능에서 저하의 증거가 뚜렷함

C. 병력, 신체검진, 그리고/또는 뇌영상에서 신경인지 결손을 설명하기에 충분하다고 여겨지는 뇌혈관 질환이 존재한다는 증거가 있다.

D. 증상들은 다른 뇌 질환이나 전신장애로 더 잘 설명되지 않는다.

※ 거의 확실한 혈관성 신경인지장애는 다음 중 하나가 존재하면 진단할 수 있다. 그렇지 않으면 가능성 있는 혈관성 신경인지장애로 진단해야 한다.

1. (뇌영상으로 지지되는) 뇌혈관 질환으로 인해 현저한 뇌 실질 손상이 있다는 뇌영상 증거가 임상적 기준을 지지함
2. 신경인지 증후군은 하나 이상의 분명한 뇌혈관 사건과 시간적으로 관련됨
3. 뇌혈관 질환의 임상적 및 유전적(예, 피질하경색과 백질뇌병증이 있는 상염색체 우성 뇌동맥병증) 증거가 2가지 모두 존재함

※ 가능성 있는 혈관성 신경인지장애는 임상적 기준을 충족하지만 뇌영상을 이용할 수 없고, 신경인지 증후군이 하나 이상의 뇌혈관 사건과 시간적으로 연관성이 확실하지 않으면 진단한다.

(7) 외상성 뇌손상으로 인한 주요 또는 경도 신경인지장애

핵심증상은 의식 상실, 외상 후 기억상실, 지남력 장애와 혼돈, 신경학적 징후 중 한 개 이상의 뇌손상을 보인다. 신경인지장애는 이러한 외상성 뇌손상 발생 직후 또는 손상 후 의식을 회복한 직후에 나타나고, 손상 후 급성기가 지나도 지속된다. 복합적 주의, 집행 능력, 학습 및 기억 영역에서 장애가 흔하게 나타나고, 정보처리 속도가 감소하기도 하며 사회인지에서도 장애가 나타난다. 더 심각한 외상성 뇌손상에서는 실어증, 무시 및 구성 실행 곤란 등의 신경인지 결손이 부가적으로 나타난다. 인구의 약 2%가 외상성 뇌손상과 관련된 장애를 가진다.

외상성 뇌손상으로 인한 주요 또는 경도 신경인지장애의 진단기준(DSM-5-TR)

A. 주요 또는 경도 신경인지장애의 기준을 충족한다.
B. 외상성 뇌손상의 증거가 있다. 즉, 두부에 대한 충격 또는 두개골 내에서 뇌를 급격히 움직이거나 전위시키는 다른 기전의 증거가 있고, 다음 중 한 개 이상이 있다.
  1. 의식 상실
  2. 외상 후 기억상실
  3. 지남력장애와 혼돈
  4. 신경학적 징후(예: 손상을 입증하는 뇌영상, 시야 결손, 후각상실증, 반신불완전마비, 반신감각 상실, 피질성 실명, 실어증, 실행증, 무기력, 균형 상실, 말초 신경이나 다른 원인으로 설명할 수 없는 기타 감각 상실)
C. 신경인지장애는 외상성 뇌손상 발생 직후 또는 의식 회복 직후 나타나며 손상 후 급성기가 지나서도 지속된다.

(8) 물질/치료약물로 유발된 주요 또는 경도 신경인지장애

핵심증상은 물질 및 치료약물에 따라 각각의 다른 영역에서의 주된 손상을 보인다는 것이다. 진정제, 수면제, 항불안제 등으로 인한 신경인지장애는 다른 인지기능보다도 기억에서 더 심한 장애를 겪고, 알코올로 유발된 신경인지장애는 집행기능과 기억 및 학습의 손상을 보인다. 메스암페타민 사용으로 인한 신경인지장애는 집행기능, 기억 및 학습의 장애와 더불어 또는 단독으로 국소적 쇠약, 일측성 운동 실조, 비대칭 반사 등을 보일

물질/치료약물로 유발된 주요 또는 경도 신경인지장애의 진단기준(DSM-5-TR)

A. 주요 또는 경도 신경인지장애의 기준을 충족한다.
B. 신경인지 손상은 단지 섬망의 경과 중에만 발생하는 것은 아니며, 중독과 급성 금단의 통상적 기간 이후에도 지속한다.
C. 관련 물질이나 치료약물 그리고 사용 기간과 정도가 신경인지 손상을 일으킬 수 있다.
D. 신경인지 결손의 시간적 경과는 물질이나 치료약물의 사용 및 중단의 시점과 일치한다(예: 결손은 일정 기간의 금단 이후에 안정적 상태로 유지되거나 개선을 보인다).
E. 신경인지장애는 다른 의학적 상태로 인한 것이 아니며, 다른 정신질환으로 더 잘 설명되지 않는다.

수 있다. 해당 장애의 유병률은 30~40%의 알코올 남용 환자들이 금주 이후 2개월 안에 경도의 주기적인 신경인지장애 증상을 보인다.

(9) HIV 감염으로 인한 주요 또는 경도 신경인지장애

HIV에 감염된 일부 사람에게서 신경인지장애가 나타나기도 하는데 핵심증상은 현저히 손상된 집행 기능, 처리 속도의 지연, 주의가 더 요구되는 과제의 어려움이다. 새로운 정보 습득에 어려움을 보이나 정보 회상은 가능하다. 또한 심각한 운동 실조, 운동 감속과 같이 뚜렷한 신경운동 특징을 보이고, 공격적이거나 부적절한 정동 혹은 무감동 같은 감정조절의 상실이 나타날 수도 있다. HIV 발병 과정은 뇌의 어느 부위에나 영향을 미칠 수 있어 다양한 양식으로 발현될 수 있다. HIV 감염으로 인한 신경인지장애는 해소 혹은 개선되거나, 점진적으로 악화되거나 변동하는 경과를 보인다. HIV에 감염된 사람의 약 25%가 경도 신경인지장애의 징후들과 증상들을 나타내며 5% 미만은 주요 신경인지장애의 기준을 충족한다.

HIV 감염으로 인한 주요 또는 경도 신경인지장애의 진단기준(DSM-5-TR)

A. 주요 또는 경도 신경인지장애의 기준을 충족한다.
B. 인간면역결핍바이러스(Human Immunodeficiency Virus: HIV) 감염이 입증되어야 한다.
C. 신경인지장애는 진행다초점백질뇌병증이나 크립토코쿠스수막염과 같은 이차적 뇌 질환을 포함한, HIV와 관련 없는 상태에 의해 더 잘 설명되지 않는다.
D. 신경인지장애는 다른 의학적 상태로 인한 것이 아니며, 정신질환으로 더 잘 설명되지 않는다.

(10) 프라이온병으로 인한 주요 또는 경도 신경인지장애

감염성 물질인 프라이온에 의해 야기되는 신경인지장애이다. 프라이온병의 초기 증상은 피로, 불안, 식욕, 수면 문제, 집중의 어려움을 포함하고, 수주 후에는 급속히 진행되는 치매와 운동 이상이 뒤따라 나타난다. 수개월에 걸쳐 주요 수준의 손상으로 매우 빠르게 진행된다. 가장 흔한 유형은 산발성 크로이츠펠트 야콥병이다. 핵심증상은 신경인지 결손, 실조, 간대성 근경련, 무도병 또는 근육긴장이상 같은 이상 운동이 나타나고 놀람 반사도 흔하다. 많은 사람이 비전형적 양상을 보이고, 생검 및 부검을 통해서만 장애가 확진된다. 이 장애는 어느 연령대에서나 발생할 수 있다. 유병률은 알려지지 않았으나 프라이온병의 유병률은 1년에 100만 명당 1~2명으로 추정된다.

프라이온병으로 인한 주요 또는 경도 신경인지장애의 진단기준(DSM-5-TR)

A. 주요 또는 경도 신경인지장애의 기준을 충족한다.
B. 서서히 발병하고, 손상의 급속한 진행이 흔하다.
C. 간대성 근경련이나 실조 같은 프라이온병의 운동 특징 또는 생체 표지자의 증거가 있다.
D. 신경인지장애는 다른 의학적 상태로 인한 것이 아니며, 정신질환으로 더 잘 설명되지 않는다.

(11) 파킨슨병으로 인한 주요 또는 경도 신경인지장애

핵심증상으로는 무감동, 우울, 불안, 환각, 망상, 성격 변화, REM수면 행동장애, 과도한 주간 졸림 등이 나타난다. 필수 특징은 확증된 파킨슨병 발병 이후에 인지 저하 및 결손이 점진적으로 나타난다. 파킨슨병으로 인한 신경인지장애는 문화와 관련된 진단적 쟁점이 추가되었는데, 괌 치매는 괌의 토착인구인 차모로인이면서 65세 이상인 사람 중 8.8%에서 발견되는 후기 발병 신경인지장애임이 밝혀졌다. 이는 소철류 씨앗으로 만들어지는 파당을 만들고 먹는 것과 관련이 있다. 유병률은 65~69세에 약 0.5%이고, 85세 이상에서는 약 3%로 증가한다. 파킨슨병의 발병 시기는 50~80대이고, 60대 초반에 가장 많이 나타난다. 남성이 여성보다 더 흔하다. 파킨슨병이 있는 사람의 75%는 주요 신경인지장애가 공존하고, 27%의 사람이 경도 신경인지장애가 발생한다.

파킨슨병으로 인한 주요 또는 경도 신경인지장애의 진단기준(DSM-5-TR)

A. 주요 또는 경도 신경인지장애의 기준을 충족한다.
B. 장애는 확증된 파킨슨병의 상태에서 발생한다.
C. 손상이 서서히 시작하고 점진적으로 진행한다.

정신분석이론에서는 부모와의 관계에서 애정이 결핍될 경우 기본적인 신뢰가 상실되어 반사회적 성격장애를 유발하는 것으로 간주한다. 행동주의이론에서는 반사회성 성격장애를 모방을 통하여 공격행동이나 반사회성 행동을 강화하는 것으로 설명한다. 또한 인지이론은 자기중심적이고, 타인의 관점을 수용하지 못하며 '내가 공격하지 않으면 타인이 나를 먼저 공격할 것이다.'와 같은 역기능적 신념을 해당 장애의 원인으로 본다.

② 경계성 성격장애 Borderline Personality Disorder

경계성 성격장애는 부모의 부적절한 돌봄과 거절 그리고 신체적 · 언어적 · 성적인 학대로 인한 환경적 요인에 의해 촉발될 수 있다. 유전적 요인으로 경계성 성격장애 환자의 일차 친족과, 물질사용 장애, 반사회성 성격장애, 우울 및 양극성 장애를 가진 환자의 가족에서 발병 위험성이 증가한다. 또한 경계성 성격장애의 생리적 요인으로 전전두엽의 낮은 활성화는 뇌 편도체의 과잉 반응 및 자기통제능력과 관련이 있다. 심리적 요인으로 정신분석이론은 경계성 성격장애를 오이디푸스 콤플렉스를 경험하는 남근기 이전의 부모와의 갈등에서 비롯되어 촉발하는 것으로 보았다. 인지이론은 '나는 힘이 없고 상처받기 쉬운 존재다.' '나는 원래부터 환영받지 못할 존재다.'와 같은 역기능적 사고를 통해 경계성 성격장애를 설명했다.

③ 연극성 성격장애 Histrionic Personality Disorder

기질적 요인으로 개인의 타고난 특질에 따라 연극성 성격장애가 촉발될 수 있으며, 사회가 규정한 여성성의 극대화가 강화되는 사회문화적인 요인을 환경적 요인으로 본다. 또한 심리적 관점인 정신분석이론은 연극성 성격장애가 어린 시절에 오이디푸스 갈등을 잘 극복하지 못하여 유혹적이고 과장된 감정 표현 양식을 습득하는 것으로 보았다. 인지이론은 연극성 성격장애가 지니는 '모든 사람으로부터 사랑받아야 한다.' '다른 사람의 관심과 애정만이 나를 행복하게 해 줄 수 있다.'와 같은 역기능적 원인으로 간주했다.

④ 자기애성 성격장애 Narcistic Personality Disorder

자신의 취약점을 인식하기 어렵고 타인의 평가나 피드백을 수용하지 않으려는 특징은 자기애성 성격장애의 기질적 요인이다. 자기중심적이고 물질만능주의를 지닌 젊은 세대를 중심으로 개인주의와 과도한 경쟁이 두드러지면서 자기애적 문제를 지닌 사람이 증가한다고 보는 사회문화적 요인은 환경적 요인이다. 심리적 요인으로 정신분석이론은 자기애성 성격장애를 어린 시절 냉담하고 거부적인 부모의 양육에서 비롯되는 것으로 보았다. 또한 자기심리학이론은 자기애성 성격장애를 유아기 때 과대한 자기상에 대한 좌절 혹은 이로 인한 자기애적 손상으로 병적인 자기애가 발생하는 것으로 보았다.

(3) C군 성격장애 Cluster C Personality Disorders

① 회피성 성격장애 Avoidant Personality Disorder

위험 지각에 대한 높은 민감성과 수줍음이 많고 억제적인 성격은 기질적 요인으로 보며 자율신경계와 변연계의 이상으로 교감신경계의 생리적 민감성이 과도한 것을 유전·생리적 요인으로 본다. 사회적으로 고립되어 있거나 이를 극복할 수 있도록 돕는 지지체계가 없는 것은 회피성 성격장애를 유발하는 환경적 요인으로 볼 수 있다. 또한 부모에게 거부적인 양육을 받은 경우와 타인에게 비웃음을 받거나 거절, 창피를 당한 경험은 자기비하와 소외감을 형성하게 되어 장애의 원인이 될 수 있다. 심리적 요인으로 정신분석이론은 수치심으로부터 오는 불쾌한 감정을 숨기기 위해 대인관계나 노출을 회피하게 되고 이후 성장과정에서의 관계 경험이 누적되어 병적 수치심으로 발전하며 부정적 자아상을 형성한다고 보았다. 아동기의 나쁜 경험이 자신에 대한 부정적 신념을 갖게 하며, 이는 타인의 반응을 왜곡하여 해석하게 한다. 이러한 상황을 회피하는 것이 회피성 성격장애의 인지적 요인이다.

② 강박성 성격장애 Obsessive Compulsive Personality Disorder

생물학적 취약성의 전수로 강박성 성격장애를 지닌 가족과 친척이 있는 경우 유병률이 높아지는 것을 유전적 요인으로 볼 수 있다. 지나치게 완벽주의적인 부모의 밑에서 과도한 책임감을 받고 자랐거나, 학대의 경험, 과잉 행동의 억제 등을 환경적 요인으로 본다. 심리적 요인으로 정신분석이론에서는 이 장애를 심리성적 단계에서 항문기에 관련된 경험으로 인해 발병되었다고 보았다. 항문기에 엄격한 배변훈련으로 인해 완벽주의, 자기통제, 시간엄수와 같은 강박적 성향에 영향을 줄 수 있으며, 완벽주의, 처벌지향적 부모에게 인정받지 못함으로 생기는 공포와 처벌의 두려움도 촉발 원인으로 보았다. 인지이론에서는 부정적 결과를 지나치게 과장하는 재난적 사고와 비합리적인 신념, 의미확대 및 의미축소 등 인지적 오류가 강박성 성격을 유지시킨다고 보았다. 또한 완벽주의, 경직된 성격, 지연행동 등은 흑백논리적 사고에서 기인한다고 보고 있다.

③ 의존성 성격장애 Dependent Personality Disorder

자신의 능력을 과소평가하며 자기회의적 · 비관적 성향을 지닌 것을 기질적 요인으로 본다. 의존성 성격장애 환자는 변연계가 예민하여 작은 스트레스에도 지나친 공포 및 긴장감을 느끼는데 이를 유전 · 생리적 요인으로 본다. 선천적으로 병약하거나, 만성적인 신체질환으로 인해 과잉보호를 유발하는 경우, 자율성이 박탈되는 경험과 더불어 부모에게 과하게 의존하여 심리적 발달을 저해시킬 수 있다. 부모와의 사별, 비정상적인 과잉보호, 방임 등은 자신을 신뢰하지 못하고 자기 효능감 발달의 저하를 가져오며 타인에게 의존하게 되는데 이를 환경적 요인으로 본다. 심리적 요인인 정신분석이론에서는 부모의 과잉보호로 인해 고착된 구강기의 해결되지 않은 갈등이 수동성, 독립에 대한 불안, 비관주의적 특성으로 나타나며 돌봄의 욕구를 불러일으킨다고 보았다. 인지이론에서는 의존하기 위해 철저히 무기력해야 한다는 잘못된 신념체계와 흑백논리적 사고로 인해 자신의 권리나 주장은 포기하고 타인에게 의존하게 되어 장애를 발현 · 유지시킨다고 보았다.

3) 성격장애의 임상적 특징

(1) A군 성격장애

① 편집성 성격장애

편집성 성격장애는 타인을 신뢰하지 못하고 강한 불신 및 의심과 적대적인 태도로 인하여 사회적 부적응을 초래하는 성격특성을 말한다. 초기 성인기에 시작되며 생활 전반에 걸쳐 나타나기 때문에 주변 사람들과 지속적인 갈등과 불화를 경험한다. 타인의 동기를 악의가 있는 것으로 해석하는 등의 광범위한 불신과 의심이 여러 상황에서 나타난다. 유병률은 일반 인구의 0.5~2.5%에서 나타나며 여성보다 남성에게서 더 흔하게 진단된다.

편집성 성격장애의 진단기준(DSM-5-TR)

A. 다른 사람의 동기를 악의가 있는 것으로 해석하는 등 다른 사람에 대한 만연된 불신과 의심이 있다. 이 패턴은 성인기 초기에 시작되며 다양한 맥락에서 나타나고, 다음 중 4가지(또는 그 이상)를 충족한다.
   1. 충분한 근거 없이, 다른 사람이 자신을 착취하고 해를 끼치고 속인다고 의심함
   2. 친구들이나 동료들의 충정이나 신뢰에 대한 근거 없는 의심에 사로잡혀 있음
   3. 어떠한 정보가 자신에게 나쁘게 이용될 것이라는 잘못된 두려움 때문에 다른 사람에게 비밀을 털어놓기를 꺼림
   4. 그리 악의 없는 말이나 사건에 대해 자신을 비하하거나 위협하려는 숨은 의미가 있는 것으로 해석함
   5. 지속적으로 원한을 품음(즉, 모욕, 상처 혹은 경멸을 용서하지 못함)
   6. 다른 사람에게는 명백하지 않은 자신의 성격이나 평판을 공격으로 인지하고 즉각 화를 내고 반격함
   7. 정당한 이유 없이 배우자나 성행위 파트너의 정조를 반복적으로 의심함

B. 조현병, 정신병적 양상을 동반한 양극성장애 또는 우울장애, 다른 정신병적 장애의 경과 동안에만 발생한 것이 아니고, 다른 의학적 상태의 생리적 효과로 인한 것이 아니다.

※ 주의점: 진단기준이 조현병의 발병에 앞서 만족했다면 '병전'을 추가해야 한다. 즉, '편집성 성격장애(병전)'.

② 조현성 성격장애

조현성 성격장애는 다른 사람과 친밀한 관계를 형성하는 것에 관심이 없으며 제한된 범위의 감정 표현이 사회적 상황의 전반에 걸쳐 나타난다. 혼자 있기를 원하며 타인과의 관계에서 만족이나 애정, 안락함 등의 의미 대신 공허함을 느낀다. 독신으로 지내거나 혼자 일할 수 있는 직업을 선택하는 경향이 있으며 가족과 극소수의 사람을 제외하고 친밀한 관계를 맺지 않는다. 조현성 성격장애는 아동기와 청소년기에 처음으로 관찰되며 성인기 초기에 두드러진다. 유병률은 일반 인구 1% 미만으로 남성에게서 약간 더 많이 나타나며 증상이 심각한 경향이 있었으나, 어떤 연구에서는 성별의 유병률 차이가 없다는 결과도 있다.

조현성 성격장애의 진단기준(DSM-5-TR)

A. 사회적 관계에서 고립되고 대인관계 환경에서 제한된 범위의 감정 표현이 만연된 패턴으로 나타나고, 이 패턴이 성인기 초기에 시작되며 다양한 맥락에서 나타나고, 다음 중 4가지(또는 그 이상)를 충족한다.

1. 가족의 일원이 되는 것을 포함해서 친밀한 관계를 바라지 않고 즐기지도 않음
2. 항상 혼자서 하는 행위를 선택함
3. 다른 사람과의 성적 경험에 대한 관심이 거의 없음
4. 거의 모든 분야에서 즐거움을 취하려 하지 않음
5. 일차 친족 이외에 친한 친구가 없음
6. 다른 사람의 칭찬이나 비난에 무관심함
7. 감정적 냉정, 냉담, 혹은 평평한 감정 성향을 보임

B. 조현병, 정신병적 양상을 동반한 양극성장애 또는 우울장애, 다른 정신병적 장애 혹은 자폐스펙트럼장애의 경과 동안에만 발생한 것이 아니고, 다른 의학적 상태의 생리적 효과로 인한 것이 아니다.

※ 주의점: 진단기준이 조현병의 발병에 앞서 만족했다면 '병전'을 추가해야 한다. 즉, '조현성 성격장애(병전)'.

③ 조현형 성격장애

조현형 성격장애는 타인과의 관계를 맺는 것에 큰 어려움이 있고, 기이한 생각이나 행동, 외모 등을 나타내기 때문에 사회적으로 심각하게 고립되어 있다. 특히 타인과의 친밀한 관계가 형성될 때 급격하게 불안하거나 우울한 감정을 경험하여 더 이상의 관계 발전을 중단한다. 경미한 사고의 장애도 있어 미신이나 유사 종교 등을 맹신하기도 하며, 관계망상이나 마술적 사고에 특히 강한 신념을 보인다. 편집증적인 사고와 위축된 감정 표현으로 인해 조현성 성격장애보다 더 열악한 대인관계와 사회적 기술의 결함을 보인다. 조현병 환자의 직계가족에게서 특히 유병률이 높게 나타나 조현형 성격장애와 조현병의 밀접한 유전적 관련성을 추정할 수 있다. 조현형 성격장애의 유병률은 미국에서 실시한 전국병존질환설문응답 제II부 부표본에서 추정한 바에 따르면 3.3%이다. 일반 인구에선 3.9%로 나타나며 남성에게서 조금 더 흔하다.

조현형 성격장애의 진단기준(DSM-5-TR)

A. 친밀한 관계를 극심하게 불편해하고 유지할 능력이 부족하며, 인지 및 지각의 왜곡과 행동의 기이성이 특징인 사회적 결함과 대인관계 결함이 만연된 패턴. 이는 성인기 초기에 시작되며 여러 맥락에서 나타나고, 다음 중 5가지(또는 그 이상)를 충족한다.

1. 관계사고(관계망상은 제외)
2. 행동에 영향을 미치고, 소문화권의 기준에도 맞지 않는 유별난 믿음이나 마술적인 사고(예: 미신, 천리안에 대한 믿음, 텔레파시, 아동과 청소년에서 '육감', 기이한 공상이나 몰두)
3. 신체적 착각을 포함한 일반적이지 않은 지각 경험
4. 이상한 사고와 언어(예: 모호하고, 우회적 · 은유적 · 과장적으로 수식된 또는 상동적인)
5. 의심 또는 편집적 사고
6. 부적절하고 제한된 정동
7. 이상하거나, 기이하거나, 독특한 행동이나 외모
8. 일차 친족 이외에 친한 친구나 측근이 없음
9. 익숙함으로도 줄어들지 않고 자신에 대한 부정적인 판단보다는 편집적 공포와 연관되는 경향이 있는 과도한 사회불안

B. 조현병, 정신병적 양상을 동반한 양극성장애 또는 우울장애, 다른 정신병적 장애 혹은 자폐스펙트럼장애의 경과 동안에만 발생하지 않음

※ 주의점: 진단기준이 조현병의 발병에 앞서 만족했다면 '병전'을 추가해야 한다. 즉, '조현형 성격장애(병전)'.

(2) B군 성격장애

① 반사회성 성격장애

반사회성 성격장애는 다른 사람의 권리를 무시하거나 침해하는 지속적인 행동양식을 보이며, 이는 아동기나 초기 성인기에 시작되어 지속된다. 해당 장애와 비슷하게 사용되는 개념은 사이코패스, 소시오패스, 비사회성 성격장애 등이 있다. 핵심증상은 거짓말과 조종이며, 주요한 행동적 특징으로는 사람과 동물에 대한 공격, 재산파괴, 사기 또는 절도, 중대한 규칙 위반이다. 반사회성 성격장애는 공감의 결여와 과장된 자기평가를 보이며, 자칫 매력적으로 비춰질 수 있으나 성적인 관계에서 무책임하고 착취적인 모습을 보인다. 반사회성 성격장애의 유병률은 0.2~3.3%이며 남성에게 더 많이 발병한다. 여성보다 남성에게 3배 정도 흔하며, 임상양상으로 남성은 성마름, 공격성 및 타인의 안전

무시로 나타날 수 있다. 만성적인 경과를 보이지만 나이가 들어감에 따라 40대 이후부터 증상이 완화되기도 하며 이때 물질 사용도 같이 감소하는 경향이 있다.

반사회성 성격장애의 진단기준(DSM-5-TR)

A. 다른 사람들의 권리를 무시하고 침해하는 만연된 패턴이 15세부터 시작되고, 다음 중 3가지(또는 그 이상)를 충족한다.
  1. 체포의 사유가 되는 행동을 반복하는 것으로 나타나는 법적 행위에 관련된 사회적 규범을 준수하지 않음
  2. 반복적인 거짓말, 가명 사용, 자신의 이익이나 쾌락을 위해 다른 사람을 속이는 것으로 나타나는 사기성
  3. 충동적이거나 미리 계획을 세우지 못함
  4. 반복되는 몸싸움이나 폭력으로 나타나는 성마름과 공격성
  5. 자신이나 다른 사람의 안전을 무시하는 무모성
  6. 반복적으로 일관된 업무 태도를 유지하지 못하고 재정적 의무를 준수하지 못하는 것으로 나타나는 지속되는 무책임성
  7. 다른 사람에게 상처를 입히거나, 학대하거나, 훔치는 것을 아무렇지도 않게 여기거나 이를 합리화하는 것으로 나타나는 반성의 결여

B. 최소 18세 이상이어야 한다.
C. 15세 이전에 품행장애가 시작된 증거가 있다.
D. 반사회적 행동은 조현병이나 양극성장애의 경과 동안에만 발생하지 않는다.

② 경계성 성격장애

경계성 성격장애는 대인관계, 자아상 및 정동 불안정성과 현저한 충동성이 나타난다. 이들은 실제 혹은 상상 속에서 버림받지 않기 위해 부단히 노력하며 환경적 상황에 민감하여 이별 혹은 거절, 외부체계의 상실이 다가올 것임을 감지하면 자아상, 정동, 인지, 행동에서 극심한 변화를 보인다. 주요 임상적 특징으로는 거절민감성이 높아 자살 행동이나 자살 제스처, 자해 행동을 보이지만 실제로 죽으려고 하기보다는 도움을 요청하는 것으로 이해할 수 있으며, 이러한 자기파괴적 행동을 통해 타인을 조종하기도 한다. 경계성 성격장애는 타인을 이상화하다가도 태도를 순식간에 바꾸어 평가절하한다. 자아상

이 급격하게 변화하기 때문에 장래 직업, 성적 정체감, 가치, 친구가 계속해서 바뀌며 의미 있는 관계, 돌봄, 지지에 대한 결핍을 느끼면 존재감을 느끼지 못한다. 우울증이 동반되는 경우가 많으며 충동성을 나타내기도 한다. 유병률은 정신과 외래 환자의 경우 10%, 입원 환자의 경우 20%로 나타나며 노인에서는 감소하는 것으로 보고된다. 성 및 젠더와 관련된 진단적 쟁점으로 여성보다 남성이 흔하나 유병률은 비슷한 것으로 나타나며, 이는 여성이 남성보다 더 높은 수준으로 도움을 요청하는 점이 고려될 수 있다. 해당 장애의 남성과 여성의 특성은 유사하며, 남성은 외현화 행동, 여성은 내재화 행동이 더 높은 것으로 보고된다. 해당 장애는 치료적 개입에 따른 호전을 나타낸다.

경계성 성격장애의 진단기준(DSM-5-TR)

대인관계, 자아상 및 감정의 불안정성과 현저한 충동성이 만연된 패턴으로 성인기 초기에 시작되며 다양한 맥락에서 나타나고, 다음 중 5가지(또는 그 이상)를 충족한다.

1. 실제 혹은 상상 속에서 버림받지 않기 위해 필사적으로 노력함

※ 주의점: 진단기준 5번에 있는 자살 행동이나 자해 행동은 포함되지 않음

2. 이상화와 평가 절하의 극단 사이를 오락가락하는 것을 특징으로 하는 불안정하고 열정적인 대인관계 패턴
3. 정체성 장해: 현저하게 지속되는 불안정한 자아상 또는 자기감
4. 자신이 손상될 가능성이 있는 최소한 2가지 이상 영역에서의 충동성(예: 소비, 성행위, 물질 남용, 난폭운전, 폭식)

※ 주의점: 진단기준 5번에 있는 자살 행동이나 자해 행동은 포함되지 않음

5. 반복적인 자살 행동, 자살 제스처, 자살 위협 혹은 자해 행동
6. 현저한 기분의 반응성으로 인한 감정의 불안정성(예: 격정적인 불쾌감 삽화, 성마름 또는 불안이 보통 수 시간 동안 지속되며 아주 드물게는 수일간 지속됨)
7. 만성적인 공허감
8. 부적절하고 격렬하게 화를 내거나 화를 조절하지 못함(예: 자주 성질을 부리거나, 늘 화를 내거나, 몸싸움을 반복함)
9. 일시적으로 스트레스와 관련된 편집성 사고 혹은 심각한 해리 증상들

③ 연극성 성격장애

연극성 성격장애는 감정적인 표현과 주의를 끄는 행동이 과도하게 나타나는 심리적인 질환이다. 이들은 자신이 주목받지 못하거나 인정받지 못하는 것을 불편하게 느끼며, 자신에게 관심이 모이도록 적극적이고 교태적인 행동으로 사람들을 매혹시키기도 한다. 이들은 외모와 행동을 통해 부적절한 성적 유혹과 도발을 보일 수 있으며, 사회적 · 직업적 · 전문적인 관계에서도 적절하지 않은 성적 도발이 나타날 수 있다. 연극성 성격장애의 특징으로는 감정표현이 가변적이고 피상적이며, 타인에게 쉽게 영향을 받는 경향이 있다. 또한 이들은 감정적인 친밀감을 공유하기 어렵기 때문에 인간관계에서 피해자가 되기 쉽고, 또 다른 측면에서 상대방을 감정적으로 조종, 통제하거나 의존하려는 모습도 보일 수 있다. 연극성 성격장애의 유병률은 보고된 바에 따르면 1.84%이며, 여성에서 더 많이 발병한다.

연극성 성격장애의 진단기준(DSM-5-TR)

과도하게 감정적이고 지나치게 주의를 끄는 만연된 패턴으로 이는 성인기 초기에 시작되며 여러 맥락에서 나타나고, 다음 중 5가지(또는 그 이상)를 충족한다.

1. 자신이 관심의 중심에 있지 않는 상황을 불편해함
2. 다른 사람들과의 상호작용은 종종 부적절한 성적 유혹이나 도발적인 행동으로 특징지어짐
3. 감정 표현이 피상적이고 빠르게 변함
4. 지속적으로 신체적 외모를 이용하여 자신에게 관심을 유도함
5. 지나치게 인상적이면서 세밀함이 결여된 언어 스타일
6. 자기극화, 연극성, 그리고 과장된 감정의 표현
7. 피암시적임(즉, 다른 사람이나 상황에 쉽게 영향을 받음)
8. 관계를 실제보다 더 가까운 것으로 간주함

④ 자기애성 성격장애

자기애성 성격장애는 과대성, 숭배요구, 감정이입의 부족이 광범위하게 나타난다. 자신을 지나치게 중요하게 여기기 때문에 자신의 능력을 과대평가하고 성취를 과장하여 잘난 척하거나 허세를 부릴 수 있다. 사회적으로 유명한 사람 중에서도 자기애성 성격장

애를 지닌 사람들이 많을 것으로 추정한다. 이들은 자기지각이 부풀려져 있으며 타인이 이를 인정하기를 바라고, 특권의식이 강하여 호의적인 대우를 받기를 원하며, 이를 받지 못하면 분노하거나 당황하는 모습을 보인다. 자기애성 성격장애를 지닌 사람은 공감능력이 결여되어 타인의 욕구와 느낌에 관심이 없고 의식적 · 무의식적으로 착취한다. 이들은 외적으로 드러나는 팽창된 자신감과는 달리 자존감이 빈약하여 비판이나 패배에 대해 매우 민감하다. 유병률은 일반 인구에서 1% 미만으로 추정하며 남성에게서 더 많이 나타난다.

자기애성 성격장애의 진단기준(DSM-5-TR)

과대성(공상 또는 행동에서), 감탄 요구, 공감 부족이 만연된 패턴으로 성인기 초기에 시작되며 여러 맥락에서 나타나고, 다음 중 5가지(또는 그 이상)를 충족한다.

1. 자기-중요성에 과대한 느낌을 가짐(예: 성취와 능력을 과장, 상응하는 성과 없이도 우수한 것으로 인식될 것을 기대)
2. 무한한 성공, 권력, 명석함, 아름다움 혹은 이상적인 사랑에 대한 환상에 몰두
3. 자신은 '특별'하고 특이해서 또 다른 특별하거나 높은 지위의 사람(또는 기관)만이 자신을 이해할 수 있고 또는 관련해야 한다는 믿음
4. 과도한 감탄을 요구함
5. 특권의식이 있음(즉, 특별히 호의적인 대우를 받기를, 자신의 기대에 대해 자동적으로 순응하기를 불합리하게 기대함)
6. 대인관계에서 착취적임(즉, 자신의 목적을 달성하기 위해서 타인을 이용함)
7. 공감의 결여: 타인의 느낌이나 요구를 인식하거나 확인하려 하지 않음
8. 다른 사람을 자주 부러워하거나 다른 사람이 자신을 시기하고 있다는 믿음
9. 오만하고 건방진 행동이나 태도

(3) C군 성격장애

① 회피성 성격장애

회피성 성격장애는 자신에 대한 타인의 부정적인 평가를 두려워하고 불안해하기 때문에 사회적 상황을 회피하여 여러 가지 부적응을 나타낸다. 이들은 사회적으로 늘 위축되

어 있으며 자신이 부적절한 존재라고 생각하고 타인의 반응에 예민하다. 이들은 낮은 자존감과 책임에 대한 압박, 타인의 평가에 과민하여 대인관계를 회피하거나 직업적 활동에서 어려움을 겪을 수 있다. 제한된 대인관계와 낯선 상황, 새로운 일에 대한 두려움으로 인해 상대적으로 고립되어 있고 늘 긴장하며 눈치를 살피는 것이 특징이다. 양극성장애, 우울장애, 불안장애, 특히 사회불안장애와 같은 다른 장애와 함께 진단되는 경우가 많으며 극소수의 타인과 매우 밀착되어 있고 의존적이기 때문에 의존적 성격장애와 함께 진단되는 경우가 많다. 또한 물질사용장애의 증가와도 관련 있으며, 간혹 조현성 성격장애로 진단되는 경향이 있다.

회피성 성격장애의 진단기준(DSM-5-TR)

사회적 억제, 부적절감, 부정적 평가에 대한 예민함이 만연된 패턴으로 성인기 초기에 시작되며 여러 맥락에서 나타나고, 다음 중 4가지(또는 그 이상)를 충족한다.

1. 비난, 거부, 거절에 대한 두려움 때문에 의미 있는 대인 접촉과 관련된 직업적 활동을 회피함
2. 확실한 호감이 가지 않는 한 사람들과 관계하는 것을 꺼림
3. 수치심을 느끼거나 조롱당할 것에 대한 두려움 때문에 친밀한 관계를 제한함
4. 사회적 상황에서 비난받거나 거절당하는 것에 대해 집착함
5. 부적절감으로 인해 새로운 대인관계 상황을 제한함
6. 자신을 사회적으로 서툴고, 개인적으로 매력적이지 않으며, 다른 사람들보다 열등하다고 바라봄
7. 당황스러움이 드러날까 염려하여 어떤 새로운 일에 관여하거나 개인적인 위험을 감수하는 것을 유별나게 꺼림

② 강박성 성격장애

핵심증상으로 융통성, 개방성, 효율성이 매우 부족하며 지나치게 완벽주의적 경향이 나타난다. 성취와 생산성에 과도하게 집착하거나 경제적 여유와 관계없이 돈에 매우 민감하고 인색하며, 감정표현을 억제하는 경향성이 강하여 자유롭게 감정 표현을 하는 사람과 함께 있는 것을 불편해한다. 이들은 지나치게 도덕, 윤리, 양심을 중요시하고 제멋대로 충동적인 행동을 보이는 사람을 혐오하거나 주변인에게 엄격한 원칙과 기준을 따르도록 강요한다. 넓게 보지 못하고 과도하게 세부 사항, 절차, 규칙, 일정에 집착하여 오

히려 비효율적이며 중요한 부분을 놓치게 되고 지나친 완벽 추구로 인해 시간 배분에 문제가 생겨 과제 완수에 어려움을 겪기도 한다. 가치 없는 물건을 나중을 위해 버리지 못하고 모아 두는 경향성이 있으며 극도의 신중함과 꼼꼼함으로 불편하게 살지만 자신보다는 주변인들이 매우 불편감을 느끼게 되며 갈등이 발생하는 경우가 많다. 강박적 성격장애는 강박장애와는 차이가 있으며 강박성 성격장애의 특성을 보이는 사람이 강박장애로 발전될 수 있다. 자신의 의지와 다르게 강박사고와 강박행동이 반복, 지속적으로 나타나는 강박장애와는 달리 강박성 성격장애는 자신의 의지대로 행동할 수 있지만 성격의 문제로 나타난다. 또한 우울장애, 양극성장애, 섭식장애와 상관이 있을 수 있으며 심근경색의 위험이 있는 환자들에게도 나타날 수 있다. 가장 흔한 성격장애 중 하나로 미국 전국병존질환설문응답 제II부 부표본에서 추정한 유병률은 2.4%, 알코올 관련 및 질환에 대한 전국역학조사에서 7.9%, 5개의 의학연구의 중앙값이 4.7%로 나타났으며, 대규모 집단 기반연구에 따라 성별에서는 남녀가 동등하게 발생된다고 보고한다.

강박성 성격장애의 진단기준(DSM-5-TR)

융통성, 개방성, 효율성을 희생하더라도 정돈, 완벽, 정신적 통제 및 대인관계의 통제에 몰두하는 만연된 패턴이 성인기 초기에 시작되며 여러 맥락에서 나타나고, 다음 중 4가지(또는 그 이상)를 충족한다.

1. 내용의 세부, 규칙, 목록, 순서, 조직 혹은 스케줄에 몰두하여 활동의 주요 요점을 놓침
2. 과제의 완수를 방해하는 완벽함(예: 자신의 지나치게 엄격한 기준을 충족하지 못해 프로젝트를 완수할 수 없음)
3. 여가 활동과 친구 교제를 마다하고 일과 성과에 지나치게 열중함(경제적으로 필요한 것이 명백히 아님)
4. 도덕, 윤리 또는 가치관에 대해 지나치게 양심적이고, 꼼꼼하며, 융통성이 없음(문화적 혹은 종교적 정체성으로 설명되지 않음)
5. 감상적 가치조차 없는데도 낡고 쓸모없는 물건을 버리지 못함
6. 자신의 일하는 방법에 정확하게 복종적이지 않으면 일을 위임하거나 함께 일하지 않으려 함
7. 자신과 다른 사람 모두에게 돈을 쓰는 데 인색함, 돈을 미래의 재난에 대비하는 것으로 인식함
8. 경직성과 고집스러움을 보임

③ 의존성 성격장애

핵심증상으로 다른 사람의 도움 없이는 스스로 독립적인 삶을 살지 못할 것이라는 두려움으로 타인에게 지나치게 의존하며 보호받으려는 행동이 나타난다. 중요한 타인과 분리되는 것에 대한 지속적인 불안을 경험하면서 과의존적 행동과 복종적인 태도를 유지하고 전적으로 의존 상대의 의사결정에 따른다. 이들은 낮은 자신감으로 자신의 능력을 과소평가하며 혼자서는 기능할 수 없고, 무능하고 나약하다는 자기인식을 가지고 있어 의존 상대가 없을 때 견디기 힘들어 하며 절망감과 우울, 불안 증세를 보인다. 착취적인 상대를 만나면 일방적으로 이용당하거나 반대로 의존행동으로 인해 상대를 곤란하게 만들고 결국 대인관계를 유지하기 어렵다. 책임을 져야 하는 상황을 회피하고 스스로 결정하는 것에 몹시 불안해하며 위험을 감수하는 일을 하지 않고 소극적이며 인간관계가 매우 제한적이고 협소하다. 의존성 성격장애는 경계성, 회피성, 연극성 성격장애와 동반이환 될 수 있으며, 우울장애, 적응장애, 불안장애의 위험이 증가할 수 있다. 아동기 또는 청소년기에 발병된 지속성 분리불안장애 또는 만성적 신체질환이 이 장애의 소인이 될 수 있다. 유병률은 미국 전국병존질환설문응답 제II부 부표본에서 0.6%로 추정하였

의존성 성격장애의 진단기준(DSM-5-TR)

만연된 지나친 돌봄을 받고자 하는 욕구가 복종, 매달림, 이별 공포를 초래하는데, 이는 성인기 초기에 시작되며 여러 맥락에서 나타나고, 다음 중 5가지(또는 그 이상)를 충족한다.

1. 다른 사람으로부터의 과도히 많은 충고나 확신 없이는 일상의 판단을 하는 데 어려움을 겪음
2. 자신의 생활 중 대부분의 주요 영역에서 다른 사람이 책임져 줄 것을 요구함
3. 지지와 인정을 잃는 것에 대한 공포 때문에 다른 사람과의 의견 불일치를 표현하는 데 어려움이 있음

※ 주의점: 보복에 대한 현실적인 공포는 포함하지 않음

4. 계획을 시작하기 어렵거나 스스로 일을 하기가 힘듦(동기나 에너지의 결핍이라기보다는 판단이나 능력에 있어 자신감의 결여 때문임)
5. 다른 사람의 돌봄과 지지를 지속하기 위해 불쾌한 일이라도 자원해서 함
6. 혼자서는 자신을 돌볼 수 없다는 심한 공포 때문에 혼자 있을 때 불편함과 절망감을 느낌
7. 하나의 친밀한 관계가 끝나면, 자신을 돌봐 주고 지지해 줄 근원으로 다른 관계를 시급히 찾음
8. 자신을 돌보기 위해 혼자 남는 데 대한 공포에 비현실적으로 집착함

고, 알코올 관련 및 질환에 대한 전국역학조사에서는 0.59%, 6개의 의학연구의 중앙값이 0.4%라고 보고되었다.

4) 성격장애의 치료적 제언

성격장애는 치료 동기가 낮고, 자의가 아닌 타의에 의해 의뢰되거나 다른 장애로 인하여 병원 내방 시 진단되기도 한다. 치료사와 두터운 신뢰관계 형성이 몹시 중요하며 인지치료, 인지행동치료, 사회기술훈련, 정신역동적 치료, 약물치료적 개입이 효과적이다. 각 군집별 치료적 제언은 다음과 같다.

A군 성격장애의 경우, 가벼운 편집성 성격장애 환자는 통찰력을 지니고 있어 정신역동치료나 통찰치료, 인지행동치료가 가능하다. 내적 갈등이나 타인에게 투사하는 자기혐오를 깨달을 수 있으며, 자신의 행동이 타인에게 미치는 영향에 대해서도 통찰할 수 있다. 부정적인 사고를 수정하는 과정 또한 가능하므로 치료사는 솔직하고 개방적인 자세로 신뢰감을 심어 줄 수 있도록 노력해야 한다. 초조하거나 불안함, 망상적 사고의 증상이 나타날 수 있으므로 약물치료를 병행하기도 한다. 조현성 성격장애의 치료목표는 적절한 감정 표현 및 사회적 고립에서 벗어나 사회적 상황에 효과적으로 적응할 수 있도록 돕는 것이다. 치료사는 내담자와 관계 형성을 통해 치료적 동기 유발 및 동맹관계를 유지해야 한다. 항정신병제, 항우울제, 중추신경자극제 등의 약물치료가 병행될 수 있다. 조현형 성격장애는 항정신병제 등의 약물치료가 효과적이라는 연구(Ripoll et al., 2011)와 인지행동치료, 사회기술훈련(Social skills training)을 통해 적응 상태가 개선된다는 보고가 있으나 제한적이며 경험적 연구 결과가 매우 드물다.

B군 성격장애의 반사회성 성격장애는 약물치료가 해당 장애군의 우울과 불안, 분노에 도움이 될 수 있으나, 지속적인 복용의 어려움이 있는 것으로 나타난다. 이를 위해 주변인의 도움을 통한 꾸준한 치료 방문 및 약물치료를 실시한 후 상황에 따라 인지행동치료를 함께 진행하는 것이 적합할 수 있다. 경계성 성격장애에 효과적인 증거기반치료는 변증법적 행동치료, 정신화기반치료, 전이중심심리치료가 있으며(Choi-Kain et al., 2016), 이중 변증법적 행동치료와 약물치료의 병합이 가장 효과적이다. 약물치료의 경우 삼환계 항우울제와 항조증 약물, 항불안제, 항정신병 약물이 사용된다. 연극성 성격장애는

증상에 따른 약물치료와 더불어 역기능적 신념을 바꾸고 감정의 명료화 과정을 경험하는 인지치료가 도움이 될 수 있다. 또한 자기애성 성격장애는 근본적인 취약성과 방어를 인식하여 통찰 및 직면할 수 있도록 인지치료를 시행하는 것이 효과적이다.

C군 성격장애에서 회피성 성격장애는 내재한 수치심의 원인을 살펴보고 과거의 경험과 관련성을 찾아 갈등을 해소하도록 도와야 한다. 사회적응훈련을 통해 부정적 신념과 역기능적 사고를 변화시키고 사회기술과 대인관계 기술을 연습시키며 사회적 상황에 점진적으로 노출을 시도하는 것이 효과적이다. 강박성 성격장애는 지나치게 엄격한 초자아를 수정하고 자신은 완벽해야 한다는 비현실적인 기대와 사고를 현실적이고 합리적인 사고방식으로 바꿀 수 있도록 도와야 한다. 완벽하지 않음을 인식하게 하고 유연하고 현실적인 신념으로 대체 가능하게 하며, 비현실적 인지가 환자의 행동이나 감정을 지배하지 못하도록 한다. 의존성 성격장애의 치료는 환자가 독립적인 삶을 살 수 있도록 돕는 것에 있으며 독립에 대한 불안과 직면시켜 의존적 욕구를 감소시키도록 한다. 자기주장 훈련, 문제해결 능력, 사회기술 재훈련 등 인지행동치료가 독립성을 증가시키고 자기효능감을 회복시키는 데 도움 될 수 있다.

미술치료에서 성격장애를 가진 내담자를 만나는 경우, 충분한 신뢰관계 형성을 기반으로 미술 매체나 기법을 통한 접근이 필요하다. A군 성격장애는 미술 매체를 통하여 자신의 감정이나 상황을 이미지로 표현하도록 도울 수 있으나, 주관적 정서에 초점을 맞추기보다는 객관적 사실에 근거하여 자신의 사고를 평가하도록 해야 한다. 이때 기이한 사고방식으로 인하여 치료목표에서 벗어나지 않도록 주의해야 한다. 따라서 구조화된 치료회기를 바탕으로 체계적인 접근이 필요하다. B군 성격장애는 자신에 대한 통찰이 어렵기 때문에, 사용하는 매체나 표현하는 이미지에 대한 섣부른 해석과 직면을 지양해야 한다. 초기에 치료사와의 긍정적인 상호작용을 경험하고 주제와 매체를 통해 흥미를 유발하는 과정은 방어를 완화시킬 수 있다. 정신화기반치료를 접목하여 미술치료적 개입을 진행한다면, 자신과 타인의 정신상태나 개인의 경험적 의미를 성찰할 수 있도록 작품과 내담자, 치료사의 삼각관계를 탐색하는 과정이 효과적일 수 있다. 또한 작품 활동을 통해 감정을 조절하고, 완성된 작품에 대해 함께 이야기 나누며 자기구조화 기술을 향상할 수 있다. 이는 적대감이나 분노, 자기 파괴적인 행동의 감소와 대인관계 및 사회적응 능력을 개선하는 데 도움이 된다(Bateman et al., 2016). 따라서 B군 성격장애는 자신과 타인을 이해하는 능력을 키우고 작품의 변화를 통해 왜곡된 인지를 수정하는 것을 목표로 구조화된 미술치료 경험이 필요하다. C군 성격장애는 위축되고 경직된 사고와 불안, 두려움의 특성으로 인하여 미술치료 과정에서 좌절감을 경험할 가능성이 높다. 이 같은 특성을 고려할 때 치료사는 적절한 촉진과 통제의 능력을 갖추어야 한다. 치료과정과 완성된 작품을 통해 내담자가 스스로를 이해하고 통찰하기 위해서 치료회기에 대한 매체 선택의 각별한 주의가 필요하며, 치료실에서 안정감을 경험할 수 있도록 도모해야 한다.

PART 02

미술심리평가의 이해

『DSM-5-TR 기반 최신 미술심리진단 및 평가』는 미술심리평가의 이해와 적용에 초점을 맞춘 책으로, 심리평가에서 중요한 심리검사인 그림검사에 대해 자세히 다루고 있다. 또한 이 장에서는 신뢰성이 높고 임상에서 유용하게 사용되는 16종의 검사를 선별하여 소개한다.

먼저, 심리평가는 한 사람의 심리적 특성을 이해하기 위한 전문적 과정으로 심리검사, 면담, 행동 관찰로 구성되며 정신병리에 대한 전문적 지식이 요구된다. 심리검사는 심리적 문제나 현상의 개인차를 비교하고 수검자의 전체적 · 인격적 · 행동적 · 정서적 측면을 이해하기 위한 심리학적 측정과정으로 도구의 구조화 여부에 따라 크게 객관적 검사(objective test)와 투사적 검사(projective test)로 나누어 볼 수 있다. 객관적 검사는 과제가 구조화되어 있고 채점과정 표준화와 해석의 규준이 제시되어 있는 검사이다. 대표적인 검사를 살펴보면, 지능검사로는 Wechsler 지능검사, 성격검사로는 MMPI, MBTI가 있고 흥미검사로는 직업흥미검사, 학습흥미검사, 적성검사 등이 있다. 한편, 투사적 검사는 모호한 검사 자극에 대한 개인의 반응을 분석하여 성격 특징, 심리적 부적응, 정신병리 등을 측정하는 검사로, 개인의 독특성을 이끌어 내려는 목적을 지니고 있으며, 객관적 검사와 달리 개인의 내면세계를 파악하는 데 초점을 맞춘다. 대표적인 검사를 살펴보면 로르샤흐 검사, 집-나무-사람 그림검사(HTP), 동적 가족화 그림검사(KFD), 주제 통각 검사(TAT), 문장 완성 검사(SCT) 등이 있다.

임상현장에서는 다양한 객관적 검사와 투사적 검사를 포함한 풀 배터리 검사(Full Battery Assessments)를 주로 사용하며, 그중 HTP, KFD, TAT 등의 그림검사는 심리평가의 투사적 검사 도구로서 중요한 역할을 담당하고 있다. 미술치료에서는 수검자의 심리 증상과 문제의 심각도, 인지능력, 지적 기능 수준, 성격 구조와 특성, 대인관계 능력 등의 내면세계를 다각도로 평가하기 위해 그림검사를 여러 개 실시하고 종합적 해석을 하는 '종합 미술심리평가보고서'를 활용한다. '미술심리평가보고서'는 질적 그림검사와 질적 · 양적 혼합형 그림검사로 구성된다. 질적 그림검사는 그려진 그림과 PDI를 통해 얻은 정보를 통합하여 수검자의 인지적 · 정서적 · 대인지각적 측면 등을 이해하고 질적으로 분석하지만, 양화된 점수체계는 없다. 반면, 질적 · 양적 혼합형 그림검사에는 양화된 점수체계가 적용되어 신뢰도와 타당도를 갖춘 검사들이 있으며, 특정 항목에 따라 점수를 부여하는 검사들을 포함한다. 이러한 형태의 검사 중 특히 EBDT는 양화된 점수체계와 더불어 점수 프로파일을 제시한다.

『DSM-5-TR 기반 최신 미술심리진단 및 평가』에서는 현재 많이 사용되는 그림검사를 선별하여, 질적 그림검사, 질적 · 양적 혼합형 그림검사로 나누어 제시하고 있다. 이를 통해 각 장애군에 대한 예시 그림 사례와 해당 검사의 해석 및 채점 방법이 다루어져 있어 독자들은 실제 그림검사를 수행하고 결과를 해석하는 데 필요한 지침과 예시를 참

구분	그림검사 명칭	개발자
질적 그림검사	집-나무-사람 그림검사 HTP (House-Tree-Person)	Buck
	동적 집-나무-사람 그림검사 KHTP (Kinetic House-Tree-Person)	Burns
	동적 가족화 그림검사 KFD (Kinetic Family Drawing)	Burns & Kaufman
	물고기 가족화 FFD (Fishes Family Drawing)	미상
	새 둥지화 BND (Bird's Nest Drawing)	Kaiser
	믿음 미술치료 평가법 BATA (Belief Art Therapy Assessment)	Horovitz
	진단적 그림 시리즈 DDS (Diagnostic Drawing Series)	Cohen
	길 그림검사 RD (Road Drawing)	Hanes
	다리 그림검사 BD (Bridge Drawing)	Hays & Lyons
	풍경구성법 LMT (Landscape Montage Technique)	나카이 히사오 (中井久夫)
	얼굴 자극 평가법 FSA (Face Stimulus Assessment)	Betts
질적 · 양적 혼합형 그림검사	정서행동문제 그림검사 EBDT (Emotional & Behavior Drawing Test)-프로파일 생성	임나영
	이야기 그림검사 DAS (Draw A Story)	Silver
	실버그림검사 SDT (Silver Drawing Test)	Silver
	사과나무에서 사과 따는 사람 그림검사 PPAT (Person Picking an Apple from a Tree)	Gantt & Tabone
	빗속의 사람 그림검사 PITR (Person In The Rain)	Abrams/Amchin

고할 수 있다. 또한 책에서는 미술심리평가를 신뢰성 있고 올바르게 실시할 수 있도록 '종합 미술심리평가보고서' 예시를 통해 통합적 심리분석과정을 자세히 설명하고 있으며, 미술심리평가의 윤리적인 고려사항과 안전성에 대한 가이드라인을 다루고 있다. 이 책은 미술심리평가에 관심이 있는 미술치료사, 심리학 전공자, 심리치료사, 상담사 등 다양한 상담 관련 분야 전문가들에 의해 활용될 수 있으며, 이 책이 개인의 심리적 특성을 더 깊이 이해하고, 이를 기반으로 내담자의 발달과 성장을 도모하는 데 도움이 되기를 바란다.

1. 미술심리평가의 정의

미술심리평가는 그림이나 미술을 매체로 사람의 심리적 특성을 이해하는 전문적 과정이다. 그림검사, 면담, 행동 관찰로 구성되며 정신병리와 그림검사에 대한 전문적 지식이 요구된다. 그림검사는 사람을 이해하는 데 사용되는 여러 심리검사 중 하나로, 그림을 통해 개인의 내면적인 상태, 성격특징, 감정, 정서 등을 이해하고 분석하는 중요한 심리검사이다. 또한 '투사적 그림검사'는 다소 모호한 시각 혹은 언어 자극을 제시하고 수검자가 자극을 재구성하도록 하며, 그 과정에서 무의식적으로 드러나는 욕구나 감정을 수검자 성격의 일부로서 분석 및 해석하는 것이다.

그림검사는 현실적인 면에서 다른 어떤 검사도구보다 간편하고 경제적이다. 또한 비언어적 기법으로서 아동, 교육 수준이나 지능이 낮은 사람, 문화적 결핍이 있는 사람에게 언어적 진술보다 편안하게 다가갈 수 있는 매체이다. 수검자는 다른 상황보다 이완된 상태로 임하기 때문에 금기적 주제나 정신적 외상의 주제들을 다룰 수 있다. 그림으로 나타난 표현은 그린 사람의 개인적인 진술이며, 그 안에 의식적 · 무의식적 내용을 지니고 있다. 이러한 그림은 내담자가 가장 쉽고 단순하게 표현할 수 있는 방법이지만, 그 내용은 심층적으로 풍부하게 담겨진다. 따라서 그림은 치료사가 내담자를 깊이 있게 이해하고, 내담자는 자신의 마음을 여는 촉매제 역할을 한다. 또한 언어만으로는 탐색하기 어려웠던 부분을, 그림을 통해 보다 심층적으로 탐색할 수 있는 가능성을 열어 주는 매개체로서의 기능을 한다.

사람의 내면세계는 외부에서 직접 관찰하기 어렵기 때문에 그림을 통해 무의식을 관찰할 수 있다는 점에서 그림검사의 가치가 크다고 할 수 있다. 그림에서는 개인의 무의식적 측면, 억압된 감정과 생각들이 시각적인 형태로 표현된다. 이를 통해 치료자는 정서상태와 자아강도, 대인관계, 내담자의 기능적 수준 등을 파악하고 치료의 목표를 설정하며, 변화를 관찰할 수 있다. 이러한 검사는 양적 · 질적 접근방식을 통해 개인의 내면세계를 이해하는 데 활용되며, 심리학, 상담학, 교육, 미술치료 등 다양한 분야에서 사용된다. 오랜 역사에 걸쳐 그림검사는 심리적 평가와 치료에 있어 핵심적인 도구로 인정받아 왔으며, 신뢰도와 타당도를 높이기 위한 연구와 노력이 이루어지고 있다.

2. 미술심리평가의 원칙

1) 그림의 전체적 분위기와 느낌을 파악해야 한다

그림검사를 해석할 때 우선적으로 해야 할 것은 그림의 전체적인 분위기와 느낌을 파악하는 것이다. 검사자는 각 요소를 하나씩 세부적으로 파악하는 협소한 관점으로 해석을 시작하기보다는, 그림의 전체적인 인상을 기반으로 살펴보는 태도를 지녀야 한다.

2) 일대일 해석 방식은 지양한다

그림에 나타난 특징 하나만으로는 단일한 해석을 할 수 없다. 여러 가지 해석이 가능하기 때문에, 최종적인 해석을 내릴 때는 단 하나의 특징만을 근거로 결론을 내리는 것이 아니라, 다양한 맥락과 수검자 개인의 의미를 파악하여 종합적으로 해석하는 것이 중요하다.

3) PDI를 성실하게 수행한다

미술치료사들은 그림검사를 실시하면서 같은 그림일지라도 그림 후 질문(PDI)에 따라 전혀 다른 해석을 하게 되는 경우를 종종 경험한다. 이를 통해 그림에서 표현되는 것은 각 사람의 히스토리이며 이는 그림만으로 해석할 수 없음을 알 수 있다.

그림은 개인의 내면세계를 시각적으로 표현하는 방법이지만, 질문을 통해 추가적인 정보를 얻을 수 있다. 그림 자체만으로는 해석이 모호할 수 있으므로, 질문을 통해 수검자의 의도와 그림의 의미를 더욱 명확하게 이해할 수 있다. 또한 질문은 수검자가 그림에 대해 자세히 설명할 수 있도록 돕는다. 내담자는 자신이 그린 그림에 대한 감정, 상황, 상징, 인물 등을 설명하면서 개인적 의미를 치료자에게 전달하고, 이를 통해 치료자는 수검자의 심리적인 측면과 개인의 경험을 더욱 자세히 파악할 수 있다.

4) 그림검사를 시리즈로 실시하고, 종합적 해석을 한다

각각의 그림검사는 독립적으로 유용한 정보를 제공하지만, 개인의 내면세계는 복잡하며 다양한 측면으로 구성되어 있기 때문에, 단일한 검사 실시만으로는 수검자의 심리적 측면을 충분히 평가하기에는 부족하다. 따라서 그림검사를 시리즈로 실시하고 그 결과를 종합적으로 해석함으로써 서로 다른 검사들이 동일한 측면을 평가하거나 다른 측면을 보완하여 개인의 심리적 특성을 더욱 깊이 이해할 수 있다. 이를 통해 개인의 다면적인 특성과 경향성을 파악해야 한다.

검사의 시리즈 실시와 종합적 해석을 해야 하는 또 다른 이유는 신뢰성과 타당성 확보를 위함이다. 다양한 그림검사를 실시하여 개인의 내면세계를 다각도에서 평가함으로써 신뢰성과 타당성을 높일 수 있다. 단일 검사 결과에만 의존할 경우 특정한 요소에 의해 결과가 왜곡될 수 있으나, 다양한 검사 결과를 종합적으로 고려하면 이러한 왜곡 가능성을 줄이고 신뢰성 있는 해석을 할 수 있다.

15

집-나무-사람 그림검사 HTP

House-Tree-Person

집-나무-사람(HTP) 그림검사는 임상현장에서 가장 널리 사용되는 투사적 그림검사이다. 집, 나무, 사람 세 가지를 한 번에 여러 장 시리즈로 그리는 검사로 그림의 주제가 낯설지 않고 익숙하여 그림검사의 방어를 낮춘다. 또한 수검자의 경험과 무의식, 정서, 성격적 측면이 그림에 투사되어 나타나며, 상징성이 강하여 포괄적인 정보를 파악할 수 있는 유용한 그림검사이다.

1) HTP의 개발배경

이 검사는 1948년 Buck이 인물화 검사(Draw A Person: DAP)에 집과 나무를 추가하여 개발하였다. 아동의 지능 검사를 위해 고안된 인물화 검사에서 성격적 요인이 드러남을 발견하고, 집과 나무를 부가시켜 HTP를 만들었다. 처음에는 지능 검사의 보조 수단으로 활용하였으나 점차 성격을 측정하는 검사로 발전하였으며, Hammer(1958)가 발달적 측면과 투사적 측면을 모두 고려한 평가도구로 더욱 정교하게 발전시켰다.

2) HTP의 특징

HTP는 비교적 짧은 시간에 간편하게 실시할 수 있어 효율적이다. 중간 채점이나 기호 채점의 절차 없이 그림을 해석할 수 있으며 수검자의 투사를 직접 목격할 수 있다. 수줍거나 억압된 아동, 외국인, 문맹자 등 언어 표현이 어려운 사람에게도 적용할 수 있으며 연령, 지능, 예술적 재능에 대한 제한을 받지 않는다. 집, 나무, 사람이라는 중립적 자극의 검사 주제는 수검자의 방어를 완화시켜 개인의 심층적인 측면을 드러내어 성격의 핵심적인 갈등과 방어와 관련한 정보를 알 수 있다. 또한 무의식과 성격적인 특성 및 환경과의 상호작용에 대한 상징적 의미가 풍부하여 수검자에 대한 상세한 정보를 제공하고 있어 투사적 그림에도 불구하고 종합심리검사에 포함되는 신뢰도가 높은 그림검사이다. 집은 전반적으로 가정생활과 가족 간의 관계에 관한 인상을 반영하며, 나무는 더 깊고 무의식적인 감정과 자아상을 반영한다. 나무 그림은 자기 노출에 대한 불편감이 덜하여 방어적 태도를 약화시키므로 보다 깊은 수준의 정서와 감정을 투사할 수 있다. 사람 그림은 나무 그림과 같이 주로 성격의 핵심적인 갈등 및 방어에 대한 정보를 제공하며 기본적으로 의식적 수준에서 자기 개념, 타인에 대한 인식, 신체 심상이 드러난다.

3) HTP의 실시방법

HTP는 그림을 완성한 후 여러 가지 사후 질문(PDI)을 통해 수검자의 성격에 대해 정보를 얻는 과정을 거친다. 주로 개별검사로 실시하지만, 수검자의 적응 수준이나 성격의 성숙도를 알아보기 위해서 집단검사로 시행할 수도 있다.

(1) 검사도구

A4 용지 4장, 연필, 지우개, 초시계

(2) 실시순서

HTP는 그림을 그리는 그림 단계와 그림을 완성 후 질문을 하여 수검자에 대한 정보를 얻는 질문단계가 있다.

HTP 지시문

- 지금부터 그림을 그려 봅시다. 잘 그리고 못 그리는 것과는 상관없으니 자유롭게 그려 보세요.
- 집을 그려 보세요.
- 나무를 그려 보세요.
- 사람을 그려 보세요. 막대기 모양이 아닌 온전한 사람으로 그려 주세요.
- 방금 그린 사람 그림의 반대 성의 사람을 그려 주세요.
- (그 외의 질문에 대해) 원하는 대로 하세요. 생각대로 자유롭게 그리세요.
- (그림을 그릴 줄 모른다고 하는 수검자에 대해) 그림을 잘 그리는지 보려는 것은 아닙니다.

① A4 용지 한 장을 가로로 제시하며, "집을 그려 보세요."라고 말하고 그리는 시간을 측정한다. 일반적인 집에 대한 설명이 필요할 수 있으며, 집에 대한 형태 개념을 확인 후 실시하도록 한다.

② 집 그림이 끝나면 두 번째 종이를 세로로 제시하며, "나무를 그려 보세요."라고 말하고 그리는 시간을 측정한다.

③ 나무 그림이 끝나면 세 번째 종이를 세로로 제시하며, "사람을 그려 보세요."라고 말한다. 얼굴만 그리는 수검자에게 전신 그림을 그리도록 지시하며, 그려진 그림이 만화적이거나 막대 형태의 그림이라면 온전한 사람으로 다시 그릴 수 있도록 한다.

④ 사람을 다 그리면 성별을 묻고 수검자가 대답한 성별과 함께 첫 번째 사람 그림이라는 것을 완성된 종이에 표시한다.

⑤ 네 번째 종이를 세로로 제시하며, "방금 그린 사람의 반대 성의 사람을 그려 주세요."라고 말하고 그리는 시간을 측정한다.

⑥ 그림이 완성된 후 각각의 그림에 대한 사후 질문을 한다. 정해진 형식은 없으나 각각의 수검자에게 알맞게 질문하는 것이 좋으며, 그림에 대한 느낌이나 이야기를 만들어 보게 하는 것도 좋다. 이는 수검자가 나타내고 있는 개인적인 의미, 현상적 욕구나 압박의 투사 등을 알아보기 위함이며, 검사자는 그림에서의 상황에 따라 융통성 있게 질문해야 한다.

HTP 질문(PDI)－집

- 이 집은 어떤 집인가요?
- 이 집에는 누가 살고 있나요?
- 이 집 안의 분위기는 어떤가요?
- 집 주변에는 무엇이 있나요?
- 이 집이 당신 가까이 있나요? 멀리 있나요?
- 이 집을 보면 어떤 생각이 드나요? 혹은 무엇이 떠오르나요?
- 이 그림에서 날씨는 어떤가요? (하루 중 시각, 하늘, 기온)
- 당신이라면 이 집에서 살고 싶나요?
- 앞으로 이 집은 어떻게 될까요?
- 이 그림에 더 첨가해서 그리고 싶은 것이 있나요?
- 당신이 그리고 싶은 대로 잘 그려졌나요? 그리기 어렵거나 잘 안 그려진 부분이 있나요?
- (이해하기 힘든 부분에 대해) 이것은 무엇인가요? 어떤 이유로 그렸나요?

HTP 질문(PDI)－나무

- 이 나무는 어떤 나무인가요?
- 이 나무는 몇 살인가요?
- 이 나무가 있는 곳의 계절과 날씨는 어떤가요?
- 이 나무의 건강은 어떤가요?
- 이 나무는 어디에 있나요?
- 이 나무의 주변에는 무엇이 있나요?
- 만약 이 나무가 사람처럼 감정이 있다면, 지금 이 나무의 기분은 어떤가요?
- 이 나무가 필요한 것이 있다면 무엇인가요?
- 이 나무의 소원은 무엇인가요?
- 앞으로 이 나무는 어떻게 될까요?
- 이 나무로 만들고 싶은 것이 있다면 무엇인가요?
- 이 그림에 더 첨가해서 그리고 싶은 것이 있나요?
- 당신이 그리고 싶은 대로 잘 그려졌나요? 그리기 어렵거나 잘 안 그려진 부분이 있나요?
- (이해하기 힘든 부분에 대해) 이것은 무엇인가요? 어떤 이유로 그렸나요?

HTP 질문(PDI)-사람 1, 2

- 이 사람은 무엇을 하고 있나요?
- 이 사람은 몇 살인가요?
- 이 사람의 직업은 무엇인가요?
- 지금 이 사람의 기분은 어떤가요?
- 이 사람은 무슨 생각을 하고 있나요?
- 이 사람의 일생에서 가장 좋았던 일은 무엇이었나요? 가장 힘들었던 일은 무엇이었나요?
- 이 사람의 성격은 어떤가요? 장점은 무엇인가요? 단점은 무엇인가요?
- 당신은 이 사람이 좋은가요? 싫은가요?
- 당신은 이러한 사람이 되고 싶은가요?
- 이 사람은 앞으로 어떻게 될까요?
- 당신은 이 사람을 닮았나요?
- 이 그림에 더 첨가해서 그리고 싶은 것이 있나요?
- 당신이 그리고 싶은 대로 잘 그려졌나요? 그리기 어렵거나 잘 안 그려진 부분이 있나요?
- (이해하기 힘든 부분에 대해) 이것은 무엇인가요? 어떤 이유로 그렸나요?

4) HTP의 평가기준 및 해석

HTP의 해석은 수검자가 실시한 집, 나무, 사람 그림을 통하여 성격의 여러 면을 밝혀 나가는 것으로서 그림의 전체적 분석, 형식적 · 구조적 분석, 내용적 분석의 측면과 수검자의 면접, 행동관찰, 검사 시 태도 등에서 얻어지는 모두를 고려해야 하며 그림 하나만 가지고 맹분석하지 않도록 주의하여 종합적으로 해석해야 한다.

전체적 분석 → 형식적 · 구조적 분석 → 내용적 분석

(1) 전체적 분석

전체적 분석이란 그림이 주는 전반적인 인상적 요소에서 나타나는 것을 토대로 수검자의 심리적 특성에 대해 해석하는 것을 말한다. 즉, 그림의 전체적인 인상은 어떠한지, 조화는 잘 이루어졌는지, 구조의 짜임새는 어떠한지, 이상한 곳은 없는지를 관심을 가지고 주의 깊게 살펴보며 어떻게 그렸는가를 파악해 나가는 과정이다. 전체적 분석을 통해 수검자의 적응 수준과 성숙도, 신체상의 혼란 정도, 자신과 외부 세계에 대한 인지 방식 등을 해석할 수 있다.

(2) 구조적 분석

구조적 분석은 형식적 · 형태적 요소를 가지고 집, 나무, 사람 그림을 어떻게 그렸는가에 대한 것을 구조적으로 해석하는 과정이다. 그림을 그리는 시간, 순서, 위치, 크기, 필압, 획(스트로크), 지우기, 세부 묘사, 대칭성, 방향성, 상세함 등을 관찰하고 음영, 생략, 왜곡, 투명성 등을 고려하여 성격의 단면을 해석해 나간다.

① 위치

종이의 어느 위치에 그려졌는지를 통해 수검자의 안정감과 불안정감, 완고함 또는 부적절감 및 에너지 수준 등을 추측할 수 있다.

② 크기

그림의 크기는 자신에 대한 평가와 관련하여 자아강도, 자존감, 자기 욕구 및 공격성, 충동성, 부적절한 감정, 열등감 등의 단서를 제공한다.

③ 필압

필압은 그림을 그릴 때의 힘의 강도로 수검자의 에너지 수준과 긴장감 정도를 나타낸다.

④ 획

획은 스트로크라고 하며 선의 길이 및 연결성을 확인하는 요소로 수검자의 행동 통제와 억제에 관련한 단서를 제공한다.

⑤ 지우기

그림을 자주 지우거나 특정한 부분을 반복적으로 지웠을 경우 그 부분에 대하여 내적 갈등이 있음을 상징적으로 나타내는 것으로 추측할 수 있다.

⑥ 세부 묘사

기본적인 묘사 이외에 세부 묘사가 있다면 적절한지, 필요한 세부 묘사가 지나친지 주의 깊게 확인해야 한다.

⑦ 왜곡 및 생략

어느 특정 부분에 대해 왜곡이나 생략이 있다면 그 부분과 관련하여 수검자의 내적인 갈등과 불안을 추측할 수 있다.

⑧ 대칭성

적절한 대칭성이 유지되는 것이 일반적이지만 매우 부족한 대칭성 또는 지나치게 강조된 대칭성은 뇌 기능장애 또는 경직성, 불안감 등에 대한 단서를 제공한다.

⑨ 투명성

훤히 보이는 집 내부, 사람의 내장, 옷 위로 그린 신체 부위는 판단력의 결함이나 현실 검증력의 문제, 성적인 갈등, 정신증적 반응과 관련하여 추측할 수 있다.

(3) 내용적 분석

내용적 분석은 무엇을 그렸는가에 대해 해석하는 것으로 그림에서 나타나는 강조된 부분이나 상징에서의 내용적 요소 중 큰 특징들을 분석하여 해석하는 과정을 다룬다. 또한 PDI를 통해 확인한 것을 토대로 수검자의 주관적 상징과 함께 고려하여 수검자의 설명과 의도, 느낌 등을 종합하여 해석한다. 하지만 그림에서 나타나는 상징적 의미는 보편적인 것도 있으나 특정한 문화나 개인에게 한정되는 특수한 것을 의미하는 경우도 있기 때문에 상징의 의미에 대해 보편적인 의미와 특징적인 의미를 함께 고려하며 해석해야 한다.

① 집

집 그림은 수검자의 가정환경에 대한 것들을 나타내며 가정에 대한 내적 표상, 욕구, 감정 태도를 반영한다. 그림 전체의 모습 및 필수 요소인 지붕, 벽, 문, 창 등을 어떻게 그렸는지 유의해서 해석해야 한다. 지붕은 공상적인 사고를 상징하고 생각, 관념, 기억 같은 인지 기능과 관련이 있으며 벽은 수검자의 자아 강도와 관련된 정보를 준다. 집 그림에서 문과 창문은 외부 환경에 대한 관심 및 접촉과 관련한 표현으로서, 대인관계에 있어 수검자의 태도를 반영한다. 문은 직접적인 접촉이고, 창문은 간접적인 접촉이다. 이외에 굴뚝, 조망, 진입로와 계단 등 그 밖의 기타 부속물이 있다면 함께 고려해서 해석해야 한다.

② 나무

나무 그림은 수검자의 자아 개념과 성격의 핵심적인 측면을 투사하며 무의식적인 자아상, 정신적 성숙도, 현실에서의 적응 정도에 대해 추측할 수 있다. 나무 그림에서 줄기는 수검자의 에너지나 자아 강도에 대한 것을 나타내며 가지는 환경으로부터 만족감과 대인관계를 통한 성취감을 나타낸다. 또한 수관은 자신의 내부와 외부 세계와의 연결성과 관련 있으며 뿌리는 자기 자신에 대한 안정감과 근본적인 이해와 관련된 것을 나타낸다.

③ 사람

사람 그림은 나무 그림과 마찬가지로 자기상이 투사된다. 사람 그림에서의 자기상은 의식적인 수준에서 나타나기 때문에 방어가 유발되기도 하여 감정적 지지를 요구하거나 자신의 상태를 의식적 · 무의식적으로 왜곡하여 그리기도 한다. 사람 그림은 자기 자신을 그릴 수도 있고, 이상적 자아가 될 수도 있으며 자신에게 중요한 사람을 그리는 경우도 있다. 사람 그림에서 머리는 인지능력, 공상적 활동과 관련되어 나타나며 얼굴은 개인적 만족감과 대인관계에 대한 것을 암시한다. 눈은 외부 세계와 타인에 대한 관계, 코는 외부 세계에 대한 수용성 및 외모나 성에 대한 관심을 나타낸다. 입은 의사소통 및 생존과 관련한 충족감, 목은 여러 감정과 신체적 반응 또는 인지 능력과 신체적 통제와 관련이 있다. 또한 팔과 손은 외부 세계와의 접촉, 대인관계, 대처능력, 사회적 적응을 나타내며 다리와 발을 통해 현실에서의 적응력과 안정감, 대처능력에 대해 추측해 볼 수 있다. 이 외에도 사람 그림에 그려진 기타 요소들을 함께 주의 깊게 살펴보아야 한다.

5) HTP 주의점 및 주안점

(1) HTP는 그림을 그리는 능력과는 상관없이 그림에 심리적 상태가 투사되기 때문에 수검자가 그림 실력에 대한 부담감을 갖지 않도록 해야 한다. 성의 없이 그린 그림과 구별이 필요하며 그림을 못 그린다고 해서 심리적인 문제가 더 많은 것은 아니다.

(2) 심리적 상태가 그림 속에서 환상적인 요소로 나타날 수 있으므로 이러한 환상 요소에 대해 부정적인 면을 부각하여 치우친 해석을 하지 않도록 주의해야 한다.

(3) 그림 해석 시 검사자의 일방적인 해석, 평가 및 또 다른 오류를 피하기 위해 주의를 기울여야 하며, 이를 위해서는 수검자의 말에 경청하는 것이 매우 중요하다.

(4) HTP에서 가장 먼저 그린 것, 강조된 것은 의식적·무의식적인 이유가 있으며 수검자를 이해하기에 중요한 단서가 될 수 있다.

(5) 그림을 그리는 시간과 수검자의 태도로 성실성을 살펴보아야 하며 이에 따라 그림에 대한 해석이 달라질 수 있으므로 소요 시간과 수검자의 태도를 관찰하고 기록해 두어야 한다.

6) HTP의 검사 사례

HTP 집 그림 사례 1

김○○(11/M), 파괴적 기분조절부전장애, 뇌전증

질문 (PDI)	답변
• 이 집은 어떤 집인가요?	할아버지 집
• 이 집은 어디에 있나요?	시골
• 이 집 가까이 다른 집이 있나요?	시골이라서 다른 집이 멀리 있어요.
• 이 집이 있는 곳의 계절과 날씨는 어떠한가요?	여름인데 아주 뜨거워요.
• 이 집에 무엇 때문에 갔나요?	방학이라서 갔어요.
• 이 집에는 누가 살고 있나요?	할아버지랑 할머니
• 이 집의 분위기는 어떤가요?	할아버지가 화가 나서 뜨거워요.
• 이 집을 보면 어떤 생각이 드나요?	좋은데 싫어요.

전체적 인상: 선과 필압이 고르지 않음. 벽이 높고 지붕이 뾰족하게 표현되었으며, 해와 구름이 함께 있어 양가적 감정이 느껴짐. 창문이 문보다 높아 집 안의 분위기를 잘 알 수 없을 것 같으며, 고립된 인상을 줌

<table>
<tr><td rowspan="6">형식적 · 구조적 분석</td><td>소요시간</td><td>2~3분</td><td>선의 획</td><td>일정하지 않음</td></tr>
<tr><td>수검태도</td><td>방학 때 일을 얘기하며 크게 고민하지 않고 그림</td><td>지우기</td><td>없음</td></tr>
<tr><td>그린 순서</td><td>지붕, 벽, 창문, 문, 해, 구름</td><td>세부 묘사</td><td>해의 표정이 두드러짐</td></tr>
<tr><td>위치</td><td>다소 치우친 오른쪽</td><td>왜곡 및 생략</td><td>없음</td></tr>
<tr><td>크기</td><td>화지의 1/3 정도 사용</td><td>대칭성</td><td>없음</td></tr>
<tr><td>필압</td><td>높은 편으로 일정하지 않음</td><td>투명성</td><td>없음</td></tr>
</table>

형식적 · 구조적 분석: 소요시간이 짧은 편이며 선과 필압이 일정하지 않은 것으로 보아 불안과 충동성이 있을 수 있음. 화지의 바닥을 지면으로 사용하여 안정감을 얻고자 하는 욕구가 있으나 충족되지 않아 정서적으로 불안정한 상태일 수 있음

<table>
<tr><td rowspan="7">내용적 분석</td><td colspan="3">표현의 특징</td><td>상징과 해석</td></tr>
<tr><td rowspan="4">필수요소</td><td>지붕</td><td>세모의 뾰족한 모양</td><td>불안한 신경증이 있을 수 있음</td></tr>
<tr><td>벽</td><td>반듯하지 않고 비스듬한 벽</td><td>자아 강도가 약할 수 있으며, 기질적인 질환 의심</td></tr>
<tr><td>창문</td><td>문보다 높은 위치에 그렸으며 창틀은 없고 작은 창문</td><td>심리적 거리감과 사람에 대한 관심이 부족할 수 있음</td></tr>
<tr><td>문</td><td>두 개의 문을 그렸고, 오른쪽 문에 점으로 문고리를 칠하였으며, 집에 비해 작은 문으로 표현</td><td>환경과 대인관계에 대한 접촉을 피할 수 있으며, 사회적 부적절감을 느낄 수 있음</td></tr>
<tr><td rowspan="2">기타요소</td><td>해</td><td>왼쪽 상단, 해의 얼굴 표현</td><td>의존의 욕구가 있으나 해의 표정이 밝지 않아 의존하고 싶은 대상에 대한 부정정서가 있을 수 있음</td></tr>
<tr><td>구름</td><td>중앙 상단, 해 옆에 표현</td><td>의존성에 대한 불안감</td></tr>
</table>

내용적 분석: 자아 강도가 약할 수 있으며 실제로 기질적 질환이 있음. 의존하고 싶은 욕구에 대한 좌절 경험이 있을 수 있으며 이로 인한 불안감과 정서적 불안정감이 있을 것이라 생각됨. 또한 환경과 대인관계에 대하여 부적절하게 접촉하며 상호작용이 원활하지 않아 부정적 정서가 표현됨

〈집: 전체적 평가〉

화지를 지면선으로 사용하고 있으며 그림의 전반적인 형태가 반듯하지 않음. 선과 필압이 일정하지 않고 해와 구름을 표현함. 방학 때 부모님이 바쁜 이유로 시골의 할아버지 집에서 보낸다고 이야기하며, 할아버지는 화를 많이 내고 무섭다고 말함. 형식적 요소와 내용적 요소를 포함하여 종합하여 볼 때 수검자는 기질적 질환으로 인하여 자아 강도가 약해져 있을 수 있으며 의존하고 싶은 욕구가 높으나 충족되지 못한 상황에 정서적으로 불안정하며 불안이 높아질 가능성이 큼. 또한 대인관계나 현실 접촉에 있어 부적절한 방법으로 상호작용하고 있을 수 있음이 시사됨

HTP 나무 그림 사례 1

김○○(11/M), 파괴적 기분조절부전장애, 뇌전증

질문(PDI)	답변
• 이 나무는 어떤 나무인가요?	소나무요.
• 이 나무의 나이는 몇 살인가요?	'해'살이요, 아니 조보다 경보다 많아요.
• 이 나무는 어디에 있나요?	그냥 공원에 있어요.
• 이 나무의 상태는 어떤가요?	강해요(미사일과 로켓을 추가로 그림).
• 이 나무는 한 그루만 있나요? 다른 나무도 있나요?	아주 쬐끄만 거 있어요.
• 이 나무 주변에는 무엇이 있나요?	새가 있어요.
• 이 나무로 무언가 만든다면 무엇을 만들고 싶나요?	아주 아주 큰 집이요.
• 이 나무는 나중에 어떻게 되나요?	지구 끝까지 클 것 같아요.

전체적 인상: 중앙에 비스듬한 나무로 옹이가 많으며, 미사일과 로켓이 나오는 나무로 표현하여 강해지고 싶은 마음과 공격성이 나타남. 큰 나무 옆에 아주 작은 나무가 그려져 있어 실제 자아가 작게 그려진 듯한 인상을 줌

<table>
<tr><td rowspan="3">형식적 · 구조적 분석</td><td>소요시간</td><td>2분</td><td>선의 획</td><td>긴 획으로 그린 부분들 많음</td></tr>
<tr><td>수검태도</td><td>말로 표현하면서 순간 몰입하여 그림</td><td>지우기</td><td>없음</td></tr>
<tr><td>그린 순서</td><td>줄기와 수관을 한 선으로 그린 후 잘린 작은 가지 그림, 옹이, 새, 수관 가운데를 표현한 후 작은 나무 그림, 미사일과 로켓을 추가로 표현함</td><td>세부 묘사</td><td>옹이와 새</td></tr>
</table>

	위치	중앙	왜곡 및 생략	뿌리 생략, 미사일 로켓이 나오는 나무로 왜곡
	크기	화지의 1/2 이상 사용	대칭성	없음
	필압	높은 편이며 일정하지 않음	투명성	없음

형식적 · 구조적 분석: 소요 시간이 짧았으며, 한 선으로 그렸음. 왜곡된 그림의 형태로 보아 충동성, 자기중심성이 보이며 적응의 어려움을 겪을 가능성이 시사됨

			표현의 특징	상징과 해석
내용적 분석	필수 요소	수관	줄기와 이어서 그림. 혼란스럽게 표현되었으며 왼쪽으로 다소 치우침	불안감과 내성적 성격 및 자기애적 성격이 시사됨
		줄기	길고 두꺼우며 비스듬히 표현	미래에 대한 불안 및 내성적 성격 시사
		가지	줄기 옆으로 잘린 가지 표현	환경에 대한 불만족감, 기질적 질환 및 부적절감
	기타 요소	뿌리	생략	불안정감
		꽃/열매/잎	혼란스러운 잎으로 표현	부적절감 및 충동성 시사
		지면선	화지 바닥 사용	불안정감 및 안정감에 대한 욕구
		옹이 구멍	4개의 옹이를 그림	외상적 경험 또는 과도한 스트레스를 시사
		동물들	새	세상과 상호작용의 불안감에 대한 보상 욕구 시사
		기타 요소	작은 나무, 미사일, 로켓	미성숙함, 공격성

내용적 분석: 내성적이며 전반적으로 불안, 불안정감, 충동성이 있을 수 있음. 또한 외상적 경험이 있을 수 있어 환경에 대한 불만족감과 세상과의 상호작용에 어려움이 있을 수 있을 것이라 생각됨. 또한 미성숙함과 공격성이 내재되어 있어 생활에 있어 대처능력이 미흡할 수 있음이 시사됨

〈나무: 전체적 평가〉
화지의 지면을 사용하여 중앙에 나무를 그렸음. 한 선으로 줄기와 수관을 연결하여 혼란스러운 형태로 표현하였고 작은 묘목과 미사일, 로켓, 새 등의 표현이 특징으로 나타났음. 표현과 이야기 내용 등을 종합하여 볼 때 과도한 스트레스 경험과 환경에 대한 불만족감과 상호작용에 어려움이 드러나 있으며 내향적 성격, 불안, 충동, 부적절감, 내재된 공격성 등이 투사되어 있음이 시사됨

HTP 사람 1(남자) 사례 1

김◯◯(11/M), 파괴적 기분조절부전장애, 뇌전증

질문 (PDI)	답변
• 이 사람은 성별이 무엇인가요?	남자요.
• 이 사람은 몇 살인가요?	13살이요.
• 이 사람은 무엇을 하고 있나요?	공부하러 가고 있어요.
• 이 사람의 성격은 어떠한가요?	똑똑해요.
• 이 사람은 어떤 생각을 하고 있나요?	공부 잘해야 하는데 하기 싫다는 생각할 거 같아요.
• 이 사람의 기분은 어떤가요?	좋아요.
• 이 사람이 필요한 것은 무엇인가요?	연필이랑 책이요(연필과 책을 추가로 그림).
• 이 사람은 나중에 어떻게 되나요?	좋은 회사 다니게 될 것 같아요.

전체적 인상: 화지 상단에 다소 작게 그림. 이빨을 드러내고 웃고 있으며 PDI를 할 때 연필과 책을 추가로 그렸음. 머리가 크고 작은 몸통, 매우 짧은 팔 다리가 표현되었으며 우측 상단에 의존적 성향을 상징하는 해를 그려 넣음. 공부하러 가는 것이 신나 보이지만 평가에 대한 두려움과 하고 싶지 않은 양가적 감정이 느껴짐

형식적 · 구조적 분석	소요시간	2~3분	선의 획	다소 강한 편
	수검태도	오랜 생각하지 않고 다소 무성의한 태도로 그림	지우기	없음
	그린 순서	머리, 몸통, 다리, 팔, 해, 연필, 책	세부 묘사	치아
	위치	화지의 중앙 위쪽	왜곡 및 생략	큰 머리, 지나치게 짧은 팔, 다리
	크기	작은 편	대칭성	없음
	필압	일정하지 않음	투명성	없음

형식적 · 구조적 분석: 그리는 데 소요 시간이 짧은 편이며 전체적으로 작게 표현됨. 그리는 순서는 일반적이며 형식적 요소에서 충동, 불안, 위축된 정서가 나타남

			표현의 특징	상징과 해석
내용적 분석	필수요소	머리	큰 머리, 머리카락을 색칠함	지적 성취에 대한 압박, 공격성 및 자기중심적 태도, 기질적 질환 의심
		이목구비	눈, 코, 입 순서로 그리고 귀는 생략. 치아를 그려 강조된 입으로 표현	아동일 경우 일반적으로 해석
		표정	치아를 드러낸 웃는 표정	아동일 경우 일반적으로 해석할 수 있으나 공격성이 투사될 수 있음
		몸통	머리보다 작은 몸통, 직사각형 하나로 몸통을 표현	신체적 에너지가 부족, 공격성, 자기 주장적 경향 및 열등감을 시사
		팔	매우 짧은 팔	부적응, 수동 의존성 시사
		다리	매우 짧은 다리	위축 및 비자율성 시사
		손	간단히 표현	불안정감과 무기력감 시사
		발	간단히 표현	불안정감, 위축과 의존성 시사
	기타	목	다소 가늘고 긴 목	충동 통제의 어려움 시사
		해	우측 상단에 배경으로 표현	의존성 시사

내용적 분석: 지적 성취에 관심이 높을 수 있으나 이를 실현하기에 현실적으로 에너지가 부족할 수 있으며, 열등감과 자기주장이 강할 수 있음. 머리보다 작은 신체 표현과 배경의 해 등 각 요소들을 미루어 보아 기질적 질환이 의심되며 불안정감, 무기력, 위축 등 정서적 어려움을 경험하고 있을 가능성이 나타남

〈사람 1 남자상: 전체적 평가〉
자신과 동일한 성을 그렸으며 전체적으로 작게 사람을 그렸음. 큰머리, 작은 몸통, 짧은 팔과 다리, 수검자의 이야기 등을 종합하여 볼 때 지적 성취감에 대한 욕구와 압박이 높으나, 에너지가 부족하여 성취에 대한 불만족감이 있는 것으로 보임. 의존성과 불안정감, 충동 통제의 어려움을 보이며, 기질적 질환이 의심됨

HTP 사람 2(여자) 사례 1

김○○(11/M), 파괴적 기분조절부전장애, 뇌전증

질문 (PDI)	답변
• 이 사람은 누구인가요?	아무도 아니에요.
• 이 사람은 몇 살인가요?	해 살이요.
• 이 사람은 무엇을 하고 있나요?	지금 뭔가 일을 저지를 것 같아요.
• 이 사람의 성격은 어떤가요?	착한데 무서워요.
• 이 사람은 어떤 생각을 하고 있나요?	무슨 일을 저지를까 생각 중이에요.
• 이 사람의 기분은 어떤가요?	사람이 아니라서 기분이 없어요.
• 이 사람의 소원은 무엇인가요?	놀고 싶은데 귀신이라 못 놀아요.
• 이 사람은 나중에 어떻게 되나요?	죽어서 이미 귀신이 됐어요.

전체적 인상: 웃고 있는 얼굴에 드러난 이빨과 눈이 무섭게 표현됨. 그림을 그린 후 마지막에 얼굴에 음영 표시를 거칠게 하여 여자상에 대하여 부정적인 인상이 느껴짐

형식적 · 구조적 분석	소요시간	2분	선의 획	불안정하고 일정하지 않음
	수검태도	무성의하며 말이 빨라지며 공격적인 태도를 보임	지우기	없음
	그린 순서	얼굴, 머리카락, 목, 몸통, 치마, 이목구비, 팔, 다리	세부 묘사	없음
	위치	화지 중앙	왜곡 및 생략	없음
	크기	남자상보다 크게 그림	대칭성	없음
	필압	높으며 일정하지 않음	투명성	없음

형식적 · 구조적 분석: 무성의한 태도로 소요시간이 짧았으며, 전체적으로 불균형하게 표현됨. 충동성과 공격적 태도를 보아 정서적으로 불안정할 수 있음

			표현의 특징	상징과 해석
내용적 분석	필수요소	머리	각진 머리카락으로 강조	공격적, 자기주장적, 자기애적 성향 시사
		이목구비	코와 귀 생략, 비웃는 듯한 입으로 표현	귀의 생략은 일반적일 수 있음. 코의 생략은 철수적이며 우울감 시사. 비웃는 듯한 입은 공격성과 적개심, 불안정감을 시사함
		표정	반달눈에 눈동자, 과하게 웃는 표정	말의 표현에 부적절함 및 불안정감 시사
		몸통	길고 가는 몸통	신체적 충동에 불만족감, 분열성 성격 성향 시사
		팔	일차원 팔, 몸통 바깥으로 뻗친 팔	신체적 정신적 결함, 밖을 향한 공격성, 애정 욕구
		다리	일차원 다리, 넓게 벌린 다리	공격성 시사
		손	생략	
		발	생략	
	기타요소	목	다소 길고 가는 목	충동 통제의 어려움 시사

내용적 분석: 남자상보다 큰 여자상으로 표현하였으며 비웃는 듯한 표정과 불균형한 신체로 표현됨. 사람이 아닌 귀신으로 표현한 것이 특징적이며 여자상에 대한 부적절감이 있을 수 있을 것으로 생각됨. 또한 공격성과 적개심이 드러나 있으며, 말의 표현에 부적절함 및 전반적인 정서 상태가 불안정할 수 있을 수 있음

〈사람 2 여자상: 전체적 평가〉
남자상보다 큰 크기의 여자상으로 비웃는 듯한 표정과 사람이 아닌 귀신으로 표현됨. 여자상에 대한 부적절감과 공격성, 불안정감이 시사되며 애정 욕구와 자기애적 경향성도 나타남. 마지막에 얼굴에 낙서하듯 음영 표시를 한 것이 또 하나의 특이한 점으로 보이며 상호관계 시 남성보다 여성에게 불만족감이 나타날 수 있음. 부모-자녀 관계에 있어 모와의 관계를 면밀히 살펴볼 필요가 있을 것으로 생각됨
〈HTP 해석 요약〉
전체적으로 충동성과 공격성이 나타나는 요소들이 표현됨. 검사 수행 시 검사자의 지시를 잘 따르고, 질문에 대한 대답도 잘하는 편으로 순응하는 모습을 보임. 그러나 그러한 태도와는 다르게 그림에 표현되는 공격성으로 보아, 권위자나 양육자에 대한 양가적 감정이 있을 수 있으며, 내재된 공격성이 그림에 반영된 것으로 보임. 인물상에서 여성에게 적대적 감정이 표현되었으며, 모와의 관계를 살펴볼 필요가 있을 것이 시사됨.

16

동적 집-나무-사람 그림검사 KHTP

Kinetic House-Tree-Person

동적 집-나무-사람 그림검사(KHTP)는 한 장의 종이에 운동성을 첨가하여 집, 나무, 사람을 그리는 것으로 HTP 그림검사에서 얻을 수 있는 정보에 역동성이 더해진 그림검사이다. 기존 HTP에서 인물 간 상호작용을 파악할 수 있기에 대인관계적 측면에서 더 많은 정보를 얻을 수 있다.

1) KHTP의 개발배경

KHTP는 1987년 Burns가 개발하였다. 기존의 HTP에 동적인 요소를 첨가한 것으로 한 장의 그림 안에서 집-나무-사람의 역동성을 파악할 수 있게 되었다. 풍부한 그림해석을 위하여 Maslow의 발달모형을 적용한 해석방법을 제시하였다.

2) KHTP의 특징

KHTP는 한 장의 종이에 집, 나무, 무엇인가 행동하고 있는 사람을 그리는 것으로 운동성을 부여하여 상호작용 및 관계가 드러난다. 동적 체계의 그림검사로 생명력을 가지게 되며 집, 나무, 사람 간의 상호작용 및 관계는 언어적 표현보다 뛰어난 시각적 상징을 반영한다. KHTP는 집, 나무와 사람의 상징을 해석하여 수검자의 발달 수준을 파악하고자 하였으며 이를 위해 Maslow의 욕구위계설을 근거로 한 발달모형을 사용한 것이 특징이다.

3) KHTP의 실시방법

(1) 검사도구

A4 용지 1장, 연필, 지우개

(2) 실시순서

KHTP 그림검사의 구체적인 실시순서는 매우 간단하다. 준비한 용지를 가로로 제시하며 지시문을 말해 준 뒤 자유롭게 그릴 수 있도록 한다. 수검자가 모호한 상황에 대해 어떻게 대처하는지에 대한 정보를 위해 검사 시 수검자의 말과 행동을 관찰하여 기록한다.

KHTP 지시문

- 이 용지에 집, 나무, 그리고 어떤 행동을 하는 사람의 전신을 그려 주세요.
- 만화나 막대기 모양으로 그리지 말고 사람의 전체 모습을 그려 주세요
- (그 외의 질문에 대해서) 자유입니다.

4) KHTP의 평가기준 및 해석

KHTP는 언어의 한계를 벗어나 집, 나무, 사람 간의 상호작용 및 관계에 대해 시각적 상징을 반영한다. KHTP 해석 시 그림에 대한 첫인상과 그림에서 무엇을 이야기하고 있는지, 무슨 일이 일어나고 있는지, 그림에 대한 수검자의 느낌이 어떠한지를 종합적으로 고려해야 한다. 그 후 집, 나무, 사람의 각각의 표현에 대한 형식과 내용을 파악한다. 그 외에도 그림에서의 에너지, 그림 간의 거리, 각 그림의 특성과 어떤 행위가 묘사되었는지, 그림의 상징과 집, 나무, 사람 간의 상호작용은 어떠한지 주목해야 한다. 집은 우리 생활의 물리적 측면을, 나무는 생활의 에너지와 에너지 방향에 대하여 상징한다. 사람

은 감독자를 상징한다고 볼 수 있으며 집, 나무, 사람은 그림에 나타난 상징에 대해 발달 수준과 연결하여 해석할 수 있다. KHTP는 '전체'로서의 인간을 파악하기 위하여 Maslow의 수정된 '욕구위계' 5수준 발달모형을 적용하여 1~5수준으로 나누어 해석할 수 있다. 1~3수준은 접근자와 회피자로 나누고 있으며, 4수준부터는 더 이상 접근과 회피가 없는 우호적인 수준이다. Maslow의 수정된 발달 모형 수준을 Burns(1987)가 제시한 해석 메뉴얼에 근거하여 표와 같이 설명하였다.

1수준: 생존에 속함(Belonging to life). 생명력, 생존, 안전, 안정에의 욕구		
• 이 수준에 있는 수검자는 생존, 죽음에의 욕망에 대한 문제 외에는 신경 쓰지 않는다.		
접근자	집	• 보안과 안전을 위한 장소(사람들로부터 안전하게 지키는 성역) • 요새, 감옥 같은 구조가 많으며, 문이나 손잡이 생략
	나무	• 발톱 모양의 뿌리, 무언가를 파내는 듯한 모양 • 가시가 있거나 접근을 막기 위한 특성과 성장의 모습이 보이지 않음
	사람	• 호전적인 모습의 표현인 경우가 많음 • 무장을 했거나 위험스러운 모습일 수 있음
회피자	집	• 부서지기 쉽고, 무너지고 있으며 낡고 약함 • 비어 있는 집, 오래가지 못할 것 같은 집
	나무	• 죽었거나 죽어 가고 있고, 줄기는 가늘고 잎이 없거나 엉성함 • 성장, 건강 상태가 좋지 않음 • 가지와 잎이 아래로 처져 있거나 가지가 부러지거나 죽어 있음
	사람	• 세상을 떠나려는 생각을 하고 있음 • 얼굴의 특징이 생략, 또는 슬픔 • 내적으로 혹은 남몰래 죽음을 드러냄 • 인물상은 자기파괴적으로 나타남
2수준: 신체에 속함(Belonging to body). 신체에 대한 수용		
접근자	집	• 집 부분 강조됨 • 굴뚝이 문이나 창문같이 세밀하게 묘사함 • 촛대나 화환 혹은 남근 상징을 포함한 성적 상징들로 집이 장식될 수 있음 • 감각적이며 쾌락주의를 반영하고 환영

접근자	나무	• 감각적 특징 나타냄 • 나무 껍질, 잎의 표면이 강조, 잎이나 큰 가지가 남근 모양일 수 있음
	사람	• 신체가 강조됨 • 감각적 · 성적인 특성이 종종 강조되며 유혹적임 • 성적 특징 강조(남성: 근육 강조 / 여성: 가슴, 엉덩이) • 몸매를 아름답게 표현, 운동하는 모습을 표현하기도 함
회피자	집	• 집 부분이 생략되거나 지워지고 숨겨짐 • 부분이 음영으로 칠해져 있거나 회피되어 있을 수 있음 • 집을 그리는 데 주저하는 경향 • 감각적이지 못하며 거부감이 존재
	나무	• 생략된 부분이 있거나 부분적으로 감춰지고 음영이 그려질 수 있음 • 색은 감각적이지 못함
	사람	• 몸이 숨겨져 있거나 일부 생략, 가려지고 신체에 대해 부끄러움 • 'X'의 상징은 갈등을 겪는 부분을 반영하는 것일 수 있음
3수준: 사회에 속함(Belonging to society). 지위, 성공, 존경, 힘의 추구		
접근자	집	• 성공, 지위, 권력, 존경의 욕구를 반영 • 현대적이며 비싼 모습을 나타냄, 격식 있고 치장된 정원
	나무	• 강력한 나무, 크고 잘 꾸며져 있으며 현대적임 • 가지는 밖으로 뻗어나가 나무가 균형이 잡히지 않음(무언가 쥐거나 소유)
	사람	• 세련되고 성공적인 모습 • 중요한 분위기와 지위를 나타내며, 존경을 요구 • 사회에서 통용되는 권력의 상징과 일치
회피자	집	• 성공과 거리가 먼 모습
	나무	• 수동적으로 보이며, 가지는 크지만 뻗어나가지 못하고 기울어짐
	사람	• 세련되지 못하거나 낡은 옷의 표현 • 성공하지 못했지만 약하지는 않음
4수준: 자기와 자기 아닌 것에 속함(Belonging to self and not-self). 열정, 보살핌, 사랑		
• 더 이상 접근과 회피가 없는 우호적인 수준이다.		
집		• 화목하며 온화한 분위기, 보살핌과 따뜻한 감정이 표현
나무		• 그늘을 제공하며 올라갈 수 있는 장소 • 바닥에 떨어지거나 상하지 않는 열매
사람		• 그림이 완전하며, 얼굴 표정에 보살핌, 사랑의 감정이 보임 • 보살핌과 양육의 행동이 표현되며 열정적임

5수준: 살아있는 모든 것에 속함(Belonging to all living things). 사랑을 주고받음, 자아실현, 행운의 느낌, 창조성, 삶의 축복	
집	• 가정에는 행복과 기쁨이 흘러나오고 집은 따뜻하고 자연과 조화롭게 어울림
나무	• 풍성하고 전체적, 위쪽과 바깥쪽으로 향해 있음 • 가지는 연속적이며 부러지지 않음 • 화합적인 분위기, 주변 환경과 조화로움
사람	• 삶의 기쁨을 반영 • 전체적이고 균형 잡힌 사람을 그림, 종종 창의적 • 사랑, 행운, 베풂과 수용 등이 표현되며 즐거움을 주고받음 • 인생의 가능성에 대한 긍정적 기대가 나타남

KHTP 그림 해석의 요소		
부착	• 둘 또는 그 이상의 그림이 붙어 있는 경우(집과 나무, 집과 사람, 사람과 나무, 또는 모두) • 삶의 여러 단면을 분리시키거나 풀어 나가는 것에 대한 어려움을 나타냄 • 세 가지 그림이 모두 부착된 경우: 성장을 저해하고 복잡하게 얽혀 있음	
순서	나무가 가장 먼저 그려진 경우	• 생활에너지와 성장을 가장 중요하게 생각 • 성장하려고 하는 사람, 살아 있는 전형적인 사람의 유형 • 좀 더 나아지려고 노력하는 사람 • 자살하고 싶은 충동, 삶의 의지를 잃어버린 사람들도 종종 나무를 먼저 그림 • 죽은 나무인지, 부착되었는지, 어떤 나무인지 등의 정보를 통해 종합적으로 파악할 수 있음
	집이 먼저 그려진 경우	• 세상에 소속되고자 하는 욕구(생존을 위한 욕구) • 신체에 소속되고자 하는 욕구(신체 욕구, 강박 관념 의미) • 사회에 소속되고자 하는 욕구(성공 혹은 성공에의 경멸 의미) • 양육을 위한 가정(창조적이고 즐거운 장소)
	사람이 먼저 그려진 경우	• 세상에 대한 감정의 통제와 관련된 관심 • 신체를 숨기거나 과시하려는 것 • 성공을 보여 주거나 혹은 성공에 대한 경멸을 나타냄 • 양육적인 사람, 즐거움을 주고받는 사람 • 자신 이외에 특별한 사람 반영

KHTP 그림 해석의 요소		
활동 내용	집	• 비생명체로 집 그림에서 활동성을 이해하기 힘들 수 있음 • 수검자의 상태나 권력, 환상에 대한 욕구를 파악할 수 있음

<table>
<tr><td rowspan="2">활동 내용</td><td>나무</td><td>• 수검자의 동일시 대상 나타냄(새, 다람쥐 등의 동물)
• 나무의 형태에 따라 자신의 개인적 변화과정을 반영
• 수검자의 심리상태를 파악할 수 있음</td></tr>
<tr><td>사람</td><td>• 사람이 어떤 행위를 하고 있는지 관심을 가져야 함
• 상호작용하는 자신 혹은 자아의 역할을 그림에 반영</td></tr>
<tr><td rowspan="12">표현양식</td><td>부착</td><td>• 삶을 풀어 나갈 수 없거나, 곤란을 겪고 있을 때 나타나는 상징적 관계로 성장을 방해</td></tr>
<tr><td>조감도</td><td>• 대상과 거리를 둠으로 불안을 조절하려는 것이 반영</td></tr>
<tr><td>구분</td><td>• 직선을 이용하여 그림에서 사물들을 의도적으로 분리시키는 것
• 구분을 통하여 수검자 자신을 분리시키거나 자신의 감정을 분리
• 타인으로부터 거부당하는 느낌, 또는 두려움
• 중요한 감정에 대해 부정하거나 수용이 어려운 경우
• 개방적인 의사소통이 어려운 경우
• 나이가 많은 소년은 어린 소년보다 구분하려는 경향이 많음</td></tr>
<tr><td>가장자리</td><td>• 직접적인 상호작용이나 개입 없이 수동적으로 관여하려는 욕구
• 친밀하고 깊은 수준으로 연관되는 것을 거부하는 방어적인 사람</td></tr>
<tr><td>포위</td><td>• 대상을 둘러싸는 선에 의해 갇혀 있는 경우
• 위협적인 인물을 고립시키거나 없애고 싶은 욕구</td></tr>
<tr><td colspan="2">• 용지 위로 확장되어 윗부분이 잘려 나간 그림: 나무 그림에서 많이 나타나며, 권력과 상승에 대한 욕구와 관련 있음</td></tr>
<tr><td colspan="2">• 용지 아래로 확장되어 아랫부분이 잘려 나간 그림: 현실에 기반을 두거나 소속되고 싶은 욕구와 관련 있음. 죄책감, 열등감과도 연관되며 신체 일부를 숨기려는 수검자에서 나타남</td></tr>
<tr><td colspan="2">• 용지 밑바닥에 선을 긋거나 'X' 표시를 한 그림: 매우 불안정한 가정을 시사, 안정에 대한 욕구를 나타냄</td></tr>
<tr><td colspan="2">• 용지 상단에 선을 그은 그림: 극심한 두려움이나 걱정, 정서적으로 불안정한 아동에게서 많이 나타남</td></tr>
<tr><td colspan="2">• 용지 하단에 밑줄을 그은 그림: 강한 기반과 안정성을 필요로 하는 것, 정서적으로 불안한 아동에게서 많이 나타남</td></tr>
<tr><td colspan="2">• 각 그림 아래에 밑줄을 그은 그림: 선이나 음영을 그려 넣은 부분을 안정시키려는 것을 나타냄</td></tr>
<tr><td colspan="2">• 시작했던 그림을 거부하고 전체를 다시 그리기 시작함: 처음 그린 그림의 내용과 역할에 겁을 먹고 다시 안전한 그림을 그리려는 것</td></tr>
<tr><td>상징</td><td colspan="2">• 그림에 나타난 각각의 상징은 많은 의미를 지님
• 보편성뿐만 아니라 개인의 특수성이 고려되어야 함
• 수검자가 속해 있는 문화권을 고려하여 적합한 해석이 되도록 노력해야 함</td></tr>
</table>

5) KHTP의 주의점 및 주안점

KHTP는 운동성이 첨가되어 있으므로 사물과 인물 간의 거리 및 상관관계를 더욱 주의 깊게 살펴야 하며 그 외에는 HTP 그림검사의 주의점 및 주안점과 비슷하다.

6) KHTP의 검사 사례

KHTP 사례 1

이○○(31/F), 주요우울장애

쓸쓸한 우리 집

나무가 우거진 한적한 시골에 집이 있고 사람 한 명이 혼자 살고 있다.
집에 있다가 나왔는데 아무도 없었다. 아무도 오지 않아 쓸쓸하고 외롭다.

■ KHTP

※ 질문은 수검자에 따라 바뀔 수 있다.

질문(PDI)	답변
• 이 그림의 내용은 무엇인가요?	그냥 집이 있고 나무가 있어요.
• 사람들은 어디에 있나요?	집 근처에 잠깐 나왔어요. 머리가 아파서…….
• 그 사람은 무엇을 하고 있나요?	그냥 조금 걷다가 아무것도 안 하고 가만히 있어요.
• 사람의 기분은 어떤가요?	외롭고 우울해요.
• 이 그림 속의 계절과 날씨는 어떠한가요?	가을이 오기 전이고 날씨는 그냥 그래요.
• 이 그림 주변에 뭐가 있나요?	나무 말고는 아무것도 없어요.
• 이 그림의 분위기는 어떤가요?	한적한 시골에 혼자 있는 집, 황량하고 싸늘한 느낌이에요.
• 이 그림을 보면 어떤 생각이 드나요?	누가 와 줬으면 좋겠다는 생각이 들어요.

전체적 인상: 집과 나무가 작게 표현되고 여백이 많아 삭막한 느낌의 인상을 줌. 집, 나무, 사람 간의 거리감이 느껴지며 그림의 선이 약하고, 묘사가 많지 않아 희미한 인상으로 보임. 나무는 일차원적으로 그려졌으며, 양쪽으로 나눠 그려져 있고 여러 그루이나 빈약해 보임. 전반적으로 외로움과 고립감이 느껴지며, 외부에 대한 차단 및 세상과의 상호작용에 어려움이 있을 것으로 생각됨.

형식적 · 구조적 분석	소요시간	5분	선의 획	끊어진 선이 많음
	수검태도	무심하게 그리며 사람 그림에 망설임	지우기	없음
	그린 순서	집, 나무, 사람	세부 묘사	없음
	위치	화지 중간	왜곡 및 생략	없음
	크기	작음	대칭성	없음
	필압	약함	투명성	없음

형식적 · 구조적 분석: 5분 정도의 소요 시간이 걸렸으며, 사람 그림에서 망설이는 모습을 보임. 그림을 그린 순서는 일반적이며 전체적으로 필압이 약하고 끊어진 선으로 표현됨. 흐릿한 그림은 불안정해 보이며, 그림에 대한 성의나 동기부여가 부족한 것으로 판단됨.

	집 표현의 특징			상징과 해석
내용적 분석	필수요소	지붕	뾰족한 세모 지붕	불안하고 불안정감, 신경증적 상태
		벽	지면과 떨어져 있고 비스듬함	불안정감, 불안, 우울, 기질적 상태
		창문	생략	폐쇄적이며 차단됨
		문	작은 문에 손잡이 표현	우유부단함
	기타 요소 없음			

나무 표현의 특징			상징과 해석
필수요소	수관	구름모양으로 표현	
	줄기	일차원적 표현	무력감, 결단력 상실, 만족 추구에 있어 부적절감
	가지	생략	대인관계나 타인과의 관계에서 즐거움과 만족을 얻지 못함
기타 요소 없음			
사람 표현의 특징			상징과 해석
사람요소	사람	한 명의 사람만 표현	대인관계에 대한 부적절감, 외로움, 우울
필수요소	머리	원 모양으로 표현	무기력감
	이목구비	모두 생략	대인관계의 갈등에 대한 회피, 사회적 관계에서의 철회
	표정	없음	회피, 우울
	몸통	둥그스름한 세모 모양으로 표현	약한 공격성, 미숙함, 퇴행
	팔	짧고 몸통에 붙어 있음	야망이 결여되어 있음, 약한 자아 강도, 수동적
	다리	짧고 서로 다른 길이로 표현	자율성이 결여됨, 불안정감, 의존적 성향
	손	없음	
	발	없음	
기타 요소 없음			

내용적 분석: 그림에 한 명의 사람만 그려져 있고, 상호작용과 운동성이 시사되지 않음. 사람의 표현이 빈약하고 얼굴의 이목구비는 모두 생략되어 있으며, 비스듬하게 그려짐. 대인관계에 대한 부적절감와 그에 대한 회피가 나타나며, 사회적으로도 철회하거나 고립되어 심리적 어려움이 있을 것으로 생각됨. 전체적으로 미숙하며, 회피적 성향으로 우울감이 있을 것으로 시사됨.

Maslow의 '욕구위계' 5수준 발달모형		수준 1 회피자: 생명, 생존, 안정, 안정에의 욕구
그림해석의 요소	그림 간 부착	서로 떨어져 있음
	순서	집–나무–사람
	활동내용	혼자 있는 사람으로 활동성이 없이 서 있는 모습

〈KHTP: 전체적 평가〉

빈약한 집의 모양이나 쓸쓸하고 외로운 사람의 표현을 통해 Maslow의 수준 1에 해당하는 것으로 볼 수 있음. 수검자의 무심하고 방어적인 태도에서 정서적 표현에 대한 어려움이 있어 보임. 사람 그림을 그리는 것에 대해 불편해 하는 모습에서 자아상에 대한 부적절감과 상호작용에 대한 부적응적인 모습이 있을 것으로 생각됨. 필압이 낮고 매우 작은 그림으로 그려져 자존감이 낮고, 불안정하며 우울이 있을 가능성이 있음. 내용적 요소로 보아 사회적으로 회피적이고 대인관계에 어려움이 있을 수 있으며, 고립감이 투사되어 나타남. 수검자는 외로움을 많이 느끼고 있으며, 모여 있는 나무들을 표현한 것으로 보아 정서적 지지와 따뜻함에 대한 욕구가 투사되어 반영됨. 종합적으로 보아 수검자는 현재 대인관계 및 사회적으로 활동이 거의 없으며, 정서적 지지체계도 부족하여 심각한 우울을 경험하고 있을 수 있음.

17

동적 가족화 그림검사 KFD

Kinetic Family Drawing

가족은 개인의 성장과 발달에 큰 영향을 미치는 매우 의미 있는 단위 중 하나로서 서로 간의 유대감을 형성하고, 지지와 도움을 주며 생활에서의 안정과 보호감을 제공한다. 동적가족화는 수검자의 가족을 파악하고 개인의 문제를 이해하며, 해결의 방향성을 찾는 데 도움이 되는 중요한 정보가 된다. 그리고 수검자가 자신의 가족을 그림으로 그리면서 가족 구성원간의 관계, 역할, 감정 등을 파악하는 것을 목적으로 한다. 이 그림검사는 가족화(Drawing A Family)에 움직임을 첨가한 투사검사로서 아동의 심리적 상태뿐만 아니라 가족 구성원 간의 역동성, 지지 및 갈등, 상호작용, 심리적 거리가 어떠한지를 이해하고 평가하는 데 도움이 되며 아동·청소년의 가족관계를 평가하기 위해 대표적으로 사용되는 그림검사이다.

1) KFD의 개발배경

KFD는 Burns와 Kaufman에 의해 개발되었다. 1951년 Hulse는 한 명의 인물을 그리는 것보다 가족을 그리게 하는 것이 더 유익한 정보를 얻을 수 있다고 생각하여 가족화를 그리기 시작하였고, 그 후 다양한 가족 그림검사가 소개되었으며 현재 KFD가 가장 많이 활용되고 있다. Burns와 Kaufman은 1970년대 후반에 가족관계의 평가 방법을 개선하고자 하였고, 기존의 역할, 지위, 권력을 중심으로 평가하던 방법에서 가족의 상호작용에 대한 정보를 제공받기 위하여 동적 가족화를 개발하였다. 이 검사는 정신분석론, 장(場) 이론, 지각의 선택성과 같은 이론을 기초로 하고 있으며 가족치료뿐만 아니라 다양한 상담 분야에서 중요한 임상적 의미를 제공하고 있다.

2) KFD의 특징

움직임이 없는 가족화에서는 일반적으로 가족 구성원을 나열한 그림을 그리는 경우가 많은데 이는 가족에 대한 정보가 제한적이다. KFD에서는 가족 구성원이 무엇인가 하고 있는 '움직임'을 더함으로써 가족 간의 감정적 상호작용이나 심리적 거리, 역할 등을 파악하는데 더 많은 정보를 제공한다. KFD는 그림 속에서 동작이 들어간 수검자와 가족 구성원의 크기, 거리, 행동(활동)을 통해 가족 구성원들 간의 힘의 분포, 친밀감 및 단절감, 관계를 파악하는 데 용이하다. 이 검사는 수검자의 눈에 비친 가족의 일상과 감정을 흰 종이 한 장 안에 그리게 함으로써 수검자의 주관적 · 심리적 환경에 대한 가족의 인지가 드러나며, 수검자의 성격 형성 및 가족 체계와 환경을 파악할 수 있다.

3) KFD의 실시방법

(1) 검사도구

A4 용지, 연필, 지우개

(2) 실시 순서

① 안전하고 편안한 환경을 제공하고 검사도구를 준비한다.
② A4 용지를 가로 방향으로 제시하고 KFD를 그릴 수 있도록 지시한다.
③ 시간제한은 없고 그림을 그리는 데 걸리는 시간을 기록한다.

KFD 지시문

- 자신을 포함하여 당신의 가족 모두에 대해 무엇인가 하고 있는 그림을 그려 보세요.
- 만화나 막대기 같은 사람이 아니고 완전한 사람을 그려 주세요.
- 무엇이든 어떠한 행위를 하고 있는 그림을 그려야 합니다.

④ 그림에 대한 질문(PDI)을 한 뒤 이를 기록한다.

KFD 질문(PDI)

- 이 사람은 지금 무엇을 하고 있나요?
- 이 사람의 좋은 점과 나쁜 점은 무엇인가요?
- 이 그림을 그리며 무슨 생각을 했나요?
- 이 그림을 보면서 무슨 생각이 드나요?
- 가족화에서 그린 상황 바로 전엔 어떤 일이 있었을 것 같나요?
- 앞으로 이 가족은 어떻게 될 것 같나요?
- 만일 이 그림에서 무언가를 바꿀 수 있다면 무엇을 바꾸고 싶나요?

4) KFD의 평가기준 및 해석

Hulse(1951)는 KFD에서 그림의 내용 못지않게 그림을 그리는 아동의 행동도 매우 중요하다고 강조하였다. 이후 Burns(1970)와 Kaufman(1972)이 보다 객관적으로 평가를 하기 위해 활동(action), 양식(style), 상징(symbol)의 세 영역으로 해석체계를 발전시켰다. KFD의 해석은 가족 구성원이 어떻게 그려졌는가를 가장 먼저 고려해야 하며 전체적으로 어떻게 그려졌는지를 파악하는 것이 중요하다. 현재까지 개발된 채점 체계 중 Burns의 채점체계는 KFD 모눈종이와 분석용지를 함께 사용하여 KFD에서 그려진 그림의 활동 내용, 스타일, 상징을 분석한다. Layton의 채점체계는 KFD의 특징을 각 157개 항목에 대해 각각 '그렇다' 또는 '아니다'로 채점하는 방식이다. Myers의 채점체계는 KFD와 이론적으로 관련된 26개의 변인을 채점하는 절차가 기술되어 있으며 각 항목은 한 변인에 해당하여 0점(적응) 혹은 1점(부적응)으로 채점된다. 이와 같은 해석체계를 바탕으로 KFD에서 중점적으로 살펴보아야 할 내용을 해석기준표로 정리하였고(부록 참조) 다음의 다섯 가지를 중심으로 해석할 수 있다.

(1) 인물상의 행위

어떠한 행동을 하고 있는 가족을 그리는 검사이기 때문에 인물의 행위가 가장 중요한 요소이다. 가족들의 행위에서 인물들의 상호작용에 대해 파악해야 한다. 가족 모두가 상호작용을 하는지, 일부만 상호작용을 하는지, 아니면 가족 구성원 모두 상호작용을 하지 않는지에 따라 수검자가 인지하는 가족의 역동성을 볼 수 있다. 또한 인물들의 행동은 가족 구성원들의 가족 내 역할에 대해 나타내기도 한다. 아동의 경우 가족 내 아동의 역할이 발달과정 중 부모상 또는 남성성, 여성성에 영향을 미칠 수 있기 때문에 살펴보는 것이 도움이 된다. 인물의 행위를 통해 협동성, 가학성, 자기애적 양상 정도를 살펴볼 수 있다. 예를 들어, 서로 협동적인 분위기인지, 경쟁적 분위기인지, 떨어져 있는지 나타날 수 있으며 누군가는 가학적으로 행동을 하고 다른 누군가는 무기력하게 당하고 있는지에 대해서도 나타난다.

(2) 그림의 양식

KFD에서 가족 구성원 및 사물의 위치를 용지 안에서 어떻게 구성하는가를 의미한다. 그림의 양식을 통해 가족 안에서 친밀감과 신뢰감, 감정 및 태도를 볼 수 있고 다양한 단서를 파악할 수 있다.

① 일반적 양식

대체로 온정적이고 긍정적인 상호작용을 하는 그림으로 가족 구성원 간 사이를 가로막는 사물이나 벽이 없으며 한 공간 안에 있는 상태를 그린 경우이다. 가족 간에 우호적인 상호작용을 하는 경우 나타난다.

② 구획화

가족 구성원을 의도적으로 분리하여 그리는 경우로 아동의 그림에서 흔하게 나타나는 양식 중 하나이다. 직선이나 곡선을 사용하여 구분하거나 그림을 그리기 전 종이를 접어 구획을 나눈 뒤 가족 구성원을 각각 그리는 경우도 있다. 가족 간의 긍정적인 상호작용과 애정 표현이 이루어지지 않거나, 응집력이 부족한 경우 함께보다 각자의 느낌이 더 강하다는 것을 의미한다. 구획화하여 나타낸 그림은 분노와 외로움이 있는 아동에게서도 자주 나타난다. 다른 가족 구성원으로부터 자신의 감정을 철회 및 분리시키려는 욕구를 드러내며 가족에 대해 불안해하고 있다고 해석할 수 있다.

③ 포위

가족 구성원 중 한 명 이상을 선 또는 책상과 같은 사물로 둘러싸이게 그리는 것을 말한다. 포위시킨 인물은 부정적인 관계나 위협적인 대상으로써 분리시키거나 폐쇄하고자 하는 욕구로 해석되기도 하고, 포위시킨 인물과 정서적으로 단결되어 있을 가능성도 있다. 또는 부정적인 영향을 주는 가족 구성원에게서 자신을 보호하는 의미로도 볼 수 있다.

④ 가장자리

인물을 A4 용지 가장자리 부분에 나열하여 그리는 경우를 말한다. 방어적인 아동의 경우에 종종 나타나며 그림을 그리고 싶지 않거나 긴장, 위축된 경우에도 가장자리 양식을 사용한다. 이러한 경우 가족 안에서 발생되는 문제를 회피하려는 경향을 보인다.

⑤ 인물 하선

가족 구성원 중 특정 인물의 밑에 선을 긋는 경우이며 보통 그 대상에게 불안감이 있는 경우 나타난다.

⑥ 상부의 선

가족 구성원 간에 안정감이 부족하거나 불안, 위기감을 느끼는 경우 나타나며 용지 윗부분에 한 개 이상의 선을 긋는 경우를 말한다.

(3) 상징

KFD에 그려진 사물이 상징하는 바를 말하며 모든 사물에 대하여 의미를 해석하는 것에는 어려움이 있다. 개인마다 사물의 의미는 다르며 보편적인 의미일 수 있으니 1:1 해석은 지양해야 하며, 다른 많은 정보와 의미를 고려하여 조심스럽게 해석해야 한다. 일반적으로 임상적인 의미가 있다고 인정되는 몇 가지 상징들의 예로 공격성과 경쟁심은 공, 던질 수 있는 물체, 빗자루로 나타날 수 있으며 애정과 온화는 태양, 전등 같은 열과 빛으로 나타날 수 있는데 강력하고 파괴적일 경우는 증오심이나 애정욕구를 나타낼 수 있다. 분노나 적개심은 칼, 총, 방망이 등 공격적인 물체로 나타날 수 있고, 힘의 과시로는 오토바이, 기차, 비행기로, 우울감으로는 비, 바다, 호수와 같이 물과 관계되는 것으로 나타날 수도 있다.

(4) 역동성

여러 가지 요소를 통해 그림 전체의 맥락에서 가족 간의 역동성을 파악할 수 있다.

① 인물 묘사의 순서

자신에게 중요한 인물을 순서대로 그리는 경우가 많고 때로는 자신이 지각하는 가족 내 힘의 서열을 반영하기도 한다. 가족 외의 인물을 먼저 그리는 경우엔 가족 내 소속감의 형성에 문제가 있을 수 있으며, 중앙에 자신을 제일 먼저 그린 경우 자기중심적 경향성을 나타내기도 한다.

② 인물상의 위치

A4 용지 안에 인물의 위치를 어디에 두었는지에 따라 임상적인 의미가 있으며, 수검자가 자신이라고 그린 인물의 위치를 확인하고 본인의 위치를 중심으로 다른 인물들의 위치를 살펴본다. 용지 상단에 그려진 인물은 주도적인 인물일 가능성이 높고, 하단에 그려진 인물은 우울하거나 에너지가 약한 인물일 수 있다. 우측에 그려진 인물은 외향성 및 활동성, 좌측에 그려진 인물은 내향성 및 침체성을 갖고 있는 인물일 가능성이 높다.

③ 인물상의 크기

가족 구성원의 실제 크기를 반영할 수도 있고, 객관적인 그림의 표현이 어려운 나이의 아동이라면 자신의 주관적인 감정과 중요도에 따라 크기가 달라질 수 있다. 크게 그려진 인물은 자신이 중요하게 생각하거나 존경받는 대상 또는 권위적인 대상일 수 있고, 가족의 중심적 위치에 있을 가능성이 높다. 작게 그려진 인물은 가정 내에서 약하거나 무시당하는 위치에 있는 경우이다.

④ 인물상 간의 거리

가족 구성원 간 친밀한 정도나 심리적 거리를 나타내는 것으로, 본인을 중심으로 가족 구성원들이 어느 정도 떨어져 있는지 살펴보는 것이 중요하다. 두 인물이 서로 방해물 없이 가까이에 있다면 친밀함을 의미하거나 혹은 정서적 거리감이 존재하는 것을 보상하고자 하는 표현일 수도 있다. 그림상 인물 간의 거리가 멀수록 심리적으로 멀리 떨어져 있는 대상일 가능성이 높다.

⑤ 인물상의 방향

KFD에서 인물이 바라보고 있는 방향에 따라 의미가 다를 수 있다. 정면을 향하고 있는 인물은 긍정적인 지각이 있을 수 있고, 뒷모습을 나타낸 인물은 억압적인 분노나 부정적 태도를 나타낼 수 있다. 옆을 바라보는 인물에게는 양가적인 태도를 보일 가능성을 생각해 볼 수 있다.

(5) 인물상의 특징

가족 구성원 중 특정 가족을 빼고 그리거나 그렸다 지운 흔적이 있는 것을 인물의 생략이라고 한다. 이는 생략한 인물에 대해 양가감정을 느끼거나 갈등, 불안, 적대감이 있는 경우, 혹은 인물의 중요도가 낮은 경우를 나타난다. 같이 살고 있는 가족 이외의 타인을 묘사한 경우 가족 구성원 중 친밀감을 느끼는 인물이 없거나 그림 안에서 그린 타인이 가족과 같은 중요한 인물로 볼 수 있다. 특정 인물에게 음영이 들어가 있는 경우 불안감을 느끼고 있거나 그 인물에 대한 분노, 적개심의 표현일 가능성이 있다. 얼굴의 표정은 가족 구성원의 직접적인 감정 반응을 나타내는데 이는 수검자가 가족 구성원에게 느끼는 정서 감정일 수 있다. 얼굴 표정을 생략한 경우 가족 간 정서적 표현의 어려움이나 갈등, 거리감의 표현으로 볼 수 있다.

KFD 해석 기준표

이름:	나이:	성별:

1. 가족 묘사 순서:
2. 타인의 묘사:
3. 가족 구성원의 생략:
4. 가족 간 거리, 위치, 방향:
5. 가족 간의 힘의 크기:

6. 가족원의 활동 내용

인물	크기	특징	개인적 활동 내용

가족 간 활동 내용(상호작용)

7. 그림의 양식(일반, 구획화, 포위, 가장자리, 인물 하선, 상부의 선, 하부의 선 유무):

8. 그림에서 사용된 상징의 유무:

PDI를 바탕으로 전체적 평가

5) KFD의 주의점 및 주안점

(1) 그림의 내용과 그림을 그리는 태도도 중요한 해석 요소이기 때문에 수검자가 그림을 그리는 과정을 꼭 지켜보아야 한다(단, 수검자가 부담을 느끼지 않도록 주의해야 함).

(2) 그림을 그리는 과정에서 수검자의 질문에 그림에 영향을 주지 않는 선에서 답하며 개입을 많이 해서는 안 된다.

(3) 가족과 관련한 그림은 수검자의 발달 수준과 문화적 배경에 따라 차이가 있을 수 있으므로 이에 대한 이해가 필요하다.

(4) 상징에 대한 해석은 수검자의 여러 가지 정보와 함께 종합적으로 신중하게 해석되어야 한다.

(5) 움직이는 가족 그림에 어려움을 느낄 수 있으니 무엇인가를 하는 그림으로 유도하여 그림에 대한 부담감을 덜어 주며, 수검자가 그림에 제약이 있으면 설명이나 글로 쓸 수 있도록 한다.

(6) 그림의 내용에 따라 이벤트적 상황이나 소망이 나타날 수 있으니 그림 속 인물과 사람에 대한 PDI를 꼼꼼하게 해야 한다.

6) KFD의 검사 사례

KFD 사례 1

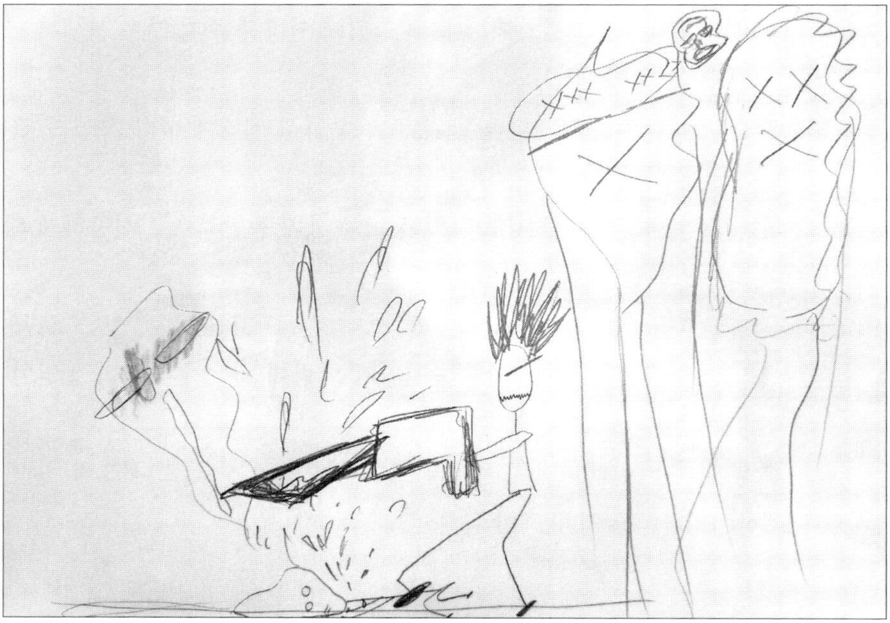

김○○(13/M), 품행장애

모두 죽어야 끝

"다 죽일 거예요."

총, 칼로 동생을 잔인하게 공격하고 있고 쓰러진 동생은 피를 흘리며 죽어 가고 있다.

이미 공격을 받은 엄마, 아빠는 유령이 되어 그 모습을 지켜보고 있다.

평가기준 및 해석		
인물상의 행위	대상 간 상호작용	일부
	긍정적 상호작용	
	부정적 상호작용	있음
그림의 양식	일반적 양식	
	구획화	
	포위	
	가장자리	
	인물하선	
	상부의 선/하부의 선	하부
역동성	인물 묘사의 순서	본인 → 동생 → 부모
	인물상의 위치	
	인물상의 크기	부모 > 본인 > 동생
	인물상의 거리	가까움
	인물상의 방향	
	인물의 생략/타인 묘사	

그림에서 보인 공격적 · 가학적 행동은 가족에 대한 유대감, 친밀감이 아닌 엄청난 분노와 적대감을 느끼고 있음을 알 수 있다. 자신을 가장 먼저 그렸고 동생을 작고 힘이 없는 가장 연약한 존재로 인식하고 있으며 유령이 된 엄마와 아빠의 크기는 상대적으로 크게 그렸지만, 동생을 잔인하게 공격하는 장면을 무기력하게 바라보고 있는 모습에서 부모가 평상시 수검자의 행동을 중재하기보다 방관자적 태도로 대했을 것으로 추측할 수 있다. 하부의 선을 표현한 것과 자신을 막대기 상으로 그린 것은 가족 간 갈등 관계에 있거나 정서적으로 애정적 교류가 부족하다고 볼 수 있고, 가정에서 정서적 지지나 안정감을 제공하지 못할 가능성이 있다. 그림의 선을 빠르게 휘갈기듯 그린 것은 수검자의 충동성을 나타내며 그림 안에서 보이는 반사회적 행동에 대한 수검자의 태도에서 도덕적 경각심의 부족을 볼 수 있다.

KFD 사례 2

박○○(12/M), 주의력결핍 과잉행동장애

감옥 같은 집

"아무것도 못 하게 해요."

방에 갇힌 채 구석에 앉아 답답함에 울고 있다.

왼쪽 방에는 동생과 아빠가 함께 TV를 보고 있고,

엄마는 가장 위쪽에 식탁을 밟고 올라서서 회초리를 들고 서 있다.

평가기준 및 해석		
인물상의 행위	대상 간 상호작용	일부
	긍정적 상호작용	
	부정적 상호작용	있음
그림의 양식	일반적 양식	
	구획화	있음
	포위	
	가장자리	
	인물하선	있음
	상부의 선/하부의 선	
역동성	인물 묘사의 순서	엄마 → 아빠, 동생 → 본인
	인물상의 위치	
	인물상의 크기	엄마 > 본인 > 아빠, 동생
	인물상의 거리	동생–아빠 가까움
	인물상의 방향	
	인물의 생략/타인 묘사	

이 그림의 가장 큰 특징은 명확한 구획화이다. 자신의 방 안을 한 번 더 십자 모양으로 분리한 것은 가족 간의 상호작용으로부터 자신을 강하게 방어하고 있고, 외롭거나 억압된 분노의 표현으로 해석할 수 있다. 아빠와 동생을 한 공간에 둔 것은 두 사람의 동일시를 나타내거나 정서적으로 친밀한 관계로 볼 수 있다. 엄마의 위치와 크기로 보아 가족 내에서 주도적 역할을 하는 인물이며 회초리를 들고 있는 모습은 지시적이며 강압적인 양육 태도를 나타낸 것으로 보인다. 인물을 막대기 상으로 표현하거나 지저분한 선의 처리는 부주의하고 충동적 성향을 나타내며 자기 손의 생략은 자신감의 결여와 무기력함을 나타낸다. 가족 내에서 긍정적 교류와 상호작용이 매우 부족한 것으로 보이며 가족 구성원의 얼굴의 생략은 가족 구성원과의 정서적 갈등을 회피하거나 유대감의 부족으로 나타날 수 있다. 수검자는 가족 내에서 긍정적 상호작용이나 수용받는 경험보다는 지시나 압박을 느끼며 위축되어 있음을 알 수 있다.

18

물고기 가족화 FFD

Fishes Family Drawing

어항(fish bowl)은 '개인의 사생활이 없는 상태'라는 중의적 의미를 가지고 있다. 물고기 가족화는 어항이라는 제한된 공간에 물고기를 그림으로 그리도록 하여 방어를 낮추고 가족을 표현할 수 있도록 만든 투사적 그림검사이다. KFD와 마찬가지로 가족 간의 관계와 역동성을 알아보기 위한 그림검사이지만, 물고기라는 친숙한 상징을 사용함으로써 유아들에게 더 친숙하게 사용이 가능한 그림검사이다.

1) FFD의 개발배경

FFD는 개발자가 불분명하지만, 임상에서 널리 사용하고 있으며 이름과 방법에서 약간의 차이가 있는 것으로 보아 여러 사용자에 의해 연구되어 온 그림검사일 것으로 추측된다. 이후 다른 연구에서 FFD의 몇 가지 그림 요소가 가족 건강성 수준과 연관이 있는 것으로 나타났으나 현재로서 개발 배경과 출처가 명확하지 않다.

2) FFD의 특징

FFD는 사실적인 가족을 그리는 것에 대한 부담이 있거나 인물을 그리기에 적합하지 않은 아동에게 실시하기 좋은 검사이다. 어항이라는 설정된 공간 안에 가족을 사람의 형태가 아닌 물고기로 표현함으로써 그리기가 쉬워지고 저항감을 줄일 수 있어서 그림 그리기에 대한 어려움이 있는 수검자들에게 유용하게 쓰일 수 있다. FFD는 물고기의 다양한 표현을 통해 가족 구성원 간의 거리와 위치, 방향, 상호관계를 파악할 수 있다. 그림을 그리는 과정에서 가족 간의 관계 경험을 떠올리며 현재의 가족 모습이나 가족에 대한 느낌, 생각, 감정을 나타낼 수 있고 더불어 개인의 심리상태와 갈등을 일으키는 주제를 파악하는 데 용이하다.

3) FFD의 실시방법

(1) 검사도구

어항이 그려진(혹은 그려지지 않은) A4 용지, 연필, 지우개

※ 필요에 따라 채색도구를 사용할 수 있다.

(2) 실시순서

① 안전하고 편안한 환경을 제공하고 검사도구를 준비한다.

② A4 용지를 제시하고 FFD를 그리도록 지시한다.

③ 그림에 대한 질문(PDI)을 한 뒤 이를 기록한다.

FFD 지시문

- 어항 속에 물고기 가족이 무엇인가 하고 있는 그림을 그려 보세요.
- 반드시 물고기 가족이 무언가를 하고 있는 그림을 그리도록 해야 합니다.
- 자신이 꾸미고 싶은 대로 자유롭게 그리세요.

FFD 질문(PDI)

- 물고기를 그린 순서가 어떻게 되나요?
- 물고기 가족은 무엇을 하고 있나요?
- 그림을 그리며 어떤 기분이 들었나요?
- 그림의 다음 장면에서 어떤 상황이 벌어질까요?
- 물고기의 종류는 무엇인가요?
- 이 물고기의 특징(장단점)은 무엇인가요?

4) FFD의 평가기준 및 해석

FFD의 해석기준에 대한 타당도와 효과성이 입증된 연구가 없기 때문에 가족화에 근거하여 전체적인 인상과 그림의 구조적 요소, 내용적 요소를 보고 종합적으로 해석하도록 한다.

(1) FFD에서 주로 표현되는 내용에 대한 해석

① 물의 양

물의 양은 물고기의 행동반경을 나타내기 때문에 어항의 2/3 정도를 차게 그린 경우 정서적으로 안정된 상태로 보며, 1/2 이하는 정서적으로 결핍된 상태로 볼 수 있다. 어항에 물이 가득 차 있음에도 밖에서 물 호스를 연결한 표현은 억압된 욕구의 분출을 나타내는 것으로 보며, 충동적 성향, 검사에 대한 회피로도 해석된다.

② 그리는 순서

물고기를 그리는 순서는 수검자가 생각하는 인물의 중요도에 따라 나타나며 친밀함의 정도와 권위의 정도로 나타날 수 있다. 가족 중 그리지 않는 사람이 있다면 그것은 수검자와의 갈등관계에 있거나 불편함을 드러내는 것이다. 죽은 가족을 표현하였다면 그것은 수검자와 잊지 못할 친밀한 관계로 볼 수 있다.

③ 물고기의 위치와 거리

본인을 중심으로 수검자의 위쪽에 위치한 대상은 권위적이거나 지배적 인물이거나 또는 가족 내에서 영향력이 제일 높은 것으로 해석할 수 있다. 수평 배열의 인물은 친밀한 관계를 나타내고 하단에 위치한 경우는 대상자가 힘이 없는 경우로 볼 수 있다. 마주 보는 물고기를 그린 경우 긍정적인 관계 또는 대립의 관계일 수 있으므로 해석 시 주의해야 한다. 물고기 간의 거리는 KFD에서 인물 간의 해석과 마찬가지로 중심에 자신을 그리는 것은 자기중심성과 관심 욕구로 볼 수 있으며 거리가 가까울수록 친밀하거나 친밀하고자 하는 소망을 나타냈을 수 있다. 반대로, 거리가 먼 것은 갈등적이거나 불편한 관계로 볼 수 있다. 물고기의 방향은 가족 구성원 모두 같은 방향으로 헤엄치거나 시선이 모여 있는 것을 가장 이상적으로 보며, 방향이 각각 다르거나 흩어져 있는 경우 가족 내 응집력이나 애정이 상실됨을 표현한 것으로 해석할 수 있다.

④ 물고기의 크기

물고기의 크기는 그리는 순서와 같이 가족 내 서열을 나타내는 중요한 단서가 된다. 크기가 클수록 가족 내에서 중요한 인물로 보며 자신감이 있고 외향적인 인물로 볼 수 있다. 지나치게 작은 물고기의 경우 위축과 내향적임을 나타낸 것으로 본다. 자신의 물고기를 지나치게 작게 그리는 경우는 퇴행, 의존적, 애정욕구가 있는 경우에 나타난다. 어항에 비해 물고기의 크기가 지나치게 큰 경우엔 충동적이거나 심리적으로 불안정한 상태를 의미한다.

⑤ 물고기의 표현(모양)

물고기를 세심하게 표현할수록 대상에 대한 애정과 관심이 많음을 의미한다. 실제 화려한 인물은 화려한 물고기의 표현으로 나타날 수 있으며 지나치게 화려한 경우 실제와 다르게 보상심리에 의한 표현일 수 있다. 지느러미의 강조는 활동성이 강하거나 자발적인 사람에게 많이 나타나며 방어적으로 말하고 싶지 않은 상태나 실제 말수가 적은 경우 입을 생략하고 그리는 경우가 있다. 비늘에 대해 꼼꼼하게 표현한 것은 강박적 성향이 나타난 것으로 본다. 이를 드러낸 물고기는 공격적 표현과 불쾌한 감정을 나타내는 것으로 본인 또는 다른 인물에게 표현할 수 있으며 타인의 경우 수검자에게 실제로 위협을 주는 인물인 경우가 많으므로 그려진 대상과 수검자의 관계를 잘 살펴봐야 한다.

⑥ 불안 요소

어항에 손잡이를 그리거나 어항에 받침이나 탁자를 그려 넣는 경우는 불안한 심리가 나타난 것으로, 안전에 대한 욕구로 해석된다.

⑦ 여러 가지 장식 표현

물고기가 아닌 주변 장식을 그리는 데 많은 에너지를 쏟는다면 사회에 대한 관심을 많이 갖고 있음을 의미한다. 주요 과제인 물고기보다 다른 장식 표현을 우선으로 그리는 경우에 가족에 대한 회피 또는 지시에 대한 요점을 파악하지 못하는 것으로, 학습적인 부분과 연관되어 실제 학습 내용을 이해하는 데 어려움을 겪는 경우가 많다. 물고기의 먹이를 그린 것은 애정과 보살핌의 욕구로 보며 물풀과 돌의 지나친 표현은 열등감 또는 인물 간의 분리나 포위하기 위해 사용된다. 여기서 분리는 함께하고 싶지 않은 상태이며 포위는 그 반대의 상태를 의미한다. 산소기는 의존적인 상태나 답답함을 호소할 때 표현되며, 기포가 많은 것은 스트레스가 많음으로 해석한다. 어항 안에 집을 그리는 경우는 수검자가 현재 휴식이 필요하거나 안정된 집에 대한 욕구와 보호받고자 할 때 자주 나타난다.

5) FFD의 주의점 및 주안점

(1) 실제 어항을 보며 그리지 않도록 한다. 검사를 실시하는 장소에 어항이 있다면 미리 가려 놓거나 보이지 않도록 조치한다.
(2) FFD는 검사의 개발에 대한 역사와 출처가 명확하지 않다.
(3) 선행연구의 부족으로 해석 준거에 대한 신뢰도나 타당도가 확보되지 않아 해석에 어려움이 따른다.
(4) 평가적인 견해로 그림의 내용에 지나친 해석과 진단을 하지 않는 것이 좋다.
(5) 물고기의 종류와 상식을 어느 정도 알고 있는 것이 도움이 된다.
(6) 물고기 그림에 대한 수검자의 의미를 최대한 파악할 수 있도록 한다.

6) FFD의 검사 사례

FFD 사례 1

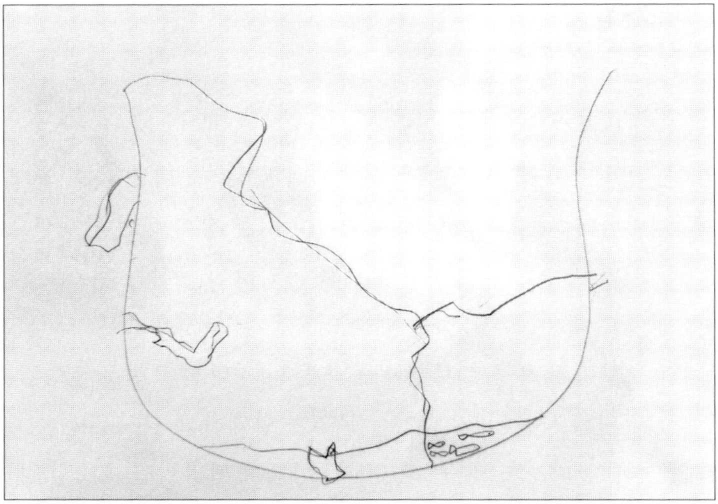

우○○(12/F), 범불안장애

숨을 쉴 수 없어요.

어항이 심하게 깨져 있고 물은 바닥에 아주 조금만 남아있는 상태다.
산소기는 망가져 있고 물고기는 숨을 쉬기 위해 위를 향해 입을 벌리고 있다.
가족 물고기 모두 이를 외면하듯 다른 방향으로 헤엄쳐 가고 있다.

평가기준 및 해석	
물의 양	매우 적음
그리는 순서	본인 물고기 → 가족 물고기
물고기의 위치	하단에 위치
물고기의 거리	본인 물고기 ↔ 가족 물고기
물고기의 크기	본인 물고기 > 가족 물고기
물고기의 표현	빈약함
불안 요소	있음

어항의 상태는 위태롭고 물고기가 도저히 살 수 없는 공간으로 보인다. 물고기는 숨을 쉬는 것조차 힘든 상황으로 매우 위급하고 답답한 상황을 나타내었다. 자신의 물고기를 먼저 그린 뒤 마지못해 가족 물고기를 그린 것으로 보아 가족 구성원들과 상호작용이 단절되어 있으며 긍정적인 관계가 형성되어 있지 않음으로 보인다. 어항의 갈라진 금은 가족과 분리된 것을 표현하였고 다른 가족 구성원 물고기는 수검자를 외면하듯 다른 방향으로 헤엄치고 있다. 이는 수검자가 가족 내에서 소외되어 있으며 돌봄을 받지 못함을 나타낸다. 어항뿐만 아니라 산소호흡기까지 파손된 것으로 보아 가정 내에서 도저히 안정감을 느낄 수 없으며 매우 두렵고 공포스러운 상태이다. 깨져 있는 어항, 바닥이 보이는 물에서 생명의 위협을 느끼고 있다.

FFD 사례 2

황○○(8/M), 적대적 반항장애

폭탄 어항

어항은 호수를 통해 계속해서 물이 차오르고 있고 어항 밖으로 물이 넘치고 있다.
아빠 물고기는 거대하고 날카로운 이빨이 있으며
엄마 물고기는 아래쪽에서 내담자와 동생을 공격하듯 쫓고 있다.

평가기준 및 해석	
물의 양	매우 많음
그리는 순서	아빠 → 엄마 → 본인 → 동생
물고기의 위치	아빠 물고기 상부
물고기의 거리	본인, 동생 물고기 외 모두 거리감 있음
물고기의 크기	아빠 > 엄마 > 본인 > 동생
물고기의 표현	빈약함
불안 요소	있음

어항이 불안정하게 서 있고 호수를 통해 계속해서 물이 어항 밖으로 넘치고 있다. 이는 수검자의 부주의함과 충동성으로 보인다. 아빠를 가족 구성원의 위쪽에 첫 번째로 그렸고 어항의 반을 차지할 만큼 크게 그렸으며, 날카로운 이를 강조하였다. 이는 가족 내에서 아빠를 가장 힘이 있고 공격적이며, 권위적인 인물로 느끼고 있다고 볼 수 있다. 엄마 물고기는 입을 크게 벌리고 공격하듯 수검자와 동생 물고기를 쫓고 있으며 수검자는 날카로운 이빨을 드러내며 동생과 도망치고 있다. 동생을 가장 빈약하고 작게 그려 가족 내 힘이 없는 존재로 표현하였고, 자신은 날카로운 이빨을 통해 엄마에 대한 공격성을 드러내고 있다. 해초를 그려 넣어 자신과 동생을 엄마로부터 분리하였고 이는 엄마의 공격으로부터 방어하려는 것으로 볼 수 있다. 부모로부터 긍정적 상호작용이 보이지 않고 오히려 자신을 해치려는 공격적인 물고기로 표현하였다. 자신은 아직 작은 물고기지만 부모와 비슷한 모습으로 분노, 공격성을 표현하고 있다.

19

새 둥지화 BND

Bird's Nest Drawing

새 둥지화는 애착이론에 근거하여 개인의 애착 안정성을 평가하는 데 임상적으로 유용한 투사적 그림검사이다. BND를 통해 애착 안정성을 평가하고, 묘사된 내용을 통해 애착 체계와 가족 역동성의 개인 내적 표상을 확인할 수 있다. 특히 수검자의 내면화된 불안정한 내적작동모델을 재구조화하거나 교정하는 것을 목적으로 하는 그림검사이다.

1) BND의 개발배경

BND는 1996년 Kaiser가 애착 안정성에 대한 심리적 표상을 외현화하는 것에서 발전되었다. BND의 둥지가 원형의 형태임을 고려하였고, 원형의 이미지가 가정을 상징한다는 집단 무의식을 가정하였다. 원형의 이미지 구성을 통해 가정에 대한 방어를 낮추고 은유적으로 인식하는 것이 가능하다고 보았다. 이런 맥락으로 BND를 애착이론과 접목하여 진단도구로 제안하였으며, 그림을 통해 애착관계에 대한 감정적 · 시각적 경험과 내적 표상을 외현화할 수 있음을 주장하였다.

2) BND의 특징

BND는 은유적이고 상징적인 방식으로 가정을 표현하게 하므로 수검자의 방어가 적기 때문에 심리적 안정감을 줄 수 있다. 그림을 통해 수검자의 양육, 돌봄, 보호 등의 경험과 애착과 관련한 근본적 믿음, 목표, 애착 행동의 형성 및 다른 가족 구성원과의 상호 관계성을 파악하는 것에도 유용하다. 색을 사용할 수 있어 수검자의 감정과 정서의 반영도 살펴볼 수 있으며, 안정 애착과 불안정 애착의 유형에 따라 부모 새와 아기 새, 양육 활동, 둥지의 크기와 위치 등의 표현이 다르게 나타나는 특징이 있다.

3) BND의 실시방법

(1) 검사도구

흰색 Letter 용지(8 $^1/_2$ × 11″), 연필, 지우개, 8색의 가는 마커펜

※ 국내에서는 주로 A4 용지나 8절 도화지, 연필, 지우개, 8색 이상의 색연필이나 마커펜 사용

(2) 실시순서

① 편안한 환경에서 그림을 그릴 수 있도록 검사도구를 준비한다.
② 지시문 제시 후, 그림을 그리는 시간을 충분히 주지만 보통 10~20분 내외이다.
③ 그림이 완성되면 그림을 보고 연상되는 제목과 내용을 문장으로 만들어 보도록 한다.

BND 지시문

• 새 둥지를 그리세요.

4) BND의 평가기준 및 해석

Kaiser는 BND에 표현되는 성격적 도식 및 애착 안정성을 검증하고 측정하기 위하여 분석지표(Attachment Rating Scale: ARS)를 발전시켰다. 둥지의 기능과 정신건강 병리학, 새와 알의 관련 요소를 따라 14개의 분석지표와 채점 준거가 마련되어 있다. 새 둥지화를 통해 안정 애착과 불안정 애착의 두 가지 카테고리에 따라 평가(Bird's Nest Drawing Two Category Checklist: BND-TCC)할 수도 있다. 그림을 그린 후 수검자가 연상한 그림의 제목과 내용을 고려하여 종합적으로 해석해야 한다.

표 19-1 BND 분석지표와 채점기준

분석지표	채점준거
내용(contents)	둥지에는 내용물이 있는가?
나무(tree)	둥지는 나무에 의해 지지받고 있는가?
바닥(bottom)	둥지에는 바닥이 있는가?
담을 가능성(able to contain)	어떤 내용물이 들어 있든 떨어지지 않도록 기울지 않는가?
공간(space) 사용	종이를 1/3 이상 사용 하였는가?
배치(centered image)	둥지를 중심에 두었는가?
색상(colors)	3~5개의 색상을 사용하였는가?
선의 질(line quality)	선은 적절한가?
둥지의 크기(nest)	여백(대상물)이 1/3 이하인가?
아기 새들(baby birds)	아기 새들이 들어 있는가?
부모 새들(parent birds)	부모 새들이 들어 있는가?
아기 새 또는 부모 새들(either baby or parent)	아기 새 또는 부모 새들이 들어 있는가?
두 부모 새들(two parents birds)	두 부모 새들이 들어 있는가?
알들(eggs)	(새는 없고) 단지 알들만 들어 있는가?

표 19-2 BND-TCC

카테고리	체크리스트
안정 애착 지표	새들이 포함되어 있음
	새들의 가족이 포함되어 있음
	환경이 포함되어 있음
	4가지 이상의 색이 사용됨
	초록색이 지배적인 색상임
불안정 애착 지표	갈색이 지배적인 색상임
	둥지가 기울어져 있음
	둥지 바닥이 없음
	둥지 바닥이 취약한 곳에 있음
	다시 그리기, 지웠거나 생략된 요소가 포함됨
	기괴한, 일관되지 않은, 무질서한 요소가 포함됨

(1) 둥지의 기능

① 내용

안정 애착 지표에 근거하여 그림 속에 새와 새 가족의 표현이 있는지 살펴보고, 특히 둥지는 가정을 상징하기 때문에 가족 구성원을 상징하는 새나 알의 표현과 양육환경을 나타내는 대상 간의 거리, 돌봄의 표현, 먹이 요소와 주변 환경 등을 종합하여 고려해야 한다.

② 나무

둥지가 나무에 의해 지지받고 있는지 확인해야 한다. 새라는 종의 특성상 둥지 바닥이 취약한 곳에 있으면 포식자에게 위협받을 가능성이 있기 때문에 둥지가 안전이 보장된 곳에 표현되었는지 파악해야 한다.

③ 바닥

바닥의 생략은 공허하고 불안정한 느낌을 주기 때문에 둥지의 바닥이 그려지지 않은 그림은 불안정 애착 지표에 해당한다.

④ 담을 가능성

어떤 내용물이 들어 있든 떨어지지 않도록 둥지의 기울기를 확인해야 한다.

(2) 정신건강/병리학 관련 요소

① 공간 사용

종이를 1/3 이상 사용하여 그렸는지 확인하는 것은 다른 투사적 그림검사에서와 마찬가지로 수검자가 너무 위축되었거나 정서적으로 고양된 상태인지를 살피는 것이다.

② 배치

둥지를 그림의 중심에 배치하는 것은 수검자가 정서적으로 평온한 상태이며 자신을 중심으로 하여 환경을 구성할 수 있는 능력이 있음을 시사한다.

③ 색상

그림에서 색채의 사용은 수검자의 감정과 정서를 반영하는 것이다. 안정 애착 지표에 해당하는 그림은 4가지 이상의 색이 사용되거나 전반적으로 초록색이 지배적인 것에 반하여, 불안정 애착 지표에 해당하는 그림은 갈색이 지배적인 색상으로 나타나는 경향이 있다.

④ 선의 질

수검자의 에너지 수준을 알 수 있는 지표로, 에너지 수준에 따라 선의 질이 달라진다. 수검자가 자신감이 없거나 우울한 경우 필압이 약하게 표현될 수 있으며, 강한 필압은 공격적인 성향이거나 긴장감의 표현일 수 있다.

⑤ 둥지의 크기

여백(대상물)의 표현이 1/3 이하로 표현되었는지 확인해야 한다. 둥지에 비하여 너무 큰 거나 작은 대상물이 그려져 있는 경우 해당 대상물이 수검자에게 주는 의미가 무엇인지 탐색해 볼 필요가 있다.

(3) 새와 알의 요소

① 아기 새들

아기 새는 모성애나 부모에 대한 욕구, 보호받고 싶은 욕구 등을 상징하는 요소로 해석할 수 있으며, 아기 새의 상태, 크기, 위치에 따라 그림에 반영된 욕구를 살펴보아야 한다.

② 부모 새들

부모 새는 가족관계 및 부모에 대한 정서, 가정환경 등을 상징하는 요소로 평가할 수 있다.

③ 아기 새 또는 부모 새들

아기 또는 부모 새들의 표현은 안정 애착 지표에 해당하는 내용으로 새 가족을 상징하며, 일반적으로 가족 구성원 간의 상호작용 및 가족 구조 등을 살펴볼 수 있다.

④ 두 부모 새

두 부모 새가 표현된 위치, 크기, 행위 등을 통해 부모의 양육 태도와 자녀에 대한 관심, 보살핌 등의 양육 환경을 파악할 수 있다.

⑤ 알들

알은 새끼 새가 태어날 가능성을 시사하는 것으로, 알의 크기나 균열의 표현에 따라 새끼 새의 생존 가능성과 연결 지어 해석할 수 있다. 알의 무늬는 수검자의 창의력이나 사고의 유연성, 알의 숫자는 가족 구성원을 시사하거나 상호작용과 관련지을 수 있다.

5) BND의 주의점 및 주안점

(1) "새 둥지를 그리세요."라고 지시한 후 수검자의 질문에 자유롭게 그릴 수 있도록 안내하여 그림에 대한 어떠한 단서도 제공하지 않음으로써 자연스러운 표현을 끌어내도록 한다.

(2) 검사 결과를 해석할 때 각 그림의 요소를 따로 평가하는 것이 아닌, 전체적인 그림의 맥락과 그림에 대한 수검자의 이야기를 종합적으로 고려하여 판단한다.

(3) 집단으로 BND를 실시할 때, 수검자가 타인의 그림을 모방하지 않도록 주의해야 한다.

(4) 새 둥지가 아닌 새 장이나 새 집으로 표현하는 경우 그 의미를 탐색해야 한다.

(5) 새 둥지의 개념을 이해하지 못하는 경우가 있을 수 있으므로, 단어적 의미를 이해하고 검사에 임하는 것인지 확인해야 한다.

6) BND의 검사 사례

BND 사례 1

김○○(13/F), 반응성 애착장애

외로운 아기 새의 죽음

아직 날 수 없는 아기 새는 혼자서 밥을 먹을 수도, 스스로를 지킬 힘도 없다.
부모 새가 멀리서 무언가를 하는 동안 아기 새는 혼자 둥지를 지키다 쓸쓸히 떠났다.

Bird's Nest Drawing Attachment Rating Scale		
분석지표	채점준거	
내용(contents)	둥지에는 내용물이 있는가?	✓
나무(tree)	둥지는 나무에 의해 지지받고 있는가?	
바닥(bottom)	둥지에는 바닥이 있는가?	
담을 가능성(able to contain)	어떤 내용물이 들어 있든 떨어지지 않도록 기울지 않는가?	✓
공간(space) 사용	종이를 1/3 이상 사용 하였는가?	
배치(centerd image)	둥지를 중심에 두었는가?	
색상(colors)	3~5개의 색상을 사용하였는가?	
선의 질(line quality)	선은 적절한가?	
둥지의 크기(nest)	여백(대상물)이 1/3 이하인가?	✓
아기 새들(baby birds)	아기 새들이 들어 있는가?	✓
부모 새들(parent birds)	부모 새들이 들어 있는가?	
아기 새 또는 부모 새들(either baby or parent)	아기 새 또는 부모 새들이 들어 있는가?	
두 부모 새들(two parents birds)	두 부모 새들이 들어 있는가?	
알들(eggs)	(새는 없고)단지 알들만 들어 있는가?	

둥지에는 아기 새의 표현이 있으나 죽음을 암시하는 내용이 반영되었다. 둥지는 나무에 의해 지지받고 있지 않으며, 종이는 1/3 미만으로 사용되었다. 전반적인 그림에서 나타난 선의 질은 힘이 없고 흐리게 표현되었으며 양육 활동 및 깨진 알을 제외한 온전한 알 등이 표현되지 않았다. 안정 애착 지표인 새의 표현은 있으나, 환경의 표현이 없으며 4색 미만의 색이 사용되었다. 불안정 애착 지표인 둥지의 바닥이 없으며 지우고 다시 그린 흔적이 있다.

이와 같은 내용을 종합하면, 종이에 비하여 작은 둥지의 표현은 위축되고 억압된 정서 상태를 암시한다. 힘이 없는 선으로 바닥이 없고 정돈되지 않은 둥지는 수검자의 빈약한 심리적 지지 기반을 반영하였을 가능성이 높다. 가정 내에서 보호받거나 안정적인 유대감을 형성하는 대신에 양육이 필요한 순간에 방치되거나 방임을 경험했을 가능성을 시사한다.

BND 사례 2

장○○(23/F) 신경성 식욕부진증

한 입만 더 먹자

"엄마, 나는 배부르다고요."

이미 배가 불러 그만 먹고 싶은 아기 새의 마음도 모르고

엄마 새는 자꾸 벌레를 물어 와 먹이려고 한다.

"한 입만 더 먹자."

Bird's Nest Drawing Attachment Rating Scale		
분석지표	채점준거	
내용(contents)	둥지에는 내용물이 있는가?	✓
나무(tree)	둥지는 나무에 의해 지지받고 있는가?	
바닥(bottom)	둥지에는 바닥이 있는가?	
담을 가능성(able to contain)	어떤 내용물이 들어 있든 떨어지지 않도록 기울지 않는가?	✓
공간(space) 사용	종이를 1/3 이상 사용 하였는가?	✓
배치(centerd image)	둥지를 중심에 두었는가?	✓
색상(colors)	3~5개의 색상을 사용하였는가?	
선의 질(line quality)	선은 적절한가?	✓
둥지의 크기(nest)	여백(대상물)이 1/3 이하인가?	
아기 새들(baby birds)	아기 새들이 들어 있는가?	✓
부모 새들(parent birds)	부모 새들이 들어 있는가?	✓
아기 새 또는 부모 새들 (either baby or parent)	아기 새 또는 부모 새들이 들어 있는가?	✓
두 부모 새들(two parents birds)	두 부모 새들이 들어 있는가?	
알들(eggs)	(새는 없고)단지 알들만 들어 있는가?	

둥지에 아기 새와 알들의 표현이 있고, 둥지 가까이에 어미 새가 있다. 둥지는 기울지 않았으나 둥지를 지지하는 나무와 바닥의 표현이 없다. 종이를 1/3 이상 사용하였고, 둥지는 그림의 중심에 배치되었다. 1~2색이 사용되었고 선의 질은 적절하다. 아기 새와 부모 새의 거리가 가깝고 양육 활동이 표현되었다. 안정 애착 지표에 기반하여 새와 가족이 포함되어 있으나, 불안정 애착 지표에 따르면 전반적인 그림의 색상에서 갈색이 지배적이다. 언뜻 보기에 긍정적으로 보일 수 있는 이 그림은, 그림 내용과 함께 둥지와 어미 새의 크기에 비하여 작은 아기 새의 표현 및 음식을 입에 물고 슬픈 표정으로 어미 새를 외면하는 것에 주목해야 한다. 이는 가정 내에서 수검자가 자신의 의견이나 주장을 적절히 표현하지 못하거나, 받아들여지지 않는 분위기의 가정환경을 시사한다. 수검자

는 보호자의 기대나 강요에 따라 자신의 역량 이상을 발휘해야 한다는 부담감을 느끼고 있을 가능성도 있으나, 단호하게 거절하거나 대처하지 못하는 무기력감이 반영된 표현이라 볼 수 있다.

20

믿음 미술치료 평가법 BATA

Belief Art Therapy Assessment

믿음 미술치료 평가법(BATA)은 미술치료 분야에서 수검자의 영성과 영성 발달을 평가할 수 있는 유일한 평가법이다. 종교가 없을지라도 자기 삶의 중심이나 믿고 있는 가치가 영원한 것인가에 대한 근원적인 질문, 개인의 신념, 절대자를 바라보는 시각, 삶의 의미를 답하는 태도를 영적인 측면이라고 볼 수 있으며 이를 '영성'이라고 한다. 삶에 대한 의문과 실존의 본질에 대한 답은 개인의 일상적인 생활과 삶의 여러 측면에 따라 차이를 보이기 때문에 정신건강 문제를 다루기 전 개인의 신념과 믿음을 이해하는 것은 매우 중요하다. BATA는 이러한 근원적인 질문에 대한 답을 찾고 영성과 관련된 내적 통찰을 이루기 위해 사용되는 그림검사이다.

1) BATA의 개발배경

미국의 미술치료사 Ellen Horovitz는 2002년에 영적인 영역과 미술치료 분야를 결합하는 데 관심을 가져 그림검사를 개발하였다. Horovitz는 미술이 삶의 의미를 찾는 데 도움이 되고 심리적 통합을 향한 신비하고 치유적인 경험이라고 보았다. 이 과정에서 영성에 대한 갈구는 삶의 의미를 찾아가는 시작이 된다고 하였다. 초기에는 사랑하는 대상을 상실하고 애도하는 사람들을 위해 사용되었으며, 점차 삶에 대한 믿음이나 신앙과 관련한 이미지를 통해 사별 후 남겨진 사람들의 여러 생각과 감정을 이해하고자 하는 방향성을 지니게 되었다.

2) BATA의 특징

BATA는 종교를 가진 사람뿐 아니라 종교가 없더라도 영적인 부분에 관심이 있다면 신앙을 이미지로 표현할 수 있게 하여 삶의 가치나 신념, 전체적인 관점에 대해 점검할 기회를 준다. BATA 검사에서 중요한 것은 종교의 여부가 아니라 자신이 가장 중요하게 의지하는 것에 대한 믿음을 확인하고자 하는 것이다. BATA는 종교적인 주제를 사용하지만 인간에게 내재 된 기본적인 신뢰와 믿음을 표현하게 하는 것에 초점을 맞춘다.

3) BATA의 실시방법

(1) 검사도구

BATA는 미술 재료에 제한 없이 다양한 재료를 사용할 수 있다. 평면적 재료와 물감, 입체적 재료 모두 사용 가능하며 표현에 있어도 제한 없이 자유롭게 표현할 수 있다.

① 평면 재료: 연필, 지우개, 색연필, 크레파스, 크레용, 파스텔, 잉크펜, 마커펜
② 물감 재료: 템페라 물감(흰색, 노랑, 빨강, 밝은 파랑, 어두운 파랑, 검정만 제공), 수채화 물감, 아크릴 또는 유화물감, 붓
③ 입체 재료: 찰흙, 점토(흰색이나 회색만 제공), 나무 조각, 석고
④ 종이 재료: A4 용지에서 2절까지 다양한 크기의 종이와 각종 색지
※ 이 재료 외에도 다양하게 사용 가능하다.

(2) 실시순서

① 검사 실시 전에 간략한 인터뷰를 한다. 이름, 나이, 종교, 직업들을 묻고 다음과 같은 질문을 한다. 수검자에게 해당 사항이 없거나 관련성이 적다면 생략한다.

BATA 인터뷰 질문

- 종교가 어떻게 되시나요?
- 종교가 바뀐 적이 있으신가요?
- 종교가 바뀌는 변화가 생겼던 상황은 어떤 것이었나요? (해당되는 경우)
- 현재 교회나 절에 다니고 계신가요? (혹은 다른 종교단체)
- 종교의 지도자와의 관계는 어떠신가요?
- 자신에게 특히 의미가 있는 종교적 수행이 있으신가요?
- 하나님과의 관계는 어떠하신가요?
- 자신의 삶에서 특별한 힘과 의미를 주는 것은 무엇인가요?
- 지금 겪고 계신 문제가 하나님과 관련되어 있나요?
- 하나님으로부터 용서받는 것을 느껴 보신 적이 있으신가요?

② 첫 번째 미술과제

BATA 지시문

- 그런 생각을 해 보신 적 있습니까? 세상이 어떻게 창조되고 누가 그렇게 창조했는지 말입니다.
- 많은 사람이 신을 믿습니다.
- 만약 당신도 신을 믿는다면, 신이 당신에게 무슨 의미인지 그리거나 조각해 보시겠습니까?

※ 이 지시에서 중요한 것은 신이 그 사람에게 '어떤 의미인지'를 표현한다는 점이며, 신을 믿지 않는다고 할 때 그럼 무엇을 믿는지 묻고 그것에 대해 표현하도록 한다. 아무것도 믿지 않는다고 하면 아무것도 믿지 않는 것이 어떤 것인지 표현하도록 한다.

BATA 질문(PDI)

- 자신의 작품에 대해 말씀해 주세요. 그것이 당신에게 어떤 의미인가요?
- 미술작품에 표현한 것과 같은 신(혹은 당신이 믿는 것)을 경험하신 적이 있나요?
- 방금 작업하신 작품에 대해서 느껴지는 점을 말씀해 주세요.

③ 두 번째 미술과제

BATA 지시문

- 사람들은 신과 반대되는 세력(악마)이 있다고 믿습니다. 만약 그런 것이 존재한다고 믿는다면, 그것의 의미를 그리거나 조각해 보시겠습니까?

BATA 질문(PDI)

- 자신의 작품에 대해 말씀해 주세요. 그것이 당신에게 어떤 의미인가요?
- 미술작품에 표현한 것과 같은 악마를 경험하신 적이 있나요?
- 방금 작업하신 작품에 대해서 느껴지는 점을 말씀해 주세요.
- 지금 나의 문제가 나의 믿음과 관련이 있나요?

4) BATA의 평가기준 및 해석

BATA에 대한 객관적인 척도는 없기 때문에 채점체계나 척도를 통해 평가하지 않는다. 수검자는 작품을 통해 자신의 내면과 배경, 감정, 정서 등을 투사하므로 각각에 나타난 주제와 그림의 형식 요소를 포함하여 해석해야 한다. 또한 수검자와의 상호작용과 질문에 대해 말한 내용을 함께 고려하여 평가해야 한다. BATA 검사 해석에서 가장 중요한 정보는 수검자가 자신의 작품에 대해 이야기하는 내용이다.

5) BATA의 주의점 및 주안점

(1) 수검자가 검사를 위한 그림을 그릴 때 검사자는 침묵하고 관찰하며 실시과정을 방해하지 않아야 한다.
(2) 대상의 나이를 고려하여 평가해야 한다.
(3) 채점체계나 척도를 통해 평가하지 않기 때문에 작품에 나타난 주제와 형식 요소를 수검자가 말한 그림의 내용과 함께 고려하여 평가한다.

(4) 수검자가 자신의 작품에 관해 이야기하는 내용은 가장 중요한 자료이다.

(5) 객관화된 채점체계가 없기 때문에 BATA 해석 시 경험과 훈련이 적은 검사자는 어려울 수 있다.

(6) BATA 검사는 신이나 악마와 같은 개념으로 접근하므로 정서적으로 불안정하거나 정신증적인 상태의 수검자에게는 혼란을 줄 수 있기 때문에 실시하지 않는 것이 좋다.

(7) 수검자의 나이 제한은 없지만 영적인 면에 별로 관심이 없는 어린 아동에게는 실시하기 어렵다.

(8) 실시방법, 장소를 고려할 때 학교 장면에서 실시하기 어려우며, BATA를 실시하기 가장 이상적인 대상자는 개인상담소를 찾아온 성인 수검자이다.

6) BATA의 검사 사례

BATA 사례 1

윤○○(54/F), 공황장애

꺼져 가는 불, 떠나가는 불

"어느 날 갑자기 불어온 바람에 촛불이 꺼졌어요. 초가 한참 남아 아직 꺼지면 안 되는데
어떻게 해야 할지 모르겠어요. 저한테는 다시 켤 수 있는 힘이 없어서 슬퍼요.
다시 불을 붙이고 싶은데 방법이 없어요."
다시 만날 수는 없겠지만 이젠 떠나보내야 하는 시간인 것 같다.
반짝이는 별처럼 만질 수는 없지만 계속 빛날 것을 믿는다.

BATA 인터뷰 질문	
종교가 어떻게 되시나요?	천주교
종교가 바뀐 적이 있으신가요?	없음
종교가 바뀌는 변화가 생겼던 상황은 어떤 것이었나요? (해당되는 경우)	해당 사항 없음
지금 현재 교회나 절에 다니고 계신가요? (혹은 다른 종교 단체)	성당
종교의 지도자와의 관계는 어떠신가요?	존경하고 있음
자신에게 특히 의미가 있는 종교적 수행이 있으신가요?	기도와 말씀 묵상
하나님과의 관계는 어떠하신가요?	나를 지켜 주시고 사랑해 주시는 분
자신의 삶에서 특별한 힘과 의미를 주는 것은 무엇인가요?	하느님의 사랑
지금 겪고 계신 문제가 하나님과 관련되어 있나요?	관련이 있으며 힘든 마음을 위로해 주심
하나님으로부터 용서받는 것을 느껴 보신 적이 있으신가요?	느껴 본 적 있음

첫 번째 BATA 그림 후 질문	
자신의 작품에 대해 말씀해 주세요. 그것이 당신에게 어떤 의미인가요?	불이 꺼진 촛불, 교통사고로 갑자기 죽은 남편이 생명을 의미함
미술작품에 표현한 것과 같은 신을 경험하신 적이 있나요?	없음
방금 작업하신 작품에 대해서 느껴지는 점을 말씀해 주세요.	꺼진 촛불을 다시 켤 수 없는 나 자신이 무력하게 느껴지고 주변이 어두워질 것 같아서 불안함

두 번째 BATA 그림 후 질문	
자신의 작품에 대해 말씀해 주세요. 그것이 당신에게 어떤 의미인가요?	떠난 남편을 보낼 수가 없는데 시간이 된 것 같음, 불안하지만 마음속에 있으니까 잘 지내보려 함
미술 작품에 표현한 것과 같은 악마를 경험하신 적이 있나요?	없음
방금 작업하신 작품에 대해서 느껴지는 점을 말씀해 주세요.	배 타고 떠나가는 사람은 편안해 보이고 손 흔드는 사람은 조금 씩씩하게 느껴짐
지금 나의 문제가 나의 믿음과 관련이 있나요?	남편이 죽고 의지할 곳이 없다고 생각하고 슬퍼하기만 했는데 나를 지켜주시는 하느님이 계시다는 믿음이 생김

첫 번째 작품은 한 가지 색으로 꺼진 촛불 그림을 나타내었고, 자신의 무력함, 생명, 어두워질 것 같은 미래에 대한 불안이 표현되었다. 두 번째 그림에는 자신과 떠나가는 남편을 표현하며 작별하는 모습을 그렸다. 작고 비탈이 있는 땅 위에 서 있는 사람과 어두운 배경이 조금 위태로워 보이지만 작별을 위해 흔드는 손에는 힘이 들어가 있다. 그림의 내용과 요소들을 종합하여 볼 때 현실에서 불안과 공황 증상이 완전히 사라지지 않았으나, 남편의 죽음을 애도하며 자신의 상황을 받아들이고 무력함에서 벗어나고자 하는 의지가 느껴진다. 또한 종교를 가진 내담자로 자신의 내면의 어려움을 신에게 의지할 수 있다는 믿음이 작품 속 별의 이미지로 표현되었다.

BATA 사례 2

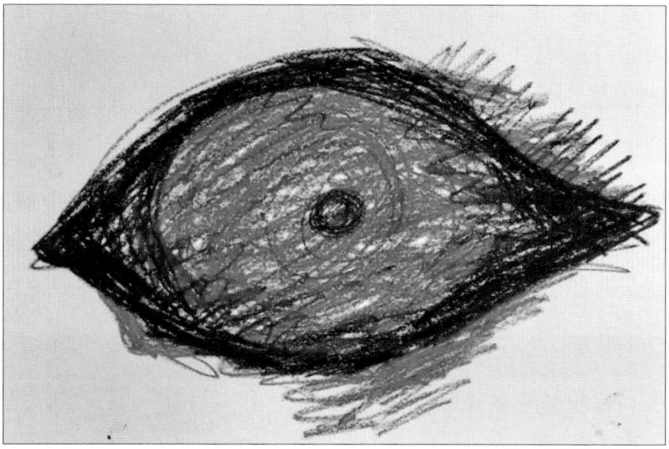

김○○(38/F), 우울장애

빛과 악마의 시선

내가 믿는 것은 더 나빠질 것 없는 나의 상황이다.
이보다 더 나쁠 수 없으니, 조금 나아지지 않을까 하는 작은 희망뿐…….
나의 상황을 안쓰럽게 보거나, 나쁘게 보는 사람들의 시선이 악마 같아서
'악마의 눈'처럼 그렸다.

BATA의 인터뷰 질문	
종교가 어떻게 되시나요?	특별히 종교가 있지 않음
종교가 바뀐 적이 있으신가요?	바뀐 적 있음
종교가 바뀌는 변화가 생겼던 상황은 어떤 것이었나요?(해당되는 경우)	사업에 실패하면서 가족과 헤어져야 하는 상황이었음
지금 현재 교회나 절에 다니고 계신가요? (혹은 다른 종교단체)	없음
종교의 지도자와의 관계는 어떠신가요?	친하지 않음
자신에게 특히 의미가 있는 종교적 수행이 있으신가요?	전에는 기도를 했지만 지금은 특별히 없음
하나님과의 관계는 어떠하신가요?	하나님이 있지만 나에게는 관심이 없는 거 같은 관계
자신의 삶에서 특별한 힘과 의미를 주는 것은 무엇인가요?	앞으로 잘 될 거라는 희망과 더 나빠질 것이 없다는 생각
지금 겪고 계신 문제가 하나님과 관련되어 있나요?	하나님과 관련이 있을 수도 있고 없을 수도 있음
하나님으로부터 용서받는 것을 느껴 보신 적이 있으신가요?	하나님은 날 벌주고 계시는 것 같음

첫 번째 BATA 그림 후 질문	
자신의 작품에 대해 말씀해 주세요. 그것이 당신에게 어떤 의미인가요?	힘든 것이 사라지는 희망
미술작품에 표현한 것과 같은 신을 경험하신 적이 있나요?	경험한 적이 있다고 믿었는데 지금은 아닌 것 같음. 요즘은 매번 운이 없는 것 같음
방금 작업하신 작품에 대해서 느껴지는 점을 말씀해 주세요.	'과연 나에게 희망이 있기는 한 것일까?'라는 생각이 들면서 나약함이 느껴짐

두 번째 BATA 그림 후 질문	
자신의 작품에 대해 말씀해 주세요. 그것이 당신에게 어떤 의미인가요?	나를 더욱 힘들게 하는 사람들의 시선
미술 작품에 표현한 것과 같은 악마를 경험하신 적이 있나요?	나를 보는 시선을 항상 경험하고 그런 시선 때문에 숨이 막혀올 때가 있음
방금 작업하신 작품에 대해서 느껴지는 점을 말씀해 주세요.	무섭다고 느껴짐
지금 나의 문제가 나의 믿음과 관련이 있나요?	나를 살게 하는 빛의 힘보다 악마의 시선을 더 강하게 느끼고 있어서 시선에 대한 두려움이 나의 일상을 엉망으로 만드는 것 같음

신에 대한 이미지는 밝은 색으로 색칠한 후 우측 하단을 어둡게 색칠하여 표현했다. 밝은 빛이 어둠을 사라지게 하는 느낌이지만 빛의 강도가 약하여 빛을 향한 신뢰감은 낮아 보인다. 악마에 대한 이미지를 그릴 때, 빨간색 크레파스를 먼저 골라 힘주어 칠한 후 검은색 크레파스로 눈 모양의 형태를 그렸다. 신에 대한 이미지를 그릴 때와 달리 악마에 대해 그릴 때 빠른 속도로 강한 선들을 표현하였다. 그림을 그릴 때의 태도와 그림의 내용을 종합하여 볼 때, 희망을 믿고 싶지만 믿어지지 않는 불안한 상태를 반영하였을 가능성이 있다. 악마 그림을 그릴 때 강한 선과 강렬한 색의 조합으로 분노와 공격성이 나타났으며 눈의 표현은 자신의 상황에 대한 타인의 시선을 의식한 것으로 부정적인 정서와 자아상을 반영하고 있다. 부드럽고 약해 보이는 신, 거칠고 강한 악마로 상당히 대비된 표현을 하였으며, 나아질 수 있다는 희망과 절망적인 현재 상황에 대한 감정 상태가 양가적으로 표현되었다.

21

진단적 그림 시리즈 DDS

Diagnostic Drawing Series

진단적 그림 시리즈는 표준화된 평가라는 점에서 그림검사법 중에서 독특한 면을 가지고 있다. 30년 전부터 평가지표가 체계화되어 미술치료사들이 동일한 방식으로 채점할 수 있으며, 서로 객관적인 비교가 가능한 검사기법이다. DDS는 훈련을 받은 미술치료사가 진단과정에서 건전하고 명확하며 실용적인 정보를 제공할 수 있다는 점에서 '진단'적인 검사법이다. 주로 수검자의 원인, 증상, 중증도 및 예후에 초점을 맞춰 병리를 분류하며, 세 장의 그림에 어떤 구성이 그려져 있는지 확인하여 이를 정확하게 식별할 수 있다.

1) DDS의 개발배경

DDS는 미국 동부에서 활동하던 미술치료사 Cohen과 Lesowitz가 1981년 창안하고 이후 Singer 및 Reyner와 함께 개발하여 만든 그림검사이다. DDS는 처음부터 정신과 환자를 대상으로 개발되었으며, DSM-III, DSM-III-R, DSM-IV의 진단방법에 근거하여 정신병리와 그림의 요소 간의 실증적인 연관성을 밝히고자 개발되었다.

2) DDS의 특징

실시가 간편하고 풍부한 표현을 가능하게 하며 다른 검사와 달리 4절지와 파스텔을 사용하기 때문에 미술적 표현을 촉진한다. 총 23가지 조형 요소를 이용하며, 표준화된 채점지표를 사용함으로써 투사적 그림검사의 주관적 오류를 보완하였다. 정신과 환자의 병리적 상태를 진단하기 위한 보조적 평가도구이며 신뢰도와 타당도를 검증한 최초의 과학적 도구이다. DDS는 총 세 장의 그림을 완성함으로써 수검자의 다양한 정보를 파악할 수 있고, 파스텔은 수검자의 촉진과 이완을 용이하게 하는 매체로 표현이 쉽다는 장점이 있다. 한 회기에 세 장의 그림을 해석하면서 검사자는 자신의 주관적 견해를 줄이고 객관적으로 그림을 검사할 수 있어 검사에 대한 객관성을 확보할 수 있는 그림검사이다.

3) DDS의 실시방법

(1) 검사도구

미국 규정(18×24″) 흰색 도화지 3장, 12색 파스텔

※ 직육면체의 길쭉한 파스텔을 사용하며, 둥근 파스텔, 오일파스텔은 사용하지 않는다.

※ 국내에서 가장 근접해서 사용할 수 있는 사이즈는 4절 흰색 도화지이다.

(2) 실시순서

① 첫 번째 과제: 주어진 재료를 사용해서 그림을 그리도록 지시한다.

② 두 번째 과제: 나무 그림을 지시한다.

③ 세 번째 과제: 선, 색, 형태를 통해 자신의 감정을 표현하도록 지시한다.

DDS 지시문

- 지금부터 그림을 3장 연속에서 그리게 됩니다.
- 그림 한 장당 최대 15분까지 사용하실 수 있습니다.
- 비록 다 끝내지 못했다 하더라도 검사의 목적이므로 검사를 중지합니다.

DDS 질문(PDI)

- 이 나무에 대해 설명해 주세요.
- 이것은 당신이 알고 있는 나무인가요? 아니면 상상의 나무인가요?
- 어디에 위치해 있나요?
- 색상에 대한 특별한 의미가 있나요?
- 나무의 어느 부분이 가장 마음에 드나요? 이유는?
- 나무에서 가장 마음에 들지 않는 부분은? 이유는?
- 그림에 대해 더 설명할 부분이 있나요?
- 제목을 붙여 주세요.
- 나무는 당신에게 어떤 의미인가요?
- 파스텔을 사용해 본 경험은 어떤가요?

4) DDS의 평가기준 및 해석

첫 번째 주제는 자유화이며, 특정한 규칙이 없다. 자유화 형식의 비구조화된 작업으로서 수검자의 반응이 매우 다양하게 표현된다. 수검자가 가장 처음에 공유하고자 하는 정보가 무엇인지, 그 양은 어느 정도인지 가늠하게 한다. 자유화의 주제와 스타일은 수검자의 대처기제, 자기 개방 정도를 알 수 있고, 수검자가 어떤 정보를 어떻게 나눌 준비가 되어 있는지 추측할 수 있다. 만약 소극적인 자세로 제대로 그리지 않고 과제가 어렵다고 말한다면 이는 수검자의 수동공격성을 보여 주는 것이다. 두 번째 주제는 나무 그림으로, 누구나 쉽게 그릴 수 있는 대상이기에 수검자의 부담감이 감소된다. 나무는 투사적 그림검사에서 전통적으로 다루는 주제로 가장 구조화된 주제이며 상징적인 의미가 있다. 나무는 자기상을 드러내는 것을 뜻하며 심층적이고 무의식적인 정신세계를 보여 준다. 억압되거나 회피하는 내용을 무의식적으로 투사하도록 하는 점에서 인물화보다 더 용이하다고 볼 수 있다. 세 번째 주제는 감정을 선, 색, 형태를 통해 표현하도록 하는 것이며 매우 중요한 주제이다. 감정을 그림으로 표현하는 것이 어렵지만 그것을 표현하는 수검자의 역량을 평가할 수 있는 이점이 있다. 또한 자신의 감정을 살펴볼 수 있는 기회를 제공하여 수검자의 정서 표현 수준과 추상적 사고력, 인지적 능력을 확인할 수 있다.

DDS는 3장의 구조화 된 그림과 비구조화된 그림 과제를 통해 내담자의 인지 능력과 행동, 정동상태, 강점, 방어에 대한 정보를 전반적으로 얻을 수 있다. DDS에서 평가하는 요소는 색상, 특이한 색상, 색 혼합, 요소, 선 길이, 통합, 나무, 묘사, 가장자리, 이미지, 봉합, 필압, 움직임, 공간 사용, 기울어짐, 특이한 위치, 바닥선, 사람, 동물, 대상, 상징, 글쓰기, 풍경 등이 있으며 Cohen의 평가기준은 다음에 제시하였다(〈표 21-1〉 참고).

표 21-1 DDS 평가기준

번호	요소	평가기준
1	색	그림을 그리는 동안 사용된 색의 수를 의미한다.
2	특이한 색	구상화에서 이미지에 부합되지 않은 색을 의미한다. 예를 들어, 사람의 피부색이 파란색이나 보라색으로 채색된 경우이다.
3	색 혼합	단어 그대로 두 가지 이상의 색을 혼합하였는지에 대한 질문이다. 색혼합을 결정하기 위해서는 색이 혼합된 면적이 2inch^2(약 5cm^2) 이상이어야 한다고 설명하였다. 그러나 이에 대한 명확한 이유는 제시하지 않았다.
4	요소	선으로만 그린 그림, 면으로만 그린 그림 그리고 두 요소를 혼합하여 그린 그림으로 나누어 평가한다.
5	선 길이	짧은 선을 1/2inch(1.3cm) 이하로 정의하고, 끊어진 선은 1/2inch(1.3cm)보다는 길면서 규칙적으로 선이 끊어지듯 연결된 선을 의미한다. 끝으로 긴 선은 설령 선이 끊어졌다고 할지라도 선의 길이가 1/2inch(1.3cm)보다 길다면 긴 선으로 처리한다.
6	통합성	주제나 그림의 응집성에 대한 질문으로 나무 그림은 특히 가지가 연결되었는지에 따라 통합 여부를 판단한다.
7	나무	나무 그림과 자유화에서 하나의 나무가 주제로 그려진 경우 평가한다. 나무는 알아볼 수 없음, 혼란스러운 가지, 짧은 기둥, 해체로 구분한다.
8	묘사	추상화와 구상화로 나누어 평가한다.
9	에지	각진 선, 곡선, 혼합, 없음으로 나누어 평가한다.

10	이미지	단일, 복합, 공백으로 나누어 평가한다. 단일 조건은 구상화일 경우 단일한 대상을 그린 경우, 추상화라면 하나의 형태가 그려진 경우에 해당된다. 여러 가지 형태를 그렸더라도 단일한 색으로 그렸고 형태들이 선으로 연결되어 있다면 단일 조건에 해당된다. 복합 조건은 구상화일 경우 독립적인 두 개 이상의 대상이나 형태가 해당된다. 그 대상에 부과적인 대상이 있는 경우도 복합 이미지로 분류한다. 예를 들어, 나무에 사과가 있거나 사람이 모자를 쓰고 있다면 원래 대상에 반드시 있어야 하는 대상이 더해진 것이 아니므로 복합 이미지로 분류한다. 바닥 선이나 잔디가 있는 나무 그림은 복합적인 이미지로 분류하지 않는다. 공백은 아무 흔적 없는 상태를 뜻한다.
11	포위	단일 색으로 그려진 형태나 선이 다른 그림을 완전히 에워싼 경우에 평가한다. 나무 그림의 경우 옹이 구멍은 포위가 아니지만 그 구멍 안에 무언가 들어 있다면 포위에 해당된다. 집 그림에서 문, 창문과 얼굴의 눈물은 포위가 아니다.
12	필압	그림을 그릴 때 사용되는 손의 압력을 의미하는 것으로 약, 중, 강으로 구분한다.
13	움직임	움직임, 기울어짐, 특이한 위치, 바닥 선, 사람, 동물, 대상, 상징, 글쓰기는 사용 여부에 따라 채점한다.
14	공간 사용도	1~33%, 34~66%, 67~99%, 100%로 구분하고 지면을 9등분하여 그림이 그려진 공간의 여부를 확인한다. 도화지를 가로 3등분, 세로 3등분 했을 때 총 9개의 칸이 나온다. 하나의 영역 안에 조금이라도 그림이 그려져 있다면 11%를 사용한 것으로 본다. 100% 조건은 도화지 네 면의 가장자리 끝까지 사용한 경우이다.
15	기울어짐	수직축이 15도 이상 기울어진 경우 구상화에서만 평가하고 추상화는 없는 것으로 채점한다.
16	특이한 위치	상, 하, 좌, 우 중 한 부분에만 그림이 그려진 경우에 평가한다.
17	바닥 선	구상화에서 기저 선을 표시하는 수평으로 그은 선으로 지평선, 바다의 수평선, 정물화에서 테이블 가장자리로 그려진 경우도 채점한다.
18	사람	사람의 머리, 몸을 그렸거나 사람 같은 이미지를 그린 경우에 해당된다. 만화 같이 그려도 평가하며 눈, 코, 입, 머리카락이 있어야 한다. 해나 달에 웃고 있는 얼굴은 해당되지 않는다.
19	동물	동물에서 실제든 상상이든 동물의 얼굴이나 몸통을 그린 것을 평가한다. 식물을 제외한 만화 같이 그린 동물 이미지, 새, 물고기, 공룡, 곤충 등이 해당된다.
20	물체	구체적이고 이동이 불가능한 대상으로 음식물, 식물, 자연물 등이 해당된다. 나무 그림에서 나무나 풀은 해당되지 않으며, 과일, 꽃, 코코넛, 그네, 구름, 부가적으로 더 그린 나무가 해당된다.

21	추상적 상징	그려진 이미지가 보다 더 큰 개념을 표현하는 경우 해당된다. 예를 들어, 무지개, 십자가, 만자무늬, 눈, 하트, 손, 입 등이 해당되며, 어떤 구체적인 이미지를 그리고 그것이 무엇을 상징하는지 글로 쓴 경우 평가한다.
22	글자	글자나 숫자, 사인이 그림에 그려진 경우 해당된다. 그림을 전혀 그리지 않고 글이나 숫자만 사용했다면 글자만 사용으로 채점한다.
23	풍경	물 없음, 물 있음, 물만 그림으로 구분한다. 물 없음의 조건은 땅과 식물이 있어야 하고 태양, 언덕, 사람, 동물, 물체 중에서 적어도 한 가지 이미지가 더 있어야 한다. 물 있음의 조건은 물 없음 풍경 항목에 물이 더해진 경우이다. (수영장, 웅덩이, 호수, 비 등) 물만 그림의 조건은 물이 그림에서 주된 이미지인 경우로서 육지는 거의 없으며 식물이나 무생물이 있을 수 있다. 비가 내리는 장면은 비가 주된 그림이어야 한다. 나무 그림에서는 잔디, 하늘, 또 다른 환경적 대상이 포함되어야 풍경으로 평가한다.

5) DDS의 주의점 및 주안점

(1) 채점지표와 채점 문항을 자세히 숙지하여 수검자의 그림을 평가하도록 한다.
(2) 자유롭고 이완된 분위기를 조성하고 편안하게 작업할 수 있도록 한다.
(3) 한 장의 그림당 15분을 넘기지 않도록 유의하며 시간이 지체되면 다음 그림으로 넘어간다.
(4) 수검자가 직접 3장의 작품에 대한 이야기를 하고 내용과 그림 정보를 통합적으로 관찰해야 한다.
(5) 채점지표가 있으나 그림을 평가하기 위한 지표일 뿐, 수검자의 증상을 판단할 수 없다.

6) DDS의 검사 사례

DDS 사례 1

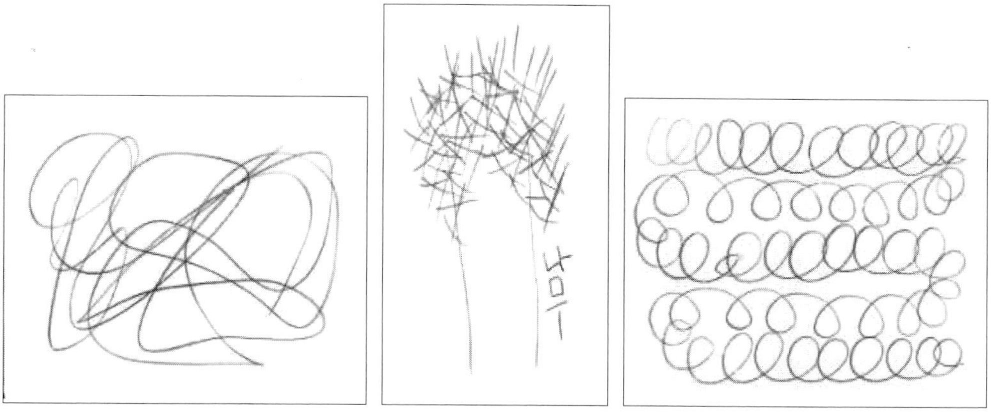

유○○(26/F), 조현병

망가져 버린 것들

그림 1: 그냥 내 마음대로

그림 2: 말라가지만 공격하려는 나무

그림 3: 전화선처럼 꼬인 머리

그림	DDS 질문	해당 사항
첫 번째 그림: 자유화	색 사용	1개
	선/면 사용	선으로 표현
	공간 사용	34~66% 사용
	선 길이	끊이지 않는 긴 선
	묘사	추상적인
	에지	곡선
	포위	둘러싸인
	필압	강한
두 번째 그림: 나무	색 사용	1개
	특이한 색	파란색
	요소	선
	선 길이	짧은 선
	나무	혼란스러운 가지
	에지	각진
	이미지	단일
	필압	강한
	공간 사용도	1~33%
	기울어짐	유
	글자	유
세 번째 그림: 감정 그림	색 사용	1개
	특이한 색	청록색
	요소	선
	선 길이	긴 선
	에지	곡선
	필압	강한
	공간 사용도	67~99%

(분량 관계상 해당되는 항목만 작성함)

그림에 전반적으로 강한 필압과 단색을 사용하였으며 각진 선이 두드러지게 보인다. 첫 번째 자유화에서는 추상적인 난화의 형식으로 표현하였으며, 이는 일반적으로 잘 나타나지 않는 빈약하고 기하학적인 형태로 보인다. 두 번째 나무 그림은 한 가지 색을 사용하여 단순하게 표현하였고 '나무'라고 글씨를 적었다. 이는 조현이나 우울의 증상을 가진 경우 누구나 알 수 있는 그림이라 할지라도 글자로 설명하려는 특징이 있기 때문이다. 마지막 감정 표현에서도 선만을 사용하였으며, 같은 패턴을 반복하는 그림을 그렸고 머릿속이 복잡하다고 표현하였다. 수검자는 조금의 고민도 없이 빠르게 색을 선택하여 그림을 완성하였으며 화지를 빽빽하게 채웠는데, 이는 자신의 복잡하고 불안정한 감정 상태를 나타낸 것으로 볼 수 있다.

DDS 사례 2

신○○(15/M), 주의력결핍 과잉행동장애

어둠 그리고 짜증

그림 1: 어둠 속 집

그림 2: 어린 나무

그림 3: 짜증 나

그림	DDS 질문	해당 사항
첫 번째 그림: 자유화	색 사용	1개
	특이한 색	검정색
	요소	복합
	선 길이	짧은 선
	묘사	구상적인
	에지	각진
	이미지	단일
	필압	강한
	공간 사용도	1~33%
	기울어짐	유
	바닥선	유
두 번째 그림: 나무	색 사용	2개
	특이한 색	무
	요소	선
	선 길이	짧은 선
	나무	짧고 기둥
	묘사	구상적인
	에지	각진
	필압	중간
	공간 사용도	1~33%
	기울어짐	무
세 번째 그림: 감정 그림	색 사용	1개
	요소	선
	선 길이	긴 선
	필압	강한
	공간 사용도	100%

전반적으로 색 사용이 단조롭고 강한 필압을 나타낸다. 첫 번째 그림은 검정색으로 집을 표현하였는데 가운데는 크게 뚫려 있고 옆에 바닥을 표현하는 선을 그었다. 두 번째 그림은 앞에 집 그림보다 매우 작고 힘이 없는 어린 나무를 표현하였으며 마지막 그림에서 빨간색으로 아주 강한 필압과 거칠고 짧은 선으로 자신의 감정을 표현하였다.

이 그림은 가정불화를 겪는 ADHD 남자 청소년의 그림으로, 첫 번째는 자유화에서 집을 그림으로써 가정에 대한 답답함과 불안, 우울한 정서를 나타내었다. 두 번째 나무 그림에서는 소극적이고 무기력한 자기상이 보인다. 마지막으로, 감정 그림에서 앞 그림과는 다르게 강한 선을 사용하여 내재된 분노를 표현하였다.

22
길 그림검사 RD
Road Drawing

길 그림검사에서의 '길'은 인생의 여정, 삶의 과정, 출생부터 현재에 이르기까지 다양한 삶의 과정에 대한 수검자의 무의식을 탐색하는 도구가 된다. '길'은 친숙하고 보편적인 상징성을 가진 주제로 수검자들로 하여금 인물화나 가족화보다 낮은 방어를 가지게 하여 수검자들에게 편안함을 제공한다. 길 그림검사는 인생의 경험을 인지하기 시작한 청소년기 이후 내담자에게 사용하는 것이 적절하며 양로원, 교도소, 의료원 등에서 유용하게 사용할 수 있다.

1) RD의 개발배경

RD는 1995년 Hanes가 무의식 접근에 길 그림이 유용하게 사용할 가능성이 있음을 「미술치료에서의 치유적 상징으로서의 길 그림의 활용(Utilizing Road Drawings as a Therapeutic Metaphor in Art Therapy)」이라는 연구를 발표한 것으로 시작된다. 이후 1997년 「무의식으로의 길(Roads to the Unconscious)」의 제목으로 길 그림을 그림검사로 활용할 수 있도록 관련된 매뉴얼을 출판하였다.

2) RD의 특징

RD는 한 장에 과거부터 현재까지 삶의 과정, 그리고 미래에 대한 소망이 상징적으로 나타나 다양한 정보를 얻을 수 있다는 장점이 있다. 특히 교차로, 여러 갈래의 길, 막다른 길 등을 투사하여 자신의 삶에서 중요한 선택을 어떻게 할 것인지 투사할 수 있어 인생의 여정을 담아낼 수 있다. 또한 웅덩이나 도로 등을 건설하여 불확실한 미래의 어려움에 대해 대안을 세워 스스로 통찰하며 자신의 삶을 되돌아볼 수 있다.

3) RD의 실시방법

(1) 검사도구

8절 흰 도화지 혹은 A3의 흰 도화지, 사인펜, 크레파스, 물감 등

※ 도화지는 수검자가 원하는 크기, 매체 또한 수검자가 원하는 매체를 선택할 수 있도록 한다.

(2) 실시순서

① 조용한 음악을 들려주며 지시문에 따라 다양한 길을 떠올리도록 안내한다.

② 명상을 한 후, 떠오른 길을 화지에 그릴 수 있도록 한다.

③ 그림을 그릴 때는 편안한 분위기에서 자유롭게 그릴 수 있도록 한다.

④ 다 그린 후에는 뒷면의 그림에 관한 질문(PDI)을 기술하도록 한다.

RD 지시문

- 지금부터 우리는 나의 길, 나만의 길, 내 인생의 길을 가고 있다고 상상해 보세요.
- 여러분은 지금 각자 길을 가고 있나요? 혹은 길을 떠나려고 하고 있나요?
- 아니면 길을 가다가 잠시 쉬고 있나요? 어떤 상태라도 좋습니다.
- 지금 내가 가려고 하는 길이나 걸어 온 길은 어떤 모습인가요?"

RD 질문(PDI)

- 지나 온 삶에 대해 나는 어떻게 생각하나요? (행복했다, 무난했다, 힘들었다)
- 미래에 대해 나는 어떻게 기대하고 있습니까? (희망적이다, 그저 그렇다, 희망이 없다)
- 나는 지금 어떤 (중요한) 선택을 해야 할 순간에 있습니까? (있음, 없음)

4) RD의 평가기준 및 해석

평가기준은 Hanes(1997)의 체제와 공간, 길의 상태, 길의 구성요소 평가기준을 토대로 다양한 연구자들에 의해 초기인상 영역이 추가되어 4가지의 영역에 따른 하위 지표가 사용되고 있다. 그림을 평가할 때는 전체적인 분위기와 길의 느낌과 주위에 어떤 부가물이

표 22-1 길 그림 평가요소

영역	요소
체제와 공간	화지의 구조
	화지의 활용 면적
	색채의 사용
	필압
	계절
길의 상태	길의 구성
	길의 방향
	길의 모양
	길의 폭
	길의 경사
구성요소	방해물
	교차로
	도로표지판
	교량 표현
	자신 표현

출처: Hanes(1997).

그려 있는지 살펴본다. 부가물은 상징적 의미를 내포하는 경우가 많고, 심적 에너지의 표현이며 창조성의 기능, 목표를 달성하고자 하는 욕구가 반영되기도 한다. 만약 주변 풍경이 표현되지 않는 경우가 있다면 현재 심리적인 미해결 과제가 존재하여 자기 자신에게 고착되어 있을 가능성이 있다. 길의 원근감과 화지의 조형적 구성에 대해 일차적으로 살펴보아야 하며, 해석 시 그림에 관한 이야기(PDI)를 통하여 종합적으로 분석한다.

(1) 체제와 공간

① 화지의 구조

가로로 그린 경우는 안정성과 수동성을, 세로는 긴장과 적극성을 나타낸다. 특히 세로의 경우 그림을 통해 무엇을 알리고자 하거나 진술, 또는 어떤 영향을 미치고자 하는 것과 관련이 있다. 일반적으로 종이를 가로로 사용하는 것을 선호한다.

② 화지의 활용 면적

그림의 크기와 여백의 관계는 환경이나 부모, 보호자와의 관계를 나타내기도 한다. 일반적으로 화지의 2/3 정도 크기에 그림을 그리며 화지의 사용 면적이 클수록 에너지가 높고 자신감이 있으며, 적을수록 에너지가 낮거나 우울하며 자신감이 없고 위축되어 있다고 볼 수 있다.

③ 색채의 사용

건강한 사람들은 평균 5.4개의 색채를 사용한다고 한다. 난색의 계열은 자유로운 감정, 행동, 따뜻한 애정적 관계를 지속하고 있을 가능성이 있으며 한색의 계열은 강한 자기 통제력을 가지거나 지나칠 정도로 순응하는 경향이라 볼 수 있다. 한편, 색을 쓰지 않는 경우는 감정적 요인들을 통제할 수 없을 뿐만 아니라 통제하거나 제한해야 하는 필요성이 존재한다는 것을 암시한다.

④ 필압

필압은 수검자의 에너지 수준을 나타낸다. 강한 필압을 보이는 수검자는 에너지가 높고 자신감이 있으나, 너무 강하면 긴장, 독단, 공격적인 성향일 수 있으며 반대로 약하면 자신감 결여, 수줍음, 우유부단, 우울 상태 무기력감과 관련이 있을 수 있다.

⑤ 계절

계절에 따른 분위기가 조화로운가, 그렇지 않은가에 따라 그림 해석이 달라질 수 있다. 수검자와의 PDI와 대화를 통해 주의 깊은 통찰이 필요하다.

(2) 길의 상태

① 길의 구성

길 그림을 그릴 때 보통 지능을 가진 사람이 필수 구성 부분을 그리지 않는 경우는 지적 붕괴가 시작되고 있거나 정서적 혼란이 있는 경우를 암시한다. 반응을 적게 보이는 것은 극심한 불안감, 고도의 방어자세 또는 정서적 혼란과 관련이 있을 수 있다. 즉, 한 가지 이상은 표현되어야 한다.

② 길의 방향

오른쪽에서 왼쪽으로 그려진 길은 수동적이며 내성적이며 과거에 대한 집착 또는 과거로 회귀하고 싶은 소망과 관련될 수 있다. 이는 과거의 삶이 힘들었을 경우 과거-퇴행의 영역으로 그려지는 경우를 종종 볼 수 있다. 반면, 왼쪽에서 오른쪽으로 그려진 길은 능동적이고 외향적이며 현재에서 미래로 향하는 힘이 내재되어 있음과 관련될 수 있다. 이때 사회적 · 문화적 배경을 고려하여야 한다(예: 미국은 글을 왼쪽에서 오른쪽으로 읽는다, 왼손잡이의 경우 등).

③ 길의 모양

길의 모양이 해석적 의미를 가질 수는 없지만 Hanes(1997)의 『무의식으로의 길』을 참고하여 특정 도로의 의미를 다음과 같이 제시한다.

1) 커브 길: 변덕스럽거나 주위 사람으로부터 영향을 받기 쉬운 사람을 연상할 수 있다.
2) 화지를 가로질러 왔다 갔다 하며 이동하는 길: 주저하고 우유부단함과 관련 있다.
3) 은폐된 단면들: 자기 자신이나 삶에 대하여 구체적으로 드러내길 꺼릴 수 있다. 즉, 남 모르게 특정 사건을 감추려고 시도하거나 은밀히 행동할 가능성이 있다.
4) 크게 빙 돌아서 우회하는 길: 무력감이나 집착, 당사자의 삶과 연관될 수 있다.
5) 소점을 향해 좁아지는 길: 하나의 목적을 추구하거나 목표 지향적인 사람과 연관될 수 있다. 또한 미래에 대한 불확실성과 의구심과도 연관될 수 있다.
6) 좁아지는 길: 신경쇠약과 연관될 수 있다 이런 유형은 창조적 생명력이 고갈됨을 겪을 수 있고 궁극적으로 감정적 · 육체적 탈진을 겪을 수 있다.
7) 점진적으로 좁아지는 나선구조의 길: 집착, 무력감, 우울증, 심지어 자살 의도와 관련 있다.
8) 서로 합쳐지는 길이나 샛길: 심리적, 정서적으로 곤경에 처해 있거나 난처한 상황의 관계와 연관될 수 있다. 각각의 샛길은 가족이나 조직체 내의 특정 개인을 나타낼 수 있다.
9) 복잡하게 얽힌 교차로: 방향 감각의 결핍, 혼란, 분규, 소송과 연관될 수 있다. 종종 이들은 상실감을 느끼거나 길을 잃고 헤매고 있다고 여길 수 있다.
10) 화지를 균등하게 두 부분으로 나누는 그림: 상반되는 감정의 교차, 우유부단함이나 내부 균열과 연관될 수 있다.

④ 길의 폭

에너지와 삶과 희망의 기대, 자신감과 관련되며 좁은 길은 미래의 불확실함, 의심, 생활력, 활력의 감소, 무기력, 우울함을 의미하며 넓은 길은 큰 에너지, 자신감, 의욕, 희망, 기대와 관련 있다.

⑤ 길의 경사

삶에 대한 문제 인식과 관련이 있을 수 있으며 해결해야 할 급작스러운 일이나 감당하기 어려운 일 또는 자신의 순탄치 못했던 삶이나 불확실한 미래의 염려가 반영될 수 있다.

(3) 구성요소

① 방해물

길 그림에 나타나는 균열은 붕괴된 가정 또는 가족 간의 불화를 의미할 수 있다. 돌이나 나무, 벽 등 기타 방해물들이 있으면 삶의 과정에서 어려움과 의사소통의 방해 등이 있었음을 살펴볼 수 있다.

② 교차로

도로가 만나거나 갈라지는 방식은 수검자의 선택, 의미를 결정하는 것과 연관되어 나타난다. 교차로는 중요한 변화의 시간, 결정과 관련 있고 나뭇가지처럼 갈라진 도로는 격렬한 내부 분열, 이중성, 감정의 교차, 우유부단함, 이별, 분리와 관련이 있다. T자형 교차로는 감정의 교차, 우유부단과 관련 있지만 나뭇가지형보다 강렬하지 않다.

③ 도로표지판

길 그림 평가에 중요한 요소로 현재 상황을 바라보는 수검자의 이해력에 대한 신호일 수 있다. 따라서 도로표지판의 의미를 결정할 때 도로의 상태와 PDI를 활용하여 수검자의 개인적 · 문화적 맥락을 잘 고려하여야 한다.

④ 교량 표현

교량은 의식의 변이나 타인과의 연결감 또는 장애물 극복, 문제해결력과 연관될 수 있다.

⑤ 자신 표현

그림에서 자신의 위치가 어디에 표현되어 있는지에 따라 자신의 목표, 삶을 조망하는 수준에서 어느 수준인지 보여 준다. 자신을 표현하고 싶지 않은 경우는 부정적 자아상, 낮은 자아존중감, 우울한 면을 드러낸다.

5) RD의 주의점 및 주안점

(1) 검사자는 수검자가 그림을 편안한 분위기에서 자유롭게 그릴 수 있도록 안내하고, 질문에 대해서는 그림에 어떠한 영향을 미칠 단서를 제공하지 않고 중립적인 입장을 취하도록 주의한다.

(2) 검사자는 수검자가 그림을 그릴 때 어디에 있는 길인지, 모양은 어떠한지, 길의 주위에 어떤 것들이 있으며 도로 표지판들이 있는지, 분위기는 어떠한지 그리고 자신은 그 길의 어디쯤 가고 있는지 등을 조용히 안내하듯 말한다.

(3) 검사 수행 시간은 35~40분이 적당하다. 그러나 수검자의 그리는 속도가 너무 빠르거나 느린 경우 그 이유를 찾아보는 것도 의미 있다.

(4) 검사자는 전체적인 관점에서 조망해 보아야 한다.

(5) 길 그림의 해석에 개인적 의미를 간과해서는 안 된다. 분석기준만을 근거로 한 조급한 해석은 길의 의미를 이해하는 데 방해가 될 수도 있다. 특히 도로 표지판 해석 시 수검자의 문화적 맥락을 고려해야 한다.

(6) 미술 수업을 받았거나 미술과 관련된 경험들이 길 그림을 통해서 얻어지는 이미지의 종류에 영향을 미칠 수 있다는 점을 유념해야 한다.

6) RD의 검사 사례

RD 사례 1

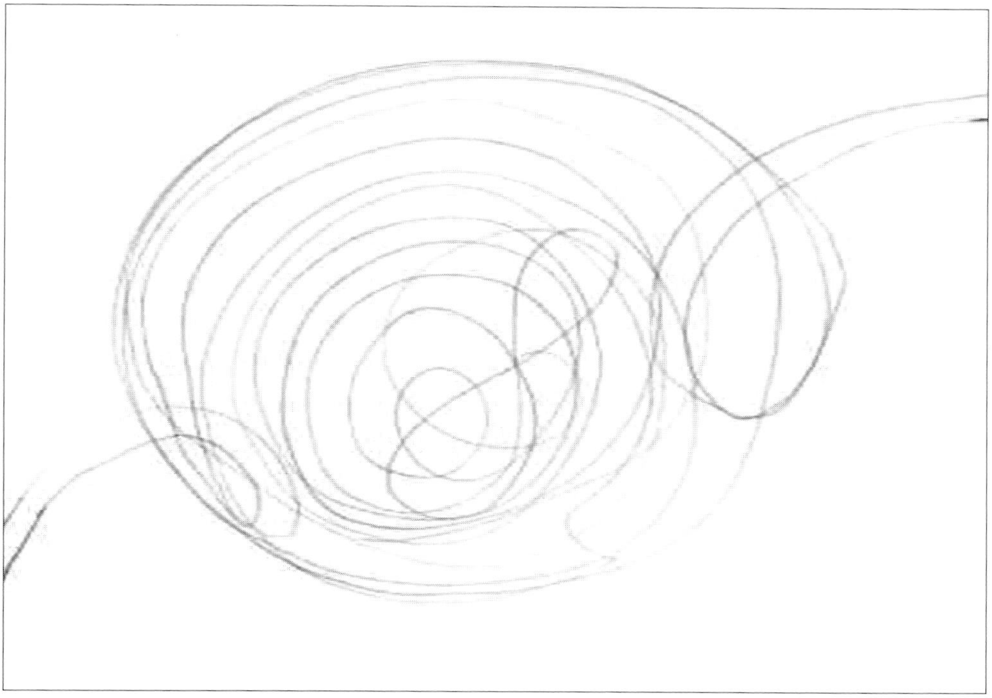

장○○(23/F), 범불안장애

답답하고 답이 안 나오는 길

이 길에 들어서면 나올 수가 없다.

숨을 쉴 수조차 없을 만큼 답답함이 느껴지는 길이다.

점점 밑으로 내려가는 계단 같은 길인데……

풀리지 않는 털실뭉치처럼 짜인 길 속에서 나는 헤매고 있다.

탈출할 방법은 누군가 이 길을 끊어 주는 것이다.

영역	요소	채점
체제와 공간	화지의 구조	가로
	화지의 활용 면적	넓음
	색채의 사용	×
	필압	강함
	계절	×
길의 상태	길의 구성	복잡함
	길의 방향	왼>오
	길의 모양	나선형
	길의 폭	좁음
	길의 경사	알 수 없음
구성요소	방해물	×
	교차로	×
	도로표지판	×
	교량 표현	×
	자신 표현	×

복잡하게 얽히고 혼란스러운 길의 형태는 나선형의 모습을 보이고 있다. 수검자는 답답하고 답이 나오지 않는 길이라고 하며 숨을 쉴 수조차 없이 답답한 감정을 반복적으로 표현하고 있다. 실제 수검자의 호흡 상태와 관련되어 살펴볼 필요가 있으며, 답답함을 주는 요소가 무엇인지 탐색해 볼 필요가 있다. 필압이 강하게 시작되었다가 점차 약하게 그려졌으며, 길의 폭이 굉장히 좁게 나타나 있고, 위에서 아래로 내려가는 형태의 길이다. 이는 불확실한 미래의 염려나 무기력, 우울감 등이 내포되어 있을 가능성이 높으며, 이러한 그림은 공황장애나 사회불안장애를 가진 수검자들에게서 관찰될 수 있다.

RD 사례 2

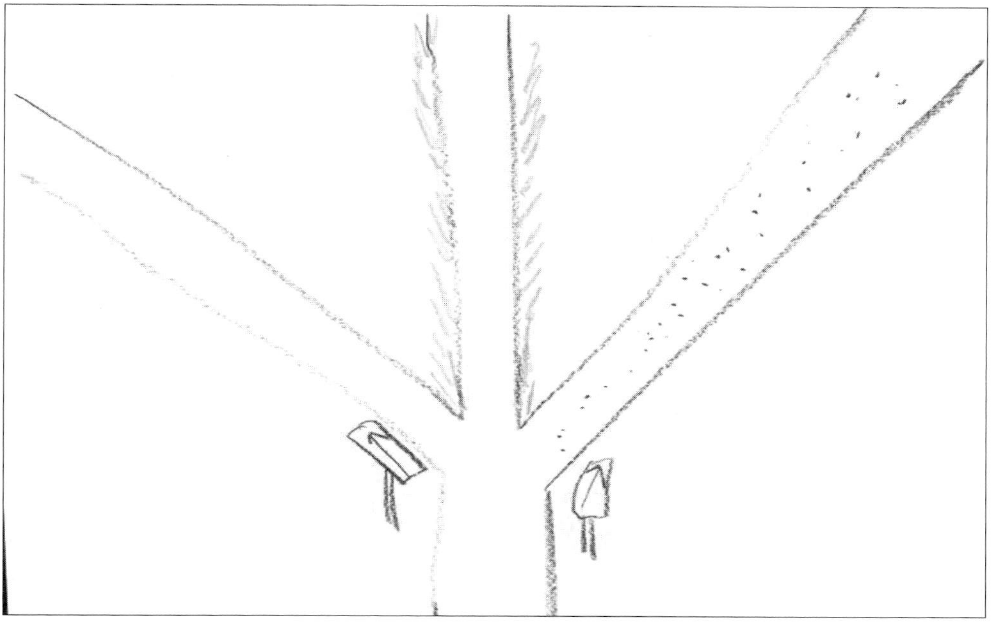

오○○(21/F), 주요우울장애

어디로 가야 할까?

세 길이 있다. 첫 번째는 좋아 보이지만 도착하면 개고생이 시작이다.
두 번째는 잔디가 있는 숲으로 가는 길이다. 근데 그 숲엔 사람을 잡아먹는 괴물이 있다.
마지막 길은 가시와 돌이 많은 힘겨운 길이다. 하지만 도착하면 행복이 시작되는 길이다.
나는 어디로 가야 할까? 한번 발을 떼면 돌아갈 수 없어서 신중해야 한다.

영역	요소	채점
체제와 공간	화지의 구조	가로
	화지의 활용 면적	넓음
	색채의 사용	있음
	필압	강함
	계절	알 수 없음
길의 상태	길의 구성	갈래 길
	길의 방향	아래에서 위로
	길의 모양	갈래길
	길의 폭	좁음
	길의 경사	알 수 없음
구성요소	방해물	가시밭, 돌밭, 잔디
	교차로	×
	도로표지판	화살표
	교량 표현	×
	자신 표현	×

선택의 기로에 서있는 수검자는 현재 취업준비생으로 자신의 진로와 관련되어 답답하고 우울함을 호소하고 있다. 특히 길 그림에서 다양한 방해물이 등장하며, 교차로 존재한다. 좁은 길의 폭을 지녀 미래의 불확실함에 대한 낮은 자신감, 주저함, 현실적으로 느껴지는 어려움 등을 고려해 볼 수 있다. 이러한 그림은 주요우울장애나 공황장애를 가진 수검자들에게서 관찰될 수 있다.

23

다리 그림검사 BD

Bridge Drawing

다리 그림검사는 변화되는 환경 속 자신이 변화를 어떻게 지각하는지, 어떠한 모습인지 등의 단서를 얻기 위한 목적으로 만들어졌다. '다리'는 현대인들에게 익숙한 소재이며 공간을 연결해 준다는 의미로 수검자의 사회적 연결성, 과정, 의사소통, 문제해결방식 등을 의미한다. 다리 그림검사는 연령에 대한 제한이 없으며 변화의 과정에 있는 청소년과 성인들에게 유용하게 쓰인다.

1) BD의 개발배경

이 검사는 Hayes와 Lyons가 1981년에 만든 '다리 그림검사'에 인물을 결합하여 개발한 투사적 그림검사 기법이다. 1958년에 Hammer가 만든 투사검사의 표현 요소를 활용하여 다리 그림에서 유의미한 것으로 나타나는 방향성, 그림에서의 자기 위치, 다리 양쪽에 그려진 장소 등과 같은 12가지 변인을 제시하였고, 이러한 변인은 현재까지도 후속 연구에서 약간의 수정 외에 큰 변화 없이 사용되고 있다.

2) BD의 특징

BD는 다리가 주는 구체적인 상징인 연결성을 통해 현재 당면한 문제를 해결하거나 수검자의 목표, 현실대처 능력 정도, 성향이 어떠한지 알아볼 수 있다. 또한 구체적이고 명확한 단어로 구성된 지시어를 사용한다. 추상적 사고를 보이거나 모호한 반응을 보이는 수검자들에게 자신의 위치를 점으로 나타낸 후 진행 방향을 화살표로 표시하기 때문에 수검자는 자신의 무의식적 정보들을 그 이상으로 확장하고 표현하는 데 유용하게 사용될 수 있다.

3) BD의 실시방법

(1) 검사도구

A4 용지, 연필, 지우개 8절

※ 연필 대신 수검자가 원하면 12색 크레파스를 제공하기도 한다.

(2) 실시방법

① 지시문에 따라 다리 위의 사람을 떠올리도록 안내한다.

② 떠오른 이미지를 화지에 그릴 수 있도록 한다.

③ 그림을 그릴 때는 편안한 분위기에서 자유롭게 그릴 수 있도록 한다.

BD 지시문

- 어떤 장소에서 다른 장소로 연결되는 다리를 그려 주세요.
- 그림 속에서 당신의 모습을 그려 주세요.
- 화살표로 진행 방향을 표시해 주세요.
- 그림 뒷면에 나이와 성별을 적고, 그림에 대한 설명을 적어 주세요.

4) BD의 평가기준 및 해석

BD는 Hayes와 Lyons의 12가지 평가기준을 기본으로 하며, 연구자들의 연구목적에 따라 채점지표를 추가 · 수정 · 보완하여 사용한다. 평가는 원척도로 하되, 우리나라의 문화적 맥락에 맞게 그림에 그려진 형태를 종합적으로 해석해야 하며 질적인 해석을 추가하여 해석하여야 한다.

표 23-1 다리 그림검사 평가기준

항목	요소	분석기준	
B1	진행 방향	– 왼쪽에서 오른쪽 – 오른쪽에서 왼쪽	– 위에서 아래 – 아래에서 위 – 알 수 없음
B2	인물의 위치	– 출발점 – 다리의 1/5 지점	– 다리의 5/5 지점 – 기타
B3	다리 양 끝의 장소	– 현실적 공간 – 상상 속 공간	– 상징적 공간 – 알 수 없음
B4	연결 부위의 강도	– 견고함 – 약함	– 연결되지 않음
B5	강조된 부분	– 다리 자재 – 과거 – 미래	– 자기 자신 – 주위 환경 – 기타
B6	다리의 소재	– 시멘트, 강철의 견고한 소재 – 나무	– 돌 – 밧줄 – 기타
B7	다리의 종류	– 육교 – 도로교 – 고가교	– 구름다리 – 징검다리 – 흔들다리 – 기타
B8	다리 밑의 사물	– 물과 물고기 – 절벽 – 차도, 길	– 사람 – 기타

B9	시점의 위치	– 일반적 시점 – 위에서 내려다본 시점	– 아래에서 올려다본 시점
B10	화지의 방향	– 가로	– 세로 – 대각선
B11	전체적인 일관성	– 조화로움	– 조화롭지 못함
B12	그림에 대해 글로 쓴 것		
P1	인물의 모습	– 전체적인 모습 – 얼굴이 없거나 뒷모습 – 막대 사람	– 풍선 모양의 사람 – 사람 없음
P2	신체 일부의 생략	– 머리, 눈, 코, 입 등	
P3	인물의 크기	– 크기의 형태	

(1) 평가요소에 따른 구체적 해석

① B1 진행 방향

다리를 건너갈 때 진행 방향을 화살표로 표시하여 좌우, 우좌, 상하, 하상 또는 알 수 없는 방향인지 살펴본다. 대부분의 청소년은 일반적으로 왼쪽에서 오른쪽으로 표시하며 양방향으로 표시하는 사람들도 20% 정도를 차지한다. 이는 수검자의 심리적 역동 진행 방향이 투사된 것이라 볼 수 있다.

② B2 인물의 위치

인물이 출발점에 있는지, 다리의 어느 지점에 위치해 있는지 화지의 다리를 기준으로 살펴본다. 일반적으로 다리의 중간 지점에 사람을 그리거나 점을 찍는데 진행 방향과 연관 지어 살펴보는 것이 중요하다. 현재의 위치를 기점으로 지나 온 거리와 앞으로 남은 거리의 비교를 통해 수검자의 심리적 목표까지의 도달과정과 수검자의 심리적 태도를 알 수 있다.

③ B3 다리 양 끝의 장소

장소가 현실적 공간인지, 상상 속 공간인지, 상징적 공간인지 또는 알 수 없는 공간인지 살펴본다. 사람에 따라서는 다리만 그리고 장소를 생략하는 경우도 있고 반대로 양쪽 장소를 더욱 정교하고 두드러지게 그리는 경우도 있다. 흔히 양쪽 장소는 도달하고자 하는 목표나 현재의 심리적 상태를 상징적으로 보여 준다고 알려져 있다.

④ B4 연결 부위의 강도

다리의 끝의 연결 부위가 얼마나 견고하게 연결되어 있는지 강도를 평가한다. 이는 심리적 요소들의 통합을 보여 주는 것으로 다리의 연결된 정도를 보아 '견고함' '약함' '연결되지 않음'으로 평가한다.

⑤ B5 강조된 부분

다리에서 자재, 과거, 미래, 본인, 주위 환경 등 어떤 부분이 강조되어 있는지를 살펴본다. 상세하게 세부 묘사가 강조된 부분은 수검자의 심리적 에너지를 반영하며 주제와 관련 없는 부분을 상세히 강조하기도 하고 주제 자체를 강조하기도 하므로 유의해서 살펴보아야 한다. 필압의 강약의 표현과 상세함의 정도, 크기 위치 등을 종합적으로 판단하여 평가한다.

⑥ B6 다리의 소재

어떤 소재로 다리가 만들어졌는지 보아야 살펴본다. 시멘트, 강철과 같은 견고한 소재와 나무, 돌, 밧줄 등 자연적인 소재가 나타날 수 있다. 일반적으로 금속 소재나 나무가 흔한 편이지만 심리적 긴장과 불안이 높은 수검자들은 밧줄로 된 다리를 그리기도 한다. 이는 수검자의 자아 강도 및 의지와 책임감을 예측하게 한다.

⑦ B7 다리의 종류

육교, 도로교, 고가교, 구름다리, 흔들다리 등 다리가 어떤 형태의 종류로 표현되었는지 살펴본다. 공학적인 분류를 따르기보다는 수검자의 심리적 요인을 고려하여 분류하며 흔들다리는 불안과 긴장의 정도가 구별될 수 있다.

다리의 종류	다리의 모양
■ 현수교 주탑과 주탑 사이 케이블에 의해 지지되는 형식으로 다양한 디자인이 가능하다. 우리나라의 대표적인 현수교는 울산대교, 광안대교, 영종대교 등이 있으며 미국 샌프란시스코에는 금문교가 있다.	
■ 사장교 주탑에서 비스듬한 케이블에 의해 다리가 지지되는 형식으로 교각과 상판을 연결하는 형태이다. 우리나라의 대표적인 사장교는 올림픽대교, 인천대교 등이 있다.	
■ 아치교 로마시대부터 전해진 오래된 양식으로 둥근 아치형이 특징적이다. 불국사의 청운교, 백운교에서도 아치교 양식을 볼 수 있으며 우리나라의 대표적인 아치교는 서강대교, 암사대교가 있다.	
■ 트러스트교 삼각형을 이용한 다리구조가 특징적이다. 우리나라의 대표적인 트러스트교는 성수대교, 마곡대교 등이 있다.	

⑧ B8 다리 밑의 사물

다리 밑에 어떠한 사물이 표현되었는지 살펴본다. 물과 물고기, 차도와 길, 낭떠러지, 사람 등 장애물이나 환경적 요소의 다양한 형태가 표현될 수 있다. 이는 위기감의 정도를 상징한다.

⑨ B9 시점의 위치

다리가 그려진 시점의 위치는 힘의 욕구, 열등감의 지표로서 일반적으로 눈높이 시점이 가장 흔한 반응이다. 특히 아래에서 위를 바라보는 벌레의 시점은 심리적 열등감을 내포하며 위에서 내려다보는 새의 시점은 통제 욕구나 힘에 대한 갈망을 시사하는 것이라고 볼 수 있다.

⑩ B10 도화지의 방향

그림을 그린 종이의 방향을 가로, 세로, 대각선으로 분류한다. 대체로 다리라는 주제를 그리기 위해서는 가로로 긴 방향을 사용한다. 간혹 세로로 그리는 경우에는 절벽에 놓인 다리처럼 높이를 강조하기 위해서이다. 세로는 활동성, 가로는 수동성을 나타낸다.

⑪ B11 전체적인 일관성

그림의 구성요소들이 서로 조화롭고 균형을 이루고 있는지를 평가하는 것으로 '조화로움'과 '조화롭지 못함'으로 분류한다. 그림의 요소들이 감성적으로 조화로운지, 이성적으로 이해할 수 있는지를 살펴보며 조화로운 그림은 건강한 자아를 나타낸다.

⑫ B12 그림에 대해 글로 쓴 것

그림에 대한 평가만이 아닌 수검자가 그림에 대해 자유롭게 작성한 글과 함께 그림을 전체적으로 평가한다.

⑬ P1 인물의 모습

수검자의 자아의 정체감, 자아상의 투사를 상징하는 지표로서 무의식 세계의 동기나 욕구를 객관적이고 종합적으로 반영한다. 전체적인 모습을 살펴봐야 하며 뒷모습이거나 얼굴이 없는지, 막대 사람의 형태인지 살펴본다.

⑭ P2 신체 일부의 생략

그림에 그려진 인물의 신체 일부가 생략되었는지 살펴본다.

⑮ P3 인물의 크기

그림에 그려진 인물의 크기가 적절한지, 과도하게 큰지 등을 살펴본다.

5) BD의 주의점 및 주안점

(1) 다리의 형태는 나라의 특성이 담겨 있으므로 해석 시 수검자의 문화적 맥락을 살펴본 후에 해석해야 한다.

(2) 일대일 해석을 지양하며, 수검자의 PDI를 활용하여 해석한다.

6) BD의 검사 사례

BD 사례 1

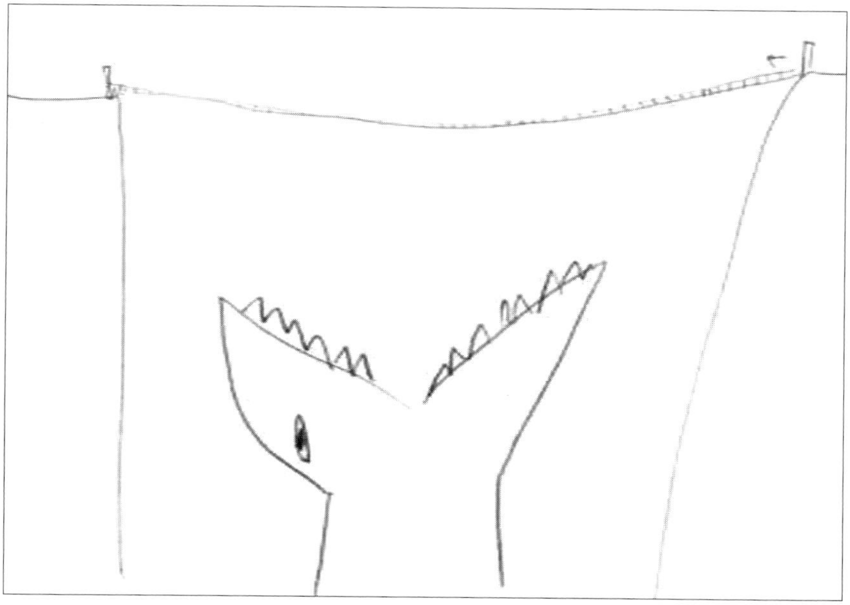

이○○(13/M), 범불안장애

건널 수 있을까?

저 땅으로 넘어가려면 이 다리밖에 지날 수 없음.

근데 밑에는 상어가 있고, 솔직히 겁이 난다. 내가 과연 건널 수 있을까…….

항목	요소	분석
B1	진행 방향	오른쪽에서 왼쪽
B2	인물의 위치	출발점
B3	다리 양 끝의 장소	알 수 없음
B4	연결 부위의 강도	약함
B5	강조된 부분	주위 환경(상어)
B6	다리의 소재	나무
B7	다리의 종류	흔들다리
B8	다리 밑의 사물	물과 물고기(상어)
B9	시점의 위치	아래에서 올려다 본 시점
B10	화지의 방향	가로
B11	전체적인 일관성	조화로움
B12	그림에 대해 글로 쓴 것	–
P1	인물의 모습	막대 사람
P2	신체 일부의 생략	알 수 없음
P3	인물의 크기	매우 작음

상어의 시점으로 보면 사례 1은 아래에서 위로 올려다보는 그림이다. 다소 열등감을 보이며 안정감이 느껴지지 않는 다리의 형태, 연결 부위의 낮은 강도 등으로 보아 현재 높은 심리적 불안을 드러낸다. 새로운 땅으로 건너가려면 하나밖에 없는 다리를 건너야 하는데 다리 밑의 외부자극으로부터 불안, 두려움을 느끼고 있는 것으로 보인다. 따라서 현재 수검자에게 두려움을 주는 외부자극이 무엇인지 살펴볼 필요가 있으며 이러한 그림은 사회불안장애나 범불안장애 등을 가진 수검자들에게서 관찰될 수 있다.

BD 사례 2

최○○(14/M), 공황장애

무너지기 일보 직전

탈출을 하려고 하는데, 다리가 갈라지기 시작했다.
튼튼한 다리라는 건 다 거짓말…….
근데 유일한 탈출 통로는 여기뿐
떨어지면 바로 낭떠러지다.
내 인생도 한 번 떨어지면 나락이겠지?
가야 하는데 도저히 다리가 움직이지 않는다.
망했다.

항목	요소	분석
B1	진행 방향	왼쪽에서 오른쪽
B2	인물의 위치	출발점
B3	다리 양 끝의 장소	원더랜드
B4	연결 부위의 강도	강함
B5	강조된 부분	다리의 넓이
B6	다리의 소재	시멘트
B7	다리의 종류	아치교
B8	다리 밑의 사물	낭떠러지
B9	시점의 위치	위에서 내려다 본 시점
B10	화지의 방향	대각선
B11	전체적인 일관성	조화로움
B12	그림에 대해 글로 쓴 것	–
P1	인물의 모습	막대 사람
P2	신체 일부의 생략	알 수 없음
P3	인물의 크기	매우 작음

사례 2의 그림은 위에서 내려다 본 새의 시점으로, 인물의 방향은 왼쪽에서 오른쪽으로 묘사되어 있다. 환경에 대한 통제감이 엿보이나 수검자의 면담에서 고소고포증이 있음을 확인하였고, 자신이 통제할 수 없는 불안을 느끼는 환경을 묘사한 것으로 볼 수 있다. 그림 속 다리는 매우 튼튼한 시멘트로 만들어졌으나 금이 가고 위태한 상황으로 현재 수검자의 삶 가운데 통제 불가능한 환경에 노출이 되어 있을 가능성이 높고, 이로 인한 불안이 내재되어 있는 것으로 보인다. 또한 다리 밑은 낭떠러지라고 보고하며 마음과 달리 행동이 불가한 상태에서 답답함을 느끼고 있을 것이다. 이러한 그림은 공황장애나 특정공포증 등을 가진 수검자들에게서 관찰될 수 있다.

24
풍경구성법 LMT
Landscape Montage Technique

풍경구성법은 모래놀이치료의 모래상자와 난화기법의 영향을 받아 창안된 그림검사이다. LMT는 테두리 안에 순서에 맞게 10개의 제시된 구성요소를 듣고 그림을 그리는 방식으로 수검자의 통합적 구성능력과 인지적 수준을 파악하는 진단적 가치와 심상 풍경의 구성을 통한 치료적 가치를 지닌다.

1) LMT의 개발배경

LMT는 1969년에 일본의 나카이 히사오(中井久夫)에 의해 개발되었다. Naumburg의 난화기법과 모래놀이치료에 대한 강연을 계기로 테두리 기법을 고안하였고, 이를 더욱 체계화한 것이 LMT이다. 처음에는 조현병 환자에게 그림을 매개로 한 치료적 접근 가능성과 모래상자기법의 적용 가능성을 검토하기 위해 시도되었으나, 예비 검사로서 적절하지 않다고 판명되었다. 현재는 연구와 발전을 통해 심리치료기법뿐만 아니라 진단 기법으로도 많이 활용되고 있다.

2) LMT의 특징

난화기법의 영향을 받은 LMT는 구성적 특성과 투사적 특성이 존재한다. 테두리에 의해 구조화된 공간 안에 전체로서의 풍경이 구성되어야 하기 때문에 통합적 구성능력이 필요하고, 이는 구성적 특성에 해당한다. 의식적인 통합으로의 지향이 지속되어야 하는 그림검사이다. 충만한 공간이 자극으로 주어지면 난화의 선에 의해 하나의 형태가 선택되는 과정이고, 이는 투사적 특성을 가지고 있다. 요소를 어떻게 그리고 무엇을 추가해서 그리는지, 자신이 그린 풍경을 채색하면서 다양한 감정을 투사한다. 또 다른 특징으로는 연필과 지우개 대신에 사인펜을 사용함으로써 수정이 어려워 LMT가 가지는 구성의 특성을 보호하는 점이 있다. 이러한 LMT는 초기 면접 후에 치료적 접근을 선택할 때 진단기법으로 유용하게 사용될 수 있다.

3) LMT의 실시방법

(1) 검사도구

흰색 Letter 용지(8 $^1/_2$×11″), 검정색 사인펜, 24색 크레용

※ 국내에서는 주로 A4 용지나 8절 도화지를 사용하기도 한다.

(2) 실시순서

① 자연스럽게 상호작용할 수 있는 분위기를 제공하고 검사 도구를 준비한다.

② 지시문을 제시하며, 듣고 그릴 수 있도록 강, 산, 논(밭), 길, 집, 나무, 사람, 꽃, 동물, 돌을 순서대로 불러 준다.

③ 채색을 한다.

④ 그림이 완성되면 PDI를 통해 수검자와 대화를 나눈다.

⑤ 화지의 뒷면에 일시와 이름을 적는다.

LMT 지시문

- 지금부터 풍경을 그려 주세요. 다만 제가 말하는 순서대로 그려 주세요. 그리기를 마치면 다음에 그릴 것을 말하겠습니다.
- 전부 열 가지를 말하겠습니다. 열 가지를 그려 하나의 풍경이 되게 합니다. 따라서 제가 말하는 순서에 따라 하나의 풍경을 그려 주세요.
- 강, 산, 논(밭), 길, 집, 나무, 사람, 꽃, 동물, 돌, 그리고 그 외에 추가로 그리고 싶은 것이 있으면 그려 주세요.

4) LMT의 평가기준 및 해석

LMT의 요소는 열 가지이며, 대경군에는 강 · 산 · 논(밭) · 길, 중경군에는 집 · 나무 · 사람, 소경군에는 꽃 · 동물 · 돌이 속한다. 대경군에서의 강은 지면을 두 개로 분할하고, 산은 하늘과 땅의 배분을 결정한다. 두 개의 요소에 따라 풍경의 구성과 수검자의 시점이 정해진다. 논은 공간의 왜곡을 볼 수 있는 요소이며, 길은 공간의 전체적 구조를 결정한다. 중경군에는 HTP의 요소가 도입되어 있는데, 어디에 그리는가에 따라 근경화와 원경화로 정해진다. 여기서는 각각의 형태와 상호관계 및 대경군과의 위치관계를 본다. 소경군은 풍경에 추가되듯이 그려지고, 동물은 생략되기 쉬운 요소이다. 이 외에 부가 요소에는 주로 다리, 태양, 구름, 탈 것 등을 추가적으로 그리거나 열 가지 요소에 대한 수정이 이루어진다. 부가 요소는 드러나지 않은 것을 구체적인 형상으로 표현한 것이기 때문에 무엇이 표상되는지를 파악해야 한다. LMT의 모든 요소는 상징성을 가지고 있으며, 표에 나와 있는 상징 외의 요소들을 아무런 의미가 없는 것으로 받아들여서는 안 된다. 따라서 LMT는 여러 가지 요소가 결합되어 하나의 풍경이 완성되는 것이기 때문에 각 요소의 상징성을 고려하면서 서로 연결하여 그 의미를 파악해야 한다.

그림의 통합성이 결여되어 있고, 각 요소들을 병렬지어 그리거나 요소들의 배치가 조직력이 떨어지는 그림은 주의 깊게 살펴보아야 한다. 조현병 환자 혹은 신경인지장애 환자들의 경우 이렇게 그리며 각 요소의 크기가 사실적이지 않고, 채색 또한 현실성이 없는 색으로 구성되어 있다. 그러나 일반인이 이렇게 그림을 그렸다면, 치료사의 지시를 집중해서 듣지 않고 부주의한 경향이 있을 것으로 추측할 수 있다.

열 개의 구성요소를 모두 그리지 않은 그림 또한 주의 깊게 살펴보아야 한다. 크기를 조절하지 못하여 나머지 요소들을 그릴 자리가 없어서 못 그린 경우는 충동성이 강한 사람들에게서 나타나는 그림 유형이다. 혹은 부주의한 경향이 있는 사람들이 집중하지 않아서 빠트리고 그린 경우도 있을 수 있다.

표 24-1 LMT 평가요소 및 상징적 해석

구성요소	상징적 해석
강	무의식의 흐름을 의미함 –물이 세차게 흐르거나 범람하는 그림: 무의식에 지배당하고 있는 상태 –강기슭을 꼼꼼하게 돌로 쌓거나 제방을 쌓는 그림: 강박 경향이 강하거나 무의식에 대해 자아경계가 약한 상태 –도랑을 그려 분산시키는 그림: 평온한 상태 –강을 지나치게 크게 그리거나 물이 많은 강: 조현병 초기나 신경증이 심한 상태
산	수검자가 처해 있는 상황과 앞으로의 전망 혹은 극복해야 할 문제의 수를 의미함 –멀리 솟아 있는 산: 산에 오르고 싶어 하는 희망 혹은 도달해야 할 마지막 목표 –앞에 버티고 서서 앞길을 막는 산: 어려움 및 장애가 놓여 있는 상태
논(밭)	수검자의 마음이 지향하고 있는 시기를 의미함 –논에서 일하는 사람, 경작 및 손질하는 그림: 해야 할 일 및 의무(학업). 무관심, 비행, 학업에 태만한 사람에게 많이 나타나는 경우는 게으름에 대한 보상 –벼이삭의 한 알까지 빈틈없이 그림: 강박 경향과 더불어 섬세한 심성의 일면
길	의식, 인생의 길을 의미함 –여성이 강을 건너는 그림: 결혼을 의미 –남성이 강을 건너는 그림: 다른 것을 추구함
집	성장한 가정환경, 현재의 가정에 대한 인식과 미래의 가정도 의미함 자신의 가정 상황과 가족관계를 어떻게 인지하고 어떤 감정, 태도를 느끼는지 나타냄
나무	자기상, 정신의 성숙도를 의미함 특정한 인물을 대상으로 한다면 그 인물에 대한 감정 및 욕구를 나타내는 경우 있음
사람	경계심과 자신에 대한 방어를 의미함 자신의 현실적 이미지 및 이상적 이미지를 나타내고, 자신에게 의미 있는 사람이나 일반적 사람을 어떻게 인지하는지 나타냄

꽃	생활의 장식과 화려함을 의미함 –새빨갛게 양쪽 길가를 장식하는 석산화: 영혼을 공양함, 육친을 애도하는 아이들의 그림에서 자주 보임 –채색하지 않는 그림: 감정이 실감나게 느껴지지 않음, 조현병 환자에게 많이 나타남
동물	–토끼: 대인공포증이나 조현병 환자들이 많이 그림 –고슴도치, 매, 상처 입은 사자: 억압받고 공격성을 표출함 –동물이 사람보다 큰 그림: 수검자의 에너지가 큼 –동물이 사람보다 작은 그림: 수검자의 에너지가 작음
돌	단단함, 차가움, 불변성을 의미함 –큰 돌이나 바위: 앞길을 가로막거나, 장애 및 무거운 짐, 엄격한 것
부가 요소	일반적 해석에 따름

5) LMT의 주의점 및 주안점

(1) 테두리 안에 검사자가 불러 주는 순서대로 요소를 그리고, 종합적으로 하나의 풍경이 완성될 것임을 안내한다. 그림 실력은 관계없다는 것을 알려 준다.

(2) 그림의 요소들이 지나치게 테두리를 벗어나면 그리는 것을 중지시키는 것이 좋고, 작업을 거부할 시 수용한다.

(3) 수검자가 질문을 하면 "자유롭게 그리세요."라고 답해 준다.

(4) LMT 검사는 개인과 집단 모두 사용 가능하다. 집단으로 작업 시 테두리를 미리 그려서 복사한 것을 제공하며, 질문지를 작성하여 배부하여도 된다.

(5) 질문에 대한 답변을 무리하게 요구하지 않아도 된다.

(6) 요소들이 독립되게 그려져 있고, 그림이 통합적으로 그려지지 않은 경우는 유의해서 살펴보아야 한다.

(7) 10개의 구성요소가 전부 그려지지 않은 경우는 다양한 이유를 고려하여 살펴보아야 한다.

6) LMT의 검사 사례

LMT 사례 1

강○○(22/F), 조현병 스펙트럼 및 기타 정신병적 장애

자연

"선생님이 불러 주시는 대로 그렸어요. 잘 그렸지요? 뭘 더 그려야 하나? 돌이 산을 올라요. 제가 산에 갔는데 봉황이 있었어요. 그 봉황은 파란색이었는데……(생략)."

분류	구성요소	선택 여부
대경군	강	✓
	산	✓
	논(밭)	✓
	길	
중경군	집	
	나무	✓
	사람	✓
소경군	꽃	
	동물	✓
	돌	✓
그 이외		

열 가지의 구성요소를 모두 그리지 않고 선택적으로 활용하였다. 각 요소에 대한 채색은 사실적으로 표현하였으나, 구성 요소들을 조화롭지 않게 병렬적으로 그렸다. 모든 구성요소를 그리지 못한 것으로 보아 적절한 시간 내에 그림을 그리기 어렵거나 듣고 기억한 후 그리는 것에 어려움이 있는 것으로 보인다. 또한 각 구성요소들이 하나의 풍경을 이루지 못하고 개별적으로 나열 형태로 그려져 있는 것은 통합 구성능력에 어려움이 있음을 보여 준다. 전반적으로 그림을 통합하고 구성하는 능력이 부족한 것으로 나타나며, 이는 조현병 스펙트럼장애를 가진 수검자에게서 관찰될 수 있다.

LMT 사례 2

김○○(15/M), 주의력결핍 과잉행동장애

여러 개

"아, 그리다 보니까 종이가 작은 거예요. 그래도 빠트리지 않으려고 불러 주실 때마다 손에 써 놨어요. 근데 불러 주시는 대로 그렸는데 크기가 왜 이런지 모르겠네요. 물고기가 너무 큰가?"

분류	구성요소	선택여부
대경군	강	✓
	산	✓
	논(밭)	✓
	길	✓
중경군	집	✓
	나무	✓
	사람	✓
소경군	꽃	✓
	동물	✓
	돌	✓
그 이외		

처음 불러 주는 요소인 강을 매우 크게 화지에 그림으로써 다음 요소들의 공간을 계획하지 않은 것을 파악할 수 있다. 그림의 요소들을 자세히 관찰하면 강 밑에 길이 비현실적으로 깔려 있고, 논이 산 밖으로 튀어나오게 그린 것으로 보아 충동적으로 그렸음을 알 수 있다. 밭을 그리지 않았으며, 나무와 집의 지붕이 강을 투사하듯이 그린 것으로 보아 매우 급하고 크기를 조절하지 않은 채 그린 것을 알 수 있다. 사람을 그릴 자리가 없어서 길 위에 그렸으나 전신을 생각하지 못하고 얼굴부터 크게 그려서 상반신만 그렸다. 테두리를 벗어나게 채색한 것으로 보아 충동 성향이 높은 것으로 사료된다. 꽃의 크기가 비이상적으로 매우 크며, 돌 또한 강 위에 떠 있는 듯이 그리고 크기가 큰 것으로 보아 충동 조절에 어려움을 보이는 것으로 판단된다. 전반적으로 그림의 크기를 알맞게 그리는 것이 어렵고, 충동성이 있는 것으로 생각되며, ADHD 특성을 보이는 사람에게 나타날 수 있는 그림 유형이다.

25

얼굴 자극 평가법 FSA

Face Stimulus Assessment

얼굴 자극 평가법은 다른 그림검사에 비해 비교적 최근에 개발된 투사검사로 세 장의 그림 시리즈로 구성되어 있다. 해당 검사의 얼굴 형상은 다양한 인종의 정신전문가가 자문을 통해 문화적 요인을 고려하여 완성되었다. 중도 지체장애나 발달장애 청소년을 대상으로 실시한 검사방법이지만, 언어적 · 비언어적 의사소통이 어려운 대상에게도 사용가능하여 특정 대상이나 연령대에 제한이 없다. 인물화 검사 요소 중 얼굴상을 자극으로 제시하는 검사이므로, 타당도나 신뢰도에서 안전한 그림검사라고 볼 수 있다.

1) FSA의 개발배경

FSA는 미국 미술치료사 Donna Betts가 2001년에 창안한 것으로, 그는 미국 특성상 문화적으로 다양한 인종과 계층이 섞여 있어 그림과 같은 비언어적 의사소통이 중요하다고 생각하였다. Silver, Stamatelos 및 Mott의 작업에서 영감을 받아 얼굴 자극그림검사를 언어 표현이 어려운 내담자도 할 수 있도록 발전시키길 원하였다. 초기에 발달장애가 있는 자폐스펙트럼장애나 의사소통장애, 동기 부여를 상실한 내담자가 얼굴 사진과 같은 그림자극에 반응하는 것을 발견하여 이를 바탕으로 아동의 지적능력을 평가하기 위해 개발하였다. 언어 표현이 어려운 내담자는 시지각 자극 없이 그림을 그리려는 의욕이 없고, 지시 수행이 어렵다는 것을 인식하고 심각한 지적장애나 인지장애가 있어 인지적 · 언어적 능력이 심각하게 손상되어도 추상적이고 상징적인 사고는 가능하다는 점을 착안하여 개발하였다.

2) FSA의 특징

한 회기 안에 총 3장의 연속 그림을 그리는 것이 가장 큰 특징이다. 완전한 얼굴 그림, 얼굴 윤곽 그림, 백지를 제시하여 내담자가 과제를 수행하면 그 자극을 제거한 다음, 두 번째 자극을 제시하여 내담자가 얼굴 요소를 구성하는 것뿐 아니라 기억력과 시각적 기억보유력을 나타내는지 알아본다. 단일 회기에 두 장 이상의 그림을 연속으로 그리기 때문에 한 장으로 그리는 것보다 더 많은 정보를 얻을 수 있으며, 사람 얼굴에 대한 구성요소를 조직하는 통합력이 나타난다.

3) FSA의 실시방법

(1) 검사도구

① 자극그림 1, 2, 3

② 표준 크레욜라 마커 8개(빨강, 주황, 노랑, 초록, 파랑, 보라, 갈색, 검은색), 다문화 크레욜라 마커 8개 팩(다양한 인종의 피부색 표현을 위함)

※ 크레욜라는 수성 재료이며 부드럽게 그려지기 때문에 파스텔처럼 손에 묻거나 다루기 어렵지 않다. 컬러 마커의 사용이 보편화된 미국과 달리 우리나라에서는 흔한 매체가 아니므로 크레파스나 색연필로 교체하여 실시한다.

자극그림	특징
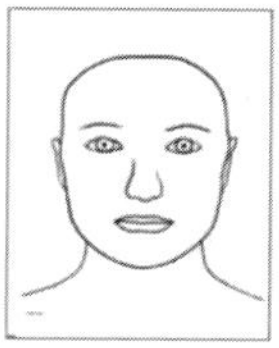 자극그림 1	• 특정 인종을 대표하지 않는 기본 얼굴 형태 • 성별이 구분되지 않는 얼굴 · 머리카락 생략 • 뚜렷한 눈, 코, 입, 귀
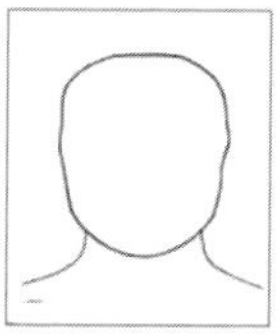 자극그림 2	• 얼굴 외곽선과 목선만 제공 • 첫 번째 그림의 얼굴 외곽선과는 동일 • 눈, 코, 입, 귀 생략
 자극그림 3	• 아무것도 그려지지 않은 A4 용지 제공

주: FSA 자극그림은 저작권이 있으므로 E-Packet을 통해 구입하여 사용할 수 있음
(저작권자: Donna Betts, donnabettsartbc@aol.com http://donaagbettspohd.wordpress.com)

(2) 실시순서

① 첫 번째 과제: 자극그림 1을 제시한 후, "종이와 색연필을 사용하여 뭔가 해 보세요."라고 지시한다.

② 두 번째 과제: 완성된 자극그림 1을 눈앞에서 완전히 치우고 자극그림 2를 제시한다. "종이와 색연필을 사용하여 뭔가 해 보세요."라고 지시한다.

③ 세 번째 과제: 완성된 자극그림 2를 눈앞에서 완전히 치우고 자극그림 3을 세로로 제시한다. "종이와 색연필을 사용하여 뭔가 해 보세요."라고 지시한다.

FSA 지시문

- 지금부터 제시된 종이 위에 그림을 그리게 됩니다.
- 전체 시간은 60분으로 제한하며 한 장의 그림 당 20분을 넘기지 않도록 주의합니다.
- 제시된 종이와 마커를 사용하세요.

4) FSA의 평가기준 및 해석

FSA는 다양한 문화적 요인이 고려된 인물화 검사이며, 수검자의 기억력, 지능, 인지를 전반적으로 파악할 수 있다. 이 과정에서 언어적 · 비언어적 의사소통이 어려운 대상에게도 실시가 가능하며, 평가기준에 따른 해석이 가능하다. 그림검사 시 우울한 수검자들의 경우 색의 사용에서 가짓수가 적으며, 세부 사항 표현과 공간 사용이 적다. 조증 수검자의 경우 과도하게 많은 양의 색을 칠하며, 선의 질, 공간 사용, 다양성, 내포된 에너지 항목에서 높은 점수가 나온다. ADHD 아동의 경우, 그림 형태에서 인물을 그리지 않고 알기 어려운 주제로 표현하며, 윤곽선 밖으로 넘치는 채색과 반복적인 형태를 보인다.

FSA는 2008년 Michelle에 의해 PPAT를 평가하기 위하여 개발한 미술치료 척도 형식 요소인 FEATS를 근거로 개발되었으나 현재까지 공식적인 채점도구가 아직 개발되지 않았다. Betts(2003)는 비공인 'FSA 척도' 안내에서 다음과 같은 9개의 항목을 제시하였다.

표 25-1 FSA 평가기준

항목		구분	의미
색칠 정도	1	사물의 윤곽이나 선에만 칠함	그림에서 색이 다뤄지는 방식은 개인의 감정을 반영하므로 색을 어느 정도 채색했는가를 측정 하는 것으로 외곽선만 그리고 채색을 하지 않았는지, 사람이나 형태 내부에 채색했는지, 배경까지 모두 채색했는지 확인한다.
	2	몇 개의 사물 안쪽에 색이 칠해짐	
	3	형상 · 사물의 윤곽과 내부에도 칠해짐	
	4	형상 · 사물 · 배경까지도 색이 칠해짐	

발달단계	1	유아기 아동의 그림	그림에 나타난 발달 수준을 측정하는 것으로 Lowenfeld의 발달 단계를 작품에 적용하여 발달단계를 평가하며 아동기, 4~6세, 7세 이후 아동기, 청소년기, 성인기로 구분한다.
	2	초기 아동기의 그림	
	3	후기 아동기의 그림	
	4	청소년의 그림	
색의 적절성	1	한 가지 색으로 사용, 한 가지 색만 적절	그림에 사용된 색이 대상을 묘사하는 데 적절한지 평가한다.
	2	다소의 색상을 적절하게 사용	
	3	대부분의 색을 적절하게 사용	
	4	사용된 모든 색을 적절하게 사용	
세부 사항	1	한두 가지 항목을 더 그림	그림에 제시된 것 이외에 얼마나 다양한 항목을 많이 묘사했는지 확인하기 위함이며 기본적으로 수검자가 단순히 구체적인 방식으로 특정 항목을 추가했는지에 대해서 측정한다(Gantt & Anderson, 2009).
	2	다섯 가지 정도 항목을 더 그림	
	3	여섯 가지 이상의 항목을 더 그림	
	4	사물, 배경 모두 충분히 갖춤	
내포된 에너지	1	비교적 적은 에너지	그림을 그리는 데 사용된 에너지를 측정하며 소요 시간, 색칠의 정도, 공간 사용, 표현된 내용 등을 종합하여 평가한다. 수검자가 동일한 그림을 수행할 때 그림을 그리는 데 들인 노력의 정도와 관련되어 있으며 완성하는 데 소비된 에너지에 대한 평가를 의미한다.
	2	평균/보통 정도	
	3	평균 이상으로 많은 에너지	
	4	엄청난 양(최대의 에너지 사용)	
선의 질	1	실수가 많고 통제가 안 된 선	그림을 그리면서 어느 정도로 매끄럽게 그었고 선을 통제할 수 있는지에 대해 평가하며 연속적으로 잘 이어져 있는 선, 유연하게 흐르듯 잘 조절된 선은 건강하다고 평가한다.
	2	선에 손 떨림이 나타나거나 흔들리는 선	
	3	선의 질이 다양함	
	4	선이 잘 통제되어 있음	

논리성	1	작업에 맞지 않는 4개 이상의 사물이 있음	제시된 과제에 대한 적절한 반응이 아닌 비논리적인 반응을 분류하는 평가이다. 주제에 맞지 않거나 기괴한 대상이 있는지 확인하며 유머러스하거나 풍자적인 표현과 그림에 나타날 이유가 없는 것과 같은 표현은 구분해야 한다. 추상적인 사고력과 손상여부를 평가하는 것으로 알츠하이머병이나 과대망상증을 겪는 사람의 그림은 논리성이 매우 낮다(Gantt & Tabone, 1998).
	2	작업에 맞지 않는 3개의 사물이 있음	
	3	작업에 맞지 않는 한두 가지의 사물이 있음	
	4	비논리적인 요소 없음	
반복성	1	상당히 집요한 반복	의미 없는 단순 반복 표현으로 반복되는 반응의 정도가 지나치게 많은 것이라고 정의한다. 긴 선을 반복해서 긋거나, 단순한 도형을 반복해서 그리는 것을 평가하지만 색을 칠하기 위한 표현, 잔디 표현, 사과의 표현은 반복성으로 평가하지 않는다.
	2	많은 반복	
	3	아주 적은 반복	
	4	반복 없음	
사실성	1	그린 이의 의도는 보이지만 암시에 머무는 그림	구성요소가 실제적으로 묘사된 정도를 파악하며 그림의 발달단계와 관련이 있다. 세부묘사와 상대적인 크기도 고려해야 하며 구성요소 중 적어도 하나라도 확인할 수 있어야 평가가 가능하다.
	2	확인은 되나 너무 단순함	
	3	다소 복잡성을 보임	
	4	사실적으로 그려냄	

출처: Betts(2003).

표 25-2 FSA 자극그림에 따른 평가기준

첫 번째 그림	선 안쪽에 색칠을 할 수 있을 만큼의 운동 기술이 있는지 여부
	사실에 입각해 자연스러운 색상을 사용했는지, 그림이 사람 얼굴임을 인식했는지 여부
	머리카락, 보석류 등 기타 요소를 추가했는지 여부
	인종이나 성별을 고려하여 수검자가 그림의 얼굴을 자신과 유사하게 나타냈는지 여부
	그림 공간 사용: 배경을 채울지 여부와 얼굴과 배경 사이에 색상 차이가 있는지 여부

두 번째 그림	얼굴 모양을 무시하는지(즉, 낙서를 하거나 얼굴이 아닌 다른 형태로 만드는지) 또는 얼굴의 특징을 추가하여 완전한 얼굴로 만드는지 여부
	얼굴을 완성하였다면 첫 번째 그림의 시각적 자극을 반복, 유지하고 있는지 고려
	얼굴을 그리지 않았다면 선, 색상 등의 형식 요소들을 고려
세 번째 그림	얼굴을 그렸는지 여부와 의미하는 바를 고려
	얼굴을 그리는 경우 이전 그림들과의 유사점과 차이점 고려
	얼굴을 그리지 않았다면 반항이나 창조성을 의미할 수 도 있음을 고려
	수검자가 종이의 방향을 변경하거나 용지를 접거나 찢는지 여부

출처: Betts(2003).

5) FSA의 주의점 및 주안점

(1) FSA를 평가하기 위한 공식적인 채점 도구가 아직 개발되지 않았으며 수검자 특성에 맞게 표준화되어 있지 않기 때문에 문화적 맥락과 수검자의 상태를 고려한 해석이 필요하다.

(2) 수검자의 장애를 예상하는 기준이 없으므로 그림을 평가할 때 장애에 대해 진단하지 않는다.

(3) 평가 시 지시문 외에 그림을 그리거나 얼굴을 그리라는 구체적인 언급은 하지 않아야 한다.

(4) 첫 번째 그림을 기억해서 두 번째 그림에 적용하는 것은 인지 기능을 평가할 때 핵심적으로 중요한 부분이며, 집단을 대상으로 실시할 경우 각각의 그림 뒷면에 이름, 날짜, 그림 번호를 적는다.

Face Stimulus Assessment (FSA) PARTICIPANT Inquiry Form ©2016
Donna Betts, PhD, ATR-BC

Clinet Data: ____________________ Date: ____________________

〈자극그림 1〉 질문

1. 선 안쪽에 색칠하는 것이 얼마나 중요한가요?
2. 얼굴을 칠하기 위해 사용한 색상에 대해 말해 주세요.
3. 세부 사항이 추가된 경우 추가한 머리, 보석 등에 대해 알려 주세요.
4. 이 사람이 당신이 아는 사람입니까? 아니면 상상 속의 인물입니까?
5. 이 그림의 제목은 무엇인가요?
6. 더 하고 싶은 말이 있나요?

〈자극그림 2〉의 질문

- 얼굴을 그린 경우
  1. 얼굴을 칠하기 위해 사용한 색상에 대해 말해 주세요.
  2. 세부 사항이 추가된 경우 추가한 머리, 보석 등에 대해 알려 주세요.
  3. 이 사람이 당신이 아는 사람입니까? 아니면 상상 속의 인물입니까?

- 다른 것을 그린 경우
  1. 이 그림에 대해 설명해 주세요.
  2. 해당되는 경우: 얼굴을 다시 그려야 한다고 생각했나요? 이에 대해 얘기할 수 있도록 그/그녀를 초대하세요.

- 내용에 관계없이 얼굴을 그렸는지 또는 다른 것을 그렸는지 여부
  1. 이 그림의 제목은 무엇인가요?
  2. 더 하고 싶은 말이 있나요?

〈자극그림 3〉의 질문

- 얼굴을 그린 경우
  1. 이 얼굴을 칠하기 위해 사용한 색상에 대해 말해 주세요.
  2. 세부 사항이 추가된 경우 추가한 머리, 보석 등에 대해 알려 주세요.
  3. 이 사람이 당신이 아는 사람입니까? 아니면 상상 속의 인물 입니까?

- 다른 것을 그린 경우
  1. 이 그림에 대해 설명해 주세요.
  2. 해당되는 경우: 얼굴을 다시 그려야 한다고 생각했나요? 이에 대해 얘기할 수 있도록 그/그녀를 초대하세요.

- 내용에 관계없이 얼굴을 그렸는지 또는 다른 것을 그렸는지 여부
  1. 이 그림의 제목은 무엇인가요?
  2. 더 하고 싶은 말이 있나요?

6) FSA의 검사 사례

FSA 사례 1

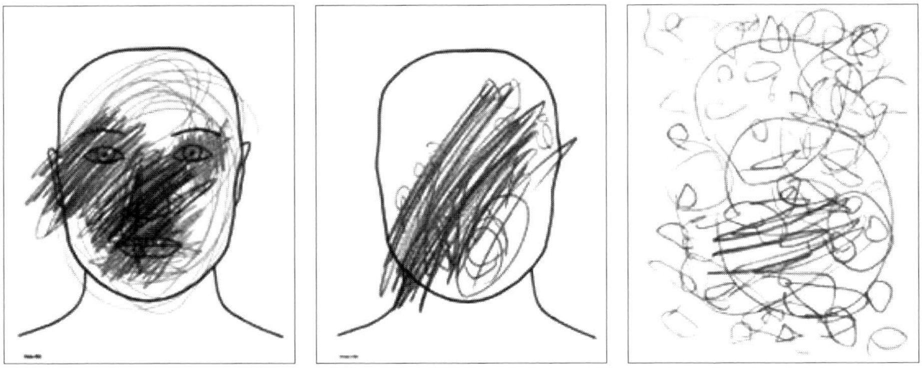

김○○(9세/M), 지적장애

좀비

얼굴이 좀비 같이 생겨서 좀비처럼 그렸다. 눈에서 레이저가 나오고 피가 나오고 좀비가 이겼다.

	FSA 질문(PDI)	답변
첫 번째 그림	선 안쪽에 색칠하는 것이 얼마나 중요한가요?	내 마음대로 했어요.
	얼굴을 칠하기 위해 사용한 색상에 대해 말해 주세요.	초록, 파랑, 주황, 검정
	세부사항이 추가된 경우 추가한 머리, 보석 등에 대해 알려 주세요.	없어요.
	이 사람이 당신이 아는 사람입니까? 아니면 상상 속의 인물입니까?	사람 아니고 좀비요.
	이 그림의 제목은 무엇인가요?	좀비
	더 하고 싶은 말이 있나요?	없어요.
두 번째 그림	얼굴을 그린 경우	
	얼굴을 칠하기 위해 사용한 색상에 대해 말해 주세요.	
	세부 사항이 추가된 경우 추가한 머리, 보석 등에 대해 알려 주세요.	
	이 사람이 당신이 아는 사람입니까? 아니면 상상 속의 인물입니까?	

	다른 것을 그린 경우	
	이 그림에 대해 설명해 주세요.	
	해당되는 경우: 얼굴을 다시 그려야 한다고 생각했나요? 이에 대해 얘기할 수 있도록 그/그녀를 초대하세요.	
	내용에 관계없이 얼굴을 그렸는지 또는 다른 것을 그렸는지 여부	
	이 그림의 제목은 무엇인가요?	좀비
	더 하고 싶은 말이 있나요?	파란 좀비로 변해서 이제 공격해서 파란색 레이저도 쏘고 피슝
세 번째 그림	**얼굴을 그린 경우**	
	얼굴을 칠하기 위해 사용한 색상에 대해 말해 주세요.	
	세부사항이 추가된 경우 추가한 머리, 보석 등에 대해 알려 주세요.	
	이 사람이 당신이 아는 사람입니까? 아니면 상상 속의 인물입니까?	
	다른 것을 그린 경우	
	이 그림에 대해 설명해 주세요.	좀비……
	해당되는 경우: 얼굴을 다시 그려야 한다고 생각했나요? 이에 대해 얘기할 수 있도록 그/그녀를 초대하세요.	
	내용에 관계없이 얼굴을 그렸는지 또는 다른 것을 그렸는지 여부	
	이 그림의 제목은 무엇인가요?	전부 좀비로 변해서……
	더 하고 싶은 말이 있나요?	아니요.

첫 번째 그림에서 사람 얼굴에 어울리지 않게 과하게 채색하였고, 머리 형태가 보이지 않으며 머리 색상이 없다. 전반적인 그림에서 나타난 선의 질은 힘이 강하고 특이한 색을 사용하였다. 두 번째 그림에서 사람의 얼굴을 완전히 표현하지 않았으며, 세 번째 그림에서 사람 얼굴이 아닌 기하학적 무늬를 표현하였는데 집요한 반복성이 나타났다. 이와 같은 내용을 종합하면, 수검자는 그림에서 얼굴 형태를 그려 내지 못하고 균일하고 일정한 채색을 하지 못하며 얼굴을 인식하여 재현하는 데 어려움이 있다. 필압과 색채에서 방어적이고 억압된 정서가 보이며, 검사자의 추가 질문에 매끄러운 설명이 어렵고 좀비 이야기만 반복하여 표현하였다.

FSA 사례 2

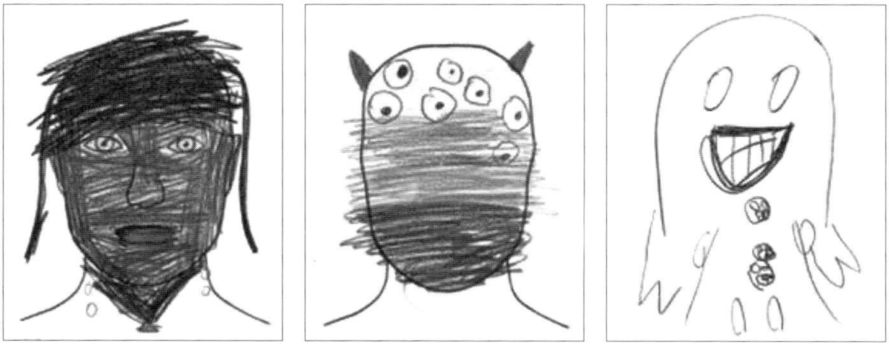

박○○(14/M), 주의력결핍 과잉행동장애

타노스

타노스로 변해서 사람들 다 사라져서 넓고 여유로운 세상으로 변했다.

	FSA 질문	답변
첫 번째 그림	선 안쪽에 색칠하는 것이 얼마나 중요한가요?	그냥 막 했는데요.
	얼굴을 칠하기 위해 사용한 색상에 대해 말해 주세요.	검정, 파랑, 초록, 빨강, 보라
	세부 사항이 추가된 경우 추가한 머리, 보석 등에 대해 알려 주세요.	앞머리와 촉수
	이 사람이 당신이 아는 사람입니까? 아니면 상상 속의 인물입니까?	그냥 내 마음대로 상상해서 그렸어요.
	이 그림의 제목은 무엇인가요?	지켜보는 눈
	더 하고 싶은 말이 있나요?	없는데요.
두 번째 그림	얼굴을 그린 경우	
	얼굴을 칠하기 위해 사용한 색상에 대해 말해 주세요.	빨강, 노랑, 초록, 분홍, 갈색
	세부 사항이 추가된 경우 추가한 머리, 보석 등에 대해 알려 주세요.	
	이 사람이 당신이 아는 사람입니까? 아니면 상상 속의 인물입니까?	
	다른 것을 그린 경우	

	이 그림에 대해 설명해 주세요.	
	해당되는 경우: 얼굴을 다시 그려야 한다고 생각했나요? 이에 대해 얘기할 수 있도록 그/그녀를 초대하세요.	
	내용에 관계없이 얼굴을 그렸는지 또는 다른 것을 그렸는지 여부	
	이 그림의 제목은 무엇인가요?	우릴 지켜보는 눈
	더 하고 싶은 말이 있나요?	눈이 7개인데 우릴 지켜보고 공격하는 악마예요.
세 번째 그림	얼굴을 그린 경우	
	얼굴을 칠하기 위해 사용한 색상에 대해 말해 주세요.	검정
	세부 사항이 추가된 경우 추가한 머리, 보석 등에 대해 알려 주세요	
	이 사람이 당신이 아는 사람입니까? 아니면 상상 속의 인물입니까?	
	다른 것을 그린 경우	
	이 그림에 대해 설명해 주세요.	
	해당되는 경우: 얼굴을 다시 그려야 한다고 생각했나요? 이에 대해 얘기할 수 있도록 그/그녀를 초대하세요.	
	내용에 관계없이 얼굴을 그렸는지 또는 다른 것을 그렸는지 여부	
	이 그림의 제목은 무엇인가요?	귀신
	더 하고 싶은 말이 있나요?	이건 귀신이고 아까 악마랑 같은 편이에요. 악마가 지나가고 다시 귀신이 나타나서 우릴 공격해요.

첫 번째 그림은 사람 얼굴과 맞지 않는 색으로 칠해졌으며 비정상적인 초록색 눈이 표현되었다. 두 번째 그림에 얼굴을 표현하지 않았고 눈으로 보이는 동그라미를 여러 개 표현하여 연속성을 나타났다. 세 번째 그림에도 사람 얼굴 대신 다른 캐릭터를 표현하였다. 전반적인 그림에서 비논리적이고 단순한 표현과 특이한 색상을 사용하였고, 테두리 밖으로 넘치게 채색하였다. 선의 필압이 강하고, 대체로 가로로 채색하였으며 반복성이 나타났다. ADHD 아동의 경우 내재된 공격성과 충동성으로 인해 작품 속에 내포된 에너지가 강하다. 그림에 나타난 밖으로 튀어 나간 선과 머리의 뿔, 많은 눈동자를 표현한 것처럼 논리적이지 않고 집요한 반복성을 보인다.

26

정서행동문제 그림검사 EBDT

Emotional & Behavior Drawing Test

정서행동문제 그림검사는 아동 · 청소년 및 성인의 정서와 행동문제를 변별하기 위한 그림검사이다. 심리적 부담이 적은 자극그림을 통해 이야기를 만들고 그림을 재구성하여 청소년들의 내재화 · 외현화의 부적응 정서행동문제를 살펴볼 수 있다. 이 그림검사는 투사적 그림검사임에도 불구하고 객관적 지표가 나타나 투사검사의 단점을 보완하여 규준점수를 제공하는 표준화된 최초의 그림검사 도구로, 학교와 임상장면 등에서 유용하게 활용될 수 있다.

1) EBDT의 개발배경

EBDT는 임나영이 우리나라에서 학생들의 정서행동발달을 평가하는 지필식 자기보고식 설문의 한계점을 인식하고, 특히 청소년들의 특성인 높은 방어를 낮추고 신뢰도와 타당도가 확보된 투사적 그림검사 개발의 필요성을 제기하였다. 2000년에 투사그림검사 관련 연구를 기반으로 자극그림을 선정하고, 2014년에는 해당 그림검사를 타당화하고 2023년 표준화과정을 거쳐 온라인으로 자동화된 채점체계를 활용할 수 있도록 관련 매뉴얼을 출판하였다.

2) EBDT의 특징

국내 최초의 표준화 작업을 거친 투사적 그림검사로서 자기보고식 검사의 한계와 투사 그림검사의 한계를 보완하였다. 30개의 자극그림을 제시함으로써 수검자의 심리적 방어를 완화시키고, 자극그림을 보고 선택하는 과정을 통해 자유화와 구조화를 모두 이용한다는 특징이 있다. 또한 온라인 자동화 시스템을 갖추었기 때문에 실시방법이 간편하고 효율적이며 학교, 회사 등 집단에서 활용도가 높아 간편하게 정서 · 행동 문제의 정도를 파악할 수 있다.

투사적 그림검사임에도 불구하고 4개의 하위척도(적대적 표출, 내면적 위축, 구조적 빈곤, 구조적 불균형)가 존재한다. '적대적 표출'과 '내면적 위축'은 심리적 내용을 반영하며 아동 · 청소년의 정서행동 역기능 차원을 나타내는 지표이며 '구조적 빈곤'과 '구조적 불균형'은 구조적 변인을 반영하여 청소년의 외현화 및 내재화의 공존현상을 확인할 수 있다. 채점체계는 4점 리커트 척도로 '전혀 아니다' 0점, '조금 그렇다' 1점, '그렇다' 2점, '매우 그렇다' 3점으로 평정된다. 그림의 형식과 구조를 재는 문항과 그림 그리고 이야기의 내용에 따른 각 4개 하위 요인을 가지고 있는 15문항의 채점표를 사용하여 양적 점수를 계산하며, 부가적 체크리스트 30개를 통해 그림카드와 이야기에 대한 질적인 해석을 추가로 할 수 있다. 채점표에서 합산 점수가 높을수록 청소년의 부적응 정서행동 문제가 높음을 알 수 있으며, 아동 · 청소년들에게 이차적으로 생길 수 있는 학교폭력이나 자살 등의 위기 문제들을 보다 안전하고 광범위하게 평가하고 예방이 가능하다.

3) EBDT의 실시방법

(1) 검사도구

자극그림, 예시 그림, 그림검사지, 채점체계 매뉴얼, 그림 체크리스트, 채점 보조도구(작은 공간, 치우침), HB 연필, 지우개

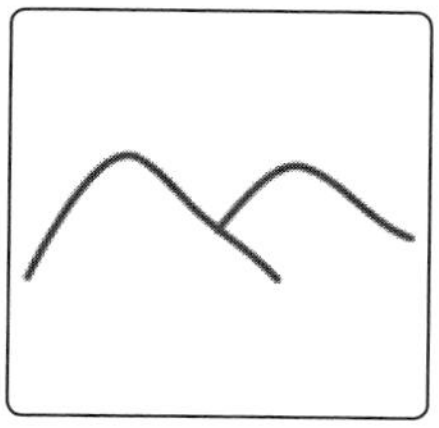

제목: 여행가는 토끼

이야기: 평소에 호기심이 많은 토끼는 우연히 발견한 기구를 타고 산 너머의 바깥 세상을 구경합니다. 다른 토끼들에게 잘 다녀오겠다며 인사를 합니다.

현재 나의 감정은: ① 화난다 ② 우울하다 ③ 아무 느낌 없다 ④ 행복하다 ⑤ 흥미진진하다

예시 그림

아래 그림 카드 중에 2~5 장의 그림을 골라 결합하여 하나의 그림을 만드세요. 그리고 이야기를 만들어 보세요. 선택한 그림을 변형하거나 반복해서 그리거나 다른 요소를 첨가하는 것도 가능합니다. 다 그리신 후에는 제목과 이야기를 간단하게 적어 주세요.

자극그림

제목: ______________________

이야기

현재 나의 감정은: ① 화난다 ② 우울하다 ③ 아무 느낌 없다 ④ 행복하다 ⑤ 흥미진진하다

__________ 학교 ______ 학년 ______ 반 이름 __________

그림검사지

[그림 26-1] EBDT의 검사도구

출처: 임나영(2014).

(2) 실시순서

① 편안한 분위기를 조성한 후 수검자에게 자극그림을 보여 준다.
② 검사지에 자극그림을 선택하여 지시문에 따라 그림을 그릴 수 있도록 안내한다.
③ 다 그린 후에는 그림의 이야기와 제목을 기술하도록 한다.

EBDT 지시문

- 다음 그림 중에 2~5개의 그림을 골라 이야기를 생각해 보고 그림을 그려 주세요.
- 선택한 그림을 변형하거나 반복할 수 있고, 다른 요소를 첨가하는 것도 가능합니다.
- 다 그린 후에는 제목과 이야기를 간단하게 적어 주세요.

4) EBDT의 평가기준 및 해석

(1) 채점방법

수검자가 그림과 이야기를 완성하면 채점체계 지표에 따라 순서대로 채점을 한다. 온라인상에서 코딩을 했을 경우 자동적으로 결과표가 계산되어 [그림 26-2]와 같이 제시된다. 직접 검사를 할 경우, 기본 15문항의 채점지표를 사용하여 4가지 요인별 합산 점수와 전체의 합산 점수를 계산한다. T점수 65T 이상일 경우 임상적으로 주의 깊은 관찰이 필요하다. 작은 공간과 치우친 그림의 경우, 그 비율을 쉽게 확인하고 채점할 수 있도록 부록의 채점도구를 활용하여 OHP 필름 위에 비율에 해당하는 간격을 그리고 그림 위에 OHP 필름을 겹쳐 채점한다. 양적 점수를 계산한 후, 자극그림 선택카드 개수를 알아보는 부가적 체크리스트 30개로 질적인 해석을 추가할 수 있다. 채점체계는 4점 리커트 척도로 '전혀 아니다'는 0점, '조금 그렇다'는 1점, '그렇다'는 2점, '매우 그렇다'는 3점으로 평정되며 합산 점수가 높을수록 청소년의 부적응 정서행동문제가 높음을 나타내며 채점된 양적 지표와 그림의 제목, 이야기, 선택된 자극그림, 그려진 이미지를 종합적으로 고려하여 해석해야 한다.

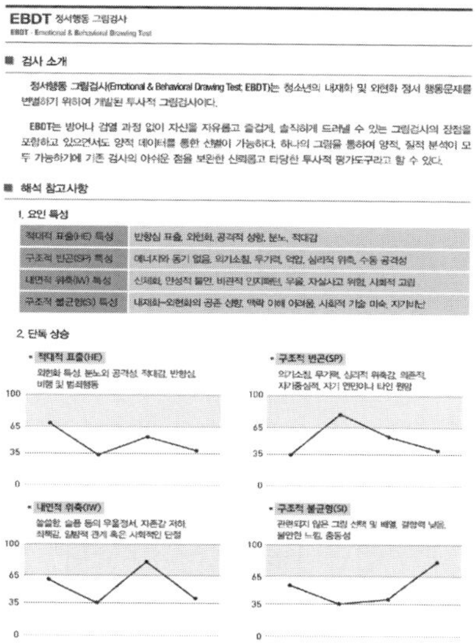

요인 특성 및 단독상승시

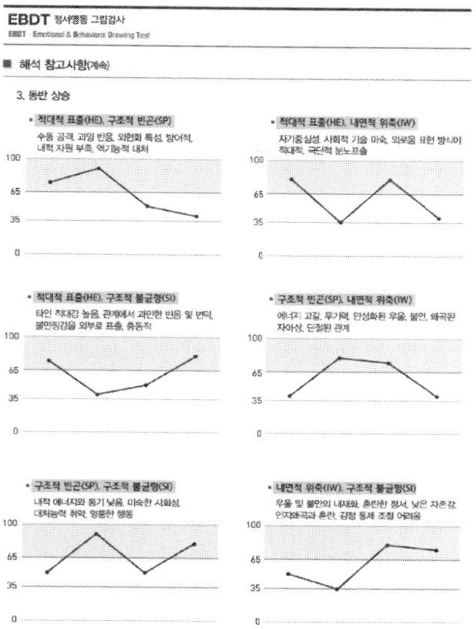

동반상승시

[그림 26-2] EBDT 온라인 용 검사결과지

출처: 인싸이트(2023).

(2) 요인별 해석

① 적대적 표출

분노가 가득 찬 모습으로 타인을 괴롭히거나 공격적이고 폭력적인 행동을 보이는 모습이 그림이나 이야기에 나타날 수 있다. T점수 65점 이상인 경우, 공격적인 성향과 높은 분노가 내재되어 있어 스트레스를 경험하면 적대감과 반항심을 표출하는 외현적인 특성이 나타난다. 또한 감정 조절의 실패로 행동화가 나타나며 억압된 분노를 외부로 투사하여 표출하는 특성이 있다. 적대적 표출 점수가 과도히 상승할 경우, 프로파일상 [그림 26-2]와 유사하게 나타나며 낮은 책임감을 지니고 자신의 행동에 대한 통찰이 미숙하며 사회적 가치를 무시하고 비행 및 범죄행위를 저지르기도 한다. 그림에서는 '칼' '폭탄' '헐크' '라이터' 등의 자극그림 선택이 두드러지며 직접적 공격 및 강한 분노표현이 나타나며 임상적으로 품행장애, 적대적 반항장애로 진단받을 가능성이 높다.

② 내면적 위축

자신을 비하하고 우울한 모습이거나, 사회적으로 위축되고 고립된 모습이 그림이나 이야기에 나타날 수 있다. T점수 65T 이상인 경우 낮은 동기와 슬픔, 쓸쓸함 등의 부정적 정서, 비관적인 사고 경향을 가지며 사회적 고립과 우울함이 내재화된 특성을 보인다. 이들은 스트레스 경험 시, 두통이나 피로감과 같은 신체적 증상이 나타나며 미성숙한 대처기제인 '철수' 등을 주로 사용하며 강한 감정 억제 경향이 나타날 수 있다. 또한 내면적 위축 점수가 과도히 상승할 경우 프로파일상 [그림 26-2]와 유사하게 나타나며 피해 경험에 노출되어 있을 가능성이 높고 만성적 불안, 현저한 인지적 오류를 보이며 이로 인한 자살 사고의 위험도 존재한다. 그림에서는 '힘없는 나무' '강아지' '소년' '소녀' 등의 자극그림 카드선택이 두드러지며 임상적으로 우울장애를 진단받을 가능성이 높다.

③ 구조적 빈곤

그림이 과도하게 단순화되어 있거나, 그림이 아닌 글씨로 표현되거나 묘사가 빈곤하고 무성의한 그림의 특성이 두드러진다. T점수 65T 이상인 경우 우울과 공격 성향을 모두 가지고 있을 가능성이 크며 높은 수동공격성이 특징이다. 이러한 특징은 대인관계 측면에서 가해 및 피해 상황에 만성화되었을 가능성이 매우 높다. 만성화가 주된 특징으로 에너지 저하, 동기 부족, 만성적인 무기력감 등의 정서 상태가 나타나며 스트레스에 대한 내적 갈등, 관련된 과거 기억을 부분적으로 억압하는 특성을 보인다. 그림에서는 제한된 자극그림을 선택하고 빈약한 묘사와 적은 에너지를 사용하여 묘사하는 것이 특징적이다.

④ 구조적 불균형

구조적으로 그림의 균형과 비율이 맞지 않고 공간 활용이 부족하며 부적절한 상호작용이 표현된 그림이다. T점수 65T 이상일 경우 외현화와 내재화의 공존성향으로 사회적 맥락이나 은유 등을 이해하는 데 어려움을 겪고 자기비난이나 포기, 회피 등의 역기능적인 대처방식을 보일 수 있다. 또한 대인관계 측면에서 미숙한 사회기술을 보이거나 자기중심적인 모습, 공감능력 결여 등의 어려움을 보이고 엉뚱하고 눈치 없는 모습이 관찰된다. 감정의 기복이 나타나기도 하며 타인과 깊은 신뢰관계를 맺지 못하는 모습이 나타난다.

표 26-1 EBDT의 채점지표

번호	문항 내용	전혀 아니다 0	조금 그렇다 1	그렇다 2	매우 그렇다 3
1	작은 공간 사용 3점: 1/4 미만 74cm^2 /전체 지면(296cm^2)의 25% 미만 2점: 1/4 이상 1/2 미만 74~148cm^2/전체 지면의 25% 이상, 50% 미만 1점: 1/2 이상 3/4 미만 148~222cm^2/전체 지면의 50% 이상, 75% 미만 0점: 3/4 이상 222~296cm^2/전체 지면의 75% 이상				
2	치우친 그림(종이의 중심에서 그림의 중심까지의 거리가 멀다.) 3점: 전체 종이의 중심에서 6cm를 반지름으로 하는 원호를 넘어 그림의 중심이 있는 경우 2점: 전체 종이의 중심에서 4.5cm를 반지름으로 하는 원호를 넘어 그림의 중심이 있는 경우 1점: 전체 종이의 중심에서 2cm를 반지름으로 하는 원호를 넘어 그림의 중심이 있는 경우 0점: 전체 종이의 중심을 포함해서 그린 경우				
3	구도 불균형(그림 전체의 구도 및 비율이 맞지 않는다.)				
4	묘사가 적음(그림 카드를 선택한 수가 적고 장식이나 묘사가 부재)				
5	단순한 그림(그림 카드를 선택한 개수가 적고 단순화하거나 임의로 생략한 경우)				
6	상호작용 부재(그림의 내용, 구성 및 물리적 거리): 그림의 결합력, 상황적 · 맥락적 사회성				
7	공격성[공격적인 감정이 글(내용)/그림에 표현되어 있다.]				
8	우울정서[우울한 감정이 글(내용) /그림에 표현되어 있다.]				
9	친사회성 결핍[등장인물 간의 사회적으로 미숙한 관계가 글(내용)/그림에 표현되어 있다.]				
10	자기비난[자존감 저하와 죄책감이 글(내용)/그림에 표현되어 있다.]				
11	전체 그림에 사용한 대상의 수(오브제 적음)				
12	폭력, 살인, 비행[살인, 비행 및 폭력성이 글(내용)/ 그림에 표현되어 있다.]				
13	분노 및 부적정서[분노 및 부정성의 감정이 글(내용) /그림에 표현되어 있다.]				
14	무기력[무기력한 글(내용)/그림에 표현되어 있다.]				
15	사회적 고립[등장인물 간의 사회적으로 미숙한 관계가 글[내용)/그림에 표현되어 있다.]				

* 채점지표 3번 이후 세부 채점기준은 지면상 생략하였고 인싸이트에서 제공하는 검사지에서 확인할 수 있다.

출처: 임나영(2014).

표 26-2 EBDT의 1번 문항 작은 공간 그림 및 치우친 그림 채점지표

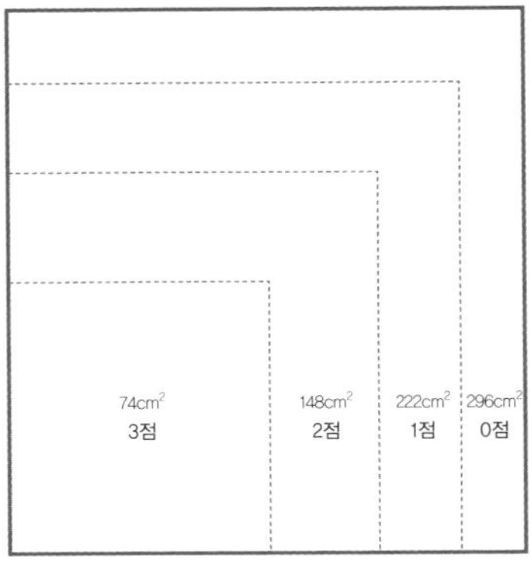

작은 공간

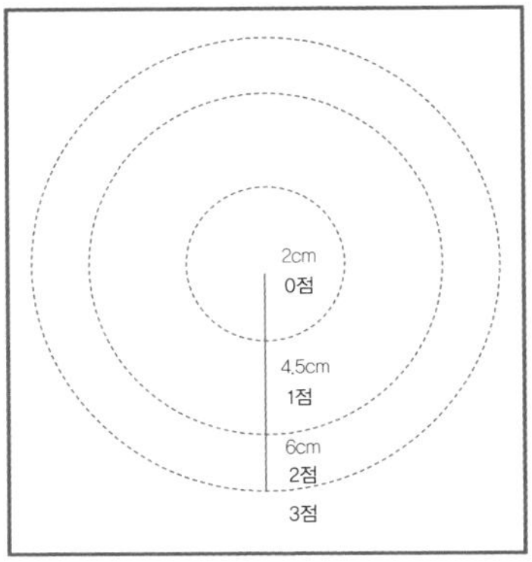

치우친 그림

출처: 임나영(2014).

5) EBDT의 주의점 및 주안점

(1) 검사를 수행하는 데 소요되는 시간은 15분을 초과하지 않도록 한다.

(2) 검사자는 부득이한 경우 샤프나 볼펜 또는 색연필을 사용할 수도 있지만, 수검자들이 연필로 그릴 수 있도록 하여 필압 및 선의 질에 대한 질적 해석을 할 수 있도록 한다.

(3) 성의 없게 하는 것도 의미 있는 것이니 만화식으로 또는 그림의 네모를 그대로 가져다가 화살표를 하는 식의 그림으로만 표현되지 않도록 안내하고 최선을 다하라거나 열심히 그리라고 지도하지 않는다.

(4) 똑같이 그리는 것을 걱정하는 수검자에게 부담을 갖지 않도록 안내하고 편하게 그리도록 예를 들어 설명해 준다.

(5) 수검자가 지시문을 이해하지 못한다면 예시 그림을 보여 주고 이해를 돕는다.

(6) 평가 시 등장인물의 투사 여부를 확인한다.

(7) 채점 시 함께 상승하는 요인, 요인별 점수, 합산 점수 모두 고려하여 살펴봐야 한다.

6) EBDT의 검사 사례

EBDT 사례 1

제목: 재밌는 놀이

이야기

짜증나서 새 한 마리 묶어 놓고 다트 대신 칼을 던지는 중이다.
"생각보다 재밌음ㅋㅋ 아…… 스트레스 풀리네."

현재 나의 감정은: ① 화난다 ② 우울하다 ③ 아무 느낌 없다 ④ 행복하다 ⑤ 흥미진진하다 (✔)

________ 학교 ______ 학년 ______ 반 이름 ________

조○○(18/M), 품행장애

선택한 자극그림

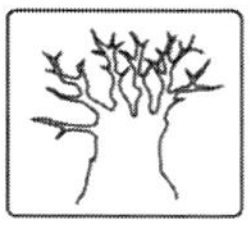

분석지표	채점준거	0	1	2	3
적대적 표출	공격성				✓
	친사회성 결핍				✓
	폭력, 살인 ,비행				✓
	분노 및 부적 정서				✓
구조적 빈곤	묘사가 적음	✓			
	단순한 그림	✓			
	전체 그림에 사용한 대상의 수			✓	
내면적 위축	우울 정서		✓		
	자기비난		✓		
	무기력	✓			
	사회적 고립		✓		
구조적불균형	작은 공간 사용	✓			
	치우친 그림	✓			
	구도 불균형	✓			
	상호작용 부재		✓		
총점		18			

자극그림으로는 '칼'과 '힘 있는 나무' '새'를 선택하였으며 그림 속 새는 자신보다 취약한 대상으로 새를 향해 칼을 던지고 있다. 칼을 던짐으로써 강한 분노감과 공격성을 표출하고 있으며 수검자는 이를 재밌는 놀이라고 표현하였다. '짜증'이라는 부정적 감정을 새를 괴롭히는 행위로 해소하고 있으며 서술된 이야기상 수검자는 생각보다 재밌음이라고 하여 죄책감을 느끼지 못하는 상태로 새를 자신의 유희를 위한 하나의 도구로만 생각하고 있다. 이러한 그림은 품행장애나 반사회성 성향을 가진 수검자들에게서 관찰될 수 있다.

■ EBDT 프로파일

▶ EBDT 총점

(단위: T점수)

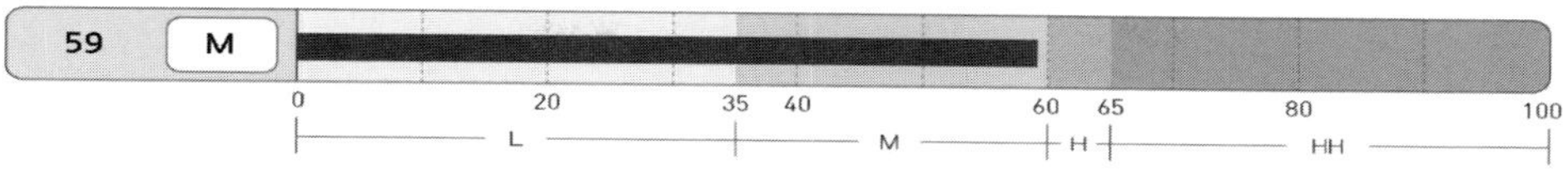

▶ 결과 그래프

(단위: T점수)

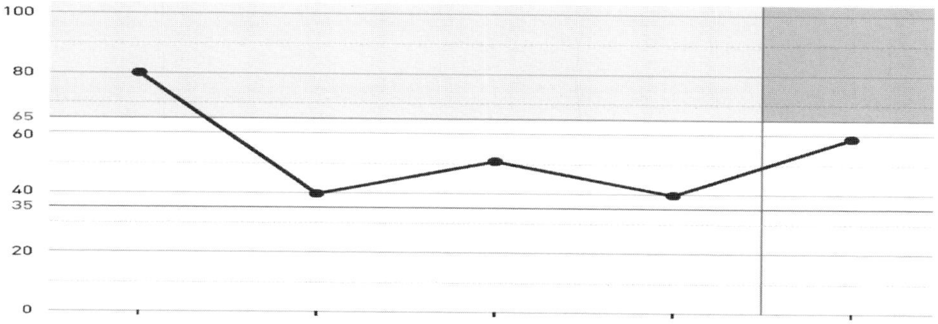

요인 명	적대적 표출(HE)	구조적 빈곤(SP)	내면적 위축(IW)	구조적 불균형(SI)	EBDT 총점
T점수	80	40	51	40	59

▶ 프로파일 해석

적대적 표출(HE)이 단독 상승하는 경우의 유형이다.

이 유형은 자극 그림 선택 시 폭탄, 칼, 헐크 등을 주로 사용하여 소극적이거나 직접적인 방식으로 비행, 폭력성이 나타난다. 강한 흥분상태, 분노, 불만족, 불운 등과 같은 부정적인 정서의 내용이 나타나며 놀림 · 비아냥 · 괴롭힘이 일어나는 부적절하고도 일방적인 관계나 등장인물 간의 사회적으로 미숙하고 친사회성이 결여된 관계가 글과 그림에 표현된다.

외현화 특성을 가졌기에 높은 분노와 공격적인 성향을 보이며 이를 사회적 관계에서 적절히 해소하는 것이 어렵고 적대감이나 반항심을 사회적 기준에서 벗어난 비행이나 범죄 행위 등을 통해 행동화할 가능성이 있다.

[검사자 종합 소견 및 제언]

현재 청소년은 임상적으로 유의미한 정서적 불편감을 경험하고 있는 양상이다. 특히 내재된 분노감과 공격성이 강하게 나타나며 타인에 대한 부적절감이 매우 깊고 행동통제 능력이 미흡한 것으로 보인다. 이와 관련된 외부의 부적평가는 상당했을 것으로 생각되며 이로 인해 부정적 자기상을 형성할 가능성이 높다.

그림에서도 자신보다 약한 존재에게 칼을 던지는 행위로서 자신의 부정적 감정을 극대화하여 표현하고 있으며 유희적인 상황으로 연출하였으며 낮은 죄책감이나 결여된 도덕성을 지닌 것으로 보인다.

따라서 청소년의 내재된 부정적 감정을 안전하게 표출하고, 긍정적인 사회기술을 습득하여 타인으로부터 건강한 관계를 맺는 방법을 경험할 수 있도록 지속적인 개입이 필요할 것으로 사료된다.

※ 종합 소견 및 제언 내용은 검사결과에 따른 검사자의 개인 소견으로서 인싸이트에서 제공하는 의견이 아닙니다.

※ 입력 시 화면과 PDF 저장 및 출력 화면은 다를 수 있습니다.

출처: 임나영(2014).

EBDT 사례 2

제목: 보이는 것에 속지 말자. 끝은 죽음과 절망이 기다리고 있으니.

이야기

아무리 행복하고 아름답고 좋아 보여도 속으면 안 된다. 항상 마무리는 우울과 죽음, 절망뿐이니 절대 속으면 안 된다. 보이는 것만 믿으면 안 된다. 끝엔 허무함과 죽음이 기다리고 있기 때문이다.

현재 나의 감정은: ① 화난다 ② 우울하다 ③ 아무 느낌 없다 ④ 행복하다 ⑤ 흥미진진하다

________ 학교 ______ 학년 ______ 반 이름 ________

김○○(22/F), 주요우울장애

(2) 실시순서

① 수검자가 편안한 마음으로 집중하여 그림을 그릴 수 있는 환경과 검사도구를 준비한다.

② 수검자에게 2개의 자극그림을 선택하고, 이야기를 상상해서 그림을 그리도록 안내한다.

③ 상상한 이야기를 글로 적고, 5가지의 감정 항목 중 하나를 선택할 수 있도록 한다.

④ 다 그린 후에는 그림에 대한 질문을 한다.

DAS 지시문

- 여기에 사람과 동물, 장소, 사물이 그려진 14가지의 그림이 있습니다.
- 먼저, 선택하고 싶은 그림 2가지를 골라 주세요.
- 선택한 그림 간의 어떤 일이 일어날지 상상해 봅시다.
- 이제 상상하며 떠올렸던 이미지를 그려 보세요.
- 카드에 그려진 그림은 약간 바꾸어도 되고 다른 그림을 덧붙여 그려도 됩니다.

DAS 질문(PDI)

- 그림에서 나타난 상황은 어떤 상황인가요, 어떤 일이 일어나고 있나요?
- 그림에서 느껴지는 분위기는 어떤가요?
- 그림을 그리면서 기분이 어땠나요?
- 그려진 그림들은 서로 어떤 관계인가요?
- 각 대상들은 무엇을 생각하거나 느끼고 있나요?
- 앞으로 무슨 일이 일어날까요?
- 전에는 무슨 일이 있었을까요?
- '나'는 그림 속에 무엇(누구)으로 나타나 있나요?
- 이야기에 나온 주인공의 성별과 나이는 무엇인가요?
- 이 일이 일어난 장소는 어디인가요?
- 이 일이 일어난 시간은 언제인가요?

4) DAS의 평가기준 및 해석

DAS는 정서내용 척도(Emotional Contents), 자기상 척도(Self-Image), 유머사용 척도(Use of Humor) 세 종류의 평가 척도가 있다. 세 가지 척도는 각각 독립적 의미를 가지므로 개별적으로 사용하며, 이 척도들의 합산 점수는 활용하지 않는다. 또한 DAS는 평가척도가 있지만 PDI 실시와 전체적 분위기, 자극그림의 특성, 대상 간의 관계 등을 살펴보며 더욱 구체적으로 해석할 수 있다.

(1) 정서내용 척도

그림의 내용에 따라 1점부터 5점까지의 점수를 부여한다. 낮은 점수는 더 부정적인 내

표 27-1 정서내용 척도

점수	주제	세부 내용
1점	상당히 부정적인 정서내용	그림에 나타난 대상이 슬픔, 고립, 무력, 자살, 죽음 등의 치명적인 위험에 빠진 것으로 묘사되는 경우이다. 대상 간 관계가 파괴적이거나 흉악하며, 살해와 같이 삶을 위협한다.
2점	다소 부정적인 정서내용	그림에 나타난 대상이 화남, 좌절, 두려움, 불만족, 공격적 · 파괴적, 불행한 것으로 묘사되는 경우이다. 대상 간 관계가 긴장이 많고 불쾌하며, 스트레스를 주거나 적대적이다.
2.5점	애매하거나 양가적인 정서내용	불쾌하거나 불행한 결과를 나타내는 것이다.
3점	중성적인 정서내용	부정적 · 긍정적 정서 모두가 있는 양면적 정서, 부정적이지도 긍정적이지도 않은 비정서적인 정서로 묘사되는 경우이다. 대상 간 관계가 애매하거나 분명하지 않은 경우도 해당된다.
3.5점	애매하거나 양가적인 정서내용	희망적이거나 즐겁거나 운이 있는 결과를 나타내는 것이다.
4점	다소 긍정적인 정서내용	그림에 나타난 대상이 수동적이지만 운이 좋고, 무언가 즐기고, 보호받는 존재로 묘사되는 경우이다. 대상 간 관계는 우호적이거나 즐겁다.
5점	상당히 긍정적인 정서내용	그림에 나타난 대상이 행복, 사랑, 목적을 성취하는 것으로 묘사되는 경우이다. 대상 간 관계는 서로를 돌보거나 사랑을 나눈다.

용을 나타내는 그림이고, 높은 점수는 긍정적인 내용이 표현된 그림이다. DAS에서는 살아 있는 두 종류의 대상(사람 또는 동물)을 선택하여 표현할 수 있으며, 또는 살아 있는 대상 하나와 배경(또는 무생물)을 선택할 수도 있다. 전자의 경우 '관계'를 통해 정서적 내용을 평가하고, 후자의 경우 '혼자 있는 대상의 상태'를 살펴서 정서적 내용을 평가한다. Silver는 정서적 내용 척도에 2.5점과 3.5점을 추가하기도 했다. 주제가 양가적인 경우, 부정적이거나 희망이 없는 결과인 경우에는 2.5점을, 긍정적이거나 희망적인 결과인 경우에는 3.5점을 부여한다.

(2) 자기상 척도

자기상 척도는 그림을 그린 사람이 그림 속에서 자신과 동일시하고 있는 대상을 살펴보는 것이다. 그 대상이 가진 힘과 능력을 중심으로 원하는 것을 얻느냐 하는 점을 살펴

표 27-2 자기상 척도

점수	주제	세부 내용
1점	병적 상상	수검자가 슬픔, 무력, 고립, 자살, 죽음, 치명적 위협에 빠진 대상과 동일시할 때 해당된다.
2점	불쾌한 상상	수검자가 짜증, 두려움, 좌절, 불행한 대상과 동일시할 때 해당된다.
2.5점	부정적 결과를 가진 분명하지 않거나 애매한 자아상	부정적 결과를 가진 분명하지 않거나 애매한 자아상으로, 그림을 그린 사람은 인물을 불행하거나 실패 가능성 있는 대상과 동일시하는 것으로 보인다.
3점	애매하거나 양가적인 상상	수검자가 불분명하고 애매하거나 또는 양가적이거나 비정서적으로 묘사된 대상과 동일시할 때 해당된다.
3.5점	긍정적 결과를 가진 분명하지 않거나 애매한 자아상	대상이 목적을 달성할 가능성이 있는 인물로 묘사되었다.
4점	유쾌한 상상	수검자가 수동적이지만 보호받거나 운이 좋은 것으로 묘사된 대상과 동일시할 때 해당된다.
5점	소망 성취 상상	수검자가 행복하고 사랑받거나 강력하고 존경스러우며, 목적을 달성하는 대상과 동일시할 때 해당된다.

보고, 설사 원하는 것이 부정적이거나 파괴적이라도 '성취'한다면 가장 높은 점수를 부여한다. 1점과 2점은 부정적인 자기상으로 평가되고, 3점은 중립적이거나 긍정/부정이 모두 있는 것, 4점과 5점은 긍정적인 것이다. 다시 말해, 그림에 표현된 정서내용 자체는 부정적이라도 그림을 그린 사람이 동일시하는 대상이 강력하다면, 자기상 척도에서 5점이 된다. Silver는 자기상 척도도 2.5점과 3.5점을 추가했다. 양가적 환상인데 부정적 결과로 귀결되는 경우에 희망이 없거나 실패하는 대상과 동일시하면 2.5점, 양가적 환상인데 긍정적 결과로 귀결되는 경우에 희망적이거나 성공할 것 같은 대상과 동일시하면 3.5점으로 본다.

(3) 유머사용 척도

수검자의 그림에서 유머가 사용되지 않은 경우에는 이 척도로 평가하지 않는 작품도

표 27-3 유머사용 척도

점수	주제	세부 내용
1점	치명적이고 병적인 유머	고통스럽게 죽거나 죽을 위험에 있는 대상 때문에 재미난 경우에 이미지나 말을 통해 고통 혹은 공포가 명백히 표현된다.
1.5점	치명적이지만 병적이지 않은 유머	사라지고, 죽고, 아주 위험한 인물에 즐거워하지만, 말이나 이미지로 고통이나 두려움을 표현하지 않는다.
2점	비하하는 유머	그림을 그린 사람들과는 다른 대상(반대의 성별 같은) 때문에 즐거워한다. 그 대상은 매력적이지 않거나 좌절했으며 불운하지만 치명적인 위험에 처해 있지 않다.
2.5점	자기비하 유머	인칭대명사를 사용하고, 매력이 없고, 낙담하고, 바보 같고, 불행하지만 아주 위험하지는 않은 주요 인물이 즐거워하는 것을 묘사한 것이다.
3점	애매모호하거나 양가적인 유머(중립적)	의미나 결과가 부정적인 동시에 긍정적일 수 있거나 혹은 불분명하다.
4점	탄력적 유머 (부정적이기보다 긍정적)	주요 인물이 역경을 극복하거나 결과가 희망적 또는 호의적으로 묘사한 것이다.
5점	유쾌한 유머 (전체적으로 긍정적)	친근하고, 우스꽝스럽고, 운율이나 말장난을 사용한다.

있다. 만약 수검자의 그림에서 유머가 있었다면, 유머사용 척도 상에서 몇 점의 점수를 부여할 수 있을지 고려해 볼 수 있다. 3점보다 1점 아래인 2점을 중심으로 1.5점과 2.5점으로 나누어진다. 1.5점은 치명적이지만 병적이지는 않은 유머로서, 사라지거나 죽었거나 죽을 위험에 있는 대상 때문에 재미난 경우를 지칭한다. 그러나 단어와 이미지 모두 고통과 공포가 표현되지 않아야 1.5점에 해당한다. 2.5점은 자기비하적 유머로서, '나'라는 대명사를 사용하거나 그림 그린 사람과 닮은 대상 때문에 재미난 경우이다. 그 대상은 매력적이지 않거나 좌절했으며 불운하지만 치명적인 위험에 처해 있지는 않아야 2.5점에 해당된다.

(4) 해석

① 전체적 분위기

그림의 전체적 분위기와 느낌을 파악하는 것은 해석 시 가장 먼저 실시해야 하는 중요한 과정이다. 검사자는 PDI에서 수검자와 함께 살펴보는 과정을 통해 그림을 통합적으로 이해하고 중요한 정보를 얻을 수 있다. 예를 들어, 강력하고 공격적인 상징으로 자주 사용되고 해석되는 뱀이 크기도 크고 날카로운 이빨을 가진 모습으로 그려졌다. 하지만 수검자는 PDI에서 "뱀이 성에 갇혀 울고 있다."라고 보고하였다. 이렇듯 단편적이고 보편적인 정보만으로는 해석의 오류를 범할 수 있다. 수검자는 표현의 독특성을 보이며 강하고 공격적인 뱀이라는 역설적 대상을 선택하여 더 큰 좌절감, 무기력감 또는 더 큰 슬픔을 묘사할 수도 있다.

② 대상 간의 관계

환경으로부터 스트레스를 받아 자신을 피해자라고 느낄 때 그 관계를 상징적으로 보여 주는 것은 강한 공룡과 약한 병아리의 관계 그림이다. 대부분의 약자는 강자에게 공격받아 비극적인 최후를 맞이하는 것으로 나타난다. 반대로 관계의 반전을 나타내는 그림도 있다. 예를 들어, 작고 빠른 쥐가 고양이를 약 올리고 괴롭히는 관계처럼 약자와 강자가 뒤바뀌어 묘사되기도 한다. 이와 같이 실제와 뒤바뀐 관계가 그림에서 나타나기도 한다. 실제로 힘의 관계에 있어서 강자와 약자가 있을 때, 이를 그림에서는 역전시켜 보여 주는 것이다. 이러한 그림은 실제 관계를 역전시키고 싶은 욕구와 언젠가는 강한 상대를 이기고 싶은 소망이 반영되었을 수 있다. 다른 관점으로는 반전된 관계를 그린다는 것은 유머가 있으며 심리적 여유를 지닌 것으로 해석해 볼 수 있다.

③ 자극그림의 특성

자극그림 중 낙하산은 변화를 상징하기 좋은 소재로서 미래를 계획하는 데 내적 갈등이 있는 경우 낙하산을 선택하는 빈도가 높다. 삶의 방향성을 설정하는 선택의 과정에서 어떤 것을 선택할지 갈등이 되어 불안감이 커질 수 있다. 이러한 마음 상태는 낙하산이라는 상징물과 닮은 점이 있다. 공중에 떠 있는 낙하산은 어디로 착지할지 모르는 불안한 상태로 삶의 방향을 설정할 때 겪는 불안정한 상태와 닮았다. 또 다른 소재인 칼, 뱀, 공룡, 화산의 경우에는 공격성을 상징한다. 대체로 공격적인 자극을 선택해서 그림을 그릴 경우, 내용도 서로 죽이거나 파괴하고 위협하는 관계가 된다.

5) DAS의 주의점 및 주안점

(1) 검사 수행 시간은 따로 정해져 있지 않으나 10분이 적당하다. 수검자가 그림을 그리는 시간이 너무 짧거나 길다면 그 이유를 찾아보는 것도 의미 있다.
(2) 여러 개의 자극그림을 선택해서 그렸을 때 그 이유를 파악해야 한다. 예를 들어, 수검자가 부주의하거나 충동적인지, 지시에 순응하지 않는 것인지, 욕심이 많거나 결핍감을 느끼기 때문인지 등의 원인을 파악해 볼 수 있다.
(3) DAS는 그림의 이미지와 언급한 그림 내용이 다를 때, 그림으로 그려진 이미지나 인상보다는 수검자가 말하는 이야기에 중점을 두고 평가한다.
(4) 검사자는 전체적인 관점에서 조망해 보아야 한다.
(5) 자신을 투사한 대상은 무엇인지, 그 대상이 강자인지 약자인지를 파악한다.
(6) 그림을 그리고 나서 기분이 얼마나 달라졌는지, 그림과 기분이 일치하는지 살펴본다.

6) DAS의 검사 사례

DAS 사례 1

■ 다음 칸에 그림을 그려 주세요.

▶ 이야기

독을 가진 살모사가 사냥하러 나선다. 힘이 약한 병아리를 발견하여 사냥을 하려고 하였지만, 오히려 공격을 당하고 만다. 살모사는 힘을 써 보지도 못하고 병아리에게 여기저기 물려 피를 흘리며 죽어 간다.

▶ 현재 나의 기분은?

매우 행복하다. ( ) 좋다. ( ) 화난다. ( ) 무섭다. ( ) 슬프다. (✓)

김○○(15/M), 주요우울장애

척도	점수	주제	채점						
			1	2	2.5	3	3.5	4	5
1. 정서내용	1점	상당히 부정적인 정서내용							
	2점	다소 부정적인 정서내용							
	2.5점	부정적이거나 희망 없는 양가적 주제							
	3점	중성적인 정서내용	✓						
	3.5점	긍정적이거나 희망 있는 양가적 주제							
	4점	다소 긍정적인 정서내용							
	5점	상당히 긍정적인 정서내용							
2. 자기상	1점	병적 상상							
	2점	불쾌한 상상							
	2.5점	부정적 결과를 가진 분명하지 않거나 애매한 자아상							
	3점	애매하거나 양가적인 상상	✓						
	3.5점	긍정적 결과를 가진 분명하지 않거나 애매한 자아상							
	4점	유쾌한 상상							
	5점	소망 성취 상상							
3. 유머사용	1점	치명적이고 병적인 유머							
	1.5점	치명적이지만 병적이지 않은 유머							
	2점	비하하는 유머							
	2.5점	자기비하 유머	✓						
	3점	애매모호하거나 양가적인 유머(중립적)							
	4점	탄력적 유머(부정적이기보다 긍정적)							
	5점	유쾌한 유머(전체적으로 긍정적)							

역전의 관계로 상대적으로 힘이 약한 병아리가 뱀을 잡아먹는 그림이다. 수검자는 뱀에게 동일시하였지만 자신을 보호할 수 있는 최소한의 공격성을 발휘하지 못하고 병아리에게 무력하게 잡아먹히고 있는 상황으로, 병적인 상상과 상당히 부정적인 정서내용이 두드러진다. 이러한 그림은 DSM-5 기준으로 우울장애의 하위 유형인 주요우울장애, 지속성우울장애에서 볼 수 있는 그림 유형이다.

DAS 사례 2

■ 다음 칸에 그림을 그려 주세요.

▶ 이야기

화산이 폭발해서 공주는 간신히 작은 바위 위에 피신했다.

하지만 용암이 온 동네를 뒤덮어 도망갈 곳이 더는 없다.

차오르는 용암에 이미 공주의 옷과 다리가 타 들어가고 있다.

▶ 현재 나의 기분은?

매우 행복하다. ( ) 좋다. ( ) 화난다. ( ) 무섭다. (✓) 슬프다. ( )

김○○ (17/F), 지속성우울장애

척도	점수	주제	채점						
			1	2	2.5	3	3.5	4	5
1. 정서내용	1점	상당히 부정적인 정서내용							
	2점	다소 부정적인 정서내용							
	2.5점	부정적이거나 희망 없는 양가적 주제							
	3점	중성적인 정서내용	✓						
	3.5점	긍정적이거나 희망 있는 양가적 주제							
	4점	다소 긍정적인 정서내용							
	5점	상당히 긍정적인 정서내용							
2. 자기상	1점	병적 상상							
	2점	불쾌한 상상							
	2.5점	부정적 결과를 가진 분명하지 않거나 애매한 자아상							
	3점	애매하거나 양가적인 상상	✓						
	3.5점	긍정적 결과를 가진 분명하지 않거나 애매한 자아상							
	4점	유쾌한 상상							
	5점	소망 성취 상상							
3. 유머사용	1점	치명적이고 병적인 유머							
	1.5점	치명적이지만 병적이지 않은 유머							
	2점	비하하는 유머							
	2.5점	자기비하 유머	✓						
	3점	애매모호하거나 양가적인 유머(중립적)							
	4점	탄력적 유머(부정적이기보다 긍정적)							
	5점	유쾌한 유머(전체적으로 긍정적)							

화산 폭발로 인해 갈 곳이 없는 공주가 혼자 남아 있는 상황을 그린 작품이다. 그림에서 수검자는 공주와 자신을 동일시하였는데 넘쳐흐르는 용암을 피해 작은 돌 위에 서 있지만 용암을 피하기엔 역부족인 상황으로 병적인 상상과 상당히 부정적인 정서내용이 두드러진다. 공주가 안전하게 피할 곳이 없음과 화산재와 용암에 타 들어간 드레스의 표현이 특징적으로 나타났으며 무력감, 절망감, 슬픔과 같은 감정이 핵심적으로 묘사되었다. 이러한 정서가 나타나는 그림은 우울장애의 하위 유형인 주요우울장애, 지속성우울장애에서 나타날 수 있는 그림 유형이다.

28

실버그림검사 SDT

Silver Drawing Test

실버그림검사는 인지능력과 정서발달 수준을 측정하기 위한 그림검사이다. 예언화, 관찰화, 상상화의 세 가지 과제로 구성되어 있으며, 세 가지 과제를 각각 분리하거나 연결하여 실시할 수 있다. 예언화는 미리 그려진 그림에 선을 추가하여 변화의 예측성을 알아보고, 관찰화는 공간관계의 높이, 넓이, 깊이를 표현하는 능력을 평가한다. 마지막으로 상상화는 자극그림카드를 이용한 수검자의 조합능력과 구성능력을 살펴보는 데 도움을 준다.

1) SDT의 개발배경

SDT는 미국의 미술치료사 Rawley Silver가 1981년에 개발한 그림검사이다. Silver는 그림이 언어적 한계를 대신할 수 있다는 전제를 근거로, 미술활동이 청각장애 아동의 인지와 정서를 자극할 수 있는지 확인하고자 연구를 개발하였다. SDT는 그림이 말이나 글을 대체하는 언어가 될 수 있다고 가정하였고, 인지와 정서는 언어적 규칙 외에 시각적 규칙에 의해서도 명백해질 수 있다는 주장하에 개발되었다. 1983년에 신뢰성 및 타당성, 규준적 자료, 임상적 · 비임상적 주제, 결과 연구 그리고 성별과 연령별 차이 등에 대한 연구를 진행하였고, 아동 · 청소년, 성인에게 검사를 진행하여 표준화되었다.

2) SDT의 특징

SDT의 실시 대상 연령은 5세~성인이며, 7세 이하의 아동 수검자에게는 개인 면접을 실시한다. 일련의 자극그림을 사용하여 반응을 표출할 수 있도록 고안하였다. 시간은 정해져 있지 않으나 대략 15분 정도 소요된다. 실시 순서는 예언화, 관찰화, 상상화이며 각 과제마다 실시방법에 대한 설명이 존재한다. SDT의 특징은 언어적 한계가 있어도 개념적 문제해결 능력을 평가할 수 있다는 점과 인지적 강점 및 약점을 명확하게 알 수 있다는 점이다. 그리고 아동·청소년의 우울 성향을 확인할 수 있으며 효과적인 교육적·치료적 프로그램의 기반이 될 수 있다.

3) SDT의 실시방법

(1) 검사도구

자극그림카드, 도화지, 연필, 지우개

(2) 실시순서

① 수검자가 편안한 마음으로 집중하여 그림을 그릴 수 있는 환경과 검사도구를 준비한다.

SDT 지시문

- 여기에 재밌는 그림들이 있습니다.
- 당신이 볼 수 있는 그림도 있고 볼 수 없는 것도 있기에 상상을 해서 그려야 하는 것도 있습니다.
- 그림을 잘 그리는지는 중요하지 않습니다.
- 당신의 상상력을 사용하여 자신의 생각을 표현하면 됩니다.

② 예언화

예언화 (1)의 지시문

- (왼쪽 첫 번째 컵을 가리키면서) 여기엔 탄산음료가 있습니다.
- 여러분이 몇 모금을 마셨다고 생각해 보세요.
- (두 번째 컵의 꼭대기 부분에 수평선을 그리면서) 모두 마실 때까지 몇 모금씩 계속 마시면서 물이 줄어드는 모습을 컵에 선으로 그려 보세요.

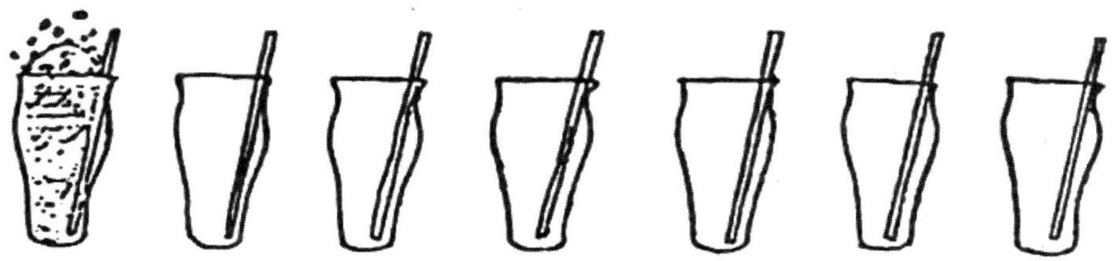

예언화 (2)의 지시문

- 당신이 병에 물을 반 정도 채운다고 상상해 보세요. 물이 들어있다는 것을 어떻게 나타낼지 각각 그림에 선으로 그려 보세요.

예언화 (3)의 지시문

- 당신이 X 표시가 있는 곳에 집을 짓는다고 생각해 보세요. 어떻게 그릴 수 있나요?

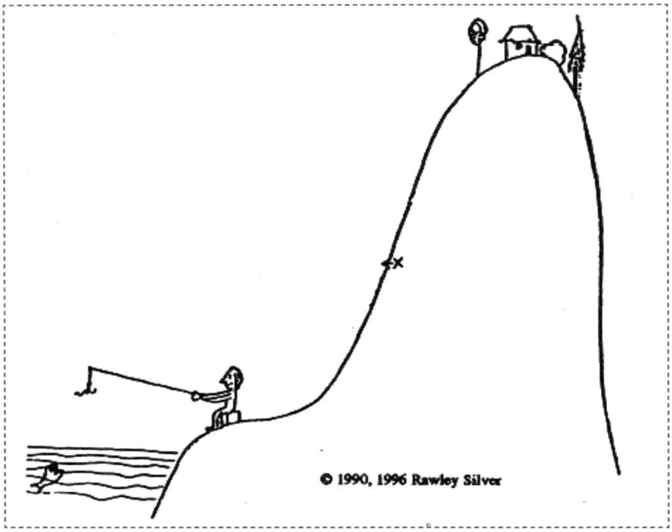

③ 관찰화

관찰화의 지시문

- (선보다 면으로 나타내기 위해 눈높이 아래의 책상에 배치 용지와 검사도구를 놓으며) 당신은 무엇인가를 그려야 합니다. 이것을 자세히 보시겠습니까?
- 여기에 그려야 하는 물건이 있습니다. 이것들을 주의 깊게 보고 다음 공간에 그것을 그리세요.

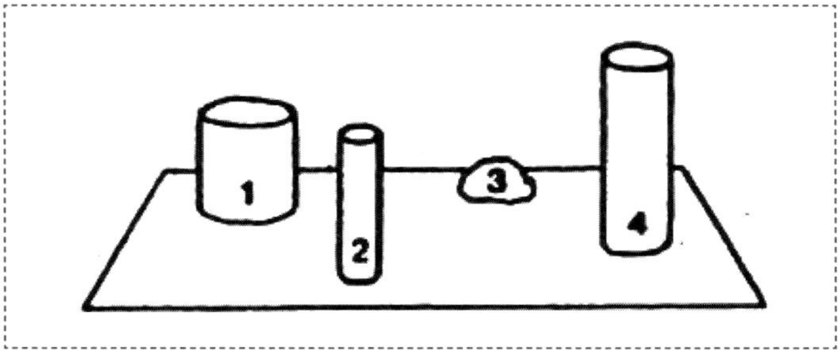

④ 상상화

상상화의 지시문

- 두 개의 그림을 선택하고, 그 그림을 가지고 어떤 일이 일어날 것 같은지 이야기를 상상해 보세요.
- 준비가 되면 상상한 것을 그림으로 그려 보세요.

상상화 A형

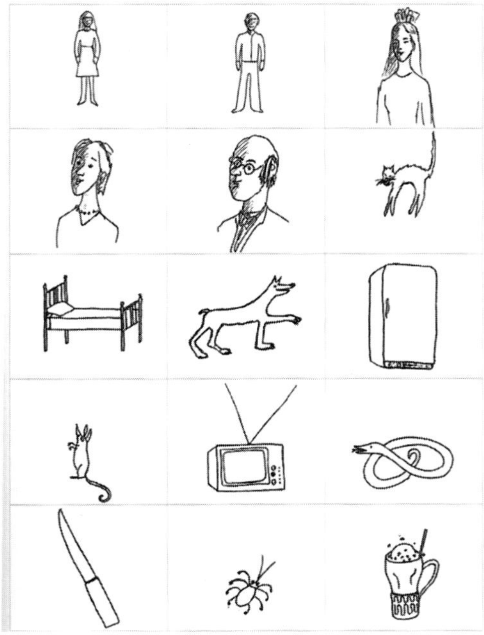

상상화 B형

⑤ 그림을 다 그렸으면 제목과 이야기를 쓰도록 한다.

SDT 상상화

이야기: ____

____

____

____

지금의 기분은 매우 행복하다____ 좋다____ 화난다____ 피하고 싶다____ 슬프다

4) SDT의 평가기준 및 해석

SDT는 인지능력과 정서적 특성을 측정하기 위한 그림검사이다. 인지능력을 측정하는 것에는 예언화와 관찰화, 상상화가 존재한다. 예언화는 순서, 수평, 수직 개념을 알아볼 수 있으며 관찰화는 좌우관계, 상하관계, 전후관계를 알아볼 수 있다. 상상화는 내용을 통해 선택능력을 알아볼 수 있고, 형태를 통해 조합능력을 알 수 있으며 창의성을 통해 표상능력을 파악할 수 있다. 정서적 특성을 측정하는 것에는 상상화인데, 주제를 나타내는 투사척도와 환경을 나타내는 자아상척도가 이에 해당한다.

(1) 예언화

예언화는 미리 그려진 그림을 수검자에게 제공하고, 그 그림에 선을 추가하여 대상의 모양이 변화할 수 있도록 예측하는 능력을 요구하는 그림검사이다. 계열, 수평, 수직의 개념을 예측하고 표현하는 과정을 살펴보는 것이며 0~5점으로 채점한다.

표 28-1 예언화 평가기준

준거	점수	해석
계열	0점	컵에 음료수가 표현되어 있지 않았을 때
	1점	계열이 불완전할 때
	2점	둘 혹은 그 이상의 계열이 그려졌을 때
	3점	점점 줄어드는 과정에서 고친 흔적이 있을 때(시행착오)
	4점	고친 흔적은 없으나 간격이 일정하지 않을 때
	5점	고친 흔적이 없고, 간격이 모두 일정하게 표시되었을 때
수평	0점	기울어진 병 속에 수면을 나타내는 선이 없을 때
	1점	선이 병의 밑면이나 옆면과 평행일 때
	2점	선이 병의 밑면이나 옆면과 거의 평행일 때
	3점	선이 비스듬할 때
	4점	수평선이 아니면서, 선이 탁자와 연관이 있어 보이나 평행하지는 않을 때
	5점	5도 이내에서, 선이 탁자와 완전히 평행일 때

수직	0점	집이 없거나 5세보다 어리다면 집이 산 속에 있을 때
	1점	집이 대략 언덕과 직각이 되게 그렸을 때
	2점	집이 언덕과 직각도 아니고 수직으로 되어 있지도 않게 경사져 있거나 거꾸로 그려져 있을 때
	3점	집은 바로 세워 수직이 되도록 그렸지만 받쳐 주는 것이 없을 때(5세 이상이라면 산 안에 집 전체를 그렸을 때)
	4점	집은 수직이 되도록 그렸지만 받침대가 약하거나 집이 약간 산 속에 그려져 있을 때
	5점	집이 수직이며 기둥이나 받침대나 다른 구조물로 견고하게 받쳐져 있을 때

(2) 관찰화

관찰화의 목적은 수검자의 능력 수준과 높이, 깊이, 넓이에 대해 어떠한 개념을 가지고 있는지 파악하는 것에 있다. 반응 채점은 높이, 깊이, 넓이에 대한 공간관계를 표현하는 것을 기준으로 삼는다.

표 28-2 관찰화 평가기준

준거	점수	해석
수평 (좌우)	0점	좌우관계가 바른 순서로 된 물체가 1개 있을 때
	1점	좌우관계가 바른 순서로 된 물체가 2개 있을 때
	2점	2개 물체가 정확한 좌우 순서로 되어 있을 때
	3점	3개의 근접 또는 2쌍이 정확한 좌우 순서로 되어 있을 때
	4점	4개 모두가 대략 정확한 순서로 되어 있지만, 주의 깊게 관찰해 보면 정확하지 않을 때
	5점	모든 물체가 정확한 좌우 순서로 되어 있을 때
수직 (상하)	0점	모든 물체가 편평할 때, 높이를 나타내지 않을 때
	1점	모든 물체가 거의 같은 높이일 때
	2점	2개의 물체가 대략 정확한 높이로 되어 있을 때
	3점	3개의 물체가 대략 정확한 높이로 되어 있을 때

	4점	4개의 물체가 대략 정확한 높이로 되어 있을 때
	5점	모든 수직관계가 정확하게 표시되어 있을 때
깊이 (앞뒤)	0점	배열이 눈높이보다 아래에 제시되어 있어도 모든 물체가 수평적으로 일렬이거나 근접한 물체들이 깊이가 정확하게 관련되어 있지 않을 때
	1점	1개의 물체가 기초선 위나 아래에 있고, 그 외의 것은 전후관계가 부정확할 때
	2점	2개의 물체가 전후관계에서 대략 정확할 때
	3점	3개의 근접한 물체 또는 두 쌍이 전후관계가 대략 정확할 때
	4점	4개 물체 모두가 전후관계가 대략 정확하지만, 자세히 관찰하면 아닐 때
	5점	모든 전후관계가 정확하게 나타나 있고 배치 용지가 그림에 포함되어 있을 때

(3) 상상화

상상화는 수검자가 자극그림을 선택하고, 자극그림의 관계 안에서 발생하는 무언가를 상상하여 그리는 검사이다. 자극그림은 A형과 B형 두 가지로 구성되어 있다. A형은 사전 및 사후검사만을 위한 자극그림이며, B형은 치료 및 발달적 프로그램을 위해 사용되는 자극그림이다. 완성 후에는 제목 및 이야기를 적고, 반응에 대해 논의한다. 상상화의 목적은 동일한 자극그림을 개개인마다 다르게 지각하는 것에 근거하여 인지적 기능과 정서적 욕구를 탐색하는 것이다.

표 28-3 관찰화 평가기준

준거	점수	해석
선택	0점	자극그림을 선택한 증거가 하나도 없을 때
	1점	지각적 단계: 단일 주제 혹은 주제들이 크기와 위치가 맞지 않을 때
	2점	크기나 위치에 있어 관계있는 대상들이지만 서로 상호작용이 없을 때
	3점	기능적 단계: 대상이 무엇을 하든지 또는 무엇이 행해지고 있는지를 보여 줄 때
	4점	추상적이거나 상상적이기보다 설명적일 때
	5점	추상적 단계: 상상력이 풍부하고 잘 정리된 생각. 실제 보이는 것보다 더 암시적이고 추상적인 개념들을 다루는 능력을 보여 줄 때

결합	0점	하나의 대상, 공간적 관계가 없을 때
	1점	근접성: 근접성만이 관계가 있고, 대상들이 공간에 떠 있을 때
	2점	점선이나 화살표, 또 다른 것으로 관계들을 나타내려고 했을 때
	3점	사물들이 기저선을 따라 서로 다른 것과 관계 지어져 있을 때(실제로 혹은 묵시적으로)
	4점	기저선을 사용하는 수준을 넘어 그린 그림. 그러나 공간의 거의 대부분이 여백으로 남아 있을 때
	5점	전체적인 조화: 원근이 나타났고 도화지의 전체 면을 고려하고 2~3개 이상의 그림을 사용했을 때
표현	0점	표현되었다는 증거가 하나도 없을 때
	1점	모방: 자극그림을 그대로 베끼거나 판에 박힌 듯한 표현일 때
	2점	모방의 단계는 넘어섰으나 그림이나 아이디어가 평범할 때
	3점	재구성: 자극그림을 정교화시키거나 변화시켰으나, 판에 박힌 표현일 때
	4점	재구성의 단계를 넘어선 약간 독창성이 엿보이거나 표현적일 때
	5점	변형적: 매우 창의적이며, 표현적이고, 장난기가 있고, 암시적이거나 은유적인 농담, 풍자, 이중적인 의미를 가졌을 때

표 28-4 정서적 내용

준거	점수	해석
정서	1점	매우 부정적인 주제: 예를 들면, 슬픔, 고립, 무력, 자살, 죽음 또는 파괴적, 살인적인 생명을 위협하는 관계, 또는 치명적인 위험에 빠져 있는 고립된 대상
	2점	다소 부정적인 주제: 예를 들면, 공포, 분노, 욕구불만, 반항적, 파괴적, 공격적 또는 불운한 것으로 묘사된 고립된 대상. 긴장되고 적대적이고 불쾌한 관계를 나타냈을 때
	3점	중립적 주제: 예를 들면, 부정적이기도 하고 긍정적이기도 한 양면적인 묘사, 긍정적이지도 부정적이지도 않은 감정이 드러나지 않는 중립적인 상태
	4점	다소 긍정적인 주제: 예를 들면, TV를 보거나 구조되는 것과 같은 수동적이지만 운 좋은 것으로 묘사되는 것, 친근하고 우호적이며 유쾌한 관계를 나타냈을 때
	5점	아주 긍정적인 주제: 행복하고 능률적이며 활동적으로 보이고 목표를 달성하는 것으로 묘사, 서로 위해 주거나 사랑하는 관계로 나타냈을 때

자기상	1점	병적인 환상: 수검자가 비통, 고립, 자살, 치명적인 위험에 빠진 것으로 표현된 대상과 동일시할 때
	2점	불쾌한 환상: 수검자가 놀람, 짜증스러움, 욕구불만 또는 불운한 존재로 묘사된 대상과 동일시하고 있을 때
	3점	모호한 또는 양면적인 환상: 수검자가 불분명하거나 애매하거나 (해설자와 같이) 양가적이거나 아무런 감정이 없는 것으로 묘사된 대상과 동일시할 때, 좋은 것으로 묘사된 대상과 동일시할 때
	4점	유쾌한 환상: 수검자가 TV를 보거나 구조받는 것과 같이 수동적이지만, 운 좋은 것으로 묘사된 대상과 동일시할 때
	5점	소원을 이루는 환상: 수검자가 행복하고, 사랑받고, 강력하고, 존경스럽고, 친밀하고, 긍정적이고, 목표를 달성하는 것으로 묘사된 대상과 동일시 할 때
유머	1점	강하고 공격적인 유머, 생명에 위협을 느끼거나 폭력의 희생자를 보고 웃게 될 때. 벌이나 과도한 힘의 욕구가 보일 때
	2점	보통의 공격적인 유머, 고통받고, 당황하거나 좌절하거나 불행한 (자신을 포함하여) 누군가를 보고 웃게 될 때
	3점	불분명하거나 애매모호한 유머의 사용, 조절시키는 행동에서 사랑받는 행동, 어리석은 행동에서 위험한 행동과 같은 긍정적이거나 부정적인 대상을 보고 웃게 될 때
	4점	자신을 망신시키는 유머, 동정이나 존경을 초래할 대상을 보고 웃게 될 때(예: 쾌활한 모습, 대처능력)
	5점	즐거운 유머, 즐거움, 이중적 의미나 말장난을 공유할 때(적개심, 부정, 숨겨진 의미가 없음)

5) SDT의 주의점 및 주안점

(1) 검사자는 수검자가 편안한 분위기에서 자유롭게 그릴 수 있도록 환경적 분위기를 조성한다.

(2) 기본적으로 수검자가 지시를 잘 읽지 못하면 수화나 몸짓을 사용하거나 지시문을 읽어 준다.

(3) 수검자가 그림검사에 대한 질문을 하면, 그림에 영향을 주지 않는 선에서 답한다.

(4) 그림 도구는 지우개와 연필을 권장하지만, 수검자가 펜을 원한다면 사용하도록 한다.

(5) 검사를 실시할 때 각 검사를 분리해서 생각하고 채점할 수 있지만, 세 가지 과제가 연결되어 있기에 가장 간단한 예언화 과제부터 관찰화, 상상화의 순서로 실시하는 것을 권장한다.

6) SDT의 검사 사례

SDT 관찰화 사례 1

이○○(17/M), 신경인지장애

관찰화

첫 번째 원기둥은 가장 넓다.

두 번째 원기둥은 얇고 길지만 그 길이가 첫 번째 원기둥보다 길다.

세 번째 돌은 크기가 크다.

네 번째 원기둥은 두껍고 길이가 길지만 가장 길어야 함에도 불구하고 두 번째로 길다.

준거	점수	해석	체크
수평 (좌우)	0점	좌우관계가 바른 순서로 된 물체가 1개 있을 때	
	1점	좌우관계가 바른 순서로 된 물체가 2개 있을 때	
	2점	2개 물체가 정확한 좌우 순서로 되어 있을 때	
	3점	3개의 근접 또는 2쌍이 정확한 좌우 순서로 되어 있을 때	
	4점	4개 모두가 대략 정확한 순서로 되어 있지만, 주의 깊게 관찰해 보면 정확하지 않을 때	
	5점	모든 물체가 정확한 좌우 순서로 되어 있을 때	✓
수직 (상하)	0점	모든 물체가 편평할 때, 높이를 나타내지 않을 때	
	1점	모든 물체가 거의 같은 높이일 때	
	2점	2개의 물체가 대략 정확한 높이로 되어 있을 때	✓
	3점	3개의 물체가 대략 정확한 높이로 되어 있을 때	
	4점	4개의 물체가 대략 정확한 높이로 되어 있을 때	
	5점	모든 수직관계가 정확하게 표시되어 있을 때	
깊이 (앞뒤)	0점	배열이 눈높이보다 아래에 제시되어 있어도 모든 물체가 수평적으로 일렬이거나 근접한 물체들이 깊이가 정확하게 관련되어 있지 않을 때	
	1점	1개의 물체가 기초선 위나 아래에 있고, 그 외의 것은 전후 관계가 부정확할 때	
	2점	2개의 물체가 전후 관계에서 대략 정확할 때	✓
	3점	3개의 근접한 물체 또는 두 쌍이 전후 관계가 대략 정확할 때	
	4점	4개 물체 모두가 전후 관계가 대략 정확하지만, 자세히 관찰하면 아닐 때	
	5점	모든 전후 관계가 정확하게 나타나 있고 배치 용지가 그림에 포함되어 있을 때	

그림 속 네 개의 모든 물체가 정확한 좌우 순서로 되어 있기에 수평 점수는 5점이다. 그러나 두 개의 물체만 대략 정확한 높이로 그려졌기에 수직 점수는 2점이다. 또한 두 개의 물체만이 전후관계에서 대략 정확하기 때문에 깊이는 2점이다. 수평을 제외한 수직과 깊이의 점수가 저하된 것으로 보아, 이는 DSM-5 기준으로 신경인지장애를 겪는 수검자에게서 나타날 수 있는 그림 유형이다.

SDT 예언화 사례 2

[SDT 예언화]

(1) 다음 그림을 자세히 봅니다. 첫 번째 컵에는 음료수가 가득 차 있습니다. 오른쪽 컵으로 갈수록 조금씩 그리고 천천히 음료수를 마셔서 마지막엔 한 모금도 남지 않는다고 생각해 봅니다. 이와 같이 한 모금씩 마실 때마다 컵에 남아있는 음료수는 어떤 모양으로 변해 가는지 그림(선)으로 나타내 보세요.

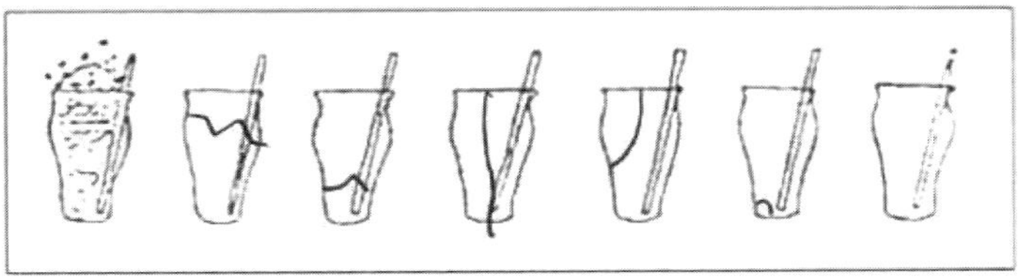

(2) 다음 그림과 같이 두 개의 병에 물을 반쯤 채웠다고 상상해 봅시다. 병에 물이 반쯤 들어 있다는 것을 어떻게 나타내야 하는지 선으로 표현해 보세요.

(3) 다음 그림은 산과 바다를 그린 것입니다. 한 사람이 낚시를 하고 있습니다. 당신이 × 표시가 있는 곳에 집을 짓는다고 가정한다면 어떻게 그려야 할까요? 그 자리에 집을 그려 보세요.

이○○(37/M), 지적장애

수검자는 첫 번째 예언화에서 컵 속에 음료수를 그렸으나 순차적으로 감소하는 모양으로 그리지 않았다. 음료수가 컵의 수직으로 반에 차 있기도 하고, 빨대에 닿지 않게 허공에 떠 있는 모습으로 그리기도 하였다. 두 번째 예언화에서는 컵의 반에 채운 것을 수직으로 표현하였으며, 병을 기울여도 똑같이 수직으로 그렸다. 세 번째 예언화에서는 집을 언덕과 직각이 되게 그림으로써 전체적으로 낮은 점수를 받았다. 수검자에게는 인지

준거	점수	해석	체크
계열	0점	컵에 음료수가 표현되어 있지 않을 때	
	1점	계열이 불완전할 때	✓
	2점	둘 혹은 그 이상의 계열이 그려졌을 때	
	3점	점점 줄어드는 과정에서 고친 흔적이 있을 때(시행착오)	
	4점	고친 흔적은 없으나 간격이 일정하지 않을 때	
	5점	고친 흔적이 없고, 간격이 모두 일정하게 표시되었을 때	
수평	0점	기울어진 병 속에 수면을 나타내는 선이 없을 때	
	1점	선이 병의 밑면이나 옆면과 평행일 때	✓
	2점	선이 병의 밑면이나 옆면과 거의 평행일 때	
	3점	선이 비스듬할 때	
	4점	수평선이 아니면서, 선이 탁자와 연관이 있어 보이나 평행하지는 않을 때	
	5점	5도 이내에서, 선이 탁자와 완전히 평행일 때	
수직	0점	집이 없거나 5세보다 어리다면 집이 산 속에 있을 때	
	1점	집이 대략 언덕과 직각이 되게 그렸을 때	✓
	2점	집이 언덕과 직각도 아니고 수직으로 되어 있지도 않게 경사져 있거나 거꾸로 그려져 있을 때	
	3점	집은 바로 세워 수직이 되도록 그렸지만 받쳐 주는 것이 없을 때(5세 이상이라면 산 안에 집 전체를 그렸을 때)	
	4점	집은 수직이 되도록 그렸지만 받침대가 약하거나 집이 약간 산 속에 그려져 있을 때	
	5점	집이 수직이며 기둥이나 받침대나 다른 구조물로 견고하게 받쳐져 있을 때	

저하가 있는 것을 유추할 수 있다.

계열 점수는 1점으로, 물이 점진적으로 줄어드는 모습이 아니고 세로로 남아 있거나 대각선으로 남아 있는 등 계열이 불완전함을 나타낸다. 수평 점수 또한 1점으로, 선이 병의 밑면이나 옆면과 평행으로 그려졌다. 수직 점수도 1점으로, 집이 거의 언덕과 직각이 되게 그려서 집의 바닥 중 절반이 튀어나와 있는 형태로 그렸다. 전체적인 예언화 평가 기준 점수가 낮으며 이는 DSM-5-TR 기준으로 지적 능력이 저하된 수검자에게서 나타날 수 있는 그림 유형이다.

29

사과나무에서 사과 따는 사람 그림검사 PPAT

Person Picking an Apple from a Tree

사과나무에서 사과 따는 그림검사는 Gantt와 Tabone(1998)에 의해 개발된 그림검사이다. PPAT는 '사과나무에서 사과 따는 사람'을 그리는 것으로, 보편적인 주제를 제시한다. 이로써 문화적 배경에 따른 차이에 구애받지 않으며, 연령과 성별에 관계없이 아동부터 성인까지 적용이 가능하다. 사람과 사과나무라는 친숙한 주제로 수검자의 두려움이나 부담감, 저항감을 줄일 수 있는 유용한 도구이다. 더욱이 사람이 사과나무에서 사과를 따는 상황을 부여함으로써 개인의 기질과 성격적 특성을 투사할 뿐만 아니라 문제해결 방식을 드러내며, 색채 사용을 통한 정서적 반응을 이끌어 내기 용이하다.

1) PPAT의 개발배경

Lowenfeld가 '사과나무에서 사과를 따는 사람'이라는 주제를 처음 사용하였다. 그 후 기존의 투사적 그림검사에서 '내용중심 분석'과 '구조중심 분석'의 한계를 인식한 Gantt와 Tabone이 1998년에 『미술치료의 척도의 형식 요소들(Formal Elements Art Therapy Scale)』을 출간하여 PPAT 그림검사를 소개하고, 객관적인 평가기준을 만들었다.

2) PPAT의 특징

나무는 많은 사람에게 친숙한 대상임과 동시에 전통적인 그림검사의 주제이다. 성장 과정이나 뿌리를 내리고 가지와 과실을 맺는 일련의 과정이 사람의 일생과 닮아서 상징성이 풍부한 대상이다. 따라서 나무를 통해 심층적인 수준의 자기와 개인적 삶의 내용을 읽을 수 있다. 또한 인물을 표현하면서 수검자는 자신의 성격적 측면을 투사하며, 사과를 따는 동작의 역동성을 통해 수검자의 심리적인 역동성과 에너지, 그리고 문제해결 방식을 드러낸다.

3) PPAT의 실시방법

(1) 검사도구

8절 흰 도화지 1장, 12색 마커(12색: 빨강, 주황, 노랑, 연두, 초록, 밝은 파랑, 어두운 파랑, 보라, 자주, 분홍, 갈색, 검정)

(2) 실시순서

① 수검자가 편안한 마음으로 집중하여 그림을 그릴 수 있는 환경과 검사도구를 준비한다.

② 사과나무에서 사과를 따는 사람을 그려 보도록 안내한다.

③ 다 그린 후에는 그림에 대한 질문을 한다.

PPAT 지시문

- 사과나무에서 사과를 따는 사람을 그려 보세요.

PPAT 질문(PDI)

- 그림 속의 주인공은 누구입니까?
- 그림 속의 주인공은 무엇을 하고 있나요?
- 그림에서는 어떤 상황이 펼쳐지고 있나요?
- 그림 속 주인공은 현재 기분이 어떤가요?
- 그림 속의 주인공이 원하는 것 또는 주인공에게 가장 필요한 것은 무엇이라고 생각하나요?
- 그 이유는 무엇인가요?

4) PPAT의 평가기준 및 해석

PPAT의 그림 평가는 형식요소 평가인 FEATS(Formal Elements Art Therapy Scale)와 내용요소 평가로 이루어진다. FEATS는 표현된 그림을 내용이나 인상에 근거하지 않고, 보다 객관적으로 평가할 수 있는 요소를 모아서 14가지 채점 항목을 제시한 것이다. 내용요소 평가는 그림 내용의 해석을 통해 다양한 정보를 제공하며, 형식요소 평가의 내용을 구체적으로 보완한다. 내용요소 평가는 점수화되지 않고, 항목에 따라 그림의 내용을 살펴보는 것이기 때문에 평가자의 느낌이나 직관적 통찰이 중요하게 작용된다.

(1) 형식요소 평가(FEATS)

1986년에 조현병, 양극성장애, 주요우울장애 환자 및 지적장애를 가진 사람을 대상으로 그림을 수집하여, DSM-IV에서 정의하는 증상과 FEATS와의 관련성을 발견하였고, 이를 토대로 각 장애군별로 특징을 정리하였다. 이후 1994년에는 투사적 그림검사 평가도구의 타당성을 입증하였다. FEATS는 14개의 항목을 가지고 있으며, 각 항목은 0부터 5까지의 점수로 평가한다. 각 점수들에 부여된 숫자는 정밀한 평가를 의미하기보다는 몇 개의 범주로 분류한 것이다. 0점의 점수를 부여하는 것은 그림을 그리지 않았거나 지시에 따라 그리지 않아 결과를 확인할 수 없는 경우를 나타낸다.

① 채색 정도

그림에 사용된 색칠 정도를 측정한다. 형태의 윤곽을 그리는 데만 색을 사용하였는지, 형태 안이나 배경에도 색을 사용하였는지를 평가한다.

② 적절성

색을 적절하게 사용했는지를 평가한다.

③ 함축된 에너지

에너지의 사용은 다른 요인과도 중복되는 측면이 있다. 그림이 그려진 방식을 통해 종합적으로 평가되며 색칠 정도, 선의 질, 공간 사용, 색의 다양성 등이 높을수록 높게 나타난다. 그림에 투자된 시간, 주의집중의 정도, 그림에 표현된 내용 등을 종합적으로 살펴본다. 5점은 너무 과한 것으로 오히려 건강하지 않은 것으로 해석하고 임상적으로는 조증 상태를 추정할 수 있다.

④ 공간 사용

전체 도화지 화면의 어느 정도를 사용했는지, 그려진 각각의 개체의 밀도와는 상관없이 전체적으로 보았을 때 그림이 그려진 공간의 양을 측정한다.

⑤ 통합성

그림의 구성요소들 간의 시각적 관련성 및 구성의 전체적인 조화 정도를 통해 평가한다.

⑥ 논리성

그림 내용이 어느 정도로 논리가 있는지 평가한다. 이는 추상적 사고에서의 결함을 평가하기 위한 것이다.

⑦ 사실성

어느 정도 실제와 비슷하게 묘사했는지를 평가한다.

⑧ 문제해결력

'사과나무에서 사과 따기'라는 문제를 어느 정도로 잘 해결하고 있는지를 평가한다. 사과를 얻기 위한 문제해결 수준은 그리는 사람의 현재 당면한 문제와 삶의 양식을 알아볼 수 있는 척도이다.

⑨ 발달단계: 미술 발달단계 평가

Lowenfeld의 아동 미술 발달단계를 사용하며, 성인에게 적용하기 위하여 수정하였다. 아동의 경우 인지기능 발달단계를 측정하고, 성인의 경우에도 심리적 성숙도 측정 가능하다.

⑩ 세부 묘사 및 환경 묘사

그림 안에서 기본 요소 외에 '얼마나 많은 요소가 표현되었는가'와 '각 항목이 얼마나 상세한가'에 대한 채점이다.

⑪ 선의 질

선의 속성과 어느 정도로 매끄럽게 그었는지를 평가한다. 치매 노인이나 인지기능장애의 경우 이 항목에서 낮은 점수를 받는다. 그 외 대부분은 4~5점으로 평가된다.

⑫ 사람

사람의 형태가 얼마나 완성도를 가진 모습으로 표현되었는지, 생략 혹은 왜곡은 없는지, 그려진 사람의 크기는 어떠한지를 고려하여 평가한다.

⑬ 회전

그림에 그려진 대상의 축이 기울어지는 경우를 평가한다.

⑭ 보속: 의미 없는 단순 반복적 표현

주로 짧거나 긴 선을 반복해서 긋거나, 동그라미와 같이 단순하게 그릴 수 있는 도형을 반복해서 무한히 그려졌는지를 평가한다.

표 29-1 형식요소 평가(FEATS)

항목	점수	채점기준
채색 정도	0점	그림을 그리지 않았거나 지시 외에 재료를 사용함(이하 모든 척도에서 그러함)
	1점	외곽선만 그렸고 속을 칠하지 않음
	2점	한 가지 색만 채색함
	3점	두 가지 이상을 채색함
	4점	모든 대상을 채색함
	5점	배경까지 채색함
색 적절성	1점	한 가지 색만 사용: 밝은 파랑, 어두운 파랑, 보라, 자주, 주황, 노랑, 분홍 중 한 가지
	2점	한 가지 색만 사용: 검정, 초록, 빨강, 연두, 갈색 중 한 가지
	3점	몇몇 색이 적합하게 사용됨
	4점	대부분 적합하게 사용됨
	5점	모든 색이 적합하게 사용됨
함축된 에너지	1점	최소한의 에너지
	2점	적은 에너지
	3점	보통 에너지
	4점	상당한 에너지
	5점	지나친 에너지
공간 사용	1점	공간의 25% 사용
	2점	공간의 25~50% 사용
	3점	공간의 절반(약 50%) 사용
	4점	공간의 75% 사용
	5점	공간의 100% 사용
통합성	1점	통합되지 않음: 상호 간 관련성 없음
	2점	두 개의 대상이 다소 관련성이 있음
	3점	두 개의 대상이 분명하게 관련 있음
	4점	세 가지 이상이 분명하게 관련 있음
	5점	전체가 통합되어 있음: 요소들이 서로 잘 짜여 있어 시각적으로 연관이 있는 경우

논리성	1점	주제와 맞지 않는 대상이 네 가지 이상
	2점	주제와 맞지 않는 대상이 세 가지
	3점	주제와 맞지 않는 대상이 두 가지
	4점	주제와 맞지 않는 대상이 한 가지
	5점	주제와 맞지 않는 대상이 없고 논리적
사실성	1점	무엇을 그린 것인지 알아볼 수 없음
	2점	대상을 알아볼 수 있겠지만 매우 단순하게 그렸음
	3점	대상을 알아볼 수 있고 간단한 세부 묘사도 있음 (예: 나무의 가지나 나뭇잎 등)
	4점	점: 대체로 사실적 묘사 (예: 큰 가지, 작은 가지 기둥의 표면 결 등)
	5점	상당히 사실적으로 묘사: 3차원 대상을 표현
문제해결력	1점	사과를 따지 못했음(문제를 해결하지 못함)
	2점	사과를 땄지만 어떻게 해결했는지 알 수 없음 (문제 해결되었으나 해결력이 낮은 경우, 우연적 해결)
	3점	사과를 따는 방법이 비현실적임 (자기주도적 해결이지만 실현 가능성이 낮음; 예: 팔이 길어짐)
	4점	실현 가능한 방법으로 사과를 따려고 함(사과를 따려고 하는 미래형)
	5점	실현 가능한 방법으로 사과를 따며 사과에 손이 닿음(사과를 따고 있는 현재형)
발달단계	1점	난화기
	2점	전도식기
	3점	도식기
	4점	청소년기
	5점	성인기이며 예술적으로 세련
세부 묘사 및 환경 묘사	1점	사과, 사과나무, 사람만 있음
	2점	사과, 사과나무, 사람 외에 지평선이나 풀이 있음
	3점	지평선이나 태양, 꽃 등의 대상을 1~2개 더 그렸음
	4점	세부 묘사나 환경 묘사가 더 많이 표현됨
	5점	세부 묘사와 환경 묘사가 풍부하고 많음

선의 질	1점	통제력이 보이지 않는 선
	2점	끄적이며 그었거나 손 떨림이 보이는 선
	3점	부분적으로 끊겼거나 짧게 그은 선
	4점	무난하게 그은 선
	5점	유연하게 흐르는 듯 잘 그은 선
사람	1점	사람을 알아보기 어려움
	2점	신체 일부만 단순하게 그림
	3점	막대기 모양 사람이고 눈, 코, 입 묘사가 없음
	4점	막대기 모양 사람이고 눈, 코, 입 묘사가 있음
	5점	신체 각 부분을 모두 묘사했음/3차원적 대상의 인물
회전	1점	축이 90도 기울었음
	2점	축이 65~70도 기울었음
	3점	축이 45도 기울었음
	4점	축이 20~25도 기울었음
	5점	기울어진 대상이 없음
보속	1점	보속성이 매우 심함
	2점	보속성이 상당히 있음
	3점	보속성이 어느 정도 있음
	4점	보속성이 조금 있음
	5점	보속성이 전혀 없음

(2) 내용요소 평가

① 용지의 방향

그림을 그릴 때 종이를 가로 혹은 세로로 사용하였는가를 구분하여 평가한다. 주로 가로로 그리는데 세로로 그린 경우에는 크게 그리거나 강조하려고 한 것을 살펴본다.

② 전체 그림에 사용된 색

주어진 12개의 색 중 그림에서 사용된 색의 수와 색상에 관하여 평가한다. Gantt와 Tabone(1998)에 따르면, 일반인과 환자 집단 간의 색 사용 정도에서 일반인이 4가지 이상의 색을 선택한 반면, 환자군에서는 한 가지 색으로 그리는 경향이 두드러진다.

③ 인물 표현 여부

간혹 인물을 그리지 않는 수검자가 있으며, 인물을 생략했다는 것은 심리적으로 어떤 부분에 대한 회피나 불안 및 부정적인 표현이라고 볼 수 있다.

④ 인물을 그리면서 사용한 색

인물을 그리는 데 사용한 색이 전형적인 색이 아닌 경우, 수검자의 개인적 취향이나 선호 색, 심리적 상태를 나타낼 확률이 높다.

⑤ 인물의 성별

일반적으로 자신과 동일한 성별의 인물을 그린다. 성별을 모호하게 표현한 경우는 수검자의 자기개념에 모호하거나 혼란스러운 면이 존재할 가능성이 있고 높은 수준의 불안감을 느끼는 등 심리적으로 취약할 수 있다.

⑥ 인물의 실제적인 에너지

그림 속의 인물이 취하고 있는 자세와 행동에서 보여 주는 에너지는 수검자의 심적 에너지를 대변한다.

⑦ 인물의 얼굴 방향

얼굴의 방향이 정면, 뒷면, 측면 중 어느 방향을 향해 있는지를 확인한다.

⑧ 나이

그림에서 그려진 사람의 추정 나이를 평가하는 항목으로 발달 수준이나 심리적 특성과 관련한 정보일 가능성 있다.

⑨ 옷

그림에서 그려진 사람의 옷의 묘사 정도를 평가한다.

⑩ 사과나무

그림에 그려진 나무의 요소를 평가하는 항목이다. 줄기나 나뭇가지가 있는지, 사과의 개수, 기둥의 단단함, 사과의 위치 등에 대한 정보를 평가한다.

⑪ 사과나무의 색

그림에서 사과나무의 색 사용의 적절성을 평가한다. 나무의 전형적인 색을 사용하지 않고 독특한 색을 사용한 경우 그림을 그린 사람의 심리적 상태와 정서적 상태를 알아 달라는 호소(crying for help)일 수 있다.

⑫ 주변 환경의 묘사

그림에서 표현된 사과, 나무, 사람 등 대상의 세부 묘사와 환경의 세부 묘사를 평가한다. 예를 들어, 자연물, 자연현상, 동물, 상상의 동물, 기계, 무생물, 교통수단, 바구니 등이 있다.

⑬ 기타 형태의 삽입

문자나 숫자가 그림에 포함되었는지, 기하학적 형태나 기호 혹은 그 외의 특정 형태가 들어가 있는지 살펴본다.

5) PPAT의 주의점 및 주안점

(1) 형식요소 평가(FEATS)로 점수화하여 장애증상과 특징요소를 파악하는 것이 가능하지만, 내용요소 평가와 함께 종합적으로 해석해야 한다.
(2) 나무 그림의 형태는 그림과 관련된 개인적 경험을 확인한 뒤, 맥락과 배경을 고려하고 해석해야 한다.
(3) 열매에 대한 개인의 의미를 이해하는 것이 중요하다.

(4) 개인마다 그림검사에서 제시한 주제와 관련하여 실제 경험이 다르므로, PDI를 할 때 실제 경험의 유무와 내용을 파악하는 것이 필요하다.

6) PPAT의 검사 사례

PPAT 사례 1

황○○(18/M), 지속성우울장애

앙상한 사과나무와 벌레 먹은 사과를 지켜보는 사람

앙상한 사과나무에 열린 사과들이 힘없이 떨어진다.
떨어진 사과를 벌레들이 파먹고 있고,
사람은 어찌할 바를 몰라 무기력하게 지켜본다.

항목	채점근거	점수					
		0	1	2	3	4	5
채색 정도	두 가지 이상을 채색함: 사과, 나무, 인물, 창고 등			✓			
색 적절성	대부분 적합하게 사용됨		✓				
함축된 에너지	색칠의 정도와 공간 사용에서 상당한 에너지 수준을 보임		✓				
공간 사용	공간의 75% 사용			✓			
통합성	세 가지 이상이 분명하게 관련 있음: 나무–사과, 사과–인물		✓				
논리성	주제와 맞지 않는 대상이 없고 논리적임						✓
사실성	나무와 사람의 크기, 사과의 크기를 사실적으로 묘사함				✓		
문제해결력	실현 가능한 방법으로 사과를 따려고 하지만 아직 손에 닿지는 못한 상태		✓				
발달단계	청소년기					✓	
세부 묘사 및 환경 묘사	사과나무와 인물의 세부 묘사가 있으며, 부가적인 환경묘사도 되어 있음		✓				
선의질	무난하게 그은 선			✓			
사람	신체 각 부분을 모두 묘사했으며, 3차원적 대상의 인물					✓	
회전	기울어진 대상이 없음						✓
보속	보속성이 아주 심함: 사과, 나뭇잎, 창고						✓

사과는 떨어져서 썩었고, 인물은 사과를 따지 못하고 속수무책으로 앉아 있는 그림이다. 사과가 떨어져 썩은 절망적 상황이 드러나며, 인물은 문제해결을 하지 못하고 무력하게 앉아 있다. 지속성우울장애에서 이러한 그림이 나타날 수 있다. 지속성우울장애에서는 이처럼 인물의 낮은 에너지 수준과 문제해결의 어려움, 인물의 눈과 입의 생략, 절망감, 슬픔, 무력감이 두드러지게 나타난다.

PPAT 사례 2

최○○(23/F), 강박장애

사과 따는 여자와 가득 찬 사과상자

여자가 사과를 따고 있다.

사과를 크기에 맞게 선별하여 상자와 가방에 가득 담아 쌓아 놓는 중이다.

항목	채점근거	점수					
		0	1	2	3	4	5
채색 정도	두 가지 이상을 채색함: 사과, 나무, 인물, 창고 등				✓		
색 적절성	대부분 적합하게 사용됨					✓	
함축된 에너지	색칠의 정도와 공간 사용에서 상당한 에너지 수준을 보임					✓	
공간 사용	공간의 75% 사용					✓	
통합성	세 가지 이상이 분명하게 관련 있음: 나무–사과, 사과–인물					✓	
논리성	주제와 맞지 않는 대상이 없고 논리적임						✓
사실성	나무와 사람의 크기, 사과의 크기를 사실적으로 묘사함						✓
문제해결력	실현 가능한 방법으로 사과를 따려고 하지만 아직 손에 닿지는 못한 상태					✓	
발달단계	청소년기					✓	
세부 묘사 및 환경 묘사	사과나무와 인물의 세부 묘사가 있으며, 부가적인 환경묘사도 되어 있음					✓	
선의질	무난하게 그은 선					✓	
사람	신체 각 부분을 모두 묘사했으며, 3차원적 대상의 인물						✓
회전	기울어진 대상이 없음						✓
보속	보속성이 아주 심함: 사과, 나뭇잎, 창고		✓				

그림 속 인물이 사과나무에서 사과를 따서 창고와 상자에 가득 담아둔 그림이다. 그림에서 나뭇잎, 나무기둥, 창고의 지붕과 벽, 사과가 매우 세부적으로 묘사되어있으며 나뭇잎과 사과에서 보속성이 나타난다. 또 그림의 특징은 상자와 바구니, 수레에 가득가득 담긴 사과와 과일을 보관할 수 있는 창고이다. 그림에서는 매우 세부적인 묘사와 절차, 보속성, 저장(보유)의 내용이 두드러지게 나타난다. 이 그림은 강박 및 관련 장애의 하위 유형인 강박장애 또는 수집광의 특성을 보이는 사람들에게 나타날 수 있는 그림 유형이다.

30

빗속의 사람 그림검사 PITR

Person In The Rain

빗속의 사람 그림검사는 현재 겪고 있는 스트레스의 정도와 이에 대한 대처 능력을 평가하는 그림검사이다. PITR은 인물화에 비라는 요소를 추가한 것으로, 여기서 비는 환경적 스트레스 요인 및 외부의 곤경을 의미한다. 빗속의 사람은 자화상을 나타내며, 개인이 스트레스를 받을 때 어떻게 반응하는지, 불안을 유발하는 환경에 대처하기 위해 어떤 자원을 가지고 있는지를 파악하여 스트레스에 대응하는 개인의 심리적 역량을 살펴볼 수 있으며 개인의 스트레스 자각과 자원의 탐색 및 적절한 대처가 이루어지고 있는지 알아보는 데 용이하다.

1) PITR의 개발배경

PITR의 기원은 1924년에 Fay가 '빗속에서 걷고 있는 숙녀'를 아동에게 그리도록 한 것으로 이를 Wintsch(1935)가 개정 및 표준화를 진행하였고, Goodenough (1926)의 채점체계를 기초로 Rey(1946)가 표준화하였다. 이후 검사의 지시방법을 토대로 Abrams의 DAPR(Draw a Person in the Rain)과 Amchin의 PITR(Person in the Rain)로 각각 발전하였다. DAPR의 경우 인물화(Draw A Person)에 비(Rain)를 더한 것이라는 관점을 중요하게 여기며, PITR의 경우 빗속의 사람이라는 주제 자체를 중요하게 보는 관점에 따라 견해 차이가 있다. 이후 수정・보완을 거쳐 Lack이 1996년에 빗속의 사람 그림검사의 채점체계를 개발했으며, 최근에는 1997년 수정 보완된 Lack의 방식을 토대로 정서에 대한 중요한 정보를 반영하는 색상에 대한 첨가, 색상지표의 활용, 추가적인 질문을 더한 Weber(2007)의 채점체계도 활용되어 오고 있다.

2) PITR의 특징

사람은 인물화처럼 자화상과 같은 역할을 하며, 비는 외부적 곤경이나 스트레스 환경이다. 검사에서 나타나는 비는 스트레스 그 자체이며, 비의 양이나 질은 개인이 느끼는 스트레스의 양과 질을 나타낸다. 이때 우산이나 비옷, 보호물 등은 대처능력과 대처자원을 상징한다. 따라서 그림 속의 인물이 비에 어떻게 대처하고 있는지를 통해 개인이 어느 정도 외부의 자극이나 스트레스에 유연하게 대처할 수 있는지 알 수 있다. 또한 개인이 불쾌한 상황이나 불안한 상황에 놓일 때 어떠한 방어기제를 사용하는지 혹은 환경을 통제하는지에 대한 적절한 심리적 역량을 파악할 수 있다.

3) PITR의 실시방법

(1) 검사도구

A4 용지, 지우개, 연필, 12색 크레파스(연필 대신 제공하기도 함; 빨강, 주황, 노랑, 연두, 초록, 밝은 파랑, 어두운 파랑, 보라, 자주, 분홍, 갈색, 검정)

(2) 실시순서

① 편안한 마음으로 집중하여 그림을 그릴 수 있는 환경과 검사도구를 준비한다.
② 빗속에 있는 사람을 그려 보도록 지시한다.
③ 다 그린 후에는 그림에 대한 질문(PDI)을 한 뒤 이를 기록한다.

PITR 지시문

- 빗속에 있는 사람을 그려 보세요.
- 만화나 막대가 같은 사람이 아니고 완전한 사람을 그려 주세요.
- 시간제한은 없으며, 종이 방향은 자유입니다.

PITR 질문(PDI)

- 이 그림을 보면 어떤 느낌이 듭니까?
- 이 사람은 몇 살입니까?
- 이 사람은 무엇을 하고 있습니까?
- 이 사람의 현재 기분은 어떨까요?
- 이 사람에게 필요한 것은 무엇일까요?
- 이 사람은 비에 젖어 있습니까?
- 바람이 불고 있습니까?
- (사람이 여러 명인 경우) 주인공은 누구입니까?
- 이 사람은 어떻게 하여 빗속에 서 있게 되었을까요?
- 다음에는 무슨 일이 벌어질까요?

4) PITR의 평가기준 및 해석

PITR은 채점체계를 활용한 객관적 평가와 그림의 요소를 통해 분석하는 내용적 평가 두 가지로 해석한다. 객관적 평가는 1996년 Lack이 개발한 채점체계이며, 객관적 평가는 수검자의 스트레스, 자원, 대처능력의 정도를 알아볼 수 있다. 내용적 평가는 수검자가 표현하는 사람과 비의 관계를 이해하는 데 용이하다. PITR은 객관적 평가와 내용적 평가를 통해 수검자의 스트레스 정도와 인지능력, 대처능력을 파악하고 해석할 수 있다.

(1) 객관적 평가(Lack의 채점 체계)

1996년 Lack이 개발한 빗속의 사람 그림검사의 채점체계는 스트레스와 스트레스 대처능력에 대해 명확한 평가기준을 제시한다. 스트레스 척도 16개 항목과 자원 척도 19개 항목으로 총 35개의 항목으로 구성되어 있다. 스트레스를 측정하는 항목은 S1~S8이며, 내용에 따라 0점과 1점으로 채점한다. S9~S16은 0점, 1점, 2점, 그 이상의 점수로 채점하며 스트레스 점수는 S1~S16을 전부 더한 점수이다. 자원 척도는 심리학적 방어, 자원의 이용 가능성, 자아의 힘을 나타낸다. 자원 점수는 R1~R16은 0점과 1점, R17~R19는 0점, 1점, 2점, 그 이상의 점수로 책정한다. 총 자원 점수는 R1~R16의 합에서 R17~R19의 합을 제한 것이다. 총 자원 점수에서 총 스트레스 점수를 제한 것이 대처능력 점수에 해당한다. 대처능력의 점수가 양수(+)로 나오면 그 숫자만큼의 자원이 확보된 것으로 해석하며 스트레스를 잘 관리하는 것을 의미한다. 반대로 음수(−)로 나오면 스트레스에 대한 대처가 어려운 상황을 나타낸다.

(2) 내용적 평가

PITR은 비와 사람을 중심으로 스트레스와 스트레스에 대한 대처자원을 보는 것이므로 이를 중심으로 평가해야 한다.

① 비

비는 스트레스를 나타내며, 비의 강도는 스트레스에 대한 압박감을 나타낸다. PITR을 해석할 때 비의 양과 모양, 비에 대한 반응 2가지 측면을 고려해야 한다. 첫째, 비의 모양이 다양하다면 그만큼 많은 스트레스를 받고 있다는 것을 의미한다. 따라서 비의 양이 많은지와 적은지, 비의 모양이 어떤지를 살펴보아야 한다. 비의 양이 많고, 비의 모양을 하나의 선이나 점으로만 표현하는 경우도 있으나, 비의 모양을 선, 점, 원 등으로 다양하게 나타내는 경우도 있다. 둘째, 비에 대한 반응은 스트레스에 대한 대처자원을 나타낸다. 여기서 나타날 수 있는 보호물은 간접 보호물(나무, 처마 밑, 건물 안)과 직접 보호물(우산, 비옷, 장화)이 있다. 그림 속 사람의 표정, 비를 피할 수 있는 적절한 크기의 사물과 위치도 대처자원으로 함께 고려된다. 스트레스의 대처자원을 해석할 때 적절한 자원이 맞는지 파악해야 한다.

② 사람

사람은 자신의 자화상과 같은 역할을 하므로 인물화의 채점기준을 토대로 해석한다. 사람은 표정, 크기, 위치, 얼굴 전체가 그려졌는지와 더불어 대처자원이 적절하게 표현되었는지를 본다.

③ 구름, 물웅덩이, 번개, 바람 등

스트레스는 구름, 물웅덩이, 번개, 사람 등과 같이 다른 형태로 표현되기도 한다. 해석 시 유의할 점은 수검자가 이러한 형태들에 대해 어떠한 반응과 정서를 보이는지 살피는 것이다. 번개는 스트레스일 수도 있으나 일부 사람들에게는 힘의 상징이기도 하다. 해당 표현들이 많이 나타났다고 스트레스가 많다고 해석하기보다는 수검자에 대한 이해를 바탕으로 수검자의 지각, 그림에서의 인물상, 비, 색 사용, 느낌 등을 통한 종합적인 분석이 이루어져야 한다.

표 30-1 Lack의 스트레스 척도 평가항목 및 평가지표

스트레스 척도			
평가항목	평가내용	평가기준	평가점수
S1~S8=0점, 1점			
S1	비가 없음	비가 있음	0점
		비가 없음(1점이면 S7로 감)	1점
	• 눈, 우박, 선, 점, 원, 연필의 측면으로 흐리게 그린 것도 비가 있는 것으로 계산		
S2	비가 있음	비가 없음	0점
		비가 있음	1점
S3	폭우	결과가 음수	0점
		결과가 양수	1점
	*A4 용지 한 칸이 2.54cm인 8×11칸으로 구성된 채점판 사용 • 비가 차지한 공간(R): 비가 차지하고 있는 칸의 수를 셈. 칸의 한 부분만을 채우는 비도 전체 칸으로 계산하며, 구름, 번개, 선, 점, 원, 연필의 측면으로 흐리게 그린 것도 포함		

<table>
<tr><td></td><td colspan="3">• 사람이 차지한 공간(P): 사람이 차지하고 있는 칸의 수를 셈. 우산, 모자, 가방도 사람의 부분으로 계산
• 비가 차지한 공간(R)−사람이 차지한 공간(P)×1.5=결과 음수, 양수</td></tr>
<tr><td rowspan="2">S4</td><td rowspan="2">비의 스타일</td><td>비가 점으로만 묘사</td><td>0점</td></tr>
<tr><td>비가 원, 선 등으로 묘사</td><td>1점</td></tr>
<tr><td rowspan="2">S5</td><td rowspan="2">비의 방향</td><td>비가 무질서하거나 고르게 퍼져 있음</td><td>0점</td></tr>
<tr><td>비가 특정인을 향하고 있음. 어떤 사람 위에서 직접 내리고 있음</td><td>1점</td></tr>
<tr><td rowspan="2">S6</td><td rowspan="2">비의 접촉</td><td>비가 사람의 어떤 부분, 즉 우산, 모자, 가방과 접촉되지 않음</td><td>0점</td></tr>
<tr><td>비가 사람의 어떤 부분, 즉 우산, 모자, 가방과 접촉됨</td><td>1점</td></tr>
<tr><td rowspan="2">S7</td><td rowspan="2">젖음</td><td>사람이 젖을 것 같지 않거나 마른 상태</td><td>0점</td></tr>
<tr><td>사람이 젖을 것 같거나 젖어 보임(비가 생략되더라도)</td><td>1점</td></tr>
<tr><td rowspan="3">S8</td><td rowspan="2">바람</td><td>바람이 없음</td><td>0점</td></tr>
<tr><td>바람이 있음</td><td>1점</td></tr>
<tr><td colspan="3">• 바람을 표현한 선이 있거나, 잎이 흔들리거나 소용돌이와 같은 움직임이 있거나, 몸의 일부인 옷이 흔들릴 때 토네이도, 깔때기 모양의 구름 혹은 회오리바람이 있는 것으로 간주함</td></tr>
<tr><td colspan="4">S9~S16은 0점, 1점, 2점, 그 이상의 점수로 항목의 수와 동일한 숫자의 점수를 받음</td></tr>
<tr><td rowspan="2">S9</td><td rowspan="2">물웅덩이</td><td>물웅덩이가 없음(S11로 감)</td><td>0점</td></tr>
<tr><td>물웅덩이 크기에 상관없이 1개당 1점</td><td>1점 이상</td></tr>
<tr><td rowspan="2">S10</td><td rowspan="2">물웅덩이에 서 있음</td><td>물웅덩이가 없거나 물웅덩이에 서 있지 않을 때</td><td>0점</td></tr>
<tr><td>사람과 접촉하고 있는 물웅덩이마다 1점</td><td>1점 이상</td></tr>
<tr><td rowspan="2">S11</td><td rowspan="2">다양한 비 스타일</td><td>비가 없거나 점으로만 되어 있음</td><td>0점</td></tr>
<tr><td>비를 표현하는 형태마다 1점
• 점이 아닌 추가되는 스타일(선, 원)마다 1점을 줌
예: 점+선=1점, 선+원=2점</td><td>1점 이상</td></tr>
<tr><td rowspan="2">S12</td><td rowspan="2">다양한 강수/강설</td><td>비만 묘사되어 있음</td><td>0점</td></tr>
<tr><td>종류에 따라 1점(눈, 우박)
• 비를 나타내는 점들의 크기만 다르다면 채점하지 않음
예: 눈마다 1점, 우박이 있다면 또 1점</td><td>1점 이상</td></tr>
</table>

S13	번개	번개가 없음(S15로 감)	0점
		번개마다 1점 • 폭탄, 화상 등과 같은 위협적이고 폭발적인 힘은 번개로 간주함 • 연속적인 선, 가지와 같은 번개를 한 볼트로 봄 • 거기에 끊어진 것이 있다면 각각의 볼트로 계산함 • 번개로서 천둥소리(소리 투사)의 표시에 점수를 줌	1점 이상
S14	번개 강타	번개나 번개 치는 것이 없음	0점
		사람, 우산, 혹은 사람의 어떤 부분이나 확장된 부분을 강타하는 번개마다 1점을 줌	1점 이상
S15	구름	구름이 없음	0점
		크기에 상관없이 구름마다 1점	1점 이상
S16	먹구름	먹구름이 없음	0점
		먹구름마다 1점	1점 이상
	• 먹구름은 인물 주위나 주위에 있는 어둡거나 그늘진 덩어리를 포함		
총 스트레스 점수=S1~S16의 합산			

표 30-2 Lack의 자원 척도 평가항목 및 평가기준지표

자원 척도			
평가항목	평가내용	평가기준	평가점수
R1~R16=0점, 1점			
R1	보호물이 있음	보호물이 없음(R10으로 감)	0점
		보호물이 있음	1점
	• 보호물: 나무, 암벽, 가방, 재킷, 선반, 우산, 우비, 장화 등 일상적으로 비와 관련이 없는 옷은 보호물이 아님 • 비를 맞지 않기 위해 입었는지 확실하지 않으면 채점하지 않음		
R2	우산이 있음	우산이 없음(R4로 감)	0점
		우산이 있음(접혀져 있는 것도 가능)	1점
	• 우산임을 암시하는 아치형의 선도 우산이 있는 것으로 채점. 기능상의 적절성에 상관없이 점수를 줌		

R3	들고 있는 우산	우산을 이상하게 들고 있을 때 • 손과 우산 손잡이 사이의 관계가 부적절할 때 • 연결선이 없거나, 손이 없거나, 우산 손잡이를 잡고 있는 손이 사실적이지 않은 경우	0점
		우산을 적절하게 들고 있을 때 • 손의 선과 우산 손잡이의 선 사이에 빈 공간이 없음 • 손이 적절하게 우산을 쥐고 있으며, 우산 손잡이와 덮개가 손상되지 않고, 환경적인 힘으로부터 사람을 보호할 수 있도록 효과적인 각도를 유지하고 있음	1점
R4	다른 보호 장비	우산과 비를 피하는 장비(우비, 비닐 소재의 모자, 장화) 외의 다른 보호 장치가 없음	0점
		우산과 비를 피하는 장비 외의 다른 보호 장치가 있음 (나무, 차, 가방, 재킷)	1점
R5	적절한 크기의 보호물	보호물의 폭 ≦ 인물의 폭	0점
		보호물의 폭 > 인물의 폭	1점
	• 의복이 아닌 보호물의 너비 측정 • 옷을 포함한 가장 넓은 점으로 인물의 너비 측정		
R6	완전한 보호물	보호물이 손상됨 • 보호물이 우산이라면 그것이 쓸모가 없는 각도로 되어 있거나, 구부러져 있거나, 구멍이 있거나, 거꾸로 되어 있을 수 있음 • 나무는 구멍이 있을 수 있음	0점
		보호물이 완전함 • 비로부터 사람을 보호하는 데 기능적으로 도움이 됨	1점
R7	비옷	인물이 비옷을 입고 있지 않음	0점
		인물이 비옷을 입고 있음	1점
R8	비닐 소재의 모자	인물이 모자나 머리를 보호하는 것이 없음	0점
		인물이 비닐 소재의 모자나 머리를 보호하는 것이 있음	1점
R9	장화	인물이 장화나 보호할 수 있는 부츠를 신고 있지 않음	0점
		일반 신발이 아닌 장화나 다른 보호할 수 있는 부츠를 신고 있음	1점

R10	옷	사람이 나체이거나 부분적으로 옷을 입지 않음 • 막대기 형태의 사람 그림은 나체로 채점함	0점
		사람이 어떤 형태의 옷이든 입고 있음 • 옷이 완전하게 표현되어야 함	1점
R11	얼굴 전체	얼굴이 모자나 우산으로 가려지거나 옆모습이나 뒷모습으로 그려짐	0점
		얼굴 전체가 보임	1점
R12	미소	얼굴에 미소가 없음, 표정이 없음, 다른 표정을 지음	0점
		얼굴에 미소가 있음	1점
R13	중심에 있는 인물	중앙을 벗어남	0점
		중앙에 위치	1점
	• 전체 인물과 인물의 확장된 부분이 전체적으로 용지의 중심에서 상하좌우 각 5.08cm 범위 내에 있으면 중심에 위치한 것으로 채점함		
R14	인물의 크기	인물이 15cm보다 크거나 5cm보다 작음	0점
		인물이 5cm 이상, 15cm 이하	1점
	• 우산이나 모자와 같이 붙어 있는 것을 포함한 인물의 크기임		
R15	전체 인물	인물이 측면, 뒷면, 막대기 형태의 사람 그림, 머리만 혹은 부분적으로 그려짐	0점
		인물이 머리에서 발끝까지 앞면을 보고 있음 • 인물의 어떤 부분도 모자나 우산으로 가려지지 않아야 함 • 주머니에 손이 있는 것은 1점으로 채점하지 않음	1점
R16	선의 질	0점: 선의 질이 다양하거나 간략한 느낌, 진하고-가늘고, 밝고-어둡고, 끊어진 선	0점
		선의 질이 균일하고 부드러움. 연속적이고, 일관성 있게 밝거나 어둡고, 두껍거나 얇음 • 떨림이 있는 지그재그 선은 점수를 주지 않음	1점
R17~R19=자원의 부분 합계로서 공제됨. 각각은 0점, 1점, 그 이상의 점수			
R17	나체	인물이 어떠한 방식으로든 옷을 입고 있음	0점
		인물이 나체라면 성기를 드러내거나, 옷이 투명하게 드러나거나, 옷을 입었는지가 확실하지 않은 경우	1점

R18	몸의 일부가 생략	인물이 어떠한 방식으로든 옷을 입고 있음 • 머리, 동공이 있는 뜬 눈, 코, 입, 목, 몸통, 팔, 손, 손가락, 다리, 발이 완전하게 표현됨	0점
		빠진 것 하나당 1점 • 머리, 눈, 코, 입, 목, 몸통, 팔, 손, 손가락, 다리, 발 • 보이지 않거나 주머니에 있는 손은 빠진 것으로 계산함 • 옆에서 본 모습이라면, 원래 보여야 하는 부분이 빠진 것이 아니라면 계산하지 않음	1점 이상
R19	치아	치아가 보이지 않음	0점
		치아가 보임	1점
총 자원 점수=자원 소계(R1~16의 합)−(R17~19의 합)			

5) PITR의 주의점 및 주안점

(1) 객관적 평가와 내용적 평가를 함께 고려하여 분석한다.

(2) 검사를 실시할 때 독특한 색상을 사용한 경우, 이에 대한 수검자의 해석과 표현을 고려해야 한다.

(3) PITR과 관련한 수검자의 질문에는 검사에 영향을 주지 않는 선에서 답해야 하며, 개입은 최소화한다.

(4) 나타나는 상징은 수검자의 해석과 PDI를 통해 종합적인 정보로 분석하여 신중하게 해석해야 한다.

(5) 수검자의 태도, 그림 공간과 색상 사용, 그림에 대한 질문, 대처기제, 사람에 관한 세부 사항 등 전반적으로 고려하여 파악해야 한다.

6) PITR의 검사 사례

PITR 사례 1

최○○(40/F), 신체증상장애

할 수 있는 게 없어요.

먹구름과 비바람이 몰아치는 가운데 여성은 고장 난 우산을 손에 들고 있다.
온몸은 비에 젖어 있으며, 발아래에는 웅덩이가 고여 있다.
여성은 하늘을 바라보고 하염없이 입을 벌린 채 빗물을 먹으며 울고 있다.

Lack's PITR scoring criteria					
스트레스 척도			자원 척도		
항목	내용	점수	항목	내용	점수
S1	비가 없음	0	R1	보호물이 있음	1
S2	비가 있음	1	R2	우산이 있음	1
S3	폭우	1	R3	들고 있는 우산	1
S4	비의 스타일	1	R4	다른 보호 장비	0
S5	비의 방향	1	R5	적절한 크기의 보호물	0
S6	비의 접촉	1	R6	완전한 보호물	0
S7	젖음	1	R7	비옷	0
S8	바람	1	R8	비닐 소재의 모자	0
S9	물웅덩이	1	R9	장화	0
S10	물웅덩이에 서 있음	1	R10	옷	1
S11	다양한 비 스타일	2	R11	얼굴 전체	1
S12	다양한 가수/강설	0	R12	미소	0
S13	번개	0	R13	중심에 있는 인물	1
S14	번개 강타	0	R14	인물의 크기	1
S15	구름	1	R15	전체 인물	1
S16	먹구름	1	R16	선의 질	1
			R17	나체	0
			R18	몸의 일부의 생략	0
			R19	치아가 보임	0
스트레스 점수=13			자원 점수=9−0=9		
대처능력 점수=9−13=−4					

세로로 그려진 화지 위에 비를 맞고 있는 여성이 표현되었다. 여성은 전체 인물로 중심에 그려져 있으며, 인물의 크기와 선의 질은 양호하다. 스트레스를 나타내는 비를 살펴보았을 때, 검은 먹구름 아래 세찬 비가 내리고 있으며 바람으로 인해 빗줄기는 휘어져 있다. 비는 빗방울과 빗줄기 2가지로 표현이 되었고 인물의 눈물도 빗방울 모양으로

나타났다. 따라서 수검자가 인지하는 스트레스의 강도가 큰 것으로 볼 수 있다. 빗속에 서 있는 여성의 손에는 우산이 들려 있으나, 비를 막을 수 없을 정도로 망가져 있다. 망가진 우산 외에 여성을 보호할 수 있는 보호물은 존재하지 않는다. 무방비하게 비에 노출된 여성은 물웅덩이 위에 서 있고 비를 다 맞으며 입을 벌리고 있다. 이는 수검자의 스트레스 대처능력이 부족하여 심리적 고통의 발생 가능성을 반영하며, 억압된 스트레스가 신체증상으로 나타날 수 있음을 시사한다.

PITR 사례 2

윤○○(26/M), 급성 스트레스장애

왜 나에게만

"괴로워요. 왜 나에게만 이런 일이 일어날까요?"

남성은 번개와 비바람이 몰아치는 가운데 찢어진 신문지를 들고 처량하게 비를 맞고 있다.

"이전으로 돌아가고 싶은데 어떻게 해야 할지 모르겠어요."

Lack's PITR scoring criteria					
스트레스 척도			자원 척도		
항목	내용	점수	항목	내용	점수
S1	비가 없음	0	R1	보호물이 있음	1
S2	비가 있음	1	R2	우산이 있음	0
S3	폭우	1	R3	들고 있는 우산	0
S4	비의 스타일	1	R4	다른 보호 장비	1
S5	비의 방향	1	R5	적절한 크기의 보호물	0
S6	비의 접촉	1	R6	완전한 보호물	0
S7	젖음	1	R7	비옷	0
S8	바람	1	R8	비닐 소재의 모자	0
S9	물웅덩이	1	R9	장화	0
S10	물웅덩이에 서 있음	1	R10	옷	1
S11	다양한 비 스타일	2	R11	얼굴 전체	1
S12	다양한 강수/강설	2	R12	미소	0
S13	번개	9	R13	중심에 있는 인물	1
S14	번개 강타	0	R14	인물의 크기	0
S15	구름	1	R15	전체 인물	1
S16	먹구름	1	R16	선의 질	1
			R17	나체	0
			R18	몸의 일부의 생략	0
			R19	치아가 보임	0
스트레스 점수=24			자원 점수=7 − 0=7		
대처능력 점수=7 − 24=−17					

가로로 그려진 화지 위에 비를 맞고 있는 남성이 표현되었다. 남성은 전체 인물로 중심에 위치하였으나, 인물의 크기는 매우 작게 그려져 있고, 표정은 울고 있는 것으로 표현되었다. 남성의 머리 위에 있는 먹구름은 화지의 절반을 가득 채우고 있으며 번개, 우박, 비와 같은 다중 강수가 내리고 있다. 바람이 불어 빗줄기는 휘어져 있고, 빗속의 남성

은 찢어져 가는 신문지를 들고 힘겹게 비를 막고 있다. 옷이 다 젖었기 때문에 비와 같은 파란색으로 옷을 칠하였으며 수검자는 왜 자신에게만 이런 일이 일어나는지, 이런 일을 겪기 이전으로 돌아가고 싶지만 뭘 해야 할지 모르겠다고 서술하였다. 이는 수검자가 현재 매우 높은 스트레스에 노출되어 있으나, 적절한 대처능력이 미흡한 것으로 판단할 수 있다. 또한 다중 강수와 번개에 대해 "피하고 싶어도 너무 많고 어디에나 있어서 피할 수가 없다."라고 묘사했다는 점에서 반복적으로 외상과 관련된 스트레스와 더불어 강도 높은 스트레스로 인한 불안과 정서적 고통을 겪고 있다고 볼 수 있다.

PART 03

종합 미술심리평가보고서

31

미술심리평가보고서 사례 A

종합 미술심리평가보고서			
일시	20○○, ○○. ○○.	이름/학번	이○○ (가명)
나이	만 11세	학력	초등학교 재학 중
직업	학생	혼인상태	해당 없음
가계도	아버지(45), 어머니(42), 여동생(3) 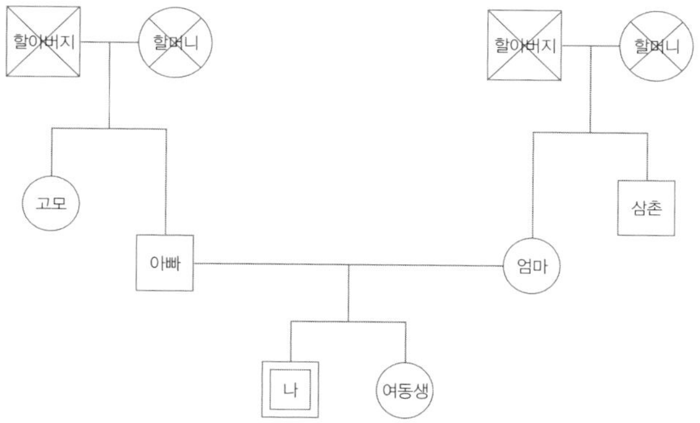 		
실시한 검사	KHTP, KFD, LMT, PITR, FFD, PPAT, BND, FSA, DAS, EBDT, SDT		
검사 사유 및 주호소	수검자는 평소에 충동을 억제하기 어려우며 분노 조절과 주의력에 문제가 있다고 한다. 학교에서 낮은 학업 수준을 보이며 또래 관계에 어려움을 겪고 있다. 가정에서 어머니와 여동생에게 욕을 하거나 "죽여 버리겠다."는 말을 하여 여동생의 불안이 높아졌고, 모-자, 남매간 감정의 골이 깊어졌다. 학교에서 높은 불안, 충동, 공격적인 언행으로 인해 담임 교사의 권유로 내방하여 검사를 시행하였다.		
행동 관찰	그림검사를 실시하는 동안 검사자의 질문에 단답으로 답하거나 충동적으로 대충 대답하는 등 무성의한 태도를 보였다. 그림 그리기를 좋아한다고 하였지만 시간이 지날수록 주의력이 낮아져 집중에 어려움을 보였다. 그림검사 재료로 지우개가 있다면 높은 사용 빈도를 보였고 미술 재료에서 색연필, 사인펜 재료를 선호하였다.		

◆ 1. KHTP

그림

※ 수검자의 설명(PDI)

자유를 찾아 떠나온 나의 모습이다. 그림 속 사람은 '나'를 그렸고 혼자 동네를 돌아다니며 자유롭게 돌아다니는 모습을 그렸다. 집에는 나 혼자 살고 있고 주변에 다른 집은 없다. 날씨도 선선해서 좋고 외로우면서도 기분이 좋다. 그림을 보니 쓸쓸해 보이지만 나 혼자만의 시간을 즐기면서 점점 적응할 것 같다.

해석

수검자는 KHTP 검사에서 검사자의 질문에 무성의하거나 단답으로 답하며 방어적인 모습을 보였다. 검사 시간은 약 3분으로 무성의하게 빨리 그리는 모습이었다. 그림은 집-나무-사람 순으로 일반적이나, 전체적으로 표현이 거칠고 필압이 강하여 쓸쓸하고 날카로운 인상을 준다. 전체적인 그림 크기가 작고 화지 상단에 위치한 그림은 구조적으로 불안정하다. 그림을 그릴 때 망설임이 없고 크기나 형태가 틀어져도 개의치 않는 모습을 보여 충동적인 행동 경향성으로 보인다. 그림에 나타난 인물은 한 명이며, 상호작용과 운동성이 표현되지 않았다. 또한 인물의 세부표현 생략은 자아상에 대한 부적절감 대인관계의 어려움 및 회피를 나타내며 심리적으로 어려움이 있을 것으로 보인다. 그림에서 자유를 원하지만 쓸쓸하고 외롭다고 표현된 점에서 정서적 관심과 애정의 욕구가 있으나 자신감이 많이 부족한 것으로 보인다. 작고 불안한 나무, 불안정한 집과 가까이 붙어 있는 인물 그림을 보아 수검자의 정서적 욕구는 높으나 부모의 안정적인 지지기반 부족으로 위축, 미숙함, 충동성이 있음을 시사하며 강한 필압, 단순한 선, 표현의 생략은 주의력결핍 과잉행동장애 아동의 특징과 일치한다.

◆ 2. KFD

그림

※ 수검자의 설명(PDI)

아빠, 엄마, 나, 동생 순으로 그렸고 우리 가족은 각자 할 일을 하고 있다. 아빠는 일 하는 중, 엄마는 짜증내면서 집안일, 나는 그냥 있고 동생은 혼자 노는 중이다. 우리 가족은 따로 생활하고 같이 보낸 시간이 잘 기억나지 않는다.

해석

수검자는 아빠를 그릴 때 지우개로 대충 지우고 바로 그림을 이어 나가는 모습을 보였다. 2분 내로 그림을 완성하였고 칸을 나누어 가족 구성원을 포위하여 완성하였다.

전체적으로 필압이 강하며 구획을 나누어 그린 것이 특징적이다. 가족이 구획마다 서 있는 모습을 그린다는 것에서 수검자가 느끼기에 정서적으로 편안하지 않은 가족임을 예측할 수 있는데, 이는 PDI상 우리 가족은 따로 생활한다고 보고하는 내용과 일치한다. 가족을 구획으로 나누어 그린 경우 가정 내 정서적 교류가 원만하지 않을 가능성이 있음을 시사한다. 또한 엄마의 표정이 좋지 않은 것을 보아 평소 스트레스가 많고 예민한 성격임을 유추할 수 있다. 이는 엄마의 양육 방식이 비일관적인 것으로 수검자의 불안하고 공격적인 행동에 영향이 있음을 추측할 수 있다. 수검자의 부모는 주말부부지만, 그림 순서를 보아 암시적으로 아빠가 가족의 중심이며 권위적인 성향일 가능성이 높다. 수검자는 부모 그림과 다르게 자기상을 생략해서 표현하였는데 가족 내에서 상호작용이 적절하지 않아 경직되고 위축된 반응을 보일 가능성이 있음을 추측할 수 있다. 수검자와 엄마가 대각선으로 있는 모습으로 보아 수검자는 엄마와 정서적 거리감을 제일 멀게 느껴지는 것으로 추측할 수 있다. 종합해 보면, 가족 구성원 간 정서적 교류가 원활하지 않아 거리감을 느끼고 있으며, 이에 따라 수검자는 부정적 자기상과 위축, 고립감을 느끼는 것으로 사료된다.

◆ 3. LMT

그림

※ 수검자의 설명(PDI)

여름에 너무 덥거나 습하지 않은 날씨이며 오후 3시경이다. 강은 왼쪽에서 오른쪽으로 흐르고 그림 속 집은 내가 사는 집이며 밭은 누구의 것인지 모르겠다. 나는 길 위에 서 있고 외출하려고 나서는 중이다. 강아지는 자유롭게 여기저기 다닐 수 있고 귀여워서 관심을 많이 받아 부럽다.

해석

검사자의 지시에 막힘없이 그림을 그렸고 전체적으로 필압이 강하고 처음 제시한 요소와 마지막에 제시한 요소의 크기 차이가 있다. 처음과 두 번째에 불러 주는 강과 산을 크게 표현하여 다음 요소들의 공간을 계획하지 않았으며 그림의 통합성을 고려하지 않고 그려서 크기와 위치가 조화롭지 못하다. 산은 수검자의 처해 있는 상황과 극복해야 할 문제의 수로 지금 심리적으로 겪는 어려움이 있다는 것으로 보인다. 강 위에 산이 겹쳐져 있고 집이 강 밖으로 튀어나오게 그린 것으로 보아 충동적으로 그림을 그렸으며 밭과 꽃을 남는 자리에 그려 계획 없이 무성의하고 급하게 그린 것을 알 수 있다. 산, 강의 크기와 대조적으로 길, 동물, 꽃, 밭은 작게 표현하였는데 PDI상 처음 불러준 요소를 크게 그려 자리가 없어 작아졌다고 하였다. 이는 수검자의 무계획적이고 충동적인 성향이 있음을 시사한다. 매우 작은 집과 나무의 크기 및 기울어진 형태를 보아 가정환경과 자아상에 대한 부적절한 감정을 표현한 것으로 추측할 수 있다. 인물에서 머리, 손, 발을 생략하였고 무표정인 모습을 표현하였는데 이는 수검자의 불안과 무기력을 표현한 것으로 예측할 수 있다. 동물에서 귀여운 강아지를 그렸고 자신과 달리 자유로운 강아지가 부럽다고 표현하였다. 이를 통해 수검자는 부모의 통제적이고 지시적인 환경에서 불안, 답답함을 느끼는 것으로 추측된다. 전체적으로 그림을 짜임새 있게 그리기가 어려워 충동성이 높고 산만하여 주의집중에 곤란이 있는 것으로 예측할 수 있다.

◆ 4. PITR

그림

※ 수검자의 설명(PDI)

며칠 전처럼 비가 엄청 많이 오는 날을 그렸다. 그림 속의 나는 학원에 갔다가 집에 가기 싫어서 천천히 걸어가는 중이다. 평소엔 자전거를 타고 다니는데 비가 오는 날엔 자전거를 못 타니까 천천히 가도 혼나지 않을 것이다.

해석

스트레스 점수 17, 자원 점수 8, 대처 능력 점수 −9점으로 스트레스가 매우 높으나 대처 자원을 충분히 갖추지 못한 것으로 나타났다. 화지 중앙에 그려져 있고 인물의 크기는 적당하나 필압이 매우 강하다. 작은 우산을 쓰고 있는 수검자 자신을 표현하였고 온몸이 홀딱 젖은 채 물웅덩이 위를 무표정으로 지나가고 있다. 특이 사항으로 먹구름과 번개, 장맛비처럼 세찬 비가 내리는 가운데 아동은 몸집보다 작은 우산을 손에 들고 있다. 스트레스를 나타내는 비를 살펴보았을 때, 먹구름 아래 장맛비가 내리고 있으며 번개가 치고 있다. 비는 빗줄기로 표현되었고 인물의 신체에도 빗줄기가 그어져 있다. 따라서 수검자의 스트레스 강도가 높은 것으로 보인다. 빗속에 서 있는 아동의 손에는 우산이 들려 있으나, 크기가 작아 세찬 비를 막기 어려워 보인다. 우산 외에 아동을 보호할 수 있는 보호물은 존재하지 않으며 아동은 까만 물웅덩이 위를 지나가고 있다. 종합해 보면, 수검자는 스트레스 상황에 대한 대처능력이 부족하여 억압된 스트레스가 충동적인 행동으로 나타남을 예측할 수 있다.

◆ 5. FFD

그림

※ 수검자의 설명(PDI)

맨 위에 파란색 물고기는 부모님이고 밑에 꽃게는 나, 노란색 물고기는 동생이다. 엄마, 아빠는 잔소리 때문에 싸워서 나와 동생은 기분이 좋지 않다. 엄마는 마음에 안 드는 게 많아서 잔소리가 많고 화를 낸다. 아빠는 엄마랑 같이 싸우고 나랑 동생은 어떻게 해야 할지 모르겠다.

해석

수검자는 어항을 직접 그렸으며, 엄마, 아빠, 동생, 나 순으로 그렸다. 전체적인 인상은 필압이 강하고 테두리 바깥 선까지 색칠을 하였다. 물고기 종류는 상어, 꽃게, 물고기이며 각자 바라보는 시선이 다르며 물은 넘칠 것 같고 물고기의 위치와 크기가 적절하지 않아 불안정한 상태로 보인다.

수검자는 엄마를 중앙에 커다란 상어 모습으로 그렸고, 아빠는 왼쪽 상단에 작은 상어로 표현하였다. 동생은 수검자 옆에 있으나 반대 방향으로 헤엄치고 있다. 수검자는 자신을 꽃게로 표현하여 물고기 가족 사이에서 어울리지 않는 갑각류로 표현하였다. 그림에서 엄마와 아빠의 형태가 큰 것은 개성이 강하고, 사이가 좋지 않은 것으로 추측할 수 있다. 엄마는 가족 중앙을 지배하고 있으며 크기가 제일 큰 것으로 보아 수검자가 생각하는 가족 내 힘의 영향력이 가장 높은 존재는 엄마라는 것을 시사한다. 물고기의 눈을 보면 부모의 눈은 무섭고 날카로우며 자녀들의 눈은 작고 부모와 다른 곳을 쳐다보고 있다. 이를 통해 수검자가 인식하는 부모의 권위가 강한 것으로 해석할 수 있다. 물고기를 지나치게 크게 그린 경우 자기중심적이고 외향적이지만 지나치게 작게 그린 경우 자아 축소, 내향적인 성격으로 추측할 수 있는데, 부모에 비해 작은 크기의 자녀 물고기들은 가정에서 위축되고 내적 에너지가 낮은 것으로 해석된다. 가족 내 소통이 원활해 보이지 않아 정서적 교류가 충분하지 않다는 것을 추측할 수 있다. 부모의 통제적이고 강압적인 양육 방식으로 인해 자녀들의 내재된 불안이 높은 것으로 해석된다. 또한 그림에서 나타난 강한 필압과 테두리 밖으로 나간 채색, 제한된 색 사용은 과잉행동의 특징과 일치한다.

◆ 6. PPAT

그림

※ 수검자의 설명(PDI)

그림 순서는 땅, 나무, 사과, 인물, 사다리, 물 순으로 그렸고, 그림 속의 인물은 자신이다. 물대포 공격으로 사과나무에 물을 주었다. 사과가 열려서 따고 내려왔는데 보니까 벌레 먹은 사과여서 기분이 별로다.

해석

형식요소 평가에서 채색 정도 3점, 색 적절성 3점, 함축된 에너지 5점, 공간 사용 4점, 통합성 2점, 논리성 3점, 사실성 3점, 문제해결력 2점, 발달단계 4점, 세부 묘사 및 환경 묘사 3점, 선의 질 1점, 사람 5점, 회전 5점, 보속 1점으로 나왔다. 내용요소 평가에서는 그림 방향은 세로, 사용된 색은 6가지 색, 사람은 1명, 사다리를 이용해 사과를 따 온 점에서 에너지가 충분함, 나이는 현재 자신의 나이, 옷은 간단함, 사과나무는 중앙보다 좌측으로 치우쳐져 있으며 나무가 크고 사과 열매는 적당히 달려 있다.

채색된 부분을 자세히 보면 수검자는 추가로 그려진 공격적인 물대포에만 관심이 집중되어 있는 것으로 보인다. 물관과 대포를 추가하여 파란색으로 색칠하였고 이는 주제와 상관없는 기괴한 요소를 그려 논리성이 부족한 것으로 추측된다. 사과를 따서 보니 벌레 먹은 사과로 절망적 상황이 보이며 그 후 상황이 표현되지 않았다. 이는 현실에서 성취에 대한 결과가 부정적인 것을 암시하는 것으로 예측할 수 있다. 또한 나무에 나이테를 일반적인 그림보다 많이 그려 넣어 심한 보속성을 보이며 이는 높은 불안, 강박 및 충동성을 시사한다. 나무에 많은 양의 물을 주었음에도 썩은 사과를 따온 것은 수검자가 문제해결에 어려움을 갖고 있는 것으로 볼 수 있다. 종합해 보면, 이상적인 목표를 세우고 현실적으로 성취하는 것에 대한 어려움이 있으며, 많은 양의 물을 뿌리는 것으로 보아 수검자의 공격적인 성향이 높은 것으로 해석된다.

◆ 7. BND

그림

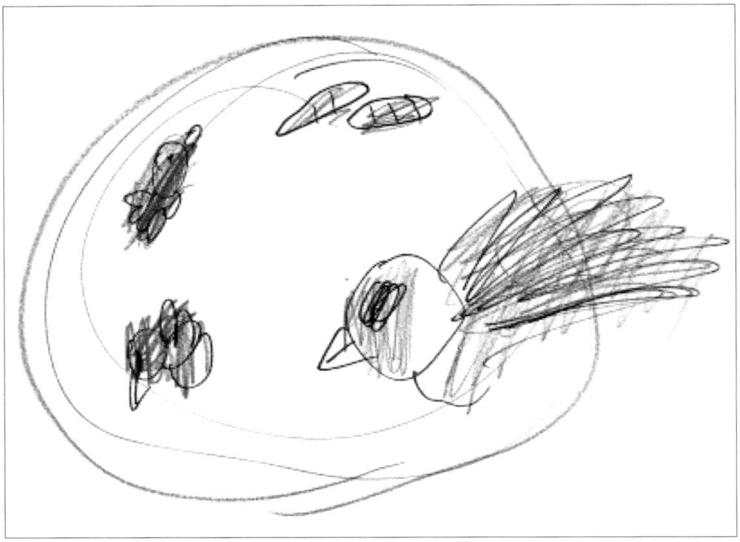

※ 수검자의 설명(PDI)

그림 순서는 엄마, 동생, 나 순으로 그렸다. 나는 빨간색, 엄마와 동생은 갈색이다. 옆에 작은 건 벌레인데 엄마가 먹으라고 갖다 줬다. 동생은 먹이를 향해 가고 있고, 나는 먹이가 있는지 몰랐다. 나는 아기지만 엄마의 감시가 짜증나서 밖으로 탈출하려고 한다.

해석

둥지의 바닥이나 주변 환경의 표현이 나타나지 않았다. 부모 새가 있으나 양육적인 모습이 나타나지 않은 것은 수검자가 온정적인 양육 환경을 경험하지 못했음을 시사할 수 있으며, 둥지 안에서 아기 새들과 부모 새의 거리는 실제 수검자가 느끼는 자신의 부모와의 심리적 거리감을 나타내는 표현으로도 볼 수 있다. 또한 4색 미만의 제한된 색 사용과 갈색을 지배적으로 사용한 것은 불안정 애착 지표를 나타낸다. 부모 새의 몸집과 눈이 매우 커 아기 새들을 감시하듯 표현하였고 아기 새들은 작고 위축되어 보인다. 둥지의 모양이 불안정한 것으로 보아 수검자는 가정에서 높은 불안을 느끼는 것으로 보인다. 어미 새의 감시로 인해 수검자가 탈출 하고 싶어 하는데 이는 모의 지나친 통제로 인해 수검자가 스트레스를 받고 있음을 예측할 수 있다. 필압은 강하나 지저분한 선과 색칠은 산만하고 충동적인 특징과 일치한다. 종합해 보면, 수검자는 가정에서 적절한 상호작용의 경험이 부족하며, 부모로부터의 양육 활동을 통한 정서적 안정과 지지 환경을 제공받기 어려웠을 가능성이 높다.

◆ 8. FSA

그림

해석

첫 번째 그림에서 사람 모습이 아닌 형태로 표현하였고 머리카락이 없으며 얼굴 부위마다 색이 다르다. 수검자는 입에서 나온 피가 머리를 뚫고 공격한다고 표현하였고 눈에서 레이저가 발사된다고 하였다.

FSA 평가기준 요소를 보면 색칠 정도에서 사물의 윤곽과 내부에도 색을 칠하였고 적절하지 않은 색을 사용하였다. 그림에 네 가지 정도 항목을 더 추가로 그렸고 필압과 색채에서 강한 에너지가 보인다. 선의 질은 통제가 되지 않으며 비논리적이고 반복성이 보인다.

좀 더 자유롭게 표현할 수 있는 두 번째 그림에서 얼굴을 표현하였으나 머리카락이 세 가닥이며 얼굴 전체를 빨간색으로 그렸다. 몸에는 파란색 색연필로 칼자국을 그렸고 얼굴 표정에서 공격적인 모습이 보인다.

FSA 평가기준 요소를 보면 색칠을 하지 않았고 두 가지 색만 사용하여 그림을 완성하였다. 6가지 이상의 항목을 추가로 그렸고 필압에서 강한 에너지가 느껴진다. 선은 통제가 잘되지 않으며 비논리적이고 칼자국에서 반복성이 보인다.

세 번째 그림에서 사람의 얼굴을 그렸지만 귀, 코가 생략되었고 눈과 입에서 피 눈물이 흐른다. 입에 치아를 뾰족하게 표현하고 색칠하였다. 화지 중앙에 크게 표현하였고 목이 없어 불안정해 보이며 빨간 눈물로 인해 공격적이면서 억울해 보이기도 한다.

FSA 평가기준 요소를 보면 몇 개의 사물 안쪽에만 색칠하였고 적절하지 않은 색을 사용하였다. 5가지 이상의 항목을 추가하였고 비논리적이며 반복성이 보인다.

전체적으로 강한 색채와 필압, 반복성이 나타났다. 이는 수검자의 공격적인 성향을 예측할 수 있으며, 얼굴 형태를 재현하기 어렵고 비논리적인 그림을 보아 주의집중에 어려움이 있어 수검자의 학습능력이 기대 수준보다 낮을 것으로 사료된다.

◆ 9. DAS

그림

※ 수검자의 설명(PDI)

제목: 화산 대폭발

이야기: 나는 아주 멋진 성에 살고 있는데 뒤에 화산이 폭발했다. 화산 때문에 동네 사람들도 모두 다 죽었다. 나는 성 안에서 화산이 폭발하는 것을 보며 죽었다.

지금 기분은 좋다.

해석

DAS 평가척도를 통해 수검자의 정서내용, 자기상, 유머사용을 평가하였다.

정서 내용 척도는 상당히 부정적인 정서 내용으로 파괴적이며 죽음이 나타나 1점, 자기 상 척도는 부정적이거나 파괴적인 내용을 담고 있지만 수검자의 의도를 성취 하였기에 5점, 유머 사용 척도는 사라지고, 죽었지만 고통이나 두려움을 표현하지 않았기에 1.5점이다. 채점 척도에서 부정적인 결과가 나왔고 그림의 인상도 파괴적이며 공격적인 느낌이다. 수검자는 그림을 그릴 때 이야기를 만드는 과정이 재미있다고 하였다. 연필을 사용하여 강한 필압으로 선을 그을 때 기분이 좋고 스트레스가 풀린다고 표현하였다. 그리고 수검자는 PDI상 성 안에 살고 있다고 하였는데 이는 거주하는 곳을 파괴함으로써 수검자가 가정에서 느끼는 부정적인 정서를 억누르는 것으로 예측할 수 있다. 강하게 선을 그으며 억압된 정서를 표출한 것으로 공격적인 느낌을 준다. 종합해 보면, 수검자는 억압된 정서를 적절히 표출하지 못하였고 그림을 통해 공격적으로 표출하여 만족감을 얻은 것으로 해석할 수 있다. 수검자가 성을 나오지 못하고 화산 폭발을 이용해 파괴한 것은 수동공격성의 형태를 시사하며 이에 수검자에게 능동적인 문제해결력 향상과 부정적 정서 표출의 기회가 필요할 것으로 사료된다.

◆ 10. EBDT

그림

※ 수검자의 설명(PDI)
제목: 집에서 숙제하다가 폭발
이야기: 숙제가 너무 지긋지긋하고 짜증나서 집을 폭발시켰다. 집을 폭발하면 숙제를 안 해도 된다. 그림처럼 전부 터졌으면 좋겠다. 그림을 그리니까 스트레스가 풀린다.

해석

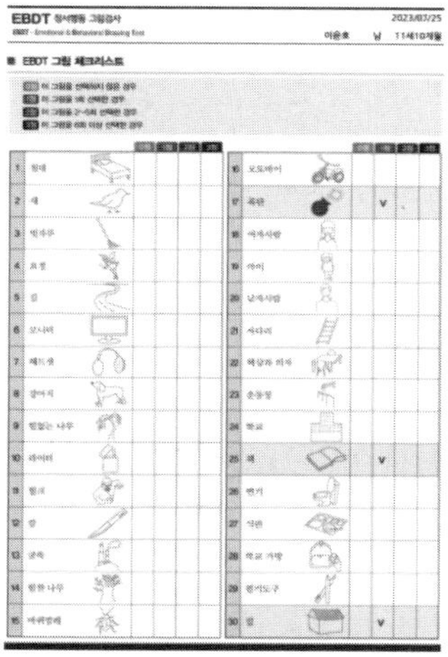

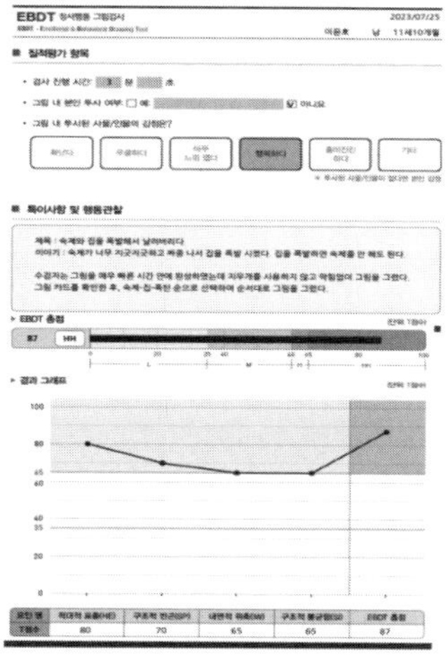

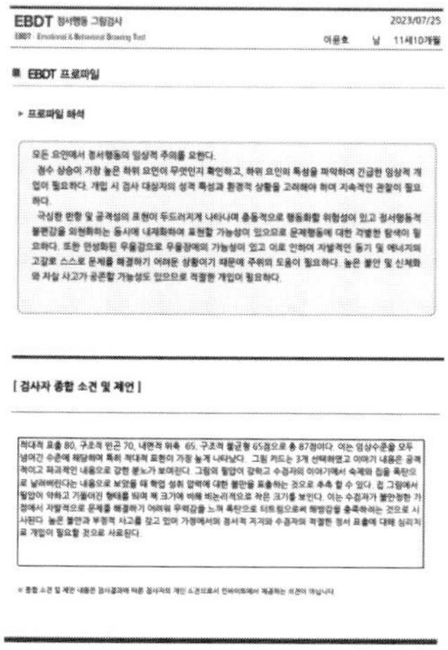

적대적 표출 80, 구조적 빈곤 70, 내면적 위축 65, 구조적 불균형 65점으로 총 87점이다. 이는 임상수준을 모두 넘어간 수준에 해당하며 특히 적대적 표현이 가장 높게 나타났다. 그림 카드는 3개 선택하였고 이야기 내용은 공격적이고 파괴적인 내용으로 강한 분노가 보여진다. 그림의 필압이 강하고 수검자의 이야기에서 숙제와 집을 폭탄으로 날려버린다는 내용으로 보았을 때 학업 성취 압력에 대한 불만을 표출하는 것으로 추측 할 수 있다. 집 그림에서 필압이 약하고 기울어진 형태를 띄며 책 크기에 비해 비논리적으로 작은 크기를 보인다. 이는 수검자가 불안정한 가정에서 자발적으로 문제를 해결하기 어려워 무력감을 느껴 폭탄으로 터트림으로써 해방감을 충족하려는 것으로 시사된다. 높은 불안과 부정적 사고를 갖고 있어 가정에서의 정서적 지지와 수검자의 적절한 정서표출에 대해 심리치료 개입이 필요할 것으로 사료된다.

◆ 11. SDT

그림

예언화

관찰화

해석

수검자의 예언화는 계열 3점, 수평 1점, 수직 2점이며, 관찰화는 수평 4점, 수직 1점, 깊이 0점이다. 예언화를 보면 컵 속의 음료수가 점차 줄어들지만 3, 4, 5번째 컵 속에 남아 있는 음료의 양이 비슷하며 지우개 사용 흔적이 있다. 두 번째 예언화는 기울어진 병 속의 물이 병의 윗면과 평행하게 나타났다. 세 번째 예언화에서 언덕의 집은 기울어져 거꾸로 표현하여 낮은 점수를 받았다. 관찰화에서 그림의 크기가 비슷하고 원근감이 표현되지 않은 점을 보아 전체적으로 예언화와 관찰화에서 인지적 저하를 유추할 수 있다.

◆ 검사 결과에 따른 종합적 해석

통합적인 진단적 인상과 치료적 제언	
성향/강점	수검자는 안정과 인정에 대한 욕구와 충동적인 성향으로 보인다. 타인의 평가에 민감하게 반응하나 소통에 어려움이 있어 타인과 상호작용을 통해 에너지를 얻지 못하며 외부로부터 자신을 방어하려는 성향을 지니고 있다.
현재 상태	수검자의 현재 상태는 대인관계 및 문제해결력에 대한 자신감이 결여된 상태로 자신의 부적절함을 공격적으로 표출하려는 행동을 보이고 있다. 타인과의 관계 욕구는 높으나 긍정적인 또래관계 형성이 어렵고 부정적 피드백에 대한 방어와 경계심을 지니고 있다.
인지	검사 지시는 이해하였으나 전체적으로 얼굴 형태를 재현하지 못하거나 그림 요소를 적절히 배치하지 못한 점, SDT 검사에서 낮은 점수가 나온 점, 또한 구조적 결함과 비논리적인 내용이 많은 것으로 보아 인지 부분에서 동나이대보다 미숙한 것으로 해석된다.
정서	수검자의 주된 정서는 위축, 불안, 충동, 공격이다. 부모의 관심 부족과 학업 성취의 부진으로 인해 자신감이 많이 결여되어 있으며, 이는 현재 상황에 내적 에너지의 발현을 어렵게 하는 정서적 요인으로 작용할 수 있다. 수검자는 기대에 못 미치는 학업 수준과 또래관계에서 적절치 못한 소통으로 인해 부정적 피드백을 많이 듣게 되어 자기 확신이 결여되어 위축, 불안의 정서를 지니고 있다. 또한 부모의 잦은 싸움으로 신경이 예민해져 있어 사소한 자극에도 과민하게 반응할 수 있다. 더불어 스트레스 상황에 매우 취약한 편으로 심한 기분의 기복을 보일 수 있고, 감정을 적절하게 조절하고 통제하는 데 어려움을 보이면서 쉽게 짜증을 내거나 화를 내는 등 신경질적인 태도를 보일 가능성이 있어 보인다.
대인관계	관계에 대한 욕구는 높으나 부모와의 관계에서 긍정적인 경험의 부족으로 대인관계에서 이를 적용하여 원만한 또래 관계를 유지하기 어려울 것으로 보인다. 문제해결력의 미숙으로 갈등 회피 및 공격적인 행동으로 인해 또래관계에서 꾸준히 부정적 피드백을 들었을 것으로 보이며 이는 수검자의 대인관계 형성에 영향이 있었을 것으로 해석된다.
종합적 해석/치료적 제언	수검자의 심층적인 내면 파악을 통해 문제 해결에 대한 접근을 하기 위해 검사를 시행하였다. 검사 결과, 수검자의 높은 불안과 인정에 대한 욕구는 어린 시절 양육자와의 안정 애착 경험의 부족에 기인한 것으로 보인다. 양육자와의 상호적인 감정 교류가 부족하기에 수검자는 타인의 부정적 신호를 감지할 경우, 예민하게 반응하여 공격적인 언행을 보인다. 또한 타인에게 의존적이고 관계에서 항상 위기와 불안을 느끼기에 확인과 인정 욕구가 높은 것으로 사료된다. 수검자는 학교와 가정에서 받는 스트레스에 대해 적당히 방어하고 대처할 수 있는 자원이 부족하다. 높은 스트레스는 문제해결에 대한 적극성과 에너지가 결여되어 미숙한 행동 양식을 보이는 특징과 일치한다. 그림 전체적으로 필압은 강하나 지저분한 선의 질은 수검자의 산만하고 충동적인 특징과 일치한다. 수검자는 주의력결핍 과잉행동장애의 산만하고 충동적인 특성에 더불어 보호자와 안정적인 애착을 형성하지 못하였을 가능성이 높다. 또한 그림에 나타나는 비논리성과 적절하지 못한 색채는 인지적 결함을 보이는 특징과 일치한다. 이에 수검자는 주의집중의 어려움 때문에 학습능력을 발현하기 어려워 인지적 문제 소견도 함께 관찰된다. 현재 심리적 에너지의 결여, 부정적 성향이 나타나고 있으므로 수검자의 내적 에너지 회복과 안정적인 정서 표출 및 자신감을 향상할 수 있는 심리적 개입이 필요하다고 판단된다. 종합해 보면, 수검자는 인지 수준과 현실 검증력이 미숙하며 자신의 심리적 어려움을 스스로 해결하기 어렵다. 그림 심리검사에서 주의력결핍 과잉행동장애의 경향과 인지적 결함을 시사하기에 주의 집중력 향상을 위시한 사회적 대처능력과 적응적 의사 표현 기술, 자기효능감, 욕구좌절 인내력을 증진하는 미술 심리치료를 권고한다.

32

미술심리평가보고서 사례 B

<table>
<tr><th colspan="4">종합 미술심리평가보고서</th></tr>
<tr><td>일시</td><td>20○○, ○○. ○○.</td><td>이름/학번</td><td>정○○ (가명)</td></tr>
<tr><td>나이</td><td>만 27세</td><td>학력</td><td>대졸</td></tr>
<tr><td>직업</td><td>주부</td><td>혼인상태</td><td>기혼</td></tr>
<tr><td>가계도</td><td colspan="3">아버지(38, 교통사고 사망), 어머니(54) – 2004년도 사별
여동생(23. 미혼)
남편(29), 수검자(27), 아들(6)
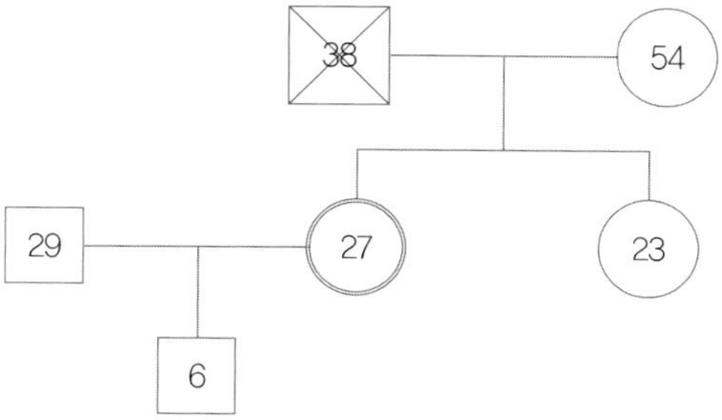
</td></tr>
<tr><td>실시한 검사</td><td colspan="3">HTP, BND, DDS, BATA, BD, RD, PPAT, PITR, DAS, EBDT</td></tr>
<tr><td>검사 사유 및 주호소</td><td colspan="3">얼마 전 수검자는 자살 충동으로 집 베란다 난간에 오르려다 아들이 이를 목격하여 울게 된 사건이 있었음. 이 사건의 충격으로 수검자의 아들이 심리치료를 받기 시작하였으며, 부모상담을 통해 수검자의 상태에 대하여 검토가 필요함을 알게 됨. 심리치료사의 권유로 수검자의 정서, 성격, 애착, 갈등, 가족 및 사회적 관계, 심리 문제, 현재 내면 상태, 감정, 가치관 등 그림검사를 통해 수검자에 대한 전반적인 탐색과 이해가 필요하여 실시하게 됨</td></tr>
<tr><td>행동 관찰</td><td colspan="3">검사 당시 수검자는 거의 무표정하고 무기력한 모습을 보였지만 아들에 대한 강한 모성애가 관찰되었음. 검사 지시에 주저하거나 고민하며 검사에 임하는 모습이었으나 잘 모르는 부분에 대하여 질문하지 못하고 망설이는 태도를 보임. 검사자가 수검자의 태도에 반응하여 수검자의 궁금함에 대해 대답해 주자 약간의 미소만 지은 후 이어 수행을 완료함. 또한 그림 완성 후 PDI에서 짧게 답하며 대부분 피상적인 대답으로 일관하는 태도가 관찰됨</td></tr>
</table>

◆ 1. HTP

그림	
	※ 수검자의 설명(PDI) 도심 가까이에 있다. 집이 몇 채 없는 곳에 있고 제일 구석에 있다. 집에는 어떤 사람 혼자 살고 있으며 외로움을 잘 타지만 집 밖에 잘 나오지 않는 사람이라 본 사람이 별로 없다. 집에 필요한 것은 음식이랑 물 같은 먹을 것이 필요할 것 같고 시간이 흐른 뒤에는 살던 사람은 떠나고 집은 그대로 남아 있을 것 같다.
	※ 수검자의 설명(PDI) 분재 같은 나무이며 나이는 30살 정도로 예쁜 분재로 자라고 싶었지만 잘 만들어지지 않았다. 언덕 위에 이 나무만 있고 곧 추워질 거라서 따뜻하게 덮어 줄 수 있는 것이 필요하다. 잘 자랄 수 있는 양분도 주면 좋을 것 같다. 이 나무의 소원은 행복한 집 마당에 다시 심어져서 그 집을 지켜 주는 멋진 나무가 되는 것이다. 혼자 있어 외롭지만 작은 버섯이 뿌리에서 자라고 있어 위안이 된다. 하지만 독버섯일까 걱정되기도 한다. 나무가 많이 휘어 있어서 딱히 만들 수 있는 것은 없고 한 20년 정도는 계속 그 자리에 있을 것 같다.
	※ 수검자의 설명(PDI) 20대 초반의 여자로 조용하고 소심한 성격이다. 장점은 꼼꼼한 것이고 단점은 친구가 없어서 외로움을 많이 타는 것이다. 기분은 그냥 그런 기분이다. 대학을 졸업하고 새로운 직장에 다니고 있는데 출근할 때마다 쉬고 싶다는 생각을 하게 된다. 친한 친구가 생기면 행복할 것 같고 온 가족이 함께 여행을 가는 것이 소원이다. 하지만 회사에 다녀야 하고 가족들도 너무 바빠서 함께 여행 가는 것은 쉽지 않아 보인다.

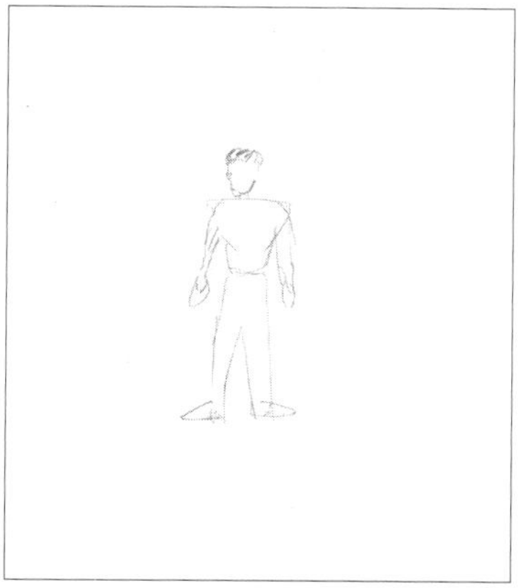

※ 수검자의 설명(PDI)

40대쯤 된 남자로 유쾌하지만 과묵하기도 한 성격이다. 휴일이라 가족과 함께 놀러 가려고 했는데 갑자기 할 일이 생겨서 짜증이 난 상태이다. 이 사람이 제일 잘하는 것은 돈 버는 일이고 제일 못하는 것은 가족과의 소통이다. 지금 이 사람에게 필요한 것은 시간이며 매일 바빠서 시간이 별로 없다. 앞으로도 그럴 것 같으며 어쩌면 영원히 그럴 수도 있을 거 같다.

해석

전체적으로 집, 나무, 사람 모두 필압이 낮은 짧은 선으로 흐릿하게 표현되어 있다. 딱딱하고 부자연스러운 인상을 주며 적당한 크기와 공간을 사용하였으며 종이 중앙에 정확히 그리고 싶어 하는 행동이 관찰되었다. 담장과 문의 세부 묘사와 정중앙에 그리려는 모습에서 강박적 성향에 대한 요소가 있으며, 사람의 표정을 모두 생략하고 있어 감정 표현과 정서적인 면에서 어려움이 느껴진다. 집은 문을 먼저 그린 후 담장, 지붕, 벽, 창문, 담장의 벽돌 순서로 그렸다. 단단해 보이는 벽돌로 묘사한 담장과 견고해 보이는 대문은 굳게 닫혀 있다. 창문은 문보다 높은 곳에 그려져 있어 사회접촉과 상호작용 및 교류에 있어 방어적이고 폐쇄적이면서 경직되어 있음을 시사하며 일차원적이고 뾰족한 지붕은 제한된 사고와 불안한 신경증을 시사하고 있다. 나무는 줄기 중간부터 그리기 시작하여 뿌리 부분을 그린 후 줄기 중간의 가지, 수관 다음으로 옹이 무늬를 그렸으며 마지막으로 뿌리 부분에 작은 버섯 모양을 그려 표현하였다. 분재 모양의 나무로 그렸으며 나무의 크기에 비해 수관이 가늘게 표현되어 정서적인 면에서 빈약함이 느껴진다. 휘어진 줄기와 옹이 무늬는 수검자의 성장 과정이 평범하지 않았을 것으로 여겨지며, 줄기 중간에 뻗어 나온 가지는 주변 사람들에게 의존하고자 하는 욕구가 반영된 것으로 보인다. 마지막으로 그린 뿌리 쪽의 버섯은 매우 작게 표현되었다. 버섯은 영향력 있는 주변 인물을 상징하는 의미가 있으나 독버섯 일 경우는 건강하지 못한 감정이나 열등감을 상징하기도 한다. 수검자는 버섯에 대해 좋은 느낌이지만 독버섯일까 걱정하는 이야기를 하였으며 이것으로 미루어볼 때 주변에 대한 의심과 경계심이 있어 보인다.

여자를 먼저 그렸으며 머리카락, 얼굴, 목, 몸통, 팔, 골반, 다리 순으로 그렸다. 필압은 약하며 끊어진 선으로 표현되었고, 얼굴에 표정이 없다. 전체적으로 에너지가 낮고 사회 및 대인관계 접촉의 시도가 없어 외로운 느낌을 준다. 상체에 비해 다소 약해 보이는 하체로 불안정해 보이는 것은 안정에 대한 욕구가 반영된 것으로 여겨진다. 남자 그림을 여자 그림보다 더 어려워하였으며 머리, 몸통, 목, 팔, 다리, 손, 발의 순서로 그렸다. 남자의 표정도 생략하여 감정이나 정서적 상태를 명확히 알 수 없어 보고 다리와 발이 표현에 있어 안정감이 보이나 충분하진 않다.

HTP 검사에서 수검자는 4개의 그림에서 낮은 에너지 수준과 정확한 중앙, 일률적인 세부 묘사 볼 때 강박적 성향이 시사되며 사회 및 대인관계의 접촉을 회피하고 시도하지 않으려는 태도가 반영된 것으로 보인다. 전체적인 것을 종합해 볼 때 세상에 대한 불신감과 세상을 향한 두려움으로 내면의 세계에서 안정감을 찾고 싶은 수검자의 욕구가 표현되었다. 정서적으로 냉랭하고 건조하며 높은 우울감을 나타낼 수 있으며 어린 시절 성장 과정 속에 외상 경험이 있을 수 있다. 불안정감과 불안에 대한 요소들이 나무나 사람 표현에서 나타나며 이는 보호받고 싶은 의존적 욕구가 있음을 시사하기도 한다.

◆ 2. BND

그림

※ 수검자의 설명(PDI)

둥지 속에 아기 새 두 마리가 어미 새를 기다리는데 시간이 한참 지나도 오지 않고 점점 무서운 밤이 되는 중이다. 둥지 속은 차갑고 따가우며 아기 새들은 춥고 불편하다. 언제 죽을지 모르겠다.

해석

둥지에 아기 새 두 마리가 있다. 태어난 지 얼마 되지 않은 아기 새는 살아 있는 새인지 죽은 새인지 구분하기 어려울 만큼 공허해 보인다. 그림에서 표현된 둥지 주변의 환경에 대한 묘사나 부모 새들과의 교류 및 양육과 관련한 표현의 부재는 수검자가 경험한 방임적 성장 배경과도 관련될 수 있다. 3가지 색이 사용되었으며, 둥지는 가지나 바닥에 안착하여 있지 않고 허공에 있는 듯 표현하였다. 둥지를 표현한 보속성, 짙은 선의 질은 수검자의 강박적인 특성이 반영된 표현으로 볼 수 있으며 뾰족하고 붉은 선은 아기 새가 더욱 괴로워 보이도록 하는 요소이다. 수검자의 그림은 보호자와 안정적인 애착을 형성했다고 보기 어려우며, 아기 새에게서 느껴지는 답답함과 무기력함은 수검자의 우울하고 억압된 감정을 반영했을 가능성이 크다.

◆ 3. DDS

그림

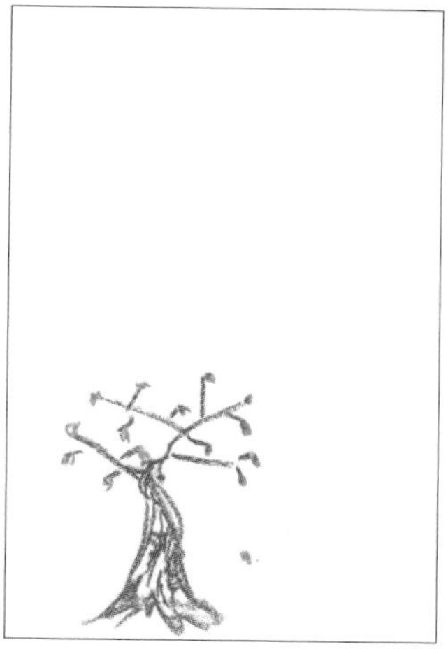

해석

자유화는 2가지 색으로 좌측 하단의 공간에 원과 선을 사용하여 검은색이 노란색을 둘러싼 듯 표현하였다. 나무 그림도 2가지 색으로 좌측 하단에 그려졌으며 줄기에 비해 매우 빈약한 가지와 부족한 잎으로 표현하였다. 감정 그림은 3가지의 색을 사용하여 면으로 표현하였다. 전반적으로 약한 느낌이며 적은 수의 색을 사용하여 단조롭고, 완성되지 않아 보여 미숙한 인상을 주는 그림이 그려졌다. 종이의 공간 활용이 낮지만 감정 그림에서 전체의 공간을 색으로 칠하여 갈수록 낮은 에너지에서 힘이 나는 느낌을 보여 준다. 자유화에서 깨어나지 않은 알로 표현하였고 어두운색으로 감싸여 있어 건강하지 못하고 답답한 인상을 준다. 나무 그림은 크기가 작고 건강해 보이지 않아 돌봄이 필요해 보이는 인상을 준다. 감정 그림은 색으로만 표현되어 있어 자신의 감정 표현에 있어 직접적인 언어적 표현보다 수동적이며 은유적인 감정 표현으로 인하여 만족스럽지 못한 정서를 경험할 수 있을 것으로 보인다. 따라서 수검자는 현재 자존감과 자아감도 수준이 저하되어 있을 수 있으며 자신의 욕구나 감정 표현이 어려워 정서적으로 우울할 수 있음을 시사한다.

◆ 4. BATA

그림	
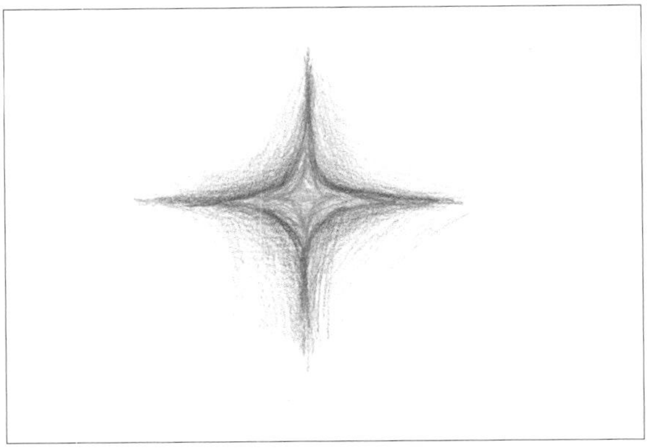	※ 수검자의 설명(PDI) 이 세상에 신은 없지만 있다고 믿어 보고 싶은 마음도 있어서 빛으로 표현해 보았다. 그려 보니 빛 같은 느낌보다는 뾰족한 것에 찔린 상처같이 보이기도 하다. 지금까지 신에 대한 느낌을 받아 본 적이 없지만 있다면 느껴 보고 싶다.
	※ 수검자의 설명(PDI) 악마다. 이 악마는 아름답게 보이기도 하지만 언젠가는 분명히 나에게 다가와 숨 막히게 할 것 같다.

해석
신은 빛 모양으로 악마는 박쥐 형태의 사람 모양으로 표현하였다. 그림과 내용을 종합적으로 볼 때 신에 대하여 약하고 무기력한 자신의 내면을 의지하고자 하는 의존적 욕구를 보이지만 의심하고 경계하며 양가적인 모습을 나타내고 있다. 악마에 대해서는 자신을 숨 막히게 할 것이라는 두려움을 표현하였으며 이는 수검자가 세상에 대해 인식할 때 부정적이고 위험한 면을 부각하여 받아들이고 있어 세상을 향한 두렵고 힘든 정서가 반영한 것으로 시사된다.

◆ 5. BD

그림

※ 수검자의 설명(PDI)

흔들다리를 건너고 있는 나. 흔들다리 밑에는 깊고 세찬 강물이 흐르고 있다. 흔들리는 다리가 무섭다. 내가 과연 건널 수 있을까…….

해석

인물의 진행 방향은 아래에서 위로 가는 진행 방향으로 일반적인 진행 방향이다. 다리는 흔들다리로 튼튼한 다리가 아닌 약하고 위험한 다리를 표현하였다. 다리 밑으로 깊고 세찬 강물이 흐르고 있는 그림과 내용을 보면 위험 요소나 두려움을 무의식 속에 억압하고 있는 것으로 여겨진다. 종이를 가로 방향을 사용하였고 필압이 약하며 선의 획은 불안정해 보이지만 전체적으로 일관성 있고 조화롭게 이루어져 있다. 인물상은 뒷모습으로 그려지고 그림 전체의 크기에 비해 작게 표현되어 약한 자아 강도와 낮은 자신감과 관련 있는 것으로 보인다. 이는 수검자가 과거의 고통에서 벗어나고 싶은 마음과 새로운 세상에 대한 두려움도 함께 가지고 있는 양가적 감정이 반영된 것으로 보인다.

◆ 6. RD

그림

※ 수검자의 설명(PDI)

왼쪽에는 들판이 있고 오른쪽으로는 바다가 보이는 낭떠러지 길을 걷는 중이다. 나의 지나온 삶은 나는 피곤하고 힘들었다. 앞으로 적당하고 무난하게 살아가길 희망하지만 쉽지 않을 것이라는 생각이 든다. 그리고 오른쪽 낭떠러지로 떨어질까 봐 무섭기도 하다.

해석

수검자의 길 그림은 종이를 가로로 2/3 이상 사용하여 4가지 색으로 그렸다.

멀리서 바라보는 시선으로 그려진 그림 속의 길은 좁고 긴 길로 걸어가기에 쉬워 보이지는 않다. 한쪽은 낭떠러지로 표현하였고, 다른 한쪽은 들판으로 표현되어 위태로움과 편안함이 동시에 느껴지며 이는 자신의 상황에 대한 감정 상태가 양가적일 수 있음을 시사한다. 또한 흐린 색으로 표현하여 에너지 수준이 낮을 수 있고 걸어가는 방향이 아래에서 위로 향하여 일반적이라 할 수 있으나 심하게 굴곡진 길을 가고 있어 불안하고 불안정한 느낌을 준다.

형식적 요소와 내용적 요소를 고려해 볼 때, 수검자의 성장과정에서의 어려움과 양가적인 현재의 감정 상태 및 불안정하고 불안한 정서 상태가 반영되어진 것이다.

◆ 7. PPAT

그림

※ 수검자의 설명(PDI)

어떤 작은 소녀가 사과나무 앞에서 떨어져 있는 사과를 보고 있다. 그 소녀는 사과를 주울까 말까 망설이고 있다. 사과가 상하거나 벌레가 있을까 봐 겁도 난다. 누군가 나 대신 저 사과를 주워 주면 좋겠는데 아무도 없다. 이 소녀에게 가장 필요한 것이 무엇인지 잘 모르겠다.

해석

이 그림의 형식요소 평가 점수는 채색 3점, 색 적절성 3점, 함축된 에너지 1점, 공간 1점, 통합성 1점, 논리성 5점, 사실성 3점, 문제해결력 1점, 발달단계 3점, 세부 묘사 및 환경 묘사 2점, 선의 질 2점, 사람 2점, 회전 5점, 보속 5점으로 함축된 에너지, 공간, 통합성, 문제해결력에서 특히 낮은 점수가 나타났다. 한 소녀가 사과나무 아래에 떨어져 있는 사과를 줍지 못하고 쳐다보며 사과가 상했거나 벌레가 나올까 봐 망설이고 있는 상황으로 누군가 대신 주워 주길 바라는 내용으로 표현되었다. 형식요소 평가에서 낮은 점수로 나타난 요소와 내용요소를 미루어 볼 때 전반적으로 그림 속 인물은 아주 쉬운 문제도 해결하지 못하고 무기력하고 에너지가 낮으며 누군가에게 의존하고 싶은 욕구가 높아 보인다. 이러한 것은 수검자의 우울, 불안, 무기력함 등 부정적 정서와 사고가 반영된 것이라 볼 수 있다. 또한 떨어진 사과에 대한 걱정은 자신이 성취하고자 하는 것에 대한 갈등이나 어려움을 시사하는 것으로 여겨진다.

◆ 8. PITR

그림

※ 수검자의 설명(PDI)

저녁 무렵 비가 오는 길을 걷고 있다. 축축한 느낌이 들어 기분이 좋지 않고 점점 어두워지고 있어서 빨리 가고 싶지만 걷기가 쉽지 않다. 소나기 같은 비는 아니지만, 내일 아침까지 그치지 않을 것 같고 버스는 이미 떠나 버렸다.

해석

종이를 세로 방향으로 사용하였으며 우산 없이 비옷을 입고 서 있는 사람을 표현했다. 인물의 성별이 구분되지 않고 크게 그려진 구름과 웅덩이가 그려졌다. 그림에서 나타나는 요소들을 살펴보면 스트레스 점수는 12점, 자원능력 점수는 −1이며 대처능력 점수는 −1로 나타났다. 전체적으로 필압이 낮고 끊어지는 선으로 그렸으며 그림의 내용은 어두워지는 시간, 그치지 않는 비, 떠나가 버스, 걷기가 쉽지 않은 신체로 나타나 에너지 수준이 낮고 무기력한 모습이다. 얼굴의 묘사가 모두 생략되어 있어 스트레스 상황에 대해 감정 표현의 어려움이 있어 보인다. 따라서 수검자는 스트레스 상황에 대한 대처능력이 부족하여 심리적인 고통이 발생할 가능성이 있으며 무기력과 우울감으로 인한 신체 증상이 나타날 수 있음을 시사한다.

◆ 9. DAS

그림

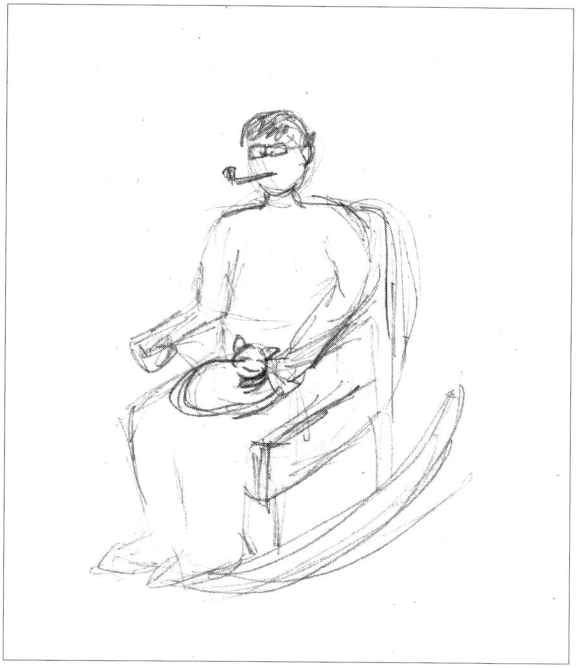

※ 수검자의 설명(PDI)

제목: 꿈

이야기: 한낮에 잠이 들어 꿈을 꾸고 있다. 꿈속에서 다신 볼 수 없는 아버지가 흔들의자에 앉아 있고 나는 고양이가 되어 아버지의 무릎 위에서 손을 꼭 감싸 안고 있다. 아버지의 무릎 위가 너무 편안하고 따뜻하다. 꿈에서 깨고 싶지 않지만 깨어날 시간이 곧 다가온다. 슬프다…….

해석

꿈속에서 죽은 아버지를 만났다가 꿈에서 깨면 다시 이별하는 내용으로 그리움과 슬픔을 나타낸 부정적인 정서 내용으로 정서 내용 척도 점수는 1점이며, 자기상 척도는 부정적 결과를 가진 분명하지 않거나 애매한 자아상으로 2.5점, 유머 사용 척도는 사라질 예정이지만 말이나 이미지에 고통이나 두려움을 표현하지 않아 1.5점으로 평가하였다. 그림 속에 분위기는 편안하지만, 꿈속을 표현하여 자신의 현실에서 이루어지지 못하는 절망감과 아쉬움이 반영되었다. 그림의 이야기와 함께 종합적으로 볼 때, 교통사고로 갑자기 떠난 아버지의 부재와 관련하여 정서적으로 해결되지 못한 감정이 있을 수 있으며 전반적으로 죄책감과 우울감이 있는 것을 시사한다.

◆ 10. EBDT

그림	
	※ 수검자의 설명(PDI) 제목: 떠나가는 새 이야기: 겨울이 와서 따뜻한 곳으로 떠나려고 하는 새이다. 점점 저곳에는 아무도 살지 못할 정도로 추운 겨울이 올 것이다.

해석

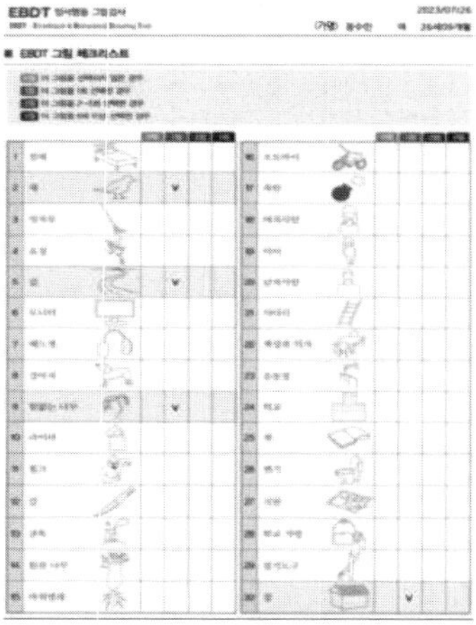

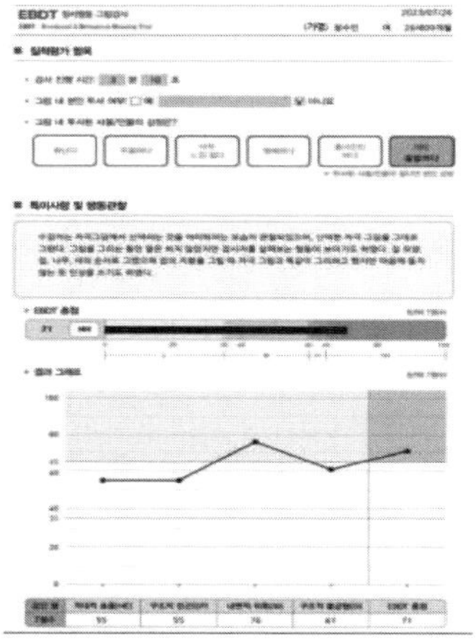

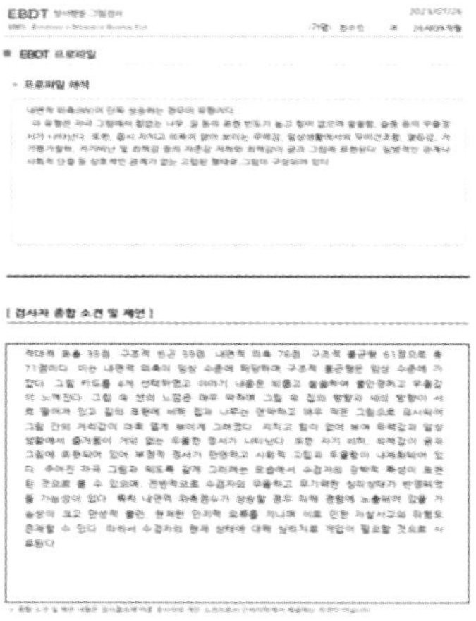

적대적 표출 55점, 구조적 빈곤 55점, 내면적 위축 76점, 구조적 불균형 61점으로 총 71점이다. 이는 내면적 위축이 임상 수준에 해당하며 구조적 불균형은 임상 수준에 가깝다. 그림 카드를 4개 선택하였고 이야기 내용은 외롭고 쓸쓸하여 불안정하고 우울감이 느껴진다. 그림 속 선의 느낌은 매우 약하며 그림 속 집의 방향과 새의 방향이 서로 떨어져 있고 길의 표현에 비해 집과 나무는 연약하고 매우 작은 그림으로 묘사되어 그림 간의 거리감이 더욱 멀게 보이게 그려졌다. 지치고 힘이 없어 보여 무력감과 일상생활에서 즐거움이 거의 없는 우울한 정서가 나타난다. 또한 자기 비하, 죄책감이 글과 그림에 표현되어 있어 부정적 정서가 만연하고 사회적 고립과 우울함이 내재화되어 있다. 주어진 자극그림과 되도록 같게 그리려는 모습에서 수검자의 강박적 특성이 표현된 것으로 볼 수 있으며, 전반적으로 수검자의 우울하고 무기력한 심리상태가 반영되었을 가능성이 있다. 특히 내면적 위축 점수가 상승하면 피해 경험에 노출되어 있을 가능성이 크고 만성적 불안, 현저한 인지적 오류를 지니며 이로 인한 자살 사고의 위험도 존재할 수 있다. 따라서 수검자의 현재 상태에 대해 심리치료 개입이 필요할 것으로 사료된다.

◆ 검사 결과에 따른 종합적 해석

통합적인 진단적 인상과 치료적 제언	
성향/강점	수검자는 사회적, 대인관계에 있어 회피적이며 의존적 욕구가 높은 성향으로 보인다. 자기 자신에 대하여 무능력하고 무기력하게 느끼며 세상에 대한 불신감이 만연하여 부정정서가 생활 전반에 걸쳐 형성되어 있을 가능성이 있다. 하지만 자신의 성장에 대한 욕구가 있어 치료 예후를 기대해 볼 수 있는 가능성을 지니고 있다.
현재 상태	수검자의 현재 상태는 어린 시절 부의 교통사고 목격과 이별, 그리고 모의 방임적 양육 태도로 인하여 불안감이 일반화되어 있으며 이로 인한 우울 및 강박 증상이 심각한 수준에 이르러 있어 자살 사고와 행동으로 이어진 사건이 발생하였다. 이러한 수검자의 상태로 인하여 자녀 양육에도 현저한 어려움을 느끼고 있으며, 문제해결 능력도 저하되어 있는 상태이다. 또한 현재 주말부부 상황으로 부부관계에서 필요한 정서적 지지체제 역시 미약한 수준이라 할 수 있다.
인지	검사 지시에 대한 이해력은 높으나 낮은 에너지 수준과 무기력함, 우울증으로 인하여 전체적으로 필압이 낮고 그림에 나타나는 요소들이 적으며, 특히 얼굴이나 표정 등 사람에 대해 구체적으로 재현하지 못하고 있다. 그림검사 전반에 걸쳐 의존에 대한 욕구가 반영되어 있고 혼자서는 무력한 자신을 시사하며 정서적 어려움으로 인하여 인지적 능력을 온전히 발휘하지 못하고 있다.
정서	수검자의 주된 정서는 회피, 위축, 불안, 우울, 강박이다. 어린 시절 외상 사건으로 인하여 대인관계 및 사회적인 면에서 회피하고 있으며 불안하고 의존적인 모습을 보이고 있다. 자존감도 낮아 자신을 무력한 존재로 내재화하고 있을 가능성이 크다. 이로 인하여 부정 정서가 만연하고 우울감이 증가하여 지속되고 있는 상태로 현재 상황에 대하여 긍정적인 수용이 어려울 수 있으며 내적으로 지닌 에너지의 발휘에 대한 어려움이 정서적 요인으로 작용할 수 있다.
대인관계	대인관계에 관한 관심은 있으나 부모를 통해 입은 외상 사건을 극복하지 못하여 외부 세계를 바라보는 시점이 부정적이며, 신뢰감이 빠진 상태이다. 애착에 대한 손상도 시사되어 자녀와의 관계에서도 애착 형성이 어려웠을 가능성이 있다. 이러한 외상 사건에 대한 경험과 안정 애착을 형성하기 어려웠던 수검자의 성장과정은 상호작용에 있어 불안을 일으키는 계기가 되었을 것이라 여겨진다. 부모와의 상호작용 부재로 인하여 대인관계 형성에 필요한 구체적인 사회기술 습득에 어려움도 동반되었을 것이며 이는 수검자의 대인관계 형성에 영향이 있었을 것으로 해석할 수 있다.
종합적 해석/치료적 제언	여러 가지 그림검사를 활용하여 수검자의 내면을 심층적으로 파악해 보고자 하였다. 그림 검사들은 수검자가 현재 가지고 있는 주호소와 문제해결에 대한 효과적인 접근을 하기 위함이다. 그림검사 결과 수검자의 회피, 위축, 우울, 자살 사고 등 생활 전반에서 보이는 정서적 문제는 어린 시절 양육자로부터 경험한 외상 사건과 안정 애착 경험의 부족으로 기인한 것이라 할 수 있다. 모든 그림의 전반에 걸쳐 낮은 필압, 희망적이지 않은 내용, 떠나감에 대한 요소가 나타나며 고립감과 외로움 등의 부정 정서가 자리 잡고 있다. 또한 그림 속에서도 자신에 대해 나약하고 미약한 존재로 인식하고 있으며 의존적 성향과 더불어 불안, 우울, 강박 등의 증상이 신체화로 나타날 가능성도 배제할 수 없다. 이 수검자를 위한 미술치료는 우선 치료사와의 상호작용을 통해 안전함과 안정감을 재경험하는 것이 중요하며 고통스러웠던 외상 경험에 대한 정화를 위하여 외부 수용 감각인 오감을 통해 자극을 감지하고 안전감을 확보할 수 있는 감각적 매체를 사용하는 것을 추천한다. 이러한 감각적 매체는 몸의 감각을 활성화시켜 신체 내부의 감각을 인식하고 표현하여 고통을 감소시킬 수 있고, 감각적 매체를 활용한 정서중심치료를 한다면 수검자가 경험하고 있는 우울 증상에도 도움을 줄 수 있다. 수검자 자신의 신체, 환경, 생각, 감정이 표현된 작품을 통해 정서상태를 인식하는 경험을 할 수 있다. 이러한 미술치료는 상실감과 고통스러운 정서를 표현하고 수용되는 재경험을 하며 힘들었던 과거의 기억과 정서에 대한 정화 과정을 거쳐 새로운 의미를 부여해 줄 수 있는 적합한 치료적 개입이 될 수 있다.

부록

부록 1: 정신질환의 진단 및 통계 편람(DSM)에 따른 진단적 기준 변화

부록 2: HTP, KHTP 채점지표 및 검사 보고서

부록 1: 정신질환의 진단 및 통계 편람(DSM)에 따른 진단적 기준 변화

1) 정신질환의 진단 및 통계 편람(DSM)에서 신경발달장애의 진단적 기준 변화

DSM-IV	DSM-5	DSM-5-TR
• DSM-IV에서 정신지체라는 용어로 사용됨	• 정신지체 용어 대신 지적장애로 용어가 변경됨	• 신경발달장애의 자살 사고 혹은 행동과의 연관성과 관련된 진단적 쟁점이 추가됨
• 음성학적 장애, 말 더듬기 장애로 구분됨	• DSM-5에서 의사소통장애로 새롭게 명명됨. 하위 장애로는 언어장애, 말소리장애, 아동기 발병 유창성장애, 사회적 의사소통장애가 포함됨	
• 읽기장애, 산술장애, 쓰기장애, 달리 분류되지 않는 학습장애로 구분됨	• DSM-5에서 특정 학습장애로 새롭게 명명됨. 기존의 읽기장애, 산술장애, 쓰기장애, 달리 분류되지 않는 학습장애를 결합함	
• 자폐증, 아스퍼거 장애, 소아기 붕괴성 장애, 레트 장애, 달리 분류되지 않는 광범위성 발달장애로 구분됨	• DSM-5에서 광범위성 발달장애를 아우르는 자폐스펙트럼장애로 명명되었으며 하위 장애로는 자폐증, 아스퍼거, 소아기 붕괴성 장애, 레트 장애, 달리 분류되지 않는 광범위성 발달장애를 포함함	
	• 주의력결핍 과잉행동장애의 경우 진단기준이 일부 수정되었으며 발병 시기에서 연령에 대한 기술로 변경, 자폐스펙트럼장애와의 동반이환 진단이 인정됨	
	• DSM-5에서 운동장애가 포함되었으며, 하위 장애로는 발달장애, 상동증적 운동장애, 투렛장애, 지속성 운동 또는 음성 틱장애, 잠정적 틱장애, 달리 명시된 또는 명시되지 않는 틱장애가 있음	

2) 정신질환의 진단 및 통계 편람(DSM)에서 조현병 스펙트럼 및 기타 정신병적 장애의 진단적 기준 변화

DSM-IV	DSM-5	DSM-5-TR
• 조현병의 하위 유형은 진단의 안정성과 낮은 신뢰도 및 타당성의 이유 등으로 삭제됨	• 조현병 진단기준 A에서 2가지 변화가 있었음 ① 슈나이더 1급 환청(예: 둘 또는 그 이상의 목소리 담화)과 괴이한 망상의 특별한 귀속성을 삭제함으로써 진단기준 A에 2가지만 해당되면 조현병 진단이 가능함 ② 진단기준 A 증상 중 최소 한 가지의 망상, 환청 또는 와해된 언어여야 한다는 조건이 추가됨	• 망상의 정신병적 증상을 평가할 때 전통적 신념이 다른 문화 집단들 사이에서 다양하므로 개인의 문화적 · 종교적 배경이 고려되어야 함 • 단기 정신병적 장애의 문화와 관련된 진단적 쟁점이 추가됨. 환청이나 환각, 믿음 등이 문화적으로 인정되는 경우와 구분되어야 함 • 조현병 증상의 형태와 내용은 문화와 성 및 젠더에 따라 다를 수 있으므로 이러한 요소들이 고려되어야 함. • 조현정동장애의 문화와 관련된 진단적 쟁점이 추가됨. 임상적 편견의 영향을 줄이기 위해 문화 및 사회경제적 요소들이 고려되어야 하며, 정신병적 증상과 기분 증상 모두를 포함하는 종합적 평가가 이루어져야 함
• 조현병의 핵심증상을 위한 심각도 평가에 대한 차원적 접근이 없었음	• 조현병의 핵심증상을 위한 심각도 평가에 대한 차원적 접근이, 정신병적 장애에서 나타나는 증상 유형과 심각도에서의 이질성을 포착하기 위하여 DSM-5 III 편에 포함됨	
• 조현정동장애를 횡단적 진단으로 개념화 함	• 조현정동장애가 종단적 진단으로 재개념화하고, 주요 기분 삽화가 진단기준 A가 충족된 후 전체 장애 기간의 대부분에 존재해야 함으로 변경됨	
• 망상장애의 진단기준 A에서 망상이 괴이해서는 안 된다는 조항이 존재했음	• 망상장애의 진단기준 A에서 망상이 괴이해서는 안 된다는 조항이 삭제되었고, 특이적 유형의 망상의 명시자가 포함됨	
	• 긴장증에 대한 기준은 DSM-5를 통틀어 균일하게 기술됨. 또한 잘 알려진 의학적 질환이나 다른 특기된 진단의 전후 맥락에서 명시자와 함께 진단될 수 있음	

3) 정신질환의 진단 및 통계 편람(DSM)에서 양극성 및 관련 장애의 진단적 기준 변화

DSM-IV	DSM-5	DSM-5-TR
• 양극성 장애 I, 양극성 장애 II로 표기함 • 삽화의 진단기준에 개인이 조증 및 주요 우울 삽화 모두를 위한 완전한 기준을 동시에 충족해야 한다고 명시됨	• 제I형 양극성장애, 제II형 양극성장애로 표기함 • DSM-IV의 양극성장애 I의 혼재성 삽화를 '혼재성 양상 동반'으로 교체함 • DSM-5에서 진단기준에 해당되지 않는 특정 상태는, 지속 기간 기준을 제외하고는 경조증의 모든 기준을 충족하는 증상을 가지며, 주요우울장애 과거력을 보유한 사람들을 위한 범주화를 포함하여, 달리 명시된 양극성 및 관련 장애 하에 진단될 수 있음 • 반복적인 죽음에 대한 생각(단지 죽음에 대한 두려움이 아닌), 구체적인 계획 없이 반복되는 자살 사고, 또는 자살 시도나 자살 수행에 대한 구체적인 계획	• 반복적인 죽음에 대한 생각(죽음에 대한 두려움뿐만 아니라), 구체적인 계획 없이 반복되는 자살 사고, 구체적인 계획, 또는 자살 시도로 변경됨 • DSM-5의 committing suicide(자살)라는 단어에는 잘못을 저지른다는 의미가 담겨 있어 보다 중립적인 용어로 변경됨 • DSM-5-TR에서 문화와 관련된 진단적 쟁점과 성 및 젠더와 관련된 진단적 쟁점, 자살 사고 혹은 행동과의 연관성이 수정 보완되어 추가됨

4) 정신질환의 진단 및 통계 편람(DSM)에서 우울장애의 진단적 기준 변화

DSM-IV	DSM-5	DSM-5-TR
• DSM-IV의 부록B '앞으로의 연구를 위해 제안된 진단기준과 축'에서 월경전불쾌감장애가 소개됨 • 진단명으로 기분저하증이 사용됨	• 월경전불쾌감장애가 DSM-5 본문에 등장함 • 지속성 우울장애는 DSM-IV에서 정의된 만성 주요우울장애와 기분부전장애를 통합함 • 주요우울 삽화 내에서의 최소 3가지의 조증 증상(조증 삽화를 위한 기준을 만족하기에는 불충분)의 공존은 이제 '혼재성 양상 동반'이라는 명시자로 인정 • DSM-IV에서 사랑하는 사람의 사망 이후 2개월 이내 지속되는 우울 증상에 적용되는 주요우울 삽화 예외기준(즉, 애도 반응 제외)은 DSM-5에서 제외됨 • DSM-5에서 혼합 증상의 존재를 나타내기 위한 새로운 명시자가 양극성 장애와 우울장애에 추가됨	• 지속성우울장애 주요 감별진단의 새로운 항목 추가됨 • 명시되지 않은 기분장애가 새롭게 추가됨 • 파괴적 기분조절부전장애에서 문화와 관련된 진단적 쟁점과 성 및 젠더와 관련된 진단적 쟁점이 수정 보완 및 추가됨 • 주요우울장애에서 문화와 관련된 진단적 쟁점, 성 및 젠더와 관련된 진단적 쟁점, 자살사고 혹은 행동과의 연관성이 수정 보완 및 추가됨 • 지속성우울장애에서 문화와 관련된 진단적 쟁점과 자살사고 혹은 행동과의 연관성이 수정 보완 및 추가됨 • 월경전불쾌감장애에서 문화 관련된 진단적 쟁점 내용과 자살사고 혹은 행동과의 연관성이 수정 보완 및 추가됨

5) 정신질환의 진단 및 통계 편람(DSM)에서 우울장애의 진단적 기준 변화

DSM-IV	DSM-5	DSM-5-TR
• 범불안장애, 공포증, 공황장애, 강박장애, 외상후 스트레스장애가 불안장애 범주에 있었음	• 강박관련 장애, 외상후 스트레스장애, 급성 스트레스장애는 따로 범주화되어 나감 • 특정공포증과 사회불안장애 진단기준에서 18세 이상의 개인이 불안을 지나치거나 부당하다고 인식해야한다는 요건 삭제, 따라서 연령에 구애받지 않고 6개월 이상 지속될 때 진단됨	• 불안장애 진단적 기준에서 '장애'대신 '장해'로 용어가 변경되었으며 성 및 젠더와 관련된 진단적 쟁점, 자살사고 혹은 행동과의 연관성이 수정 보완 및 추가됨
• 분리불안장애는 아동 · 청소년 관련장애로 분류되어 있었음	• 분리불안장애와 선택적 함구증이 불안장애로 분류됨 • 기존 광장공포증 유무에 따른 공황장애와, 공황장애의 과거력이 없는 광장공포증의 진단기준이 공황장애와 광장공포증의 2가지 기준으로 대체됨 • 사회불안장애의 '일반형' 명시자 삭제, '수행형' 명시자로 교체 • 성인의 일시적 공포에 대한 과잉진단을 최소화하기 위하여 '전형적으로 6개월이나 그 이상'이라는 지속기간에 관한 서술 진단기준에 추가됨	

6) 정신질환의 진단 및 통계 편람(DSM)에서 강박 및 관련 장애의 진단적 기준 변화

DSM-IV	DSM-5	DSM-5-TR
• DSM-IV에서 강박장애는 불안장애의 하위 유형으로 분류됨 • DSM-IV의 발모광 진단은 달리 명시되지 않은 충동조절장애에 속함	• DSM-5에서 강박 및 관련 장애는 불안장애에서 분리되어 독립된 장애 범주로 분류됨 • 발모광(털뽑기장애)이라는 용어로 명명, DSM-IV에서는 달리 명시되지 않은 충동조절장애에 포함되었지만 DSM-5에서 강박 및 관련 장애로 이동함 • DSM-IV에서 강박장애의 '통찰력의 부족' 명시자가 좋거나 양호한 병식, 좋지 않은 병식과 '병식 없음/망상적 믿음'을 가진 개인 간 차이를 허락하도록 교정함 • '유사증상' 명시자는 신체이형장애와 수집광장애를 위해 포함됨 • '틱 관련' 강박장애 명시자 추가됨 • '근육이형증' 신체이형장애의 명시자 추가됨 • 신체장애이형장애의 망상적 이형은 DSM-5에서 더 이상 망상장애의 신체형이나, 신체이형장애로 부호화되지 않고 병식 없음/망상적 믿음 명시자를 지닌 신체이형장애로만 명명됨 • 강박적 질투와 신체에 집중된 반복적 행동과 같은 상태를 포함할 수 있는 달리 명시된 강박 및 관련 장애나 명시되지 않은 강박 및 관련 장애도 포함됨	• 강박장애의 진단적 기준에서 '장애'대신 '장해'로 용어가 변경됨 • 수집광의 진단적 기준에서 '좋지 않은 병식'대신 '저하된 병식 동반'으로 명칭이 변경됨 • 피부뜯기장애의 진단적 기준에서 '자살 의도가 없는 자해' 대신 '비자살적 자해'로 용어가 변경됨 • 강박장애에서 문화와 관련된 진단적 쟁점, 자살 사고 혹은 행동과의 연관성이 수정 보완 및 추가됨 • 신체이형장애에서 자살 사고 혹은 행동과의 연관성이 수정 보완 및 추가됨 • 피부뜯기장애에서 문화와 관련된 진단적 쟁점이 추가됨. • 수집광에서 문화와 관련된 진단적 쟁점, 성 및 젠더와 관련된 진단적 쟁점이 수정 보완 및 추가됨

7) 정신질환의 진단 및 통계 편람(DSM)에서 외상 및 스트레스 관련 장애의 진단적 기준 변화

DSM-IV	DSM-5	DSM-5-TR
• 아동 진단 반응성 애착장애의 2가지 아형으로 존재함('정서적으로 위축된/억제된'과 '무차별적으로 사회적인/탈억제된형')	• 반응성 애착장애의 2가지 아형의 억제형은 '반응성 애착장애'로, 탈억제형은 '탈억제성 사회적 유대감장애'로 따로 구분된 장애로 분류하고 진단기준도 각각 별도로 제시됨	• 외상 및 스트레스장애 진단적 기준에서 '장애'대신 '장해'로 용어가 변경되었으며 성 및 젠더와 관련된 진단적 쟁점, 자살 사고 혹은 행동과의 연관성이 수정 보완 및 추가됨
• 급성 스트레스 장애의 진단을 위한 외상성 사건이 직접적인 경험, 목격, 또는 간접적인 경험으로 명시됨	• 급성 스트레스장애의 진단을 위한 외상성 사건이 직접적인 경험, 목격, 또는 간접적인 경험으로 명시됨	
• 적응장애는 임상적으로 현저한 고통을 보이나 보다 세분화된 장애를 위한 기준을 충족하지 않는 개인을 위한 잔여 범주로 존재함	• 적응장애의 개념 확장[개인을 위한 잔여 범주보다 고통을 주는 (외상성 또는 비외상성) 사건에 대한 노출 이후 발생하는 여러 다른 스트레스 관련 증후군의 서로 다른 종류로 구성된 집합체라고 명명함] • 외상적 사건에 대한 주관적 반응(예: '두려움, 무기력, 공포'의 경험)에 관한 DSM-IV 진단기준 A2는 삭제됨	• 적응장애는 정상 애도 반응을 나타내는 것이 아니며 지속성 비탄장애로 더 설명되지 않는다고 추가 설명됨
• 외상후 스트레스장애는 재경험, 회피/감각마비, 각성의 3가지 주요 증상군이 존재함	• 외상후 스트레스장애는 4가지 증상군으로 확장(회피/감각마비군이 2가지 구분되는 군, '회피'와 '인지 및 기분에서 지속적인 부정적 변화'로 나뉨) • 외상후 스트레스장애에서 DSM-IV 진단기준 A2(주관적 반응) 또한 삭제됨 • 외상후 스트레스 장애의 진단적 역치가 아동 · 청소년을 대상으로 낮춰졌으며, 6세 이하의 아동을 위한 별도의 기준 제시됨	• 외상 및 스트레스장애에서 지속성 비탄장애에 대한 진단기준이 추가됨

8) 정신질환의 진단 및 통계 편람(DSM)에서 해리장애의 진단적 기준 변화

DSM-IV	DSM-5	DSM-5-TR
• DSM-IV에서 해리장애로 명시되었으며 하위 유형으로는 해리성 정체성장애, 해리성 기억상실, 해리성 둔주, 이인성 장애, 달리 분류되지 않는 해리성 장애로 분류됨	• DSM-5에서 비현실감이 이인성/비현실감 장애로 명명되었던 질환의 명칭 및 증상 구조에 포함됨 • DSM-IV에서 개별 진단이었던 해리성 둔주가 DSM-5에서 해리성 기억상실의 명시자로 변경됨 • DSM-5 해리성 정체성장애의 진단기준은 정체성 분열 증상이 보고되거나 관찰될 수 있음	• 해리성 정체성장애에서 문화와 관련된 진단적 쟁점과 성 및 젠더 관련된 진단적 쟁점, 자살 사고 혹은 행동과의 연관성에 대해 수정 보완되어 추가됨 • 이인성/비현실감 장애 진단기준에서 '장애' 대신 '장해'로 용어가 변경됨 • 해리성 기억상실, 이인성/비현실감 장애에서 문화와 관련된 진단적 쟁점과 자살 사고 혹은 행동과의 연관성이 수정 보완되어 추가됨

9) 정신질환의 진단 및 통계 편람(DSM)에서 신체증상 및 관련 장애의 진단적 기준 변화

DSM-IV	DSM-5	DSM-5-TR
• DSM-IV에서 신체형장애로 명시되었으며 하위 유형으로는 신체화장애, 감별 불능 신체형장애, 전환장애, 동통장애, 건강염려증, 신체변형장애, 달리 분류되지 않은 신체형장애가 포함됨	• 신체증상 및 관련 장애로 명칭이 변경됨 DSM-5에서 신체증상 및 관련 장애로 명칭이 변경되었으며 하위 유형으로는 신체증상장애, 질병불안장애, 전환장애, 인위성장애가 포함됨 • 전체 장애의 범주를 축소하고 단순화하여 중복 개선함	• 신체증상 및 관련 장애의 문화와 관련된 진단적 쟁점과 성 및 젠더와 관련된 진단적 쟁점, 자살 사고 혹은 행동과의 연관성이 수정 보완 및 추가됨
• 기존의 신체형장애들이 많이 중복되어 있으며, 진단기준이 명확하지 않음	• DSM-IV의 신체형장애와 신체화 장애를 DSM-5에서 신체증상 관련 장애와 신체증상장애로 재정의함	• DSM-5-TR은 DSM-5의 전환장애(기능성 신경학적 증상장애)를 기능성 신경학적 증상장애(전환장애)로 명시함
• DSM-IV의 신체형장애 및 신체화장애의 진단기준은 다른 정신과적 진단을 배제하는 경우에 해당함	• DSM-5는 DSM-IV의 진단기준과 달리 신체증상 자체의 호소로 인한 스트레스 및 일상생활의 지장이 있다면 진단을 내림	

10) 정신질환의 진단 및 통계 편람(DSM)에서 급식 및 섭식 장애의 진단적 기준 변화

DSM-IV	DSM-5	DSM-5-TR
• DSM-IV에서 음식섭취장애는 '유아기, 아동기 또는 청소년기에 통상 처음 진단되는 장애'로 분류됨	• DSM-5에서 회피적/제한적 회피적음식섭취 장애로 변경되며 기준이 확장됨	• 되새김장애의 진단적 기준에서 '장애'대신 '장해'로 용어가 변경됨
	• 신경성 식욕부진증의 진단기준 중 무월경 요건이 삭제되었으며, 진단기준 B의 체중 증가에 대한 명백한 두려움뿐만 아니라 체중 증가를 방해하는 지속적인 행동까지 포함하도록 확장됨	• 회피적/제한적 음식섭취장애의 진단적 기준에서 '장애'대신 '장해'로 용어가 변경됨. 진단적 표지자 생략됨. 감별진단의 경우 소아 급성 발병 신경정신 증후군(PANS)으로 인한 강박 및 관련 장애가 추가되었으며, 발달적 정상 행동에 대한 설명이 추가됨
• 신경성 폭식증의 진단기준 중 폭식 행동과 부적절한 보상행동이 평균 1주일에 2회 이상 3개월 동안 지속될 때 진단됨	• 신경성 폭식증의 진단기준 중 폭식 행동과 부적절한 보상행동이 평균 1주일에 1회 이상 3개월 동안 지속될 때 진단됨	• 신경성 식욕부진증의 자살사고 혹은 행동과의 연관성이 수정 보완 및 추가됨
• 폭식장애는 예비 기준만 마련되어 있었음	• 폭식장애가 정식 진단 범주로 신설됨	• 폭식장애의 자살사고 혹은 행동과의 연관성이 추가됨

11) 정신질환의 진단 및 통계 편람(DSM)에서 수면-각성장애의 진단적 기준 변화

DSM-IV	DSM-5	DSM-5-TR
• DSM-IV에서 정신질환 관련 수면장애와 의학적 상태 관련 수면장애로 정의	• 일차성 및 이차성 불면증 사이의 구별을 피하기 위하여 일차성 불면증의 진단은 불면장애라고 재명명됨 • 하이포크레틴 결핍과 관련된 것으로 알려진 기면증도 다른 형태의 과다수면과 구분됨 • 아동 및 발달학적 기준과 지식에 대한 내용이 현존하는 연구 결과와 임상적 유용성을 지지할 수 있도록 통합됨 • 호흡관련 수면장애는 상대적으로 구분되는 폐쇄성 수면 무호흡 저호흡, 중추성 수면무호흡증, 수면관련 환기저하의 3가지 장애로 나뉨 • 일주기리듬 수면장애는 고급 수면 단계유형과 불규칙한 수면 각성 유형으로 확장되고 시차 유형은 제거됨 • '달리 분류되지 않는 진단'의 사용은 REM수면 행동장애와 하지불안 증후군을 독립적인 장애로 구분함	• 불면장애에서 문화와 관련된 진단적 쟁점과 자살 사고 혹은 행동과의 연관성이 추가됨 • 악몽장애에서 자살 사고 혹은 행동과의 연관성이 추가됨

12) 정신질환의 진단 및 통계 편람(DSM)에서 파괴적, 충동조절 및 품행장애의 진단적 기준 변화

DSM-IV	DSM-5	DSM-5-TR
• 충동조절장애로 명칭 함 • 하위 유형으로 간헐적 폭발성장애, 방화광, 도박광, 절도광, 발모광으로 나뉨	• 파괴적, 충동조절 및 품행장애로 명칭이 변경됨 • 도박광은 도박 장애로 명칭이 변경되어 물질 관련 및 중독장애로 분류됨 • 발모광은 강박 및 관련 장애로 분류됨 • 반사회성 성격장애가 성격장애의 하위 유형임과 동시에 '파괴적 충동조절 및 품행장애'의 하위 유형에도 속하게 됨	• 유병률, 성 및 젠더 또는 문화와 관련된 진단적 쟁점, 감별진단, 동반이환, 부수적 특징, 자살사고 혹은 행동과의 연관성 내용이 수정, 보완 및 추가됨 • 적대적 반항장애의 감별진단에서 적응장애와 외상후 스트레스장애에 대한 설명이 추가됨 • 적대적 반항장애에서 문화, 성 및 젠더와 관련된 진단적 쟁점, 동반이환 항목이 수정 및 추가됨 • 간헐적 폭발장애의 부수적 특징, 자살사고 혹은 행동과의 연관성 내용이 수정 및 추가됨 • 간헐적 폭발장애에서 성별과 관련된 진단적 쟁점이 없어짐 • 품행장애의 위험 및 예후인자, 문화와 관련된 진단적 쟁점이 수정 및 추가됨 • 품행장애에서 자살 사고 혹은 행동과의 연관성이 추가됨

13) 정신질환의 진단 및 통계 편람(DSM)에서 신경인지장애의 진단적 기준 변화

DSM-IV	DSM-5	DSM-5-TR
• 치매와 기억상실장애로 표기함 • 개별 진단은 알츠하이머형 치매, 혈관성치매, 물질로 유발된 치매로 지정함 • 알츠하이머병으로 인한 주요 또는 경도 신경인지장애와 혈관성 주요 또는 경도 신경인지장애가 있음	• 주요신경인지장애로 새롭게 명명하고, 덜 심각한 수준의 인지 손상인 경도신경인지장애를 포함 • 다른 신경퇴행성 질환은 HIV, 두부 외상, 파킨슨병, 헌팅턴병, 피크씨병, 크로이츠펠트 야콥병 등과 같은 다른 의학적 상태로 인한 치매와 명시된 기타 의학적 상태로 인한 치매로 분류됨 • 알츠하이머병과 혈관성으로 인한 주요 또는 경도 신경인지장애는 유지하며, 다른 신경인지장애에 대해 각각 새롭게 분류된 진단기준이 등장함. 명시되지 않는 신경인지장애 역시 진단에 포함됨	• 섬망의 성 및 젠더와 관련된 진단적 쟁점이 추가되고, 주요 및 경도 NCD와 알츠하이머병으로 인한 NCD는 문화와 관련된 진단적 쟁점과 성 및 젠더와 관련된 진단적 쟁점이 추가됨 • 주요 및 경도 NCD는 알츠하이머병으로 인한 NCD, 전두측두엽 NCD 및 루이소체를 동반한 NCD의 경우 의학적 상태가 개인에게 존재하는지 여부를 확인하는 것은 매우 어려워 병인이 사후에 확립될 수 있음. 이런 하위 유형의 경우 해당 명칭이 의학적 상태와 함께 표기됨(예: 가능한 알츠하이머병으로 인한 경미한 NCD). 신경인지장애의 정의가 변경됨

14) 정신질환의 진단 및 통계 편람(DSM)에서 성격장애의 진단적 기준 변화

DSM-IV	DSM-5	DSM-5-TR
• 10가지 하위 유형으로 구분하고 3가지 군집으로 분류	• DSM-IV의 기준과 동일함 • DSM-5에서 성격장애의 진단에 있어 특질에 따라 명시된 성격장애를 포함한 성격기능의 손상과 병리적 성격 특질을 고려한 대안적 접근을 제시함(부록 참고) • 달리 분류되지 않는 인격 장애를 특질에 따라 명시된 성격장애로 대체함 • 조현형 성격장애는 성격장애의 하위 유형이자 조현병 스펙트럼 및 기타 정신병적 장애의 하위 유형에도 포함됨 • 반사회성 성격장애는 성격장애의 하위 유형이자 파괴적, 충동-조절 및 품행장애의 하위 유형에도 포함됨	(1) A군 성격장애 • 편집성 성격장애의 위험 및 예후 인자에서 환경적 인자가 추가됨. 성 및 젠더와 관련한 진단적 쟁점이 수정 보완 및 추가됨. 동반이환 항목이 추가됨 • 조현성 성격장애의 성 및 젠더와 관련된 진단적 쟁점이 추가됨. 동반이환 항목이 추가됨 • 조현형 성격장애의 동반이환 항목이 추가됨 (2) B군 성격장애 • 반사회성 성격장애의 위험 및 예후 인자에서 환경적 인자가 추가됨. 문화와 관련된 진단적 쟁점 및 성 및 젠더와 관련된 진단적 쟁점이 수정 보완 및 추가됨. 동반이환 항목이 추가됨 • 경계성 성격장애의 위험 및 예후 인자에서 환경적 인자가 추가됨. 또한 문화와 관련된 진단적 쟁점 및 성 및 젠더와 관련된 진단적 쟁점이 수정 보완 및 추가됨. 자살사고 혹은 행동과의 연관성 및 동반이환 항목이 추가됨 • 연극성 성격장애의 문화와 관련된 진단적 쟁점이 수정 보완 및 추가됨. 자살사고 혹은 행동과의 연관성 및 동반이환 항목이 추가됨 • 자기애성 성격장애의 성 및 젠더와 관련된 진단적 쟁점이 수정 및 보완됨. 문화와 관련된 진단적 쟁점 및 자살 사고 혹은 행동과의 연관성, 동반이환이 추가됨 (3) C군 성격장애 • 회피성, 강박성 성격장애의 성 및 젠더와 관련된 진단적 쟁점, 동반이환 항목이 수정 및 추가됨 • 의존성 성격장애의 감별진단에서 성인의 분리불안장애와의 감별진단 설명이 추가됨 • 의존성 성격장애에서 동반이환 내용이 추가됨

15) 정신질환의 진단 및 통계 편람(DSM)에서 일반적 성격장애의 진단기준

일반적 성격장애의 진단기준(DSM-5-TR)

A. 내적 경험과 행동의 지속적인 유형이 개인이 속한 문화에서 기대되는 바로부터 현저하게 편향되어 있다. 이러한 형태는 다음 중 2가지(또는 그 이상)에서 나타난다.
   1. 인지(즉, 자신과 다른 사람 및 사건을 지각하는 방법)
   2. 정동(즉, 감정 반응의 범위, 불안전성, 적절성)
   3. 대인관계 기능
   4. 충동조절

B. 지속적인 유형이 개인의 사회 상황의 전 범위에서 경직되어 있고 전반적으로 나타난다.

C. 지속적인 유형이 사회적, 직업적, 또는 다른 중요한 기능 영역에서 임상적으로 현저한 고통이나 손상을 초래한다.

D. 유형은 안정적이고 오랜 기간 동안 있어 왔으며 최소한 청년기 혹은 성인기 초기부터 시작된다.

E. 지속적인 유형이 다른 정신질환의 현상이나 결과로 더 잘 설명되지 않는다.

F. 지속적인 유형이 물질(예: 남용약물, 치료약물)의 생리적 효과나 다른 의학적 상태(예: 두부 손상)로 인한 것이 아니다.

■ 부록 2: 집-나무-사람 그림검사 HTP(House-Tree-Person), 동적 집-나무-사람 그림검사 KHTP(Kinetic House-Tree-Person) 채점지표 및 검사 보고서

1. 형식적 · 구조적 분석

1) 검사 시의 태도와 소요 시간

태도	• 수검자의 성실성 및 검사 태도를 평가. 그림검사에서 세부 묘사가 불충분하고 생략된 부분이 많아도 태도에 따라 다르게 해석해야 함 • 검사를 실시할 때 수검자가 질문이 많은 경우, 구조화를 통한 강박적 경향이 있음을 의미
소요 시간	• 그림을 완성하는 데 걸리는 시간은 보통 20~30분 정도 소요됨 • 그리는 소요 시간이 매우 짧거나 길다면, 부적응의 요인으로 볼 수 있음 • 지시 후 그림을 그리기까지 시간이 오래 걸리는 경우, 수검자의 대상에 대한 특별한 의미나 갈등의 요인을 반영하는 것으로 볼 수 있음

2) 순서

순서	• 그림의 요소가 그려지는 순서에 따라 욕구나 방어, 적응 등의 중요도를 파악할 수 있음. 따라서 검사자는 수검자의 그리는 순서를 기록해야 함 • 수검자의 그림을 그리는 순서가 일반적이지 않을 때, 이는 중요한 반응이므로 검사자는 수검자의 그리는 순서를 기록해서 해석 시 함께 고려해야 함 • 정상인 수검자의 경우 대부분 머리와 얼굴의 순서로 시작하며, 주로 자신과 같은 성을 먼저 그림 • 자신과 반대의 성을 먼저 그린 경우에는 성 역할 동일시에 대한 혼란, 갈등이나 특정 이성에 대한 비중이 큰 것을 나타냄

3) 지우개 사용

알맞은 지우개 사용	지나친 지우개 사용
• 수검자의 유연성과 만족스러운 적응 상태를 의미 • 그림의 질적 향상	• 수검자의 초조, 불안, 우유부단을 나타냄 • 수검자 자신에 대한 불만 • 조력에 대한 욕구 • 신경증적, 강박적 성향을 추정할 수 있음 • 특정 부분을 지나치게 지울 경우, 해당 부분이 상징하는 요소에 대한 갈등을 의미

4) 위치

시선의 위치	• 위에서 아래를 향한 시점: 새의 관점으로 전체적인 조망으로 그림이 그려지며, 이는 정신세계의 이상 추구, 환상을 표현 • 아래에서 위를 향한 시점: 곤충의 관점으로 수검자 자신의 위치가 낮음을 표현
종이 중앙	• 중앙에 위치: 일반적으로 나타나는 경우이며, 수검자의 정서적 안정감을 의미 • 정확한 중앙: 불안정감, 완고함, 대인관계 시 융통성 부족을 나타냄 • 아동의 경우, 자기중심성, 정서적 행동 경향을 고려
종이 가장자리	• 수검자의 의존적인 성향과 낮은 자신감을 보이는 수검자의 태도를 의미함
종이 왼쪽	• 외향성, 자기중심성, 충동성, 즉각적인 욕구 충족에 대한 추구를 의미함
종이 오른쪽	• 내향성, 비교적 안정되고 통제된 행동 양식, 환경 변화에 대한 민감함, 욕구 충족의 지연, 지적 만족을 선호하는 경향성을 나타냄
종이 위쪽	• 높은 욕구 수준, 낮은 에너지 수준에 대한 과잉 보상 방어, 공상적 사고, 높은 이상 추구, 성취에 대한 욕구, 낙천주의
종이 아래쪽	• 내향성, 적인 불안정감, 부적절감, 우울감, 낮은 에너지 수준, 구체적이며 현실적 사고 경향
종이의 모퉁이	• 철수하는 경향성을 나타냄
종이 위쪽의 왼쪽 모퉁이	• 퇴행, 미성숙, 불안정을 의미함 • 수검자의 정신증을 추정하게 함(조현병 양상이 두드러지는 경우 이 위치에 그림을 그리는 경우가 있음)

종이 위쪽의 오른쪽 모퉁이	• 불쾌한 과거에 대한 억제의 욕구, 미래에 대한 낙관
종이 아래쪽의 가장자리	• 불안감, 낮은 자신감, 자기 확신에 대한 지지 욕구 • 의존 성향, 독립적 행동에 대한 두려움, 새로운 경험 회피, 공상에 몰두 • 종이 아래쪽에 작고 선이 약한 경우: 수검자의 우울을 추정
종이가 모자란 경우	• 수검자의 뇌 손상 소견을 고려해야 함 • 아래쪽: 지나친 억압, 충동적 행동화 가능성 • 위쪽: 공상적 사고를 통한 만족감 충족 욕구 • 왼쪽: 미래에 대한 두려움, 과거에 고착, 강박적 행동의 가능성, 의존 성향 • 오른쪽: 불쾌한 과거로부터 탈출하고 싶은 욕망

5) 크기

• 일반적으로 종이의 2/3 정도를 활용함
• 아동일 경우 종이의 5cm 이상 25cm 미만일 경우 정상적인 것으로 간주함

지나치게 큰 그림	• 공격성, 행동화, 과장성, 낙천성 • 부적절감에 대한 보상, 억압에 대한 방어 • 조증 상태, 뇌 손상 또는 지능 및 발달의 지연, 반사회적 성격, 신체화 가능성
지나치게 작은 그림	• 열등감, 부적절감, 낮은 자존감, 불안감, 수줍음, 위축, 강박 성향 • 과도한 자기 억제, 철수 경향, 퇴행, 의존 성향, 강박 성향 • 약한 자아 구조, 낮은 자아 강도 • 수검자의 우울을 고려해야 하며, 조현병의 가능성을 시사

6) 선의 강도

• 수검자의 에너지 수준에 대한 지표
• 특정 부분이 진할 경우 그 부분에 대한 고착, 그 부분이 상징하는 것에 대한 억압, 적대감을 나타냄

강한 선	• 수검자의 자신감, 적대감, 공격성, 충동성, 주장적인 성향을 나타냄 • 기질적 뇌 손상, 심하게 긴장한 수검자
흐린 선	• 우유부단함, 억제된 성격, 낮은 에너지 수준, 억압, 위축 • 신경증 상태(불안, 강박 증상 동반), 우울증, 조현병 추정

7) 그림의 선

선의 방향	• 수평선 강조: 수검자의 연약함, 두려움, 자기방어적 성향, 여성성 • 수직선 강조: 결단력, 과잉 활동성, 남성성 • 곡선 강조: 유연성, 관습에 대한 반항 • 경직된 직선 강조: 경직성, 공격성, 억제적 경향
선의 질	• 안정되고 단호한 선: 안정성, 일관성, 의욕적인 성격 • 끊긴 곡선: 우유부단함, 의존적, 감정적, 복종적 성향을 의미 • 들쭉날쭉한 선과 가장자리 강조 : 공격성, 충동적 행동화, 불안 • 스케치된 선: 불안정감, 우유부단함, 소심함, 정확성 및 확신에 대한 욕구, 스트레스 상황에서의 과대 경향(청소년일 경우 나쁜 자기개념, 낮은 자기 확신, 갈등을 나타냄) • 끊기지 않고 곧은 선: 빠른 결단력, 강한 자부심, 자기 주장성 • 떨리고 흔들리는 선: 알코올 중독을 포함하는 기질적 상태, 지능 및 발달의 지연, 정신증 추정
선의 길이	• 긴선: 적응적 행동 통제(억제적일 수도 있음) • 짧고 연속적이지 않은 선: 충동적 성향, 기질적 상태 또는 조현병 추정

8) 세부 묘사

• 각각의 그림에는 필수적으로 그려야 하는 세부 요소들이 있음
• 정상의 경우, 그림 주제의 필수적인 세부 및 부가적인 요소의 묘사가 있음
• 비정상의 경우, 기본적인 요소의 생략 혹은 지나친 세부 묘사가 나타남

필수 세부의 생략	• 심하게 퇴행된 환자 • 지능 및 발달의 지연 추정 • 청소년일 경우 성격장애 추정
세부 묘사의 결여	• 불안, 철수의 경향성, 부정적인 신체 심상, 적응이 어려운 아동 • 우울증, 신체증상장애, 기질적 상태, 지능 및 발달의 지연 추정
지나친 세부 묘사 빈틈없는 묘사	• 강박증, 경직성, 불안, 과민, 과도한 억제 • 행동화하게 될 것에 대한 두려움, 내적 불안감의 방어를 위한 엄격한 구조화 • 조현병 및 기질적 뇌 손상 초기, 조증 상태 추정
기괴한 세부	• 정신증 추정 • 아동일 경우 심각하게 와해된 성격
세부들에 이름 붙이기	• 정신증 추정

9) 왜곡

• 그리는 대상을 일반적인 형태가 아닌 왜곡된 형태로 그리는 것	
전반적인 왜곡	• 정신증, 기질적 뇌 손상 추정 • 청소년일 경우 부정적인 자기개념을 나타내며, 종종 심리적인 혼란을 동반함 • 아동일 경우 적응의 어려움과 학업에 대한 성취 부족으로 볼 수 있으며, 종종 스트레스를 자주 받는 정상 아동의 표현에서 나타남
심하지 않은 왜곡	• 수검자의 불안과 갈등을 의미

10) 대칭

대칭의 결여	• 불안정감, 부적절감, 신경증 환자의 신체적 불편감, 부주의성, 과한 활동으로 인한 통제력 약화 • 기질적 뇌 손상, 지능 및 발달의 지연 추정 • 아동일 경우 공공연한 분노를 의미
엄격한 양측 대칭	• 강박적 성향, 억압과 주지화 된 방어기제, 불안정감 • 차가운 정서, 거리두기, 불안정한 통제, 경직된 성격 • 우울하고 과잉 긴장하는 신체증상장애 추정 • 형식적이고 기괴해 보이는 대칭일 경우 조현병, 망상장애의 추정

11) 투명화

• 현실적으로 보이지 않는 대상의 내부를 보이는 것처럼 그리는 경우를 의미함(X-ray) • 사람 그림에서 내장기관, 뼈 등을 그리는 경우 임상적인 면을 고려할 필요가 있음	
투명화	• 현실 접촉력이 저하된 퇴행, 판단력 저하, 수검자의 정신증, 기질적 뇌 손상을 추정함 • 아동의 경우 정상으로 봄 • 청소년의 경우 미성숙, 적응의 문제, 기질적 뇌 손상, 부정적인 자기개념을 의미함 • 성인의 경우 불안 및 성적인 집착으로 간주함

12) 동작의 묘사

동작의 묘사	• 동작이 나타남: 아동의 경우 그림에 재능이 있는 것으로 고려됨 • 동작이 별로 없음: 우울한 정서 상태 • 동작이 거의 없음: 지능 및 발달의 지연 • 동작이 별로 없거나 너무 많은 동작: 정신증의 고려

13) 기타의 투사적 요소

기타	• 보속성: 기질적인 뇌 손상 혹은 지능 및 발달의 지연 • 일부러 그림 내용을 손상 또는 격하: 공격적 경향성 • 그리기에 대한 거부 또는 미완성: 반항적인 성격 혹은 경향성 • 종이의 방향 돌림: 반항적, 공격적 경향 • 지나치게 크게 그려진 태양: 권위자와의 관계에 대한 부적절감 • 그림자: 불안, 갈등 • 구름: 불안

2. 내용적 분석

내용에 대한 상징적 해석에 대한 부록 내용은 많은 학자가 수년에 걸쳐 연구한 자료들을 토대로 다문화적 요소를 모두 종합하여 수록하였다. 따라서 부록의 내용으로 일대일 해석이나 단편적인 해석은 반드시 지양해야 하며 수검자 개인의 문화에 맞게 전체적으로 해석하는 것이 원칙이다.

1) 집

수검자가 성장해 온 가정환경과 가족에 대한 감정이 나타나며 지붕은 수검자의 정신생활, 공상 영역을 상징하며, 벽은 자아 강도에 대한 정보를 제공해 준다. 문과 창문은 환경과의 직접적인 상호작용 및 대인관계에 대한 태도를 알아볼 수 있고 상호작용하는 매개체의 파악에 용이하다. 또한 집을 구성하는 진입로, 계단, 굴뚝, 그 밖의 특징 및 기타 부속물들에서 나타나는 상징을 고려하여 수검자의 가족 및 환경에 대한 전체적인 해석을 할 수 있다.

(1) 지붕

• 수검자의 정신생활, 공상을 상징하는 영역	
과도하게 큰 지붕	• 환상에 과몰입, 타인과의 접촉을 회피하고 철수하는 경향성
지붕이 전부인 그림	• 공상적 세계 속에서 생활, 분열성 성격, 조현병 추정
지붕이 없거나 벽의 양 끝을 연결하여 한 줄로 그린 지붕	• 지능 및 발달의 지연, 심각한 성격 위축
일차원 지붕	• 제한되고 경직된 성격
지붕 선의 강조	• 환상의 위협으로부터 자신을 보호하려는 시도, 정신증 전단계
지붕의 꼭대기가 열려 있는 경우	• 현실과 환상에 대한 구별이 어려움, 자아 경계 약화
바람에 휩쓸리는 지붕	• 자신의 통제 밖에 있는 압력에 압도당하는 느낌
처마의 강조	• 과잉 방어, 의심

(2) 벽

• 수검자의 자아 강도에 대한 정보를 제공함	
벽의 지면 선 강조	• 현실에 대한 불안, 부정적 태도에 대한 통제의 어려움
적절히 연결되지 않은 벽	• 일차적 욕구의 통제 결여, 이인증의 경험 및 기질적 요인으로 인한 병리적인 상태를 추정
하나의 벽면만 그려진 벽	• 대인관계 시 수용 가능한 모습만을 유지하고자 하는 욕구 • 회피적 성향 • 아동일 경우 정상에 해당 • 옆쪽의 벽면만 그린 경우 철수하는 경향성, 반항적 성향, 편집증 추정
허물어지려는 벽	• 자아의 붕괴
벽의 경계선 강조	• 자아에 대한 통제를 유지하려는 태도
흐린 벽선	• 자아에 대한 약한 통제, 임박한 성격 붕괴
투명한 벽	• 성인일 경우 상황을 가능한 조화시키려는 강박적 욕구, 현실검증력 손상, 지능 및 발달의 지연, 기질적 뇌 손상 추정 • 아동일 경우 정상 또는 지각 능력의 미성숙
벽에서 수평선 강조	• 환경적 압력에 취약함, 실용주의적 성향
벽에서 수직선 강조	• 공상을 통한 만족감 추구, 현실과의 접촉 어려움
지면과 떨어진 벽	• 비현실감, 현실 접촉력의 저하

(3) 문

• 수검자의 환경과의 직접적인 상호작용 및 대인관계에 대한 태도	
문 없음	• 심리적 접근 불가, 철수 경향, 고립감, 가족 간 거리감, 정신증 추정
문을 가장 나중에 그림	• 대인관계 접촉 회피, 현실에서 철수하려는 경향
집과 창문의 크기에 비해 작은 문	• 환경과의 접촉 회피, 대인관계로부터 철수하는 경향, 사회적 부적절감, 우유부단, 과묵한 성격
과도하게 큰 문	• 의존적 성향, 사회적 접근을 통해 인상적인 존재가 되고 싶은 욕구
열린 문	• 외부로부터 정서적 따뜻함을 받고자 하는 욕망 • 집이 비어 있다고 한 경우 수검자의 자아 강도의 약화, 적절한 방어기제의 부족
자물쇠 강조	• 편집증적 성향, 철수의 경향성과 방어 강화
문이 집의 바닥 선보다 높게 위치	• 타인의 접근에 대한 불편감
문손잡이 강조	• 남성 성기에 대한 관심, 타인의 접근과 대인관계에 대한 염려
집의 가장자리에 그려진 문	• 외부에 대한 의심과 경계
집의 측면이나 뒷면에 그린 문	• 현실에 대한 회피 성향

(4) 창문

• 수검자의 환경과 간접적인 접촉 및 상호작용을 하는 매개체	
창문 없음	• 폐쇄적 성향, 정신증 추정
창문 수 적음	• 수검자의 퇴행을 의미
창문 수 많음	• 노출증 추정 • 차양이나 덧문이 없는 경우 환경과의 접촉에 대한 준비 • 차양이 있는 경우 환경과의 접촉에 대한 염려
커튼과 차양이 없는 경우	• 자신의 감정에 솔직함
커튼 달린 창문	• 쉽고 자유롭게 그린 경우 정상적인 가정생활 • 철수 경향, 접근성 보류 • 닫혀 있는 커튼: 회피적 성향, 폐쇄적 성향, 병리적 방어 • 열려 있는 커튼: 다소의 불안을 가지고 의식적으로 통제
창문 밖까지 확장된 차양	• 정신증 추정

창문 강조	• 대인관계에 대한 지나친 염려
열린 창문	• 구강기 고착, 타인과 심리적 접근에 대한 염려와 불만족한 자아통제
달걀 모양의 창문	• 여성의 경우, 실험적이고 진보적인 태도를 지닌 것으로 해석
매우 작은 창문	• 심리적 접근 불가, 사람에 대한 관심 부족, 수줍음
창문의 격자가 없는 경우	• 적대적이고 반항적인 성향, 구강기적, 항문기적 에로티시즘
창문의 격자가 많은 경우	• 외부로부터 스스로 격리하려는 태도
창문이 잠긴 것 강조	• 위험에 대한 공포감, 외부 위협에 대한 두려움, 지나치게 방어적 경향

(5) 진입로와 계단

균형 있으며 쉽게 그려진 진입로	• 심리적 접근 가능, 정서적 안정, 대인관계를 통제하며 적절히 기능
매우 긴 진입로	• 심리적 접근 어려움, 사교적일 필요성 느낌
출입문 쪽으로 가면서 좁아진 진입로	• 피상적 관계만 맺으며 초연한 상태로 있기를 원함
넓은 진입로	• 사회적 접근 가능
문이 없는 벽으로 올라가는 계단	• 타인의 접근과 관련된 갈등에 대해 철수하는 경향성 • 현실검증력 저하를 유발하는 갈등, 기질적 뇌 손상 추정

(6) 굴뚝

• 친밀한 인간관계에서의 따뜻함을 의미, 정신분석이론에서는 남성의 성기를 상징하는 것으로 봄

굴뚝 있음	• 쉽고 빠르게 그린 경우 만족스러운 적응
강조한 굴뚝(덧칠, 크기)	• 가정의 심리적 따뜻함에 대한 지나친 염려 • 성적 관심, 정력을 증명하려는 욕구, 거세불안 • 노출증 경향, 지능 퇴화의 초기 단계 추정
여러 개의 굴뚝	• 성 충동에 대한 지나친 염려, 성적 부적절감에 대한 보상 • 친근한 인간관계에 대한 지나친 염려
굴뚝 생략	• 가정에서 심리적 따뜻함을 느끼지 못함 • 정신분석이론에 따르면 성 충동의 부족으로 고려할 수 있음

연기 나는 굴뚝	• 왼쪽에서 오른쪽으로 부는 완만한 연기: 정상, 보수적 성향 • 오른쪽에서 왼쪽으로 부는 연기: 회의적, 압박감 • 양쪽으로 부는 연기: 정신증 상태에서의 현실검증력 저하 추정 • 짙은 연기: 환경적 압박감 • 많은 양의 연기: 가정생활에서의 상당한 내적 긴장과 불안 • 한 줄로 그려진 연기: 가정생활에서의 정서적 따뜻함 부족

(7) 그 밖의 특징들

홈통을 강조해서 그림	• 수검자의 높은 방어와 회피, 의심을 나타냄
의인화된 집	• 퇴행, 기질적 문제, 지적장애 추정 • 아동일 경우 정상
집의 뒷면을 그림	• 회피적, 반항적, 부정적, 편집증적 성향
집의 각을 짓지 못함	• 기질적 상태 추정
구름 같은 지면선 위의 집	• 현실 접촉력 저하

(8) 기타 부속물

• 조화롭지 못한 부속물이 존재하거나 강조되었다면, 수검자가 지닌 요소에 대한 특별한 의미를 PDI를 통해 밝혀야 함	
집 주위나 벽에 수풀, 나무 등	• 관심받고 싶은 욕구, 의존 욕구, 안정감 부족
울타리	• 방어의 책략
해	• 의존성
구름	• 일반화된 불안
배경에 산을 그림	• 방어적 태도, 독립의 욕구
지표면	• 수검자의 불안정감
그림자	• 수검자의 불안
집 주위에 관목을 그림	• 불안정과 자기 보호에 대한 욕구
튤립이나 데이지꽃을 그림	• 미성숙, 퇴행, 조현성 성향 추정
많은 나무	• 강한 의존 욕구

2) 나무

수검자의 성격 구조의 위계적 갈등과 방어, 정신적 성숙도 및 환경에 대한 적응이 나타나며 나무 그 자체는 그림에서 표현되는 분위기와 주제를 통해 개인의 심리적 상태를 반영한다. 줄기는 수검자의 자아 강도와 심리적 발달에 대한 지표를 제공하며, 가지는 성격, 환경 및 타인과의 접촉, 성취를 위한 자원을 나타낸다. 뿌리는 성격적 안정성, 안전 욕구, 자신에 대한 이해, 과거와의 연결, 현실과의 접촉을 의미하며 수관, 잎, 나무껍질, 추가된 묘사를 통해 수검자의 자기상에 대하여 해석할 수 있다.

(1) 나무의 종류 및 특징

• 그림에서 표현되는 분위기와 주제는 개인의 심리적 상태를 반영	
사과나무	• 성인의 경우 미성숙, 퇴행을 나타냄 • 임신한 여성의 경우 자녀에 대한 욕구로 해석을 고려함 • 아동의 경우 의존의 욕구, 애정 욕구를 의미함 • 떨어진 사과는 수검자의 거부의 경험과 관련이 있음
상록수	• 활력이 넘치는 존재로 생각하고 행동하기를 소망
삼목	• 강한 성취욕구, 강한 자기통제
낙엽수	• 외부의 힘에 영향을 받음
가지가 축축 늘어진 버드나무	• 우울, 내향성, 폐쇄적 성향
크리스마스 나무	• 수검자의 의존 욕구
죽은 나무	• 철수하는 경향, 심리적 혼란 • 우울, 죄책감, 자살 욕구, 깊은 부적절감, 열등감, 무가치감, 무감동 • 심각한 신경증, 조현성 성격장애, 조현병 추정
거대한 나무	• 공격적 경향, 지배 욕구, 과잉 보상적 행동, 환상, 과민함 • 언덕 위에 서 있는 경우 지배 욕구, 자기 과시 • 아동일 경우 자기중심적, 권위자를 무시함
작은 나무	• 에너지 수준이 낮은 약한 자아, 열등감, 부적절감, 내향적, 철수 경향 • 언덕 위에 그려진 경우 고립감, 모성 의존 욕구를 의미
언덕 꼭대기에 홀로 서 있는 나무	• 과대감, 우울감, 고립감, 자율성을 위한 노력, 이룰 수 없는 목표를 위해 고군분투

왼쪽으로 기울어진 나무	• 과거에 고착, 미래에 대한 불안, 내성적 성격 • 자폐적 · 자기애적 성격 추정
오른쪽으로 기울어진 나무	• 충동적 정서에 대한 두려움에서 기인한 성격적 불균형 • 불쾌한 기억에 대한 억압 욕구 • 미래에 대한 지나친 낙관주의
열쇠 구멍처럼 생긴 나무	• 반항적 · 적대적인 충동 • 검사에 대한 낮은 동기 및 비협조성을 의미 • 정서적 폭발의 가능성이 있는 경직된 성격
남근 모양의 나무	• 부적응 경향 • 9~10세 이상의 남자가 그린 경우 성적 관심, 미성숙 • 8세 미만의 아동이 그린 경우 정상
분재 모양의 나무	• 수검자의 보호받고자 하는 욕구를 표현
묘목	• 미성숙, 퇴행 • 나무에 투사된 나이는 수검자의 심리, 사회적 성숙 수준과 관련
나무에 생긴 그늘	• 불안, 태양을 그린 후 그늘을 그렸을 경우 강박적 성향
1차원의 나무가 나란히 있으며, 각각 독립적인 가지를 갖고 있다면	• 정신증, 기질적 뇌 손상 추정
위에서 내려다보이는 나무	• 우울, 패배감
개가 나무에 소변보는 그림	• 공격적 성격, 낮은 자아존중감, 자기 비하

(2) 줄기

• 자아 강도, 기본적인 심리적 힘, 심리적 발달에 대한 지표 제공	
빈약하거나 절단된 작은 줄기가 그루터기에서 자라나는 줄기	• 과거에는 심리적 · 정서적 발달의 저해를 경험하였으나, 현재에는 환경에 대한 호기심과 심리적 성장으로 내적 변화를 경험
줄기의 윤곽선이 끊어진 경우	• 충동적, 참을성이 없음 • 임박한 성격 붕괴, 정체감의 상실에 대한 불안
거대한 줄기	• 환경적 압박감, 공격적 경향 • 가지 구조가 빈약한 경우 기본적 욕구 만족에 좌절하여 불안정한 적응
매우 가는 줄기에 큰 가지 구조	• 과도한 만족 추구 행동으로 인한 불안정한 적응
매우 가는 줄기	• 부적절감 및 수검자의 약한 자아를 나타냄

긴 줄기에 작은 수관	• 발달 지연, 유아적, 신경증적 퇴행
짧은 줄기에 매우 큰 수관	• 자기 확신. 야망, 자신감, 자부심, 열망
다른 부분보다 뿌리 쪽이 좁은 줄기	• 수검자의 약한 자아, 심리적 혼란, 억압을 의미함
줄기의 뿌리 부분의 강조	• 느린 이해력과 둔감성
왼쪽 부분이 큰 줄기	• 과거에 대한 집착
오른쪽 부분이 큰 줄기	• 외부에 대한 경계
일차원 줄기에 일차원 가지	• 무가치감, 낮은 자아 강도, 기질적 뇌 손상 추정
이차원 줄기에 하나의 이차원 가지	• 정상적인 초기 심리적 발달 이후 심각한 심리적 외상 발생
주변 말단부의 강조	• 성격 통제와 통합을 지키고자 하는 욕구, 보상적 방어
줄기에 옹이를 그림	• 수검자의 외상 경험을 나타내며, 어린 나이의 심리적 외상일수록 뿌리 쪽에 옹이가 존재함
음영	• 기본적 부적절감, 불안, 증상의 신체화, 초조한 우울 추정
나무 구멍을 통해 동물이 엿보고 있는 나무	• 아동일 경우 정상으로 해석 • 성인, 청소년일 경우 의존, 퇴행 경향성을 나타냄 • 여성일 경우 자기주장성이 강한 성격으로 해석

(3) 가지

가지 없음	• 대인관계에서 즐거움과 만족을 얻지 못함
짧은 곤봉, 작살 같은 가지	• 행동화 가능성, 공격적 경향
짧고 황폐한 가지	• 환경을 황량하고 불행하게 지각
종이의 상단까지 닿는 긴 가지	• 과도한 공상, 부적절한 충동 통제
길고 좁은 가지 구조	• 과도한 공상적 만족 추구, 환경에서 만족을 추구하는 데 두려움
안쪽으로 뻗은 가지	• 자기중심적, 내향적, 강박적 성향
지나치게 많은 가지와 잎	• 과잉 이상화, 조증 상태 추정
작은 줄기에 지나치게 큰 가지	• 환경에서 만족 추구를 위한 지나친 행동 강조 • 부적절감의 보상일 수 있는 지나친 성취 경향 • 불안정한 성격 균형
큰 줄기에 매우 작은 가지 구조	• 환경에서 만족을 추구할 수 없는 좌절감과 부적절감
줄기 아래쪽에 있는 가지	• 퇴행

줄기와 연결되어 있지 않은 가지	• 환경에 성공적으로 대처할 수 없는 무기력감
서로 부적절하게 연결되면서 줄기에 부적절하게 접목된 일차원 가지	• 부적절감, 성적 무능감, 낮은 자아 강도 • 환경에 만족스러운 자원이 불충분, 기질적 뇌 손상 추정
왼쪽 가지 강조	• 정서적 만족을 지나치게 부인, 지연 경향과 관련된 성격적 불균형
매우 희미한 가지	• 우유부단, 불안
끝이 뾰족한 가지	• 비판적, 공격적 경향
얇고 매우 짧은 잘려진 가지	• 자살 경향
부러지거나 죽은 가지	• 만족 추구를 위한 자원의 상실을 동반하는 외상적 경험
바깥쪽으로 갈수록 두꺼워지는 가지	• 반항적, 공격적, 참을성 결여
끝부분이 잘린 2차원적 가지	• 부적절한 정서 통제
태양을 향해 호소하는 듯 뻗어 있는 경우	• 애정욕구의 좌절을 겪은 아동 • 권위적인 대상으로부터 따뜻함 갈구
뾰족한 가지 끝을 구름 같은 잎이 감싸고 있는 그림	• 내재된 공격성

(4) 수관

• 수검자의 공상 및 정신과 관련된 상징이 나타나는 요소	
구름 같은 수관	• 적극적 공상, 낮은 에너지 수준, 현실 부정
줄기가 길고 적은 수관	• 정신적 퇴행
줄기가 짧고 큰 수관	• 자신감, 정열적 성향
아무렇게나 그린 선으로 뒤범벅된 수관	• 혼란, 흥분, 충동적, 정서적 불안정
직선적인 수관	• 분열적 성격
둥글고 부드러운 수관	• 사교적 성격
소용돌이 모양의 수관	• 참을성 부족, 열광적, 수다스러우며 적극적 사회 활동 • 선이 굵은 소용돌이 모양은 내적 긴장과 혼란이 시사
납작한 모양의 수관	• 환경적 압력, 부적절감, 절망감 • 고통스러운 공상세계에 대한 거부를 나타냄
수관에 음영을 그림	• 대인관계가 피상적일 수 있으나 정상적이고 재치 있음 • 수검자가 부적응을 보이고 있다면: 신경과민, 불안정 • 우울 추정

(5) 뿌리

• 성격적 안정성, 안전 욕구, 자신에 대한 이해, 과거와의 연결, 현실과의 접촉 정도	
죽은 뿌리	• 현실과 접촉할 생활력의 상실, 심각한 동기 상실 • 성격적 불균형, 강박적 성향
뿌리와 지면을 생략	• 불안정, 부적절감
뿌리를 지나치게 강조	• 현실 접촉을 지나치게 강조, 또는 염려
발톱 모양처럼 땅을 움켜쥔 듯한 뿌리	• 현실 접촉이 상실될지도 모른다는 위기의식 반영 • 편집증적 공격 성향
투명한 땅을 통해 보이는 뿌리	• 현실검증력 손상, 조현병 상태를 암시
종이의 아래쪽을 지면을 이용하는 경우	• 부적절감으로 인한 불안정한 상태 • 보상적 안정감을 위한 지면 사용
뿌리에 음영을 그림	• 불안, 불안정감

(6) 잎

잎 생략	• 수검자의 내적인 황폐함과 자아 통합의 어려움을 의미 • PDI를 통해 겨울나무의 잎이 없는 것으로 나타나면 해석 시 유의가 필요
떨어지는(떨어진) 잎	• 사회적 요구에 불순응, 유연한 적응능력 상실
많은 잎	• 생산적이고 효과적으로 보이고 싶은 욕구, 강박적 성향
가지로부터 떨어져 있는 잎	• 보상작용의 상실
끝이 뾰족한 잎	• 공격적, 행동화 경향
이차원으로 꼼꼼하게 그려진 잎	• 강박적 성향
이차원으로 가지에 비해 크게 그린 잎	• 적절감과 적응 모습 이면의 부적절감 • 현실에 대해 과잉 보상 추구
매우 성긴 잎	• 적응에 좀 더 정교한 방법을 개발하려는 욕구 • 순응적 외양의 뒤편에 자기 개념을 숨기려는 욕구

(7) 나무껍질

쉽게 그려진 껍질	• 정상을 의미
불연속적이거나 강조된 껍질	• 수검자의 불안한 정서 상태
자세하게 그려진 껍질	• 환경과의 상호작용에 지나치게 염려하는 강박적 성향, 완고함
여러 개의 덩굴 같은, 수직선으로 접촉되지 않게 그려진 껍질	• 조현성 성격 성향
거칠게 그려진 껍질	• 거칠고 화를 잘 내는 성향
나무껍질의 음영	• 오른쪽: 적극적인 의욕 • 왼쪽: 내성적, 몽상적 기질 • 검게 칠해진 음영: 우울, 불안

(8) 나무 그림에 추가된 묘사

과일을 그리는 것	• 사랑과 관심에 대한 욕구
꽃을 그리는 것	• 체면 중시, 통찰력 저하, 과장된 자기
동물을 그리는 것	• 보호받고자 하는 욕구
새가 둥지 속에 있는 것	• 의존적인 성향

3) 사람

사람이라는 주제는 직접적인 자기상으로 심리적인 것과 신체적인 것이 있으며 이상적인 자아상이나 중요한 타인을 투사한다. 머리는 수검자의 자아를 상징하며, 얼굴은 상호 의사 전달에 대한 표현을 나타내고, 신체를 통해 환경과의 접촉, 정서적 균형 및 통제, 심리적 역동에 대한 정보를 제공한다. 또한 신체에 대한 표현, 인물에 대한 조망, 의상 등은 수검자에 대해 해석할 때 고려해야 할 다양한 상징적 의미를 제공한다.

(1) 머리

• 수검자의 자아와 관련하여 지적 · 공상적 활동, 충동과 정서의 통제, 사회적 의사소통의 중추를 상징	
불균형하고 큰 머리	• 강한 지적 욕구, 성취 욕구, 확장된 자아개념 • 내성적이며 공상에 몰두하는 경향 • 편집적, 공격적 경향 • 퇴행, 억제, 의존, 미성숙, 불안, 정서적 · 사회적 부적응 • 자기 신체에 대한 불만족 • 두통, 기분장애, 기질적 뇌 손상, 지능 및 발달의 지연, 정신증 추정 • 아동일 경우 의존적 성향, 학업 성취에 대한 열등감
작은 머리	• 부적절감, 무능감, 열등감 • 약한 자아 통제, 강박증적 경향 • 죄책감에 대한 부정, 억압 • 신경증 추정 • 아동일 경우 적응 문제를 나타냄
머리의 생략	• 불쾌한 생각에 대한 제거 욕구 • 우울증, 자폐증, 기질적 상태, 정신증 추정
약하게 그린 머리	• 수줍음, 자의식이 강함
가장 늦게 그린 머리	• 대인관계 갈등, 사고장애 추정
기형적인 머리	• 기질적 뇌 손상, 지능 및 발달의 지연, 정신증 상태 추정
자기보다 크게 그린 이성상의 머리	• 이성이 더 유능하고 우월하게 봄
성인 남성이 크게 그린 여성상의 머리	• 어머니상에 대한 정서적 고착
원래 위치에 있지 않은 머리	• 기질적 뇌 손상 추정
사람 그림에서 머리만 그림	• 신체 영역에 대한 갈등, 조현병 추정
뒷머리를 그림	• 편집증적, 조현성 성격 경향

(2) 얼굴

- 대인관계에서의 상호작용 및 개인적 만족/불만족을 전달
- 얼굴의 경우 입, 입술, 눈, 코, 입과 같은 요소를 포함

이목구비의 생략	• 부적응적 · 회피적 · 피상적 대인관계 • 지나친 경계, 소심함, 공격 충동 • 심리치료의 예후가 좋지 않음 • 정신증, 기질적 상태 추정 • 아동일 경우 적응장애
강조된 머리 윤곽에 흐린 이목구비	• 철수의 경향성, 소심함, 약한 자아 강도
흐릿한 신체 부위에 강조한 이목구비	• 열등감에 보상적 공상 의존 • 신체의 부위나 기능에 대해 수치감, 열등감
기괴한 이목구비	• 조현병 추정

① 입

입의 강조	• 어린아이, 퇴행, 알코올중독자, 우울증 추정
지나친 강조	• 식욕 상실, 구강 공격성
생략	• 구강 공격성에 대한 죄책감, 타인과 의사소통 어려움 • 애정 욕구의 거부 • 우울증, 정신증 상태 추정 • 아동일 경우 수줍음, 불안, 철수, 강박성, 우울, 적응장애 추정
성인이 그린 치아	• 유아적 구강 공격성
둥글고 두툼하며 벌려진 입	• 구강기의 애착적 경향, 의존적 성향
한 선으로 묘사	• 수검자의 긴장을 나타냄
짧고 진한 선으로 그려진 입	• 강한 공격 충동
튀어나온 입	• 퇴행
사선으로 그려진 입	• 수검자의 비판적 · 가학적 성향 및 구강 공격, 분노를 의미

② 입술

남자가 그린 두툼한 입술	• 나약함, 우유부단함
짙은 화장 얼굴에 정교한 입술	• 성적인 집착
담배나 파이프를 물고 있는 입술	• 구강기의 애착적 경향

③ 턱

큰 턱	• 지배적 경향, 공격적 경향, 강한 충동성
자주 지우거나 강조되거나 튀어나온 턱	• 무력감, 유약함, 우유부단, 책임에 대한 두려움 • 사회적으로 우월하고 강해지고 싶은 욕구 시사

④ 눈

눈동자 없는 원 모양의 텅 빈 눈	• 자기중심적, 미성숙, 퇴행, 신경증적, 내성적, 자아도취적 성향
강한 점의 눈	• 관계망상, 편집증
강조된 눈	• 공격성, 편집증
큰 눈	• 편집증적 성향, 의심, 관계망상, 정보를 얻고자 하는 욕구
작거나 감은 눈	• 정보에 대한 배제, 걱정이나 본 것에 대한 죄책감
눈 생략	• 관음증, 환시 가능성, 조현병 추정 • 아동일 경우 부적응 상태

⑤ 눈썹

가지런한 눈썹	• 단정함을 추구하는 성향, 솔직한 행동에 대한 비판적인 태도
더부룩한 눈썹	• 원시적이고 거칠고 자제력 없는 성격 경향
치켜올린 눈썹	• 의심함, 경멸함, 거만함

⑥ 귀

강조된 귀	• 비평에 대한 민감성 • 청각장애의 가능성, 청각과 관련된 관심 • 환청, 관계망상
귀의 생략	• 정상인에게서 대개 나타남 • 환경과의 접촉에 대한 회피 욕구, 환청 가능성
귀걸이	• 노출증적 · 과시적 경향

⑦ 머리카락

• 육체적 욕구와 관계가 있으며, 간접적으로 성적인 에너지를 나타냄	
강조된 머리카락	• 공격적 · 주장적 · 자기애적 · 동성애적 경향
턱수염, 구레나룻 등 얼굴의 털	• 성적 부적절감, 남성다움에 대한 회의감
머리카락 생략	• 성적 부적절감, 낮은 활력감, 조현병 추정

⑧ 코

• 수검자의 성적 상징을 나타내는 영역	
넓거나 구부러진, 툭 튀어나온 코	• 거부감, 경멸감
큰 코	• 성적 불능
극도로 큰 코	• 갱년기 우울증 남성에게 나타나는 그림 양상으로 봄
청소년 수검자의 큰 코	• 남성적 역할 확립 추구에서의 부적절감
코의 생략	• 아동일 경우 수줍음, 철수의 경향성, 우울

⑨ 목

• 머리와 신체의 연결부로 지적 영역과 정서적 영역의 연결에 대한 상징을 나타냄	
긴 목	• 이성과 감정의 분리, 경직된 성격 • 본능적 충동 통제의 어려움 • 목 부분에 실제로 신체 증상이 있을 때
매우 길고 가는 목	• 신체적 허약함, 열등감 • 신경증적 경향성 및 조현병 추정
목을 선 하나로 그림	• 신체적 욕구와 지적 통제의 조화가 어려움 • 유아적 충동에 대한 통제의 어려움 • 지적장애 추정
짧고 굵은 목	• 난폭함, 완고함, 방종, 충동적 성향
목의 생략	• 자기애적 충동, 미성숙한 정신상태
인후 골이 그려진 목	• 성역할 혼란, 남성성 추구

(3) 신체

① 팔

• 팔은 물리적 환경의 통제자로 자아발달과 환경과의 접촉, 대인관계, 사회적 적응을 나타냄	
짧은 팔	• 접촉의 제한, 수동 의존성, 무력감 • 아동일 경우 부적응
긴 팔	• 성취 및 획득에 대한 욕구
길고 강력한 팔	• 환경 통제 시도, 자율성에 대한 욕구
길고 약한 팔	• 의존 욕구, 무력감
몸통에 붙어 있는 팔	• 수동적 · 의존적, 긴장 상태
몸통에서 바깥쪽으로 뻗쳐 있는 팔	• 외부를 향한 공격성 • 도움과 애정에 대한 환경과 대인 접촉에의 욕구
팔의 생략	• 무력감, 철수하는 경향성, 우울, 조현병 추정
팔짱을 낀 팔	• 타인에 대한 의심, 적대적, 공격성에 대한 통제 욕구
뒷짐 지고 있는 팔	• 타인과의 접촉 회피 • 공격성에 대한 경직된 통제 욕구, 죄책감
길이가 다른 팔	• 손으로 하는 활동에 대한 불안

② 손

흐릿하고 분명치 않은 손	• 사회적, 생산적 활동 시 자신감 결여
덧칠한 손	• 공격적 충동, 자위행위와 관련된 죄책감, 불안
주머니에 넣은 손	• 회피의 표현, 자위행위에 대한 관심, 게으른 성향
극단적으로 큰 손	• 부적절감에 대한 보상, 충동적 성향
작은 손	• 불안정감, 무기력감
주먹 쥔 손	• 억압된 공격성
손의 생략	• 무력감, 우울, 불안정감, 부적절감, 대인관계 갈등 • 정상인에게서도 자주 나타나기에 해석 시 고려 필요

③ 손가락

• 손가락은 환경과의 실제 접촉 지점이자 조작의 도구로서 건설, 파괴, 공격에 대한 잠재력을 가짐
• 아동의 경우 손보다 손가락을 먼저 그리는 경우 있음

성인이 그린 손 없는 손가락	• 유아적 공격성
매우 큰 손가락	• 공격성
심한 덧칠, 강조된 손가락	• 죄책감(절도 및 자위행위와 관련)
창, 맹수의 발톱 같이 생긴 손가락	• 편집증적인 공격성
몸 밖으로 뻗친 팔과 꽉 쥔 주먹	• 청소년 범죄 관련, 반항적인 행동 가능성
몸에 붙어 있는 팔과 꽉 쥔 주먹	• 내적 반항심의 억압
선으로 둘러놓은 자세한 손가락	• 억압된 공격성 • 공격 욕구의 표출 방어를 위한 정서적 접촉 회피
비정상적으로 긴 손가락	• 사회적 · 직업적 부적응, 단순한 성격, 퇴행
5개 이상의 손가락	• 욕심 많은 성격, 야망, 공격성
5개 이하의 손가락	• 수검자의 의존성과 무력감을 나타냄
손가락, 손톱, 손마디까지 세밀한 표현	• 공격성에 대한 강박적 통제, 주지화, 방어, 분노를 의미 • 신체상에 집착하는 조현병 초기로 추정

④ 다리와 팔

• 신체를 유지하고 균형을 취하는 기능, 안정감, 불안정감, 신체적 · 심리적 이동성과 관련 있음	
앉은 다리	• 우울, 신체적 철수의 경향성
강조된 다리	• 폭력적인 성향
허리 아랫부분 생략 및 소극적 그림	• 정신적, 성적 미성숙, 성적 장애 • 조현병 추정 • 아동일 경우 정서 문제
뚱뚱한 몸통에 가늘고 약한 다리	• 수감자의 갱년기, 노년기에 따른 쇠퇴를 나타냄
종이 하단에 그려서 잘린 다리	• 자율성 부족
매우 긴 다리	• 자율성 갈구
매우 짧은 다리	• 위축, 비자율성
큰 발	• 지나친 안정감 추구
매우 작은 발	• 불안정감, 위축, 의존성
발 생략	• 속박감, 자율성 부족, 무기력감 • 아동일 경우 수줍은 성격, 공격적, 정서 문제
딱 붙어 있는 다리	• 경직, 긴장, 성적 부적응

⑤ 발가락

발가락 생략	• 일반적으로 옷을 입은 인물화에서 나타나지 않음
나체가 아닌 그림에서 발가락	• 병적인 공격성
발가락의 페디큐어	• 공격성
뾰족한 발가락	• 공격성

4) 신체에 대한 표현

(1) 몸통

• 수검자의 기본 추동과 관련 있음	
둥근 몸통	• 여성성, 비공격성, 미성숙
각진 몸통	• 남성성
몸통 생략	• 매우 어린 아동일 경우 정상 • 취학 아동일 경우 낮은 학업 성취, 적응장애 추정 • 성인일 경우 갱년기, 퇴행, 기질적 뇌 손상 추정
머리에서 다리를 연결한 몸통 생략	• 퇴행 • 심하게 붕괴된 성격의 지표 • 정신증 추정
매우 큰 몸통	• 욕구의 불만족, 충동에 대한 불만족
매우 작은 몸통	• 욕구의 거부, 열등감
가는 몸통	• 신체적 허약, 비만에 대한 보상, 성인이 되는 것에 대한 저항감 • 조현성 성격 경향
불균형한 몸통	• 연극성 성격장애, 뇌 손상 추정 • 아동일 경우 분노에 대한 표현으로 해석
몸통에 음영	• 신체적 충동에 대한 거부

(2) 어깨

• 신체적 힘에 대한 욕구를 나타냄	
딱 벌어진 어깨를 그리는 청소년	• 신체적인 부적절감에 대한 과잉보상 시도
지우개를 사용 또는 강조	• 남자다운 신체를 가지고 싶은 욕구
뾰족한 어깨	• 행동화 경향
네모진 어깨	• 공격성에 대한 과잉 방어
좁은 어깨	• 열등감
불균형한 어깨	• 성격 불균형

(3) 가슴

가슴의 강조	• 강한 구강기적 의존 욕구 • 남자 수검자일 경우 심리성적, 정서적 미성숙, 조현병 추정 • 여자 수검자일 경우 지배적인 어머니상에 강한 동일시, 노출증 및 자기애적 성향

(4) 허리선

• 몸통의 상부와 하부를 구분하는 것 • 몸통의 상부는 남성에게는 신체적인 힘, 여성에게는 양육과 성을 의미 • 몸통의 하부는 남성에게는 성적 기능, 여성에게는 성적 · 생산적 기능을 상징	
선이 잘려 있거나 강조된 허리선	• 신체의 상부와 하부 기능 통합의 어려움을 직접적으로 표현
벨트의 강조	• 심미적, 자기과시적, 신체와 관련된 충동을 통제하고 합리화함 • 성이나 충동을 표현하고 통제하는 것 사이의 갈등, 성적 집착
지나치게 꽉 조인 허리선	• 위태로운 통제, 신경질적인 표출 가능성

(5) 해부적 표현

해부적 표현	내장을 뚜렷하게 그림	• 조증 삽화, 신체 망상 및 조현병의 가능성을 시사
	갈빗대의 표시	• 신체적 힘의 표시, 병적 지표는 아닐 수 있음
	성 기관의 표시	• 조현병 추정

5) 인물에 대한 조망

옆모습	• 지적 성숙 • 대인관계 시 조심하거나 회피적, 심각한 부적응, 철수적인 경향, 반항성
몸은 정면, 머리만 옆모습	• 사회적 부적절감, 사회적 접촉에 회피적, 죄책감 • 판단력 저하, 퇴행
뒷모습	• 편집증 및 반사회적 경향 • 조현병 추정

6) 의상

(1) 옷

옷을 입히느냐는 질문	• 지나치게 신체를 의식하는 괴로움 시사
옷을 너무 많이 입힘	• 피상적이고 외향적 성격, 사회적 지지에 대한 강한 욕구 • 유아적, 자기중심적, 관심받고 싶은 욕구 • 복장 도착증, 성 충동으로의 퇴행, 성적 부적응
옷을 너무 적게 입힘	• 사회적 접촉에 대한 만족감 결여 • 내향성, 환상을 통한 만족 추구 • 유아적, 자기중심적, 신체적 발달에 집착 • 성적 부적응, 신체 도취자, 관음증 경향, 노출증 경향
몸이 투명하게 비치는 옷	• 관음증, 노출증 • 성격장애, 정신증 상태, 기질적 발달 및 지능의 지연 상태 추정 • 아동일 경우 정상

(2) 단추

• 모성 의존을 나타냄	
강조된 단추(덧칠, 부적합한 위치)	• 의존성, 부적절한 성격, 퇴행
중심선을 따라 나열한 단추	• 자기중심적, 신체적 집착
소매나 보이지 않는 곳의 단추	• 강박증적 경향

(3) 주머니

• 사적 소유물을 보관하는 장소, 물질적 · 애정적 박탈과 관련 있음	
주머니의 강조	• 유아적, 의존적인 남성 • 어머니에 대한 정서적 의존성
가슴 위의 주머니	• 구강기적 의존성

(4) 넥타이

• 수검자의 성적 상징을 나타내는 영역	
강조된 넥타이	• 중년기 이후 남성의 경우 성기에 대한 지나친 관심, 성적 부적절감으로 해석
작은 넥타이	• 성적 능력에 대한 열등감
불확실한 넥타이	• 약한 성욕에 대한 절망적 관심

6) 기타

막대 같은 모습, 추상화적 묘사	• 회피의 지표, 불안정하고 자기회의적인 사람에게 자주 나타남
과대, 만화, 바보 같은 모습	• 자신에 대한 경멸과 적대감 • 거부당했다고 느끼는 청소년에게서 흔히 나타남
여성상을 마녀같이 그리는 경우	• 여성에 대한 적대감
땅을 나타내는 선, 기대는 울타리	• 지지나 원조를 바라는 욕구
일단 그려 놓고 다시 덧그리고 첨가	• 강박적인 성향
정확하지 않고 되는대로 그리는 경우	• 신경증적 경향성, 충동적, 불안정
자신의 나이에 비해 어린 상	• 신경증, 정서적 고착, 퇴행
자신과 반대의 성을 먼저 그리는 경우	• 자신의 성 정체성에 대한 갈등, 반대 성에 대한 관심, 동성애 경향 • 열악한 자기개념 • 알코올 중독, 약물 중독 추정

HTP 질문지(PDI)

1. 집 그림

질문 사항	수검자 답변
• 이 집은 어떤 집인가요?	
• 이 집은 어디에 있나요?	
• 이 집 가까이 다른 집이 있나요?	
• 이 집이 있는 곳의 계절과 날씨는 어떠한가요?	
• 이 집은 무엇으로 만들어졌나요?	
• 이 집에는 누가 살고 있나요?	
• 이 집의 분위기는 어떤가요?	
• 이 집을 보면 어떤 생각이 드나요?	
• 이 집에 필요한 것은 무엇인가요?	
• (특수한 집인 경우) 이 집을 그린 이유는 무엇인가요?	
• (그림에서 이해하기 어려운 부분에 대하여) 이것은 무엇이며 그린 이유는 무엇인가요?	
• 나중에 이 집은 어떻게 될까요?	
• 이 그림에 더 그리고 싶은 것이 있나요?	
• 당신이 그리려고 했던 대로 잘 그려졌나요?	

2. 나무 그림

질문 사항	수검자 답변
• 이 나무는 어떤 나무인가요?	
• 이 나무는 어디에 있나요?	
• 이 나무는 몇 살인가요?	
• 이 나무가 있는 곳의 계절과 날씨는 어떤가요?	
• 이 나무는 살아 있나요? 죽어 있나요?	

• 이 나무의 건강은 어떤가요?	
• 이 나무의 주변에는 무엇이 있나요?	
• 이 나무가 사람이라면 기분이 어떤가요?	
• 이 나무는 누구를 생각나게 하나요?	
• 이 나무에게 필요한 것은 무엇인가요?	
• 이 나무의 소원은 무엇인가요?	
• 이 나무는 나중에 어떻게 될까요?	
• 더 그리고 싶은 것이 있나요?	
• (특수한 나무인 경우) 무엇 때문에 이 나무를 그렸나요?	
• (그림에서 이해하기 어려운 부분에 대하여) 이것은 무엇이며 그린 이유는 무엇인가요?	

3. 사람 그림

질문 사항	수검자 답변
• 이 사람은 성별은 무엇인가요?	
• 이 사람은 누구인가요?	
• 이 사람의 나이는 몇 살인가요?	
• 이 사람은 무엇을 하고 있나요?	
• 이 사람은 어떤 생각을 하고 있나요?	
• 이 사람의 기분은 어떤가요?	
• 이 사람은 친구들이 많은가요?	
• 이 사람의 친구들은 어떤 사람들인가요?	
• 이 사람의 성격은 어떤가요?	
• 이 사람의 장점과 단점은 무엇입니까?	
• 이 사람은 무엇을 좋아하나요?	
• 당신은 이 사람처럼 되고 싶나요?	
• 당신이 이 사람에게 주고 싶은 것은 무엇인가요?	
• 이 사람은 누구를 닮았나요?	
• 이 사람의 소원은 무엇인가요?	

• 나중에 이 사람은 어떻게 될까요?	
• (특수한 사람인 경우) 무엇 때문에 이 사람을 그렸나요?	
• 이 그림에 더 그리고 싶은 것이 있나요?	
• (그림에서 이해하기 어려운 부분에 대하여) 이것은 무엇이며 그린 이유는 무엇인가요?	
• 당신이 그리려고 했던 대로 잘 그려졌나요?	

■ HTP 검사 보고서

이름		성별	
생년월일		나이	
학력		직업 또는 학교	
연락처			
주소			
검사일시		검사자	
검사의뢰 사유			
가계도			
가족관계 및 특징			
검사 시 행동관찰			
HTP 전체 평가 요약 및 소견			

■ HTP: 집

※ 질문은 수검자에 따라 바뀔 수 있다.

그림	질문(PDI)	답변
	• 이 집은 어떤 집인가요? • 이 집은 어디에 있나요? • 이 집 가까이 다른 집이 있나요? • 이 집이 있는 곳의 계절과 날씨는 어떠한가요? • 이 집은 무엇으로 만들어졌나요? • 이 집에는 누가 살고 있나요? • 이 집의 분위기는 어떤가요? • 이 집을 보면 어떤 생각이 드나요?	

• 전체적 인상:

형식적 · 구조적 분석	소요시간		선의 획	
	수검태도		지우기	
	그린 순서		세부 묘사	
	위치		왜곡 및 생략	
	크기		대칭성	
	필압		투명성	

• 형식적 · 구조적 분석:

	표현의 특징			상징과 해석
내용적 분석	필수 요소	지붕		
		벽		
		창문		
		문		
	기타 요소	굴뚝/연기		
		방		
		울타리		
		길		
		계단/보도		
		기타		

• 내용적 분석 :

〈전체적 평가〉

■ HTP: 나무

※ 질문은 수검자에 따라 바뀔 수 있다.

그림	질문(PDI)	답변
	• 이 나무는 어떤 나무인가요? • 이 나무의 나이는 몇 살인가요? • 이 나무는 어디에 있나요? • 이 나무가 있는 곳의 계절과 날씨는 어떠한가요? • 이 나무의 건강은 어떤가요? • 이 나무 주변에는 무엇이 있나요? • 이 나무의 소원은 무엇인가요? • 이 나무는 나중에 어떻게 되나요?	

• 전체적 인상:

형식적 · 구조적 분석	소요시간		선의 획	
	수검태도		지우기	
	그린 순서		세부묘사	
	위치		왜곡 및 생략	
	크기		대칭성	
	필압		투명성	

• 형식적 · 구조적 분석:

	표현의 특징			상징과 해석
내용적 분석	필수 요소	수관		
		줄기		
		가지		
	기타 요소	뿌리		
		꽃/열매/잎		
		지면선		
		옹이 구멍		
		동물들		
		기타 요소		

• 내용적 분석 :

〈전체적 평가〉

■ HTP: 사람 1(성별:)

※ 질문은 수검자에 따라 바뀔 수 있다.

그림	질문(PDI)	답변
	• 이 사람은 누구인가요? • 이 사람은 몇 살인가요? • 이 사람은 무엇을 하고 있나요? • 이 사람이 있는 곳의 계절과 날씨는 어떠한가요? • 이 사람은 어떤 생각을 하고 있나요? • 이 사람의 기분은 어떤가요? • 이 사람의 소원은 무엇인가요? • 이 사람은 나중에 어떻게 되나요?	

• 전체적 인상:

형식적 · 구조적 분석	소요시간		선의 획	
	수검태도		지우기	
	그린 순서		세부묘사	
	위치		왜곡 및 생략	
	크기		대칭성	
	필압		투명성	

• 형식적 · 구조적 분석:

	표현의 특징			상징과 해석
내용적 분석	필수 요소	머리		
		이목구비		
		표정		
		몸통		
		팔		
		다리		
		손		
		발		
	기타 요소	목		
		손가락		
		발가락		
		액세서리		
		단추 등		
		기타 부속		

• 내용적 분석 :

〈전체적 평가〉

KHTP 검사 보고서

<table>
<tr><td colspan="2">이름</td><td></td><td>성별</td><td></td></tr>
<tr><td colspan="2">생년월일</td><td></td><td>나이</td><td></td></tr>
<tr><td colspan="2">학력</td><td></td><td>직업 또는 학교</td><td></td></tr>
<tr><td colspan="2">연락처</td><td colspan="3"></td></tr>
<tr><td colspan="2">주소</td><td colspan="3"></td></tr>
<tr><td colspan="2">검사일시</td><td></td><td>검사자</td><td></td></tr>
<tr><td colspan="2">검사의뢰 사유</td><td colspan="3"></td></tr>
<tr><td colspan="2">가계도</td><td colspan="3"></td></tr>
<tr><td colspan="2">가족관계 및 특징</td><td colspan="3"></td></tr>
<tr><td colspan="2">검사 시 행동관찰</td><td colspan="3"></td></tr>
<tr><td colspan="2">Maslow '욕구위계'
5수준 발달모형</td><td colspan="3">(예: 수준 1: 회피자)
생명력, 생존, 안정, 안정에의 욕구</td></tr>
<tr><td rowspan="6">그림
해석의
요소</td><td>그림 간 부착</td><td colspan="3"></td></tr>
<tr><td>순서</td><td colspan="3"></td></tr>
<tr><td>활동내용</td><td colspan="3"></td></tr>
<tr><td>표현양식</td><td colspan="3"></td></tr>
<tr><td>상징</td><td colspan="3"></td></tr>
<tr><td>기타 부속물</td><td colspan="3"></td></tr>
<tr><td colspan="5">〈전체적 평가〉</td></tr>
</table>

■ KHTP

※ 질문은 수검자에 따라 바뀔 수 있다.

그림	질문 (PDI)	답변
	• 이 그림의 내용은 무엇인가요? • 사람들은 각각 누구인가요? • 사람들은 무엇을 있나요? • 사람들의 기분은 어떤가요? • 이 그림 속의 계절과 날씨는 어떠한가요? • 사람들은 친한가요? • 이 그림의 분위기는 어떤가요? • 이 그림을 보면 어떤 생각이 드나요?	

• 전체적 인상:

형식적 · 구조적 분석	소요시간		선의 획	
	수검태도		지우기	
	그린 순서		세부 묘사	
	위치		왜곡 및 생략	
	크기		대칭성	
	필압		투명성	

• 형식적 · 구조적 분석:

내용적 분석	집 표현의 특징			상징과 해석
	필수 요소	지붕		
		벽		
		창문		
		문		
	기타 요소	굴뚝/연기		
		방		
		울타리		
		길		
		계단/보도		
		기타		
	나무 표현의 특징			상징과 해석
	필수 요소	수관		
		줄기		
		가지		
	기타 요소	뿌리		
		지면선		
		옹이 구멍		
		동물들		
		꽃, 잎, 열매		
		기타 요소		

			사람 표현의 특징	상징과 해석
내용적 분석	사람 요소	사람 1		
		사람 2		
		기타 사람		
	필수 요소	머리		
		이목구비		
		표정		
		몸통		
		팔		
		다리		
		손		
		발		
	기타 요소	목		
		손가락		
		발가락		
		액세서리		
		단추 등		
		기타 부속		

• 내용적 분석 :

〈전체적 평가〉

참고문헌

권석만(2012). 현대심리치료와 상담이론. 학지사.

권석만(2013). 현대이상심리학(2판). 학지사.

권석만(2014). 이상심리학의 기초: 이상행동과 정신장애의 이해. 학지사.

김갑숙, 이미옥, 전영숙, 기정희(2019a). 그림을 통한 심리진단 및 평가 I. 학지사.

김갑숙, 이미옥, 전영숙, 기정희(2019b). 그림을 통한 심리진단 및 평가 II. 학지사.

김무경, 권정혜(2018). 불면증에 대한 인지행동치료 효과 연구: 공존 불면증 환자를 대상으로. 인지행동치료, 18(1), 105-137.

김미옥(2023). 자석어항물고기가족화 미술치료 도구 개발 및 적용. 중부대학교 박사학위 논문.

김병철, 김성삼, 최영주(2014). 그림과 심리진단. 양서원.

김선영(2010). 중학생이 지각하는 가족건강성과 '물고기 가족화' 반응특성의 관계. 서울기독대학교 치유상담대학원 석사학위 논문.

김선현(2011). 행복한 여성을 위한 미술치료 쉽게 하기. 진선아트북.

김소울(2016). 사이버 상담을 이용한 인지행동 미술치료가 신경성 폭식증을 겪는 여성의 신념과 행동변화에 미치는 영향. 예술심리치료연구, 12(3), 257-280.

김청송(2016). DSM-5 사례중심의 이상심리학. 싸이북스.

민성길(2018). 최신정신의학. 일조각.

박재우(2013). 심리적 행동주의 이론에 입각한 양극성 장애 인지 행동 치료 프로그램의 개발과 효과. 카톨릭대학교 문학박사 학위논문.

박주원, 김선희(2011). 부모 애착수준에 따른 새둥지화(BND) 반응특성 연구. 심리치료: 다학제적 접근, 11(1), 147-168.

신민섭(2002). 그림을 통한 아동의 진단과 이해. 학지사.

오승진, 류정미(2020). 미술심리 진단평가. 어우리.

오종은, 김세영(2014). 학교폭력 가해청소년과 일반청소년의 이야기그림검사(DAS) 반응특성 비교연구. 미술치료연구, 21(5), 899-917.

유미, 정선화(2010). 가족미술치료와 물고기 가족화의 해석. 이담북스.

유승희(2016). 상담학 사전. 학지사.

윤주희, 김태은(2019). 호스피스 · 완화의료 환자와 가족의 이별을 돕는 미술치료사 체험 연구. 미술치료연구, 26(4), 649-668

이민서, 정영인(2021). 초등학교돌봄교실아동과 일반아동의 새둥지화에 나타난 또래관계 연구. 미술교육논총, 35(3), 1-28.

이승미(2014). 초등학생이 지각하는 가족건강성과 물고기가족화 반응특성 연구. 영남대학교 환경보건대학원 석사학위 논문.

이우경(2016). DSM-5에 의한 최신 이상심리학. 학지사.

임나영(2014). 청소년 정서행동문제 그림검사 개발 및 타당화 연구. 고려대학교 박사학위논문.

임나영(2023). EBDT 정서행동 그림검사 전문가 지침서. 학지사.

장성금, 유영권(2012). 애도를 위한 의례로서의 미술치료 사례연구. 미술치료연구, 19(2), 381-404.

정윤영, 박은선(2021). 모-아 집단미술치료가 유아의 애착과 또래관계에 미치는 영향. 미술치료연구, 28(6), 1431-1451.

정지영, 전순영(2012). 초등학생의 새둥지화 반응특성과 부모 양육태도와의 관계. 미술치료연구, 19(2), 207-229.

주리애(2010). 미술치료학. 학지사.

주리애(2015). 미술심리진단 및 평가. 학지사.

주리애, 김소연, 김재훈, 김지연, 김태은, 김현진, 박윤미, 오미영, 이윤희, 임정혁, 정경림(2021). 미술치료사 11인의 정신장애별 미술치료. 학지사.

최외선, 김갑숙, 정은주, 정광석(2013). 미술치료기법 II. 학지사.

최정윤(2019). 심리검사의 이해(제3판). 시그마프레스.

하은혜(2021). 아동 · 청소년 심리평가. 학지사.

Addington, J., Addington, D., Abidi, S., Raedler, T., & Remington, G. (2017). Canadian treatment guidelines for individuals at clinical high risk of psychosis. *Canadian Journal of Psychiatry, 62*(9), 656-661.

Allen, L. A., Woolfolk, R. L., Escobar, J. I., Gara, M. A., & Hamer, R. M. (2006). Cognitive-behavioral therapy for somatization disorder: a randomized controlled trial. *Archives of*

Internal Medicine, 166(14), 1512-1518.

Andersen, T. E., Lahav, Y., Ellegaard, H., & Manniche, C. (2017). A randomized controlled trial of brief somatic experiencing for chronic low back pain and comorbid post-traumatic stress disorder symptoms. *European Journal of Psychotraumatology, 8*(1), 1-17.

APA. (2015). *Diagnostic and Statistical Manual of Mental Disorders-V*(정신장애의 진단 및 통계 편람 제5판). (권준수, 김재진, 남궁기 공역). 학지사. (원서 출판 2013).

Arıcı Özcan, N. (2021). The effectiveness of somatic experience based stabilization program for refugee women's post-traumatic stress, mindfulness and social support level. *International Journal of Psycho-Educational Sciences. 10*(1).

Baandrup, L., Østrup Rasmussen, J., Klokker, L., Austin, S., Bjørnshave, T., Fuglsang Bliksted, V., et al. (2016). Treatment of adult patients with schizophrenia and complex mental health needs - a national clinical guide line. *Nordic Journal of Psychiatry, 70*(3), 231-240.

Bækkelund, H., Ulvenes, P., Boon-Langelaan, S., & Arnevik, E. A. (2022). Group treatment for complex dissociative disorders: a randomized clinical trial. *BMC psychiatry, 22*(1), 338.

Bateman, A., O'Connell, J., Lorenzini, N., Gardner, T., & Fonagy, P. (2016). A randomised controlled trial of mentalization-based treatment versus structured clinical management for patients with comorbid borderline personality disorder and antisocial personality disorder. *BMC psychiatry, 16*(1), 1-1.

Batubara, S. O., Saragih, I. D., Mulyadi, M., & Lee, B. O. (2023.). Effects of art therapy for people with mild or major neurocognitive disorders: A systematic review and meta-analysis. *Archives of Psychiatric Nursing.*

Bernazzani, O., Côté, C., & Tremblay, R. E. (2001). Early parent training to prevent disruptive behavior problems and delinquency in children. *The Annals of the American Academy of Political and Social Science, 578*(1), 90-103.

Betts, D. J. (2003). Developing a projective drawing test: Experiences with the Face Stimulus Assessment (FSA). *Art Therapy: Journal of the American Art Therapy Association, 20*(2), 77-82.

Betts, D., Harmer, R., & Schmulevich, G. (2014). *Frontiers in Autism research: New horizons for diagnosis and treatment*(1st ed., Vol.1). World Scientific Publisher.

Bliss, E. L. (1984). A symptom profile of patients with multiple personalities-with MMPI results. *Journal of Nervous and Mental Disease, 172*, 197-202.

Bliss, E. L. (1986). *Multiple personality, allied disorders, and hypnosis.* Oxford.

Brand, B. L., Myrick, A. C., Loewenstein, R. J., Classen, C. C., Lanius, R., McNary, S. W., … & Putnam, F. W. (2012). A survey of practices and recommended treatment interventions among expert therapists treating patients with dissociative identity disorder and dissociative disorder not otherwise specified. *Psychological Trauma: Theory, Research, Practice, and Policy, 4*(5), 490.

Braun, B. G. (1985). The development of multiple personality disorder: Predisposing, precipitating, and perpetuating factors. Childhood antecedents of multiple personality.

Brom, D., Stokar, Y., Lawi, C., Nuriel-Porat, V., Ziv, Y., Lerner, K., & Ross, G. (2017). Somatic experiencing for posttraumatic stress disorder: A randomized controlled outcome study. *Journal of Traumatic Stress, 30*(3), 304-312.

Brooke, S. L. (2004). *Tools of the trade: A therapist's guide to art therapy assessments.* Charles C Thomas Publisher.

Bruce L. Moon. (2019). **실존주의 미술치료(캔버스 거울).** (원희랑 역). 학지사. (원서 출판 2009).

Buck, J, N.(1948). The HTP technique: A qualitative and quantitative scoring manual. *Journal of Clinical Psychology, 4*(2), 317-396

Burns, R. C. (1987). *Kinetic-House-Tree-person Drawings (KHTP): An interpretative manual.* Brunner/Mazel.

Burns, R. C., & Kaufman, S. (1970). Kinetic family drawings (KFD): An introduction to understanding children through kinetic drawings.

Caspar, F., Berger, T., Holtforth, M. G., Babl, A., Heer, S., Lin, M., … & Belz, M. (2023). The impact of integrating emotion focused components into psychological therapy: A randomized controlled trial. *Journal of clinical psychology, 79*(2), 296-315.

Caye, A., Swanson, J. M., Coghill, D., & Rohde, L. A. (2019). Treatment strategies for ADHD: an evidence-based guide to select optimal treatment. *Molecular psychiatry, 24*(3), 390-408.

Choi-Kain, L. W., Albert, E. B., & Gunderson, J. G. (2016). Evidence-based treatments for borderline personality disorder: Implementation, integration, and stepped care. *Harvard Review of Psychiatry, 24*(5), 342-356.

Cohen, B. M. (2004). *Diagnostic drawing series.* Tools of the trade: A therapist's guide to art therapy assessments, 56-67.

Cohen, B. M., Hammer, J. S., & Singer, S. (1988). The Diagnostic Drawing Series: A systematic approach to art therapy evaluation and research. *The Arts in Psychotherapy, 15*(1), 11-21.

Crawford, M. J., Killaspy, H., Kalaitzaki, E., Barrett, B., Byford, S., Patterson, S., ⋯ & Waller, D. (2010). The MATISSE study: a randomised trial of group art therapy for people with schizophrenia. *BMC psychiatry, 10*(1), 1-9.

Deković, M. A. J. A., & Stoltz, S. E. M. J. (2015). Moderators and mediators of treatments for youth who show externalizing problem behavior. Moderators and mediators of youth treatment outcomes, 97-122.

Dorsey, S., McLaughlin, K. A., Kerns, S. E., Harrison, J. P., Lambert, H. K., Briggs, E. C., ... & Amaya-Jackson, L. (2017). Evidence base update for psychosocial treatments for children and adolescents exposed to traumatic events. *Journal of Clinical Child & Adolescent Psychology, 46*(3), 303-330.

Ellison, J. A., Greenberg, L. S., Goldman, R. N., & Angus, L. (2009). Maintenance of gains following experiential therapies for depression. *Journal of Consulting and clinical Psychology, 77*(1), 103.

Emblad, S. Y., & Mukaetova-Ladinska, E. B. (2021). Creative art therapy as a non-pharmacological intervention for dementia: A systematic review. *Journal of Alzheimer's Disease Reports, 5*(1), 353-364.

Fay, H. M. (1924). Le depistage des arrieres à l'école. [The tracking of school underachievers]. *La Medecine Scolaire, Décemgre*, 282-290.

Forsha, D. (2000). *The transforming power of affect: A model for accelerated change*. Basic Books.

Frank, E., Swartz, H. A., & Kupfer, D. J. (2019). Interpersonal and social rhythm therapy: managing the chaos of bipolar disorder. *Bipolar Disorder*, 257-268.

Gantt, L., & Tabone, C. (1998). *The formal elements art therapy scale: The rating manual*. Gargoyle Press.

Goodenough, F. L. (1926). A new approach to the measurement of the intelligence of young children. *The Pedagogical Seminary and Journal of Genetic Psychology, 33*(2), 185-211.

Green, M. F., & Nuechterlein, K. H. (1999). Should schizophrenia be treated as a neurocognitive disorder?. *Schizophrenia bulletin, 25*(2), 309-319.

Haeyen, S., Van Hooren, S., & Hutschemaekers, G. (2015). Perceived effects of art therapy in the treatment of personality disorders, cluster B/C: A qualitative study. *The Arts in*

Psychotherapy, 45, 1-10.

Hammer, E. F. (1958). *The clinical application of projective drawings.* Charles C Thomas Publisher.

Harmon-Walker, G., & Kaiser, D. H. (2015). The Bird's Nest Drawing: A study of construct validity and interrater reliability. *The Arts in Psychotherapy, 42,* 1-9.

Hays, R. E., & Lyons, S. J. (1981). *The bridge drawing: a projective technique for assessment in art therapy.* The arts in psychotherapy.

Hetherington, R., & Gentile, F. (2022). Healing boundaries: a teenager's experience of art therapy integrated with Somatic Experiencing. *International Journal of Art Therapy, 27(4),* 190-197.

Hilbert, A, Hoek, H. W, Schmidt, R. (2017). Evidence-based clinical guidelines for eating disorders: international comparison. *Current opinion in psychiatry, 30*(6), 423.

Higa-McMillan, C. K., Francis, S. E., Rith-Najarian, L., & Chorpita, B. F. (2016). Evidence base update: 50 years of research on treatment for child and adolescent anxiety. *Journal of Clinical Child & Adolescent Psychology, 45*(2), 91-113.

Horovitz, E. G. (2002). *Spiritual art therapy: An alternate path* (3en ed.). Charles C Thomas Publisher.

Hulse, W. C. (1951). The emotionally disturbed child draws his family. *Quarterly Journal of Child Behavior, 3,* 152-174.

Judith A. R. (2012). **이구동성 미술치료.** (주리애 역). 학지사. (원서 출판 2001).

Kaczkurkin, A. N., & Foa, E. B. (2015). Cognitive-behavioral therapy for anxiety disorders: an update on the empirical evidence. *Dialogues in clinical neuroscience, 17*(3), 337-346.

Kaiser, D. H. (1996). Indications of attachment security in a drawing task. *The Art in Psychotherapy, 23*(4), 333-340.

Kaiser, D. H. (2012a). *Kaiser's bird's nest drawing and story rating scale. Unpublished manuscript.* Creative Arts Therapies Department, Drexel University, Philadelphia, PA.

Kaiser, D. H. (2012b). *Kaiser's bird's nest drawing two category checklist and four category overall impression manual.* Unpublished manuscript. Creative Arts Therapies Department, Drexel University, Philadelphia, PA.

Kaiser, D. H., & Deaver, S. (2009). Assessing Attachment with the bird's nest drawing: A review of the research. *Art Therapy, 26*(1), 26-33.

Kalisvaart, H. J. B., Geenen, R. M. J., Van Busschbach, J., Bühring, M., & Van Broeckhuysen-Kloth, S. (2015). Body drawings as an assessment tool for body-relatedness in patients with severe somatic symptom disorder. *Journal of Psychosomatic Research, 78*(6).

Katrin, S., Masuch, J., Lim, S., et al. (2022). PAINT I: the effect of art therapy in preventing and managing delirium among hospitalized older adults in the PAINT I study—a proof-of-concept trial. *European Geriatric Medicine, 13*(6), 1433-1440.

Katz, D. A., & McHorney, C. A. (1998). Clinical correlates of insomnia in patients with chronicillness. *Archives of Internal Medicine, 158*, 1099-1107.

Kline, M. (2022). Empowering Children and Caregivers Impacted by the Atrocities of War. *International Body Psychotherapy Journal, 21*(2).

Kuhfuβ, M., Maldei, T., Hetmanek, A., & Baumann, N. (2021). Somatic experiencing-effectiveness and key factors of a body-oriented trauma therapy: a scoping literature review. *European journal of psychotraumatology, 12*(1), 1929023.

Lack, H. S. (1996). The person-in-the-rain projective drawing as a measure of children's coping capacity (Doctoral dissertation, Ph, D. California School of Professional Psychology Berkeley/Alameda).

Lack, H. S. (1997). The person-in-the-rain projective drawing as a measure of children's coping capacity: a concurrent validity study using rorschach, psychiatric, and life history variables. California School of Professional Psychology-Berkeley/Alameda.

Lee, W. H. & Lee, W. K. (2017). Cognitive rehabilitation for patients with schizophrenia in Korea. *Asian Journal of Psychiatry, 25*, 109-117.

Leitch, M. L., Vanslyke, J., & Allen, M. (2009). Somatic experiencing treatment with social service workers following Hurricanes Katrina and Rita. *Social Work, 54*(1), 9-18.

Levens, M. (2009). **섭식장애와 미술치료**. (최승이 역). 서울: 시그마프레스. (원서 출판 2002).

Levine, P. A. (1997). *Waking the tiger: Healing trauma: The innate capacity to transform overwhelming experiences*. North Atlantic Books.

Levine, P. A. (2010). *In an unspoken voice: How the body releases trauma and restores goodness*. North Atlantic Books.

Lochman, J. E., Powell, N. P., Boxmeyer, C. L., & Jimenez-Camargo, L. (2011). Cognitive-behavioral therapy for externalizing disorders in children and adolescents. *Child and Adolescent Psychiatric Clinics, 20*(2), 305-318.

Lowenfeld, M. (1939). The world pictures of children. A method of recording and studying them. *British Journal of Medical Psychology, 18,* 65-101.

Mahendran, R., Gandhi, M., Moorakonda, R. B., et al. (2018). Art therapy is associated with sustained improvement in cognitive function in the elderly with mild neurocognitive disorder: findings from a pilot randomized controlled trial for art therapy and music reminiscence activity versus usual care. *Trials, 19*(1), 1-10.

Malchiodi, C. A. (Ed.). (2011). *Handbook of art therapy* (2nd ed.). Guilford Press.

McWilliams, N. (2018). **정신분석적 진단: 성격구조의 이해. 원서 2판.** (이기련 역). 학지사. (원서 출판 1994)

Miklowitz, D. J., Otto, M. W., Frank, E., Reilly-Harrington, N. A., Kogan, J. N., Sachs, G. S., … & Wisniewski, S. R. (2007). Intensive psychosocial intervention enhances functioning in patients with bipolar depression: results from a 9-month randomized controlled trial. *American Journal of Psychiatry, 164*(9), 1340-1347.

Miller, C. B., Espie, C. A., Epstein, D. R., Friedman, L., Morin, C. M., Pigeon, W. R., …& Kyle, S. D. (2014). The evidence base of sleep restriction therapy for treating insomnia disorder. *Sleep medicine reviews, 18*(5), 415-424.

Mimi Farrelly-Hansen. (2014). **영성미술치료** (류정자, 심상욱 공역). 가나북스. (원서 출판 2009).

Njardvik, U., Smaradottir, H., & Öst, L. G. (2022). The Effects of Emotion Regulation Treatment on Disruptive Behavior Problems in Children: A Randomized Controlled Trial. *Research on child and adolescent psychopathology, 50*(7), 895-905.

Racco, A., & Vis, J. A. (2015). Evidence based trauma treatment for children and youth. *Child and Adolescent Social Work Journal, 32,* 121-129.

Rey, A. (1946). Epreuves de dessin temoins du developpment mental [Drawings as evidence of mental development]. *Archives de Psychologie, Décembre,* 369-380.

Ripoll, L. H., Triebwasser, J., & Siever, L. J. (2011). Evidence-based pharmacotherapy for personality disorders. *International Journal of Neuropsychopharmacology, 14*(9), 1257-1288.

Rowland, T. A., & Marwaha, S. (2018). Epidemiology and risk factors for bipolar disorder. *Therapeutic advances in psychopharmacology, 8*(9), 251-269.

Schacter, D. L. , Gilbert, D. T. , Wegner, D. M. (2016). **심리학개론(제3판).** (민경환, 김명선, 김영진 공역). 시그마프레스. (원서 출판 2014).

Schouten, K. A., de Niet, G. J., Knipscheer, J. W., Kleber, R. J., & Hutschemaekers, G. J. (2015). The effectiveness of art therapy in the treatment of traumatized adults: A systematic review on art therapy and trauma. *Trauma, violence, & abuse, 16*(2), 220-228.

Schreuder, M. J., Wichers, M., Hartman, C. A., Menne-Lothmann, C., Decoster, J., van Winkel, R., Delespaul, P., De Hert, M., Derom, C., Thiery, E., Rutten, B. P. F., Jacobs, N., van Os, J., & Wigman, J. T. W. (2022). Lower emotional complexity as a prospective predictor of psychopathology in adolescents from the general population. *Emotion, 22*(5), 836-843.

Scott, J. G., Pedersen, M. G., Erskine, H. E., Bikic, A., Demontis, D., McGrath, J. J., & Dalsgaard, S. (2017). Mortality in individuals with disruptive behavior disorders diagnosed by specialist services–A nationwide cohort study. *Psychiatry Research, 251*, 255-260.

Sheer, A. (2013). *Using the Diagnostic Drawing Series as a Means of Identifying Graphic Indicators of Suicidal Ideation* (Doctoral dissertation).

Sibley, M. H., Pelham, W. E., Derefinko, K. J., Kuriyan, A. B., Sanchez, F., & Graziano, P. A. (2013). A pilot trial of Supporting Teens' Academic Needs Daily (STAND): A parent-adolescent collaborative intervention for ADHD. *Journal of Psychopathology and Behavioral Assessment, 35*, 436-449.

Silver, R. A. (1983). Silver Drawing Test of cognitive & creative skills. Special Child Publications.

Silver, R.(2002). *Three art assessments*. Brunner-Goutledge.

Silver, R.(2005). *Aggression and depression assessed through art; Using Draw-a-Story to identify children and adolescents at risk*. Brunner-Routledge.

Silver, R. (2009). Identifying Children and Adolescents With Depression: Review of the Stimulus Drawing Task and Draw A Story Research. *Art Therapy, 26*(4), 174-180.

Silver, R., & Ellison, J.(1995). Identifying and assessing self-images in drawings by delinquent adolescents (in 2 parts). *The Arts in psychotherapy, 22*(4), 339-352.

Spiegel, D., & Cardena, E.(1991). Disintegrated experience: the dissociative disorders revisited. *Journal of Abnormal Psychology, 100*(3), 366.

Stephanie L. Brooke. (2010). **미술치료를 위한 평가도구**. (김종희 역) 시그마프레스. (원서 출판 2007).

Twohig, M. P., Vilardaga, J. C. P., Levin, M. E., & Hayes, S. C. (2015). Changes in psychological flexibility during acceptance and commitment therapy for obsessive compulsive disorder. *Journal of Contextual Behavioral Science, 4*(3), 196-202.

Weber, D. H. (2007). The usefulness of the Draw-A-Person-In-The-Rain projective drawing as a screening for special education evaluations. Pay, D. Adler School of Professional Psychology.

Wergeland, G. J. H., Riise, E. N., & Öst, L. G. (2021). Cognitive behavior therapy for internalizing disorders in children and adolescents in routine clinical care: A systematic review and meta-analysis. *Clinical Psychology Review, 83*.

Wintsch, J. (1935). Le dessin comme témoin du développement mental. *Zeitschrift fur Kinderpsychiatric, 2*, 33–44.

Yoon, J. Y., Betts, D., & Holttum, S. (2020). The bird's nest drawing and accompanying stories in the assessment of attachment security. *International Journal of Art Therapy, 25*(2), 76–87.

Zemestani, M., Salavati, M., Seyedolshohadayi, A., Petersen, J. M., Ong, C. W., Twohig, M. P., & Ghaderi, E. (2022). A preliminary examination of acceptance and commitment therapy versus exposure and response prevention for patients with obsessive-compulsive disorder on an optimal dose of SSRIs: A randomized controlled trial in Iran. *Behavior Modification, 46*(3), 553–580.

中井久夫. (1970). 精神分裂病者の 精神療法における描画の使用とくに技法の開発によって作られた知見について. **芸術療法**, 2, 77–90.

찾아보기

인명

내용

저자 소개

임나영(Lim Nayoung)

고려대학교 대학원 임상 및 상담심리학 전공 석사, 박사

현 가천대학교 특수치료대학원 미술치료학과 주임교수

가천대학교 일반대학원 특수상담치료학과 학과장

가천대학교 통합발달심리센터, 가천대학교 길병원 특수치료센터 수퍼바이저

(사)한국예술치료학회 회장

윤채은(Yoon Chaeeun)

가천대학교 특수상담치료학과 박사과정

여성가족부 청소년상담사 2급

보건복지부 임상심리사 2급

현 이유정신건강의학과의원 이유심리발달센터 미술치료사

김나경(Kim Nakyung)

가천대학교 특수상담치료학과 박사과정

여성가족부 청소년상담사 2급

현 종로청소년상담복지센터 미술치료사

희망가득의원 브레이닝아동발달상담센터 상담/미술치료사

김민정(Kim Minjeong)

가천대학교 특수상담치료학과 박사과정

보건복지부 사회복지사 2급

현 성모자애복지관 미술치료사

경기도 성남교육지원청 다문화 미술치료 강사

최한나(Choi Hanna)

가천대학교 특수상담치료학과 박사과정

한국상담심리학회 상담심리사 2급

현 메티스신경정신과 해랑소아청소년연구소 미술치료사

가톨릭대학교 은평성모병원 정신건강의학과 상담심리사

김현주(Kim Hyunjoo)

가천대학교 특수상담치료학과 박사과정

KBI그룹, GS그룹, 네오위즈 외 기업강의 다수 출강

서울특별시 뉴딜 지원 사업 심리강의 출강

현 한국경제인협회 국제경영원 전문심리강사

김하은(Kim Haeun)

가천대학교 특수상담치료학과 박사과정

보건복지부 사회복지사 2급

현 메티스신경정신과 해랑소아청소년연구소 미술치료사

경기도교육청 다문화 미술치료 강사

노소희(Roh Sohee)

가천대학교 특수상담치료학과 박사과정

발달재활서비스 제공 인력(미술재활)

International Centre for Excellece EFT 교육 수료

현 연세아이들소아청소년과의원 심리발달클리닉 미술치료사

현승원(Hyun Seungwon)

가천대학교 특수상담치료학과 박사과정

발달재활서비스 제공 인력(미술재활)

현 한국예술상담협동조합 마음아뜰리에 미술치료사

헬로스마일 동탄점 미술치료사

DSM-5-TR 기반

최신 미술심리진단 및 평가

The New Art Assessment Based on DSM-5-TR

2024년 2월 15일 1판 1쇄 인쇄
2024년 2월 20일 1판 1쇄 발행

지은이 • 임나영 · 윤채은 · 김나경 · 김민정 · 최한나
김현주 · 김하은 · 노소희 · 현승원

펴낸이 • 김진환

펴낸곳 • ㈜ 학지사
04031 서울특별시 마포구 양화로 15길 20 마인드월드빌딩

대표전화 • 02-330-5114 팩스 • 02-324-2345

등록번호 • 제313-2006-000265호

홈페이지 • http://www.hakjisa.co.kr

인스타그램 • https://www.instagram.com/hakjisabook

ISBN 978-89-997-3012-2 93180

정가 27,000원